U0032929

書頁中的永恆

書籍的歷史與流轉之路

EL INFINITO EN UN JUNCO

伊琳娜．瓦耶荷 Irene Vallejo——著
范湲——譯

獻給我的母親，
堅定的溫柔力量

它們看似圖畫，
但文字裡藏著聲音。
每一頁都是永不停歇的聲音盒子。

——米亞．格烏托❶，《莫三比克三部曲》（*Trilogía de Mozambique*）

字母表的寧靜符號，
在我們腦中豐富了生命的意義。
閱讀和書寫改變了我們的大腦組織。

——希莉．哈斯特維特❷，《生活、思考、觀望》（*Living, Thinking, Looking*）

我喜歡想像他震驚的模樣。
那位名叫荷馬的老先生，無論他是何方神聖，
當他見到自己的史詩放置的書架，
屬於我這個對他而言難以想像的人，
位於一片他未曾聽聞過的新大陸。

——瑪莉蓮．羅賓遜❸，《童年閱讀札記》（*When I Was a Child I Read Books*）

閱讀純粹是一種傳遞，一趟旅程，
一個自我尋找的過程。閱讀
即使多半是久坐不動的行為，
卻能讓我們變成游牧狀態。

——安東尼奧・巴桑達[4]，《閱讀無界》（*Leer Contra la Nada*）

尤有甚者，書籍是
存放時間的容器。
在這個巨大的陷阱裡，人類的智慧
與其靈敏度
克服了將生命經驗
帶往遺忘的虛無
那種短暫、流動的狀態。

——埃米里歐・耶多[5]，《書籍與自由》（*Los Libros y la Libertad*）

❶米亞・格烏托（Mia Couto，一九五五年～），莫三比克作家暨生物學家，葡萄牙語界重量級作家，創作以魔幻寫實風格見長。

❷希莉・哈斯特維特（Siri Hustvedt，一九五五年～），美國知名作家，暢銷名作包括《一個美國人的悲哀》《沒有男人的夏天》等，其夫婿為知名小說家保羅・奧斯特。

❸瑪莉蓮・羅賓遜（Marilynne Robinson，一九四三年～），美國作家，創作包含小說、散文等，長期執教於艾荷華大學寫作工作坊，曾獲普立茲小說獎。

❹安東尼奧・巴桑達（Antonio Basanta，一九五三年～），馬德里大學文學博士，作家、出版人，畢生致力於推廣閱讀。

❺埃米里歐・耶多（Emilio Lledó，一九二七年～），西班牙著名哲學家，皇家學院院士，曾獲西班牙國家文學獎和阿斯圖里亞斯女親王獎等。

〈譯者序〉
愛書人的深情告白

二〇一九年九月，《書頁中的永恆》在西班牙出版，題材並不新穎，早就有人寫過了。編輯喜歡這本書，但並未看好它。豈知，讀者反應出奇得好。媒體爭相報導，名家慷慨盛讚，各種獎項加持……這時候的《書頁中的永恆》已經創造了暢銷傳奇。

接著，新冠病毒來攪局。二〇二〇年三月，西班牙疫情嚴峻，出版社以為，這本書的「榮景」大概就此結束了。

然而，事情的發展卻恰恰相反！書中的古文明之旅正好安撫了封城時期焦躁的人心。政黨互鬥，抗疫不力，人們在二十一世紀的當下找不到精神的慰藉，卻在古典文化的世界裡找到了憑恃。

非常重要的關鍵是：這本書寫得真好看！

作者文筆生動優美，鋪陳轉折就像是一本小說。誠如評論所言——這是一本用散文形式寫成的冒險小說：人類從發明文字到發展書籍，從個人閱讀到公共圖書館，保存文字的各種介質發展和呈現方式，以及標點符號、書名、封面等，本書邀讀者進入三千年前的世界，讓大家一起體驗人類的「拯救文字大作戰」。

這是一本關於古文明文化和書籍歷史的作品，作者在全書不斷地穿梭古今，除了生動重現遠古場景，同時也誠摯的寫下個人回憶（包括她中學時期長期被霸凌的過往），以及充滿哲思的反響，連同她在書中以獨特角度披露的許多鮮為人知的細節和軼聞，讓原本很學術的題材多了親切感。此外，她也適度揉進好萊塢電影、流行樂，以及當代小說和詩作，這也替她洗掉了不少學究感。

常言道：人生識字憂患始。把「人生」兩字替換成「人類」，亦無違和。亞歷山大大帝近乎偏執的建立人類史上第一座博物館，對照今日的網路無涯，人類對求知欲的饑渴，數千年未變。人類為文字普及付出了許多努力，但書籍的脆弱，一直讓人提心吊膽。數千年來，書籍一直在應付不同的勁敵：從古代的書蟲、濕氣、豔陽、烈火、戰亂等，到今天的電影、電視、網路、電子書、臉書、YouTube、抖音……書籍將被邊緣化的預言此起彼落，但它一路拚搏奮戰，仍然倖存至今。

看似柔弱的書籍，其實是鐵打的硬漢！

本書也探討了書籍歷史的陰暗面：焚書、禁書、掠奪、作者追殺令……義大利語言學家暨作家安伯托．艾可曾提及：「為了追求一本美麗的書，我們可以接受任何卑鄙的行為。人與書的關係，並非一直是光輝如明月。」

人類歷史沿革至今，書籍曾是稀世珍寶，也曾是操控意識型態的武器，書曾是廝殺之後的戰利品，也曾是凝聚不同民族的聯繫。簡而言之，書籍在歷史演變中扮演了相當吃重的角色。時代潮浪不斷翻滾著，即使朝代已陷入歲月的深淵，書籍仍伴隨著我們邁向未來的漫漫長路。

我們閱讀的每一本書都是人生行旅中的印記和生命體驗。沒有書籍，我們在世間最美好的事物終將在遺忘中化為煙塵。

作者多年來傾力鑽研語言學交流的循環流動，功力深厚，博學多識，本書是她與讀者之間的對話，這場文學盛宴，也是一個愛書人獻給天下所有愛書人最深情的愛的告白。得以閱讀，何其有幸！

寫於二〇二一年深秋，薩爾斯堡

范湲

目錄 CONTENTS

第一部　希臘想像未來世界

第二部　條條大路通往羅馬

〈序〉一個美好的古老世界恐將消失?!

古希臘的道路上，一群群神祕莫測的男子騎著馬迎風奔騰。駐足農地裡或棚屋門前的農民面有疑慮地觀望著。過去的經驗告訴他們，行旅在外的都是危險人物：軍人、傭兵、奴隸販子。他們眉頭緊蹙，忍不住破口大罵，直到那群人再度消失在地平線上。他們就是討厭全副武裝的外地人。

騎士們一路奔馳，並未理會村民們的反應。長達數月以來，他們翻山越嶺，行經隘道，穿越山谷，涉渡河川，探訪過一座又一座島嶼。打從接受這項奇特任務以來，他們的肌肉和毅力已鍛鍊得益發強勁。為了完成任務，他們必須在戰事不斷的世界裡出入險境。這群獵人追尋的是一種非常特別的獵物。這種獵物，沉默且機靈，從不留下任何足跡。

當這群令人不安的密使有機會坐在某個港口的小酒館裡，暢飲美酒，大啖烤章魚，和陌生人盡情閒聊，一起買醉（他們做這些事情倒是沒有節制的），這時候，他們會敘述許多精采絕倫的旅途經歷。他們曾經深入瘟疫肆虐的國度，曾越過大火摧毀的地區，也目睹了戰爭中叛兵和傭兵大肆破壞和血腥廝殺引發的火熱煙灰。由於當時尚未有涵蓋廣泛區域的地圖，他們偶爾在旅途中迷了路，就只能漫無目標地在豔陽下或暴風雨中漫遊數日。他們曾被迫飲用發出惡臭的汙水，因而導致嚴重腹瀉。每逢雨天，馬車和騾子總會陷入積水的泥淖裡；他們時而吶喊，時而祈求，奮力將牲畜和馬車拉出泥濘困境，最終疲累到雙膝跪地，並仆倒在泥地上。夜晚來臨時，在荒郊野外找不到任何棲身之處時，只能以披風阻擋毒蠍侵襲。他們經歷過宛如風暴過境的蝨子大軍，也感受過一路上時時都可能遭遇土匪侵襲的恐懼。曾經一次又一次，他們在無盡的孤獨中馳騁前行，想像著有一群惡徒正等著他們，屏息藏身在某個路口，隨時可能撲上來襲擊，然後冷血手刃他們的性命，搶走他們的行囊，再把仍然溫熱的屍體遺棄在灌木叢裡……想起這些，總讓他們忍不住直打寒顫。

他們的恐懼情有可原。埃及國王派遣他們遠渡重洋完成任務，上路前還交給他們一大筆錢。在那個時代，亞歷山大大帝去世後的數十年間，身懷鉅款踏上旅途何止危險，幾乎等同於自殺。然而，即使竊賊的利刃、不明傳染病及汪洋上的海難等，種種威脅可能使這項昂貴的任務失敗，法老王仍堅持從尼羅河國度派出密使，越過邊界，長途跋涉，前進四方。他極度渴望，不耐多等，恨不得立刻擁有那些獵物，而他的特派密使們不時要面對未知的險境，正是為了替他找尋這些獵物的蹤跡。

如果他們知道這些異國騎士追尋的獵物是什麼，那些坐在家門口七嘴八舌的農民，以及一路上的傭兵和匪徒們，恐怕只能瞠目結舌，無法置信。

書籍，他們找尋的是書籍。

那是埃及王室最大的秘密。這位上下埃及的統治者，當時全世界最有權勢的人之一，寧可付出性命（當然是別人的生命，國王們一向如此），就為了替他的亞歷山卓圖書館蒐羅全世界所有的書籍。他追尋的是一個絕對完美的圖書館之夢，館藏將囊括有史以來所有作者的著作。

我總是害怕下筆寫第一行字，也怕跨過一本新書的門檻。當我跑遍所有圖書館，當我的筆記本裡記下了滿滿的注記和心得，當我已經找不到任何合理的藉口，甚至已無法隨口搪塞，再也不能繼續等下去時，我還是拖延了好幾天，此時，我才領悟到自己何以如此懦弱。簡而言之，我覺得自己心餘力絀。儘管一切應已俱足——基調、幽默感、詩意、節奏和各種承諾。尚未形成文字的篇章大概已有概廓，現在只要力求產出，在那片精選文字的苗圃裡開始起個頭。只是，這該怎麼開始才好？此時此刻，疑慮是我沉重的行囊。每一本書都讓我回到原點，內心的悸動亦如初次閱讀時的景況。寫作正是試著去發現，倘若我們要動筆，我們會寫下什麼？瑪格麗特·莒哈絲做了這樣的表述，從不定詞到條件式，然後再轉渡到虛擬時態，彷彿她正覺得腳下的地面已經崩裂。

到頭來，以下這些事情就如同寫作，我們總是在學會怎麼做之前就開始行動了：學習另一種語言、開車、成為母親。還有生活。

歷經疑慮的痛苦折磨之後，當期限和藉口都用盡之後，七月的某個炎熱午後，我還是面對了空白紙張的孤寂。我決定以幾位神祕獵人窺伺獵物的畫面開啟我的文章。我自認跟他們一樣，並欣賞他們尋書過程中展現的耐心、堅忍，以及他們付出的時間和慷慨激昂。多年來，我從事研究工作，考據各種資料來源，詳做紀錄，並試圖釐清史料。然而，到了面對真實的時刻，我對於自己陸續發掘並記錄下來的真實歷史感到驚奇，甚至讓我魂牽夢縈，竟在不知不覺中形成了一個故事。我渴望進入那些尋書者的皮肉裡，隨著他們奔馳在古老、暴力和動盪的歐洲道路上。不如我就開始敘述他們的旅程吧？這樣應該行得通，只是……在想像的肌理和血肉之下，如何和史料架構保持區隔？

我認為，這個觀點就和《所羅門王的寶藏》或電影《法櫃奇兵》一樣奇幻，只是，各種史料文件證明，此事確實存在於古埃及歷代諸王狂妄的思緒裡。或許，在西元前三世紀的古埃及，那是人類唯一、也是最後一次實現了將世間所有書籍毫無例外地匯集到一座通用圖書館的夢想。對於今日吾輩而言，這彷彿是波赫士引人入勝的抽象故事情節；抑或，就像他超凡的情色幻想。

亞歷山大大帝的偉大計畫進行的時代，並不存在國際性的圖書產業。在人文薈萃的大城市裡，書籍輕易就能購得，但在新興城市亞歷山卓卻非如此。根據史料記載，當時的國王們利用絕對權力的極大優勢以豐富圖書館藏。至於他們無法購買的書籍，則強行徵收。倘若為了取得一本渴望的書而不得不拋頭顱或夷平農地，國王們會毫無懸念地下令執行，並聲稱國家榮耀遠比微不足道的顧忌重要多了。

當然，在實現目標的過程中，欺騙也是必要手段之一。古希臘的三大悲劇大師艾斯奇勒斯、蘇福克里斯和尤里比底斯的劇作在戲劇節公開發表後，官方版本由雅典政府歸檔珍藏，但托勒密三世卻覬覦已久。為了讓嚴謹的抄寫員能仔細謄寫複本，法老王的大使請求出借這些珍貴書卷。雅典當局要求一筆天文數字的保證金，十五枚塔蘭同銀幣，價值等同現今的數百萬美元。埃及官方支付了保證金，並誠敬致謝，且信誓旦旦，一定會歷經「十二次滿月」之前歸還作品，甚至自我詛咒，若不能將這些劇作完璧歸趙，自當遭受恐怖報應，但接下來，想當然爾，他們把這些劇作占為己有，鉅額押金乾脆也不要了。雅典當局的領導人只能強忍這樣的屈辱。伯里克里斯[1]時代傲視天下的首都，已經淪為王國邊城，再也無法和埃及強權相抗衡，而這個新強權掌控了堪比當今石油的穀糧貿易。

亞歷山卓（現今的亞歷山大港）是王國主要港口及新的發展中心。一直以來，巨大的經濟強權總是仗勢越權。來自世界各地的船隻，一旦停靠這座圖書館之都，必須立即註冊。海關人員強行徵收他們在船上找到的所有文本，然後找人以空白的莎草紙抄寫內容，最後歸還的是抄寫版本，原版則充公。這些強行登船搶來的書籍，最終將安放在圖書館書架上，書上附有說明來源的簡短注釋（船隻背景）。

當你登上世界權力巔峰時，任何恩惠都不算過分。據說，托勒密二世曾派遣信使到世界各國去拜見其君主和統治者。這些特派使者帶著一封國王的信，信上要求各國為圖書館藏寄送各種書籍：各國詩人和作家的著作，以及關於雄辯、哲學、醫學、占卜和歷史等，各種作品。

此外（這正是我進入這段歷史的門戶），古埃及國王們派遣密使遠赴當時所知的世界版圖各個角落，歷經各種海陸險境，他們帶著飽滿的錢袋和國王的諭令，盡可能大量購買書籍，並在各處極力找尋最古老的版本。他們對書籍的強烈需求，以及願意為此支付的價錢，倒是吸引了不少流氓惡棍和仿冒者。他們提供內容造假的珍貴卷書，刻意將莎草紙做成仿古效果，將不同作品拼湊成一部，以此膨脹篇幅，並創造出各種巧妙的操縱方式。有位頗具幽默感的智者以撰寫偽造名著為樂，那一場場精心策畫的騙局，都是為了誘惑托勒密家族的貪婪而設。那些偽作的書名趣味十足；若是在今天，一定都能輕易出版上市，例如：《修昔底德沒說過的話》（*Lo que Tucídides no dijo*）。讓我們把修昔底德換成卡夫卡或喬伊斯，並試著想像，當偽作展現作者的虛假回憶，以及從未說過的秘密出現在圖書館時，將會激發什麼樣的期望。

儘管圖書館的書籍採購者時時嚴謹防範欺詐，但他們仍害怕因錯過了某本珍貴作品而觸怒法老王。每隔一陣子，國王總要把館藏裡的所有卷書好好檢閱一番，那股自豪，就和閱兵時並無兩樣。他總要問問圖書館負責人法勒魯姆的德米特里（Demetrio de Falero）目前的藏書量是多少。於是，德米特里向他報告當天的藏書數字：「臣在此稟告殿下，目前已超過二十萬冊；我會努力在短時間內達到五十萬冊。」在亞歷山卓，求書若渴開始變成了一股熱情狂潮。

我出生在一個書本輕易就能取得的國家和時代。在我家裡，處處都有書籍現蹤。在我密集從事研究工作的階段，當我為了做研究而從各家圖書館借回數十本書籍時，通常就把它們像一座高塔似的疊放在椅子上或地板上。有些張著大嘴的書籍則俯趴在地，彷如尋找棲身處的人字形屋頂。如今，為了避免我那兩歲的兒子抓皺書頁，我把一疊疊書本放在沙發的頭枕上，當我坐下來休息時，立刻可以感受到頸後正碰觸著書籍邊角。若將這些書籍所占的空間以我現居城市的房租價格來計算，我的藏書還真是一群很嬌貴的房客。但我總認為，所有書籍，從大部頭的攝影集，到彷彿貝殼似的總是自動闔上的古老袖珍本，它們能讓家裡變得更舒適。

那個為了填滿亞歷山卓圖書館書架的故事，他們為此付出了努力，為此經歷的旅程和苦難，迷人的程度不亞於其異國情調。那些奇特的事件和歷險，就像前往西印度群島尋找香料的神奇航行。此時此地，書籍如此尋常，絲毫不見任何科技創新的光環，倒是經常被唱衰即將消失。每隔一段時間，我總要滿懷沮喪地讀著報上預言書籍即將消失的文章，他們認為書籍終將被電子產品取代，而面對眾多娛樂選項，書籍根本毫無招架之力。深信此一趨勢的人認為，我們正置身一個時代終結的懸崖邊，我們面臨的是書店關閉，以及圖書館空蕩無人的真實啟示錄。他們意有所指地暗示著，不久的將來，書籍將在民族學博物館史前文物旁的玻璃櫃中展出。腦中帶著這些想像的畫面，我瀏覽了家中數不清的書堆和一排排黑膠唱片，我不禁自忖，一個美好的古老世界恐將消失。

真的是這樣嗎？

書籍通過了時間的考驗，並展現了長跑健將的實力。每當我們從革命或人類災難的夢魘中清醒過來時，書籍依然伴隨著我們。如同符號學家安伯托．艾可所言：書籍和湯匙、榔頭、車輪或剪刀是相同的等級。一旦被創造出來之後，再也無法使之更好。

確實，科技的表現非常亮眼，並有足夠的力量擊潰舊勢力。不過，所有的人都想念已經失去的東西：照片、檔案、舊作、回憶……正迅速老化，許多產品很快就過時了。首先是卡帶裡的歌曲，接著是VHS錄製的電影。我們拚命收集的東西，卻被高科技打入過季時尚的冷宮。當DVD出現時，大家都說我們終於解決了保存檔案的老問題，沒想到，我們後來還是得購入尺寸更小的新光碟，當然也需要添購新設備。弔詭之處在於，我們依然能夠閱讀超過十個世紀前留下來的手稿，卻無法觀看才幾年前錄製的影片或光碟，除非我們在自家儲藏室裡保存過往的所有電腦和錄製設備，就像一座過期物品博物館。

我們千萬不能忘了，許多個世紀以來，在歷史手冊並未登錄的一場戰爭中，書籍一直是我們的盟友。那是我們為了保護各種珍貴發明的奮戰：文字，幾乎就像一陣清風，倏忽即過；小說，我們為了理解混亂並倖存其中而有的發明；知識，無論是真實、錯誤或暫時的，都是我們從無知這塊堅硬岩石慢慢刮下來的。

因此，我決定投入這項研究。計畫之初，各種問題不斷湧現：書籍是何時出現的？製書或滅書的努力背後有哪些不為人知的故事？這一路發展的過程中，我們失去了什麼？又拯救了什麼？為什麼有些作品變成了經典？歲月的利齒、烈火的尖舌和洪水的劇毒製造了多少損害？哪些書籍已遭怒火吞噬？哪些書籍被人滿懷熱情地抄寫下來？都是同樣的那些書嗎？

這個故事是為了延續那些尋書獵人的歷險而做的努力。我想在某種程度上成為他們不可能的旅伴，我想窺伺那些已流失的手稿、不為人知的歷史，以及近乎被淹沒的聲音。或許，那些探險隊只是被狂妄癡迷附身的國王服務的僕從，並不了解自身任務的重要性，這個看似荒謬的工作，有時必須餐風露宿，當火爐裡的炭火熄滅時，他們咬牙忍受酷寒，實在受夠了為了一個瘋子的任性夢想如此賣命。他們一定情願被派任更有升遷前景的任務，例如：在努比亞沙漠平息騷亂，或在尼羅河的駁船上檢查貨物。但我猜想，當他們像是尋找失散寶藏似地搜尋所有書籍時，不知不覺中，他們已奠定了今日世界的基礎。

❶伯里克里斯（Pericles，西元前四九五～前四二九年），雅典黃金時期極具影響力的政治家、演說家和軍事將領，並推動了雅典民主政策改革。

第一部
希臘想像未來世界

歡愉與書籍之城

在真實的城市面貌之下，已逝的古城仍生生不息。雖然大圖書館早已消失，但往日回音、輕聲低語和竊竊私語，依舊在空氣中迴盪不已。

1

一個商賈之妻，風華正茂，卻百無聊賴，日日獨守空閨。十個月前，丈夫從地中海的科斯島啟航前往埃及，自此，不見任何來自尼羅河國度的訊息。她芳齡十六，尚未生子，實在受不了鎮日關在閨房裡的單調日子。無所事事。起初，差遣奴隸似乎挺有趣味，但漸漸也不足以填補空虛的生活。因此，三姑六婆來訪，總能讓她開心。大門外的訪客是誰已無所謂，她渴望的是如鉛塊般的沉重歲月能稍得紓解。

女奴通報，來訪的是希莉黛老太太。商賈之妻接下來可望有點樂子了：她這個老奶媽希莉黛口不擇言，又愛插科打諢，滿嘴淫穢字眼。

「希莉黛媽媽呀！妳好幾個月沒來我家啦！」

「妳也知道，我住得遠，而且現在的體力連一隻蒼蠅都比不上啊！」

「好啦！好啦！」商賈之妻說道。「妳的體力呀……就算是同時應付兩個男人都沒問題啦！」

「妳就會尋我開心……真是的！」希莉黛應道。「有件事情……咱們兩個女生私下聊聊。」

老太太面露訕笑，拐彎抹角的開場白之後，終於坦承來意。話說有個年輕力壯、長相俊美的青年，兩度在奧林匹克競賽贏得競技獎項。這個年輕人看上了商賈之妻，欲火難耐，一心想成為她的入幕之賓。

「妳千萬別生氣啊！不妨考慮一下他的要求吧！這個人啊……連骨子裡都是激情欲火喔！妳跟他玩玩有什麼關係呢？難不成妳就天天在這裡，了不起只能坐熱一張椅子……」希莉黛一臉魅惑地質問她。「等妳覺悟的時候，早就年華老去啦！什麼矜持不矜持的，最後都變成骨灰囉……」

「唉呦！快住嘴啦……」

「妳丈夫呢？他在埃及忙些什麼？也不給妳寫封信，早就把妳忘得一乾二淨啦！我看，他八成已經跟別的女人共飲一杯美酒了吧！」

為了瓦解女孩最後的堅持，希莉黛滔滔不絕地描述著當時的埃及，尤其是亞歷山卓，對一個身在遠方的負心漢提供了諸多誘惑：環境富裕，讓人心神蕩漾的溫暖氣候，各種體育館、表演場所，群聚的哲學家，豐富的書籍、黃金、美酒，舉目皆是如花似玉的青春少女，如此迷人耀眼，彷若天上繁星。

我大致翻譯了西元前三世紀的一部希臘戲劇作品開頭簡短的片段，描繪了當時日常生活的濃郁情調。此類的小品當然不足以作為代表，除非是某一類戲劇化的文本。幽默趣味，偶有流浪漢小說的況味，這些作品為西元前的世界開啟了一扇窗：被鞭打的奴隸，殘酷狠毒的主人，拉皮條的淫媒，痛失青春期子女而在絕望邊緣掙扎的母親，或是欲求不滿的女性。希莉黛是文學史上最早出現的淫媒之一，她是職業皮條客，深諳這個行業的各種訣竅，因此，她能毫不猶豫地戳中獵物最脆怯的弱點：老化，舉世皆有的恐懼。不過，希莉黛再怎麼精明狡猾，這次還是吃了敗仗。兩人的對話以女孩的嬌嗔責備畫下句點，她堅決為離家的丈夫守貞，或許，她只是不想承擔外遇帶來的可怕風險。「妳這下士氣重挫了吧？」商賈之妻質問希莉黛，但同時也好意送上一杯酒安慰她。

除了幽默和生動的風格之外，這篇文字也饒富趣味，因為我們得以窺見那個時代的亞歷山卓尋常百姓過的日常生活：一座歡愉和書籍之城，也是一座性愛和文字之城。

2

亞歷山卓的傳奇綿延不斷。希莉黛與春心蕩漾的女孩間的對話化為文字，歷經兩個世紀之後，史上最偉大的情色傳奇之一正在亞歷山卓上演著：克麗奧佩脫拉七世與馬克·安東尼的愛情故事。

當時，羅馬已成為地中海國力最強大的帝國中心，但仍是一座街巷曲折的迷宮，既陰暗又汙穢。此時的馬克·安東尼首度踏上亞歷山卓的土地。霎時，映入眼簾的竟是一座令人陶醉的城市，皇宮、神殿，寬廣大道，以及雄偉氣派的紀念碑。羅馬人對軍事力量充滿自信，並自詡是未來的主人，然而，這個昔日盛世和沒落富國展現的魅力，卻讓羅馬屈居下風。夾雜著激情、驕傲和策略盤算，權傾一時的大將軍和埃及末代女王建立了一個政治與性愛聯盟，在傳統的羅馬社會掀起了醜聞風暴。據說，最引人爭議的是：馬克．安東尼打算從羅馬帝國遷都亞歷山卓。倘若這對愛侶在羅馬帝國奪權之戰拿下勝仗的話，或許，現今大批觀光客湧入的永恆之城是在埃及，眾人將在那兒忙著以圓形競技場和論壇為背景拍照留念。

克麗奧佩脫拉七世就像她統御的亞歷山卓一樣，兼具文化和放浪的特質。羅馬時代的希臘作家普魯塔克❶說克麗奧佩脫拉七世其實稱不上是個美人。走在大街上，沒有人會特意停下來看她的。但是，她具備超凡的魅力、智慧和口才。她的嗓音如此柔美，凡是聽她說過話的人皆深深著迷。普魯塔克還說，她的唇舌駕馭語言的功力，彷彿是個多聲部的樂器。她不需要翻譯就能說流利的衣索匹亞語、希伯來語、阿拉伯語、敘利亞語、米底語和安息語。她精明幹練，見多識廣，在國內外的幾場奪權戰中贏得勝仗，卻在關鍵戰役吃了敗仗。她的問題就出在樹敵太多。

在這段充滿狂愛的情史中，書籍也扮演了重要角色。當時，馬克．安東尼自認統治天下僅剩一步之遙，他打算以一份大禮討好克麗奧佩脫拉七世。他清楚得很，金銀珠寶或珍饈美食都不足以讓這位情婦眼睛一亮，因為她早已習慣天天揮霍這些東西。有一回，宿醉未醒的清晨，她面帶挑釁浮誇的神情，竟將一顆碩大的稀有珍珠丟進醋裡融化，然後一口喝光了。因此，馬克．安東尼為克麗奧佩脫拉七世精挑細選的禮物，可不能讓她提不起興致：他奉上二十萬冊書籍，作為大圖書館館藏。在亞歷山卓，書籍是點燃激情的媒介。

兩位在二十世紀去世的作家，已然成了我們在這座城市尋幽訪勝的最佳嚮導，為亞歷山卓傳奇增添了懷舊古意。康斯坦丁諾斯・卡瓦菲斯（Constantino Cavafis）是個抑鬱的公務員，希臘人，任職埃及的大英帝國公務機構，在工務部的水利處職位從未升遷過。夜幕低垂時，他轉而投入感官享樂的世界，周遭盡是都會男女和來自各國的墮落靈魂。他對亞歷山卓的紅燈戶瞭若指掌，那是他「嚴格禁止且遭人唾棄」的同性戀傾向唯一的避風港——他曾如此自述。卡瓦菲斯熱愛閱讀經典作品，幾乎是個秘密創作的詩人。

在他最為人熟知的詩作當中，虛實人物交錯，重現了伊薩卡島、特洛伊島、雅典和拜占庭場景。至於自傳性較強的詩作，偶有嘲諷，時而吹噓，描述了他自己邁入成年的經驗：傷逝青春，學會享樂，或是備嘗歲月流逝帶來的焦慮。題材的差異事實上僅是表象。曾閱讀過和想像過的過往歷史深深感動著卡瓦菲斯，如同他自己的回憶。當他在亞歷山卓漫步閒逛時，在真實的城市面貌之下，他隱約瞥見那座已逝的古城仍生生不息。雖然大圖書館早已消失，但往日回音、輕聲低語和竊竊私語，依舊在空氣中迴盪不已。對卡瓦菲斯來說，在這些充斥著孤獨、苦難眾生的街道裡，眾多古代靈魂仍常駐在此。

《亞歷山卓四重奏》（*The Alexandria Quartet*）系列裡的人物：賈絲婷、達里，尤其是巴特哈札爾，在小說裡自稱認識卡瓦菲斯，並不斷憶起那位「城市老詩人」。作者勞倫斯・達雷爾（Lawrence Durrell），是被清教徒的規範和氣候壓抑得透不過氣的眾多英國人之一，藉由這四部小說擴展了亞歷山卓傳奇的情色和文學迴響。達雷爾在動盪不安的二次大戰期間初識這座城市，當時，埃及被英軍占領，一個暗藏間諜和陰謀活動的巢穴，而且，一如既往，也是歡樂之城。對於各種色彩，以及讓亞歷山卓活力盎然的肉體感官，沒有人比他描述得更詳盡。盛夏的孤絕寂靜和高遠晴空。烈火燒灼般的炎夏日常。耀眼刺目的蔚藍大海，豔黃的海灘。內陸的馬雷奧帝斯湖（Mareotis），時而迷濛飄渺，仿若海市蜃樓。在海洋和湖泊之間，不計其數的街道積聚了沙塵、乞丐和蒼蠅。還有棕櫚樹、豪華酒店、大麻和爛醉。乾燥的空氣彷彿凝滯的電流。檸檬黃與絳紫潑灑的黃昏景致。五種民族，五種語言，十來種宗教，浮游海面上的五列艦隊掠影。在亞歷山卓；達雷爾如是寫著：肉體甦醒了，感覺卻像置身監獄裡的小酒吧。

二次世界大戰重創這座城市。在《四重奏》系列最後一部小說裡，女主人翁克莉描述了令人傷感的景象：停放在沙灘上的坦克車彷彿恐龍的骨架，大砲就像一片石化叢林裡傾倒的樹木，貝都因人在轟炸後的火場中流竄著。這座城市，向來就是邪惡淵藪，現在看起來更像是一座巨大的公共便壺。她這樣形容。一九五二年之後，勞倫斯・達雷爾未曾重返亞歷山卓。蘇伊士運河戰爭之後，已繁衍千年的猶太和希臘族群逃離此地，中東的一個時代就此告終。從那座城市遊歷歸來的旅人們告訴我，在那座燈紅酒綠的大都會裡，書籍儼然成了遙遠的回憶。

---

❶普魯塔克（Plutarchus，約西元四六～一二五年），羅馬時代的希臘作家，傳世名作《比較列傳》，也譯作《希臘羅馬名人傳》或《希臘羅馬英豪列傳》。

亞歷山大大帝：世界永遠不夠大

世界的邊境就在興都庫什山脈的另一邊！亞歷山大一心一意要抵達世界盡頭。親臨世界邊境的念頭，就像一塊磁鐵似地吸附著他。

3

亞歷山卓不只一座。一連串城市以此為名，恰好標示了亞歷山大大帝從土耳其遠征至印度河的路徑。不同的語言變更了原文的發音，但通常仍能聽得出遠古的旋律。小亞歷山卓（Alejandreta），即現今的土耳其城市伊斯肯德倫；克爾曼尼亞的亞歷山卓（Alejandría de Carmania），則是位於伊朗的克爾曼；馬爾吉亞納的亞歷山卓（Alejandría de Margiana），今日稱為莫夫，位於土庫曼；絕域亞歷山卓（Alejandría Eschate），可意譯「世界盡頭的亞歷山卓」，即當今塔吉克斯坦城市苦盞；亞歷山卓・布希法拉（Alejandría Bucéfala），為紀念亞歷山大大帝自童年即形影相隨的駿馬而建立的城市，後來改稱為傑赫勒姆，位於現今的巴基斯坦。阿富汗戰爭也讓我們認識了其他的亞歷山卓古城：巴格拉姆、赫拉特，以及坎達哈。

普魯塔克算出亞歷山大大帝一共建立了七十座城市。他亟欲標示自己的足跡，就和那些在公廁牆上或門上寫下自己名字的小孩一樣（「本人曾到此一遊」「我征服了這裡」）。地圖就是一座綿延的高牆，征服者一次又一次在牆上刻印了他的回憶。

綜觀敦促亞歷山大的動機，抑或為何他有用之不竭的精力，能夠揮軍長征兩萬五千公里，原因都在於他渴求名望和尊崇。他對英雄傳說有堅貞的信仰；尤有甚者，他與他們共同生活，並與其競爭。他對希臘神話中那位強大神勇、令人生畏的戰士阿基里斯總是懷有根深柢固的執念。孩提時代，導師亞里斯多德向他傳授《荷馬史詩》，他立刻就標的了這號人物，並夢想未來能像他一樣。他對這位英雄的熱情崇拜，就和今天的青少年瘋迷運動選手、偶像沒兩樣。據說，亞歷山大總是抱著《伊利亞德》入眠，枕頭下面則放著一把短劍。這樣的畫面令人莞爾，我們免不了會聯想到熟睡的青少年，床上放著攤開的貼紙收集冊，夢裡的自己正在群眾熱烈歡呼中贏得了冠軍。

不同的是，亞歷山大實現了成大功立大業的美夢。他所向披靡，僅僅八年，征戰成果豐碩：安納托利亞、波斯、埃及、中亞、印度，戰績無人能及。和他相比，攻克一座城市需耗時十年歲月的阿基里斯，簡直就像個平庸的初學者。

埃及的亞歷山卓恰恰就在文學夢想和荷馬低語中誕生。睡夢中，亞歷山大感受自己正走近一個滿頭白髮的耆老。來到他身旁時，這位神祕的陌生人朗讀了《奧德賽》詩句，內容提及一個名為法羅（Faro）的島嶼，波濤環繞，遙望著埃及海岸。這座島嶼曾經存在過，就在尼羅河三角洲平原與地中海域交會處附近。根據當時的思考邏輯，亞歷山大深信他在夢中所見正是一個預兆，於是就在那裡建立了這座注定沒落的城市。

他覺得那是個風景秀麗的地方。在那兒，沙漠的黃沙接連著海灘的白沙，兩種獨特的景致，同樣廣袤無邊、變幻莫測，都成了風的雕塑作品。他親自用麵粉勾勒出近乎完美的長方形外圍藍圖，標示了何處應興建公共廣場，哪些眾神得以進駐神殿，以及城牆界線落在何處。經過一段時日，小小的法羅島可望藉由一條長長的堤壩與三角洲相連，並成為世界七大奇景之一。

興建大業動工時，亞歷山大繼續征途，留下一小群希臘人、猶太人和牧羊人，此後長年定居在附近的村莊。依照每個時代的殖民慣例，埃及的原住民被列為階級較低的國民。

亞歷山大從此沒再見過這座城市。不出十年之後，他的遺體將返抵此地。然而，西元前三三一年，當他建立亞歷山卓時，年僅二十四歲，並自認天下無敵。

4

他年輕力盛，並且冷酷無情。前進埃及途中，他兩度擊潰尾隨在後的波斯國王軍隊。他占領了土耳其和敘利亞，宣布這兩國脫離波斯王國桎梏。他征服了巴勒斯坦和腓尼基；所有城市都無條件投降，唯有兩座除外：提羅（Tiro）和加薩（Gaza）。經過七個月圍城困戰之後，雙城棄甲認輸，而這位解放者隨即對他們施以酷刑處罰。戰敗的倖存者被釘在十字架上，沿著海岸排成一列；兩千具奄奄一息的軀體長長的排在海灘上。在這兩座城市，婦孺被當成奴隸販賣。亞歷山大下令將蹂躪百姓的加薩首長綁在一輛馬車後方，然後將他拖行至死，就和《伊利亞德》裡赫克托爾的屍體一樣。他一定覺得自己的生命也寫下了一篇史詩吧！偶爾，他會刻意模仿某個神態，某種象徵，甚或酷刑傳說。

但有些時候，他覺得對投降者以德報怨更能展現英雄氣概。當他擄獲波斯君主大流士三世時，卻對女眾表示尊重，並拒絕把她們當成俘虜占為己有。他下令宣示，她們可以繼續住在自家房舍，無須擔憂會受到驚擾，而且能保有私人衣物和珠寶。他也允許女性埋葬戰死沙場的親人。

當他走進大流士的皇宮時，映入眼簾的盡是黃金、白銀、雪花石膏，他聞到了沒藥和香料的香味，還有擺設的地毯、長桌和櫥櫃，多的是他在祖國馬其頓的小王宮沒見過的東西。他告訴朋友：「王者之尊，由此可見。」於是，這群朋友獻上一口箱子，那是大流士的資產中最有價值也最稀有的珍寶。「這麼貴重的箱子，該用來保存什麼呢？」他隨口問了身旁那群人。大夥兒輪流獻策：金錢、珠寶、香精、香料、戰勝的獎盃……。亞歷山大搖搖頭，沉默了半晌，隨後下令將他那本從不離身的《伊利亞德》放進了箱子。

5

他從來沒打過敗仗。他和其他戰士一樣，向來親上前線，面對沙場艱難，從不享受特權。二十四歲時，接替父親成為馬其頓國王，短短不到六年，已接連擊潰當時大多數的軍隊，並占領了波斯王國的財產。但他對此仍不滿足。他揮軍遠及裏海，穿越現今的阿富汗、土庫曼、烏茲別克，踩著積雪越過興都庫什山脈，接著越過一片流沙沙漠，直到現今的阿姆河。接下來，他來到希臘人從未踩過的土地（撒馬爾罕與旁遮普邦）。此時已無勝利的光輝榮耀，唯有漸漸陷入苦戰的身心疲憊。

希臘文有個字彙用來形容他的執迷：pothos。這是一種對於不存在或無法達成之事的渴望，這種渴望讓人備受折磨，因為它無法平息。這個字彙亦指單戀得不到回應的焦慮，以及對故人思念至極而產生的懺悔和痛苦。亞歷山大無法降伏為了逃避無聊和平庸而不斷遠征的渴念。他還不滿三十歲，卻已開始擔憂世界恐怕不夠大。如果有朝一日開疆闢土的大業結束了，他該怎麼辦？

亞里斯多德曾教導他，世界的邊境就在興都庫什山脈的另一邊，所以亞歷山大一心一意要抵達世界盡頭。親臨世界邊境的念頭，就像一塊磁鐵似地吸附著他。他能找到導師提過的那片廣大外海嗎？海水是否如瀑布般傾瀉到無底深淵裡？抑或，終點可能無形，不過是一片濃霧和泛白浮影？

然而，亞歷山大的軍隊飽受風雨摧折，疾病纏身，心情低落，根本不想繼續遠征印度。他們曾聽說過，過了恆河還有個不為人知的印度王國，並且幅員遼闊。看來，世界並沒有盡頭。一名麾下老將道盡由來已久的委屈：在年輕國王的命令下，他們長征數千公里，一路屠殺了至少七十五萬亞洲人。他們必須親自埋葬戰死沙場的同袍。他們忍受飢餓、酷寒、口渴，並橫越沙漠。許多人因不明疾病而死，簡直就像陰溝裡的死狗，要不就是肢體嚴重殘缺。少數倖存的士兵已不再擁有年輕時的戰力。如今，馬匹只能拖著疼痛的馬蹄一瘸一拐地前進，裝載補給的馬車幾度在途中陷入泥淖。甚至連繫帶環扣也已破損，糧食則因濕氣而腐爛。幾年來，他們一直穿著破了大洞的靴子行軍。他們想回家，他們想輕撫妻子，擁抱幾乎已不記得父親的孩子。他們想念土生土長的故鄉土地。如果亞歷山大決定繼續征戰行程，馬其頓部隊將不再跟進。

亞歷山大暴跳如雷，接著，他在飽受威脅的情況下走回營帳，就像《伊利亞德》開頭的阿基里斯。他開始打一場心理戰。起初，部隊士兵仍保持安靜，接著，他們情緒失控，竟膽敢對國王鼓譟叫囂。

爭鋒相對的狀況持續了兩天。最後，這個精實的部隊掉頭往歸鄉之路前進。這場仗，亞歷山大輸了。

馬其頓友人

托勒密從亞歷山大身上學會大無畏的氣魄。如果埃及憑其優秀的古文化而蔑視他，那就遷都亞歷山卓。如果他的百姓排斥創新，就讓大膽思想和科學遍布全國。

6

托勒密是亞歷山大出征探險的同袍兼密友。論及血統，他和埃及毫無關連。他出身馬其頓一個沒落的貴族世家，從未想過自己有朝一日會成為尼羅河富裕國度的法老王，畢竟他年近四十才初次踏上這裡的土地，完全不懂當地的語言、習俗和複雜的官僚體系。然而，亞歷山大輝煌的征戰成果卻是任何歷史分析家都無法預料的，至少在此之前無人能做此預測。

馬其頓人自視甚高，但他們也有自知之明，在他國眼裡，他們只是一個粗俗、落後且微不足道的國家。在那個由眾多獨立希臘小國組成的王國裡，他們的種系地位當然比不上雅典人和斯巴達人。當希臘王國內大部分城市國家嘗試較繁複的治國方式時，馬其頓仍堅守王室傳統，更糟糕的是，他們的方言艱澀難懂。曾有某位馬其頓國王打算參加奧林匹克競賽，主辦單位卻經過一再仔細審查後才批准參賽許可。換個方式說，他們其實不太情願承認這個國家是希臘王國的一員。世界其他國家根本就當他們不存在。在那個時代，東方是文明重鎮，歷史豐富；而西方仍是住著蠻夷的黑暗野蠻之地。在觀念地圖和地理偏見中，馬其頓只是文明世界的邊緣。大概僅有少數埃及人知道下任君主的祖國在地圖上的位置。

亞歷山大終結了這樣的歧視態度。他是個叱吒風雲的人物，所有希臘人視他為君主。因此，他成了國家象徵。希臘屈從於鄂圖曼土耳其的統治數百年，當時，希臘人民編織了許多傳奇故事，不外乎偉大英雄亞歷山大為了讓祖國脫離外國勢力的壓迫而復活。

拿破崙也是從偏僻的科西嘉島竄升為法國首領，接著毫不留情地橫掃歐洲：勝利是一本沒有歧異的護照。

托勒密一直是亞歷山大身邊的親信。他在馬其頓王國擔任王子隨從，而後跟隨他馬不停蹄地東征西討，並晉身國王特屬騎士軍團的一員，也是亞歷山大最信任的個人隨扈之一。恆河叛變事件之後，他漸漸認清了歸鄉之路何其艱難，甚至超乎原先的預期：霍亂、痢疾、猛虎、毒蛇和毒蟲接連狂襲，讓人苦不堪言。這支強忍熱帶濕熱氣候行軍的疲憊軍隊，慘遭印度河流域的村莊暴民群起強攻。回程的冬季，軍隊人數僅剩抵達印度時的四分之一。

歷經林林總總的勝利、磨難和死傷，西元前三二四年迎來一個苦樂參半的春天。托勒密和軍隊其他士兵在現今伊朗西南部的蘇薩城享受一個短暫的假期，亞歷山大心血來潮，決定大手筆辦個盛大慶典，節目內容還包括了他本人和麾下軍官的婚禮。那幾場持續五天的特別慶典期間，八十名將軍與其部屬結了婚，娶的都是波斯貴族女性，或許都是未成年女孩。他自己的妻妾名單也添了新名字——馬其頓習俗允許一夫多妻，新婚的妻子是大流士的長女和另一個出身東方權貴名門的女子。既是刻意誇耀，也是精心盤算，亞歷山大將婚宴慶典擴及整個軍隊。一萬名士兵因為與東方女子聯姻而獲得皇室贈禮。這是他為了促進跨族聯姻而做的努力，如此盛大規模，此後已不復見。亞歷山大一向熱中於多元種族王國的理念。

托勒密在蘇薩的集團婚禮中也參了一腳。他娶的是一個富有的伊朗總督之女。他和大部分軍官一樣，或許寧可領個戰績勳章，然後很單純的連續狂歡五天就好。一般而言，亞歷山大軍隊的士兵並無深厚的同袍情誼，更不想和不久前才在沙場上大肆殺戮的波斯人結親。在這個新興王朝裡，在民族主義和文化融合相互拉扯間，一股即將掀起風暴的暗潮正在形成。

亞歷山大來不及捍衛自己的理念。隔年初夏，他在巴比倫去世，年僅三十二歲，死前飽受高燒折磨。

7

年邁的托勒密在亞歷山卓口述回憶錄，電影中安東尼·霍普金斯演繹他的神情，他對著猶太書吏告白的是個終生糾纏摧折他的秘密：亞歷山大並非因自然因素死亡。他和其他軍官把他毒死了。

這部二〇〇四年上映、由奧利佛．史東執導的電影《亞歷山大帝》，把托勒密塑造成一個陰沉的人物、希臘版的「馬克白」，由一個服從亞歷山大的忠誠戰士，最後卻成了弒主兇手。及至電影結尾，這個角色摘下了面具，出現的是一張陰暗的臉龐。這樣的情況可能發生嗎？或許我們應該這麼想：如同《誰殺了甘乃迪》一片，奧利佛．史東旨在暗示這是一場陰謀論？以及世人對被暗殺領袖的過度想像？

可以確定的是，西元前三二三年，亞歷山大的軍官群情激憤，牢騷滿腹。當時，軍隊裡大部分士兵是伊朗人或印度人。亞歷山大允許蠻夷從軍，甚至納入菁英部隊成員，有些甚至還受封貴族。他深為荷馬推崇的價值而著迷，試圖招募優良的精銳部隊，而種族問題並不在考慮之列。他的老戰友對這項政策反感厭惡。只是，有必要為了這件事摧毀堅固的忠誠，並冒著極大的風險除掉自己的君主？

我們永遠無法確定亞歷山大是否遭人謀殺或死於傳染病（例如，霍亂或單純的流感），畢竟在多年的征戰中，他曾在九個地方身受重傷，身體一直承受著近乎不人道的過勞狀態。當時，他的猝逝成了王位繼承奪權戰中的一項利器，爭奪王位者毫無顧忌地指責對方涉及暗殺行動。國王被毒死的流言快速遠播；這是所有可能死因中最令人震驚也是最戲劇化的版本。在充斥著各種統戰文宣、指責謾罵和奪權欲望的糾葛中，歷史學家無法解開謎團，頂多只能衡量各種假設的優劣罷了。

托勒密這個人物，或是忠誠盟友，或是陰險叛徒，依舊困於一片陰暗中。

8

佛羅多和山姆，這兩個哈比人，來到位於魔多西側山麓西力斯昂哥的險惡通道。為了克服恐懼，兩人聊起了意料之外的歷險生涯。這是托爾金的著作《魔戒》第二卷《雙城奇謀》即將進入緊張懸疑的結尾前的一個段落。山姆最大的享受是可口的美食和精采的故事，他說：「嗯……有一天，咱們倆說不定會被寫進歌詞或傳說裡呢！當然，我們現在就已經是傳奇啦！但是我的意思是說，我們的故事說不定會化成文字，讓人坐在壁爐邊朗讀，或是，很多很多年以後，變成以黑字和紅字印成的大部頭小說。然後，人們可能會說：沒錯，這是我最喜歡的故事之一。」

這就是亞歷山大的夢想：把自己變成傳奇，進入書本中，成為永遠的回憶。他確實做到了。他短暫的一生在東方和西方都是神話，《可蘭經》和《聖經》都有對他的回響。亞歷山大死後數百年間，在亞歷山卓，人們仍傳誦著一個關於他的旅行和冒險的精采故事，以希臘文寫成，後來譯成拉丁文、敘利亞文和其他數十種語言。這就是我們後來所知的《亞歷山大小說》（*La Novela de Alejandro*），經過不斷地改編和刪減而流傳至今。內容語無倫次，外加凌亂無章，有些學者認為，除了某些宗教性的篇章之外，這本書是進入現代世界之前最多人閱讀的一本書。

到了西元二世紀，羅馬人把他的名字添了Magno（偉人）這個外號。反之，瑣羅亞斯德（Zoroastro）的追隨者卻稱他「該死的亞歷山大」。他們永遠不會原諒他，因為他焚毀波斯城（Persépolis）皇宮，國王的圖書館也被燒得精光。被燒燬的藏書當中，還包括瑣羅亞斯德教神聖的經典《波斯古經》，虔誠教徒後來必須憑記憶重寫這部經典。

亞歷山大的明暗對比和矛盾也反映在古文明時代的歷史研究，史學家對他有各種不同的描述。阿里安（Arriano）為之著迷，庫爾提斯（Curcio Rufo）發現了他的陰暗面，普魯塔克無法抗拒任何令人激昂的軼事，不論好壞。他們都對他充滿幻想。他們順從了自己的作家本能，嗅出了精采故事的本質，卻把亞歷山大的傳記寫得更像虛構小說。羅馬時代的一位旅行家兼地理學家曾語帶嘲諷地說道，撰寫亞歷山大相關作品的人，向來寧捨事實，卻盡書豐功偉業。

當代歷史學家的觀點則取決於其本身的理想主義程度，以及他們撰寫的時代。二十世紀初，英雄人物仍普受敬重；經過二次世界大戰、納粹大屠殺、原子彈爆炸和去殖民化，人們又回復比較懷疑論的態度。如今，有些作者把亞歷山大徹頭徹尾檢視了一番，診斷了他對受害者展現的狂妄、暴戾、殘酷和無情。有些人拿他和希特勒相比。論戰一直在持續中，側重的是各種細膩的新詮釋。

讓我最驚奇也最著迷的是，流行文化從未當他是古代化石而鄙棄他。我曾在一些完全意想不到的地方遇見過亞歷山大的鐵粉，隨手就在餐巾紙上畫出他帶軍征戰的速寫。以他為名的歌曲仍被傳唱著。巴西的創作歌手卡耶塔諾．費洛索在其專輯《Livro》（書籍）中獻給他〈Alexandre〉這首歌，而英國樂團「鐵娘子」則創作了〈Alexander the Great〉（亞歷山大大帝）這首曲子，公認是樂團的傳奇佳作之一。重金屬搖滾對此議題有近乎神聖的狂熱：這個來自萊頓的樂團未曾現場唱過這首歌，粉絲間早已謠傳，他們可能只在今生最後一場活動才會演唱。

在世界各地，人們仍持續為自己的孩子取名西班牙文版的亞歷山大Alejandro，或是阿拉伯版本的Sikander，以此紀念這位戰士。每年有數以百萬的產品印上他的肖像，全都是亞歷山大本人不知道怎麼使用的東西，例如：T恤、領帶、手機套或電玩。

亞歷山大，一個追捕永恆的獵人，已經寫下了他夢寐以求的傳奇。然而，如果各位要問我，（如同托爾金曾說過的）哪個才是我最喜歡坐在壁爐前閱讀的故事，我選擇的不是他的光榮戰績或行旅遊歷，而是亞歷山卓圖書館的非凡歷程。

9

「國王駕崩！」一個巴比倫書吏指著星象盤說道。出乎意料地，這份文件幾乎完整留存至今。那是西元前三二三年六月十日，不需要閱讀解盤文字都能嗅出危險時期已經開始。亞歷山大留下兩個屈居弱勢的繼業者：一個是同父異母的弟弟，一般認為他根本就是個白癡，另一個是尚未出生的兒子，懷著孩子的是蘿珊娜，他的三位妻子之一。那位巴比倫書吏，精通歷史和王室運作，當天他在午後解盤預言時，大概已經想到王位繼承引發的一連串血腥混戰。當時，許多人最懼怕的就是這件事，偏偏它就發生了。

血戰衝突很快就開始。蘿珊娜殺死了亞歷山大另外兩位遺孀，以此確保她的孩子不再有競爭對手。握有大權的馬其頓將軍們則相互宣戰。時經多年，在一場又一場的殺戮中，幾乎所有王室成員無一倖免：那位白癡弟弟、亞歷山大的母親，還有他的妻子蘿珊娜，以及她那個未滿兩歲的兒子。

在此期間，王朝解體。塞琉古曾是亞歷山大的軍官之一，他把征服印度所得的土地賣給一位當地首領，價錢令人難以置信，竟是五百頭戰象，藉此繼續對抗他的馬其頓敵手。數十年間，馬其頓軍隊已成最精良的部隊。歷經多年的衝突、惡鬥、復仇，以及許多被屠殺的生靈，戰後三雄鼎立：塞琉古稱霸亞洲、安提柯統治馬其頓、托勒密治理埃及。三者之中，唯一免於慘死命運的是托勒密。

接著，托勒密定居埃及，並在此度過餘生。此後數十年，為了穩固王位，他不惜和昔日戰友血戰交火。而在馬其頓內鬥戰事稍微平息的空檔，他試著好好認識自己統治的廣大國度。一切都是如此令人驚奇：金字塔、聖䴉、沙漠風暴、沙丘、駱駝隊、動物頭像的怪神、宦官、假髮和光頭、慶典時的大批人潮、聖貓、殺人屬於犯罪行為、階級制度、皇宮儀式、超大規模的神殿、祭司的龐大權力、被三角洲拖著出海的烏黑尼羅河流、鱷魚、以亡者屍骨灌溉而豐收的平原、啤酒、河馬、除了破壞者之外別無其他生命存在的沙漠、薰香、木乃伊、禮儀化的日常生活、對於歷史的熱愛，以及對死者的崇敬。

托勒密一定覺得困惑、迷惘且孤獨。他對埃及文一竅不通，主持皇宮儀式笨手笨腳，並懷疑朝臣都在背後取笑他。不過，他從亞歷山大身上學會大無畏的氣魄。既然看不懂這些符號，那就創造其他的。如果埃及憑其優秀的古文化而蔑視他，那就遷都亞歷山卓——這是唯一沒有歷史的城市，並將它變成整個地中海區域最重要的中心。如果他的百姓排斥創新，那就讓大膽思想和科學遍布全國。

托勒密投注了大部分財富，興建了亞歷山卓博物館和圖書館。

懸崖邊的平衡：亞歷山卓圖書館和博物館

「地球，就是我的！」收集書籍是另一種形式的擁有世界，是象徵性的、精神性的，也是平和的。每一座圖書館就是一趟旅行；每一本書都是一本沒有期限的護照。

10

雖然沒有任何憑據，但容我大膽推測，建造一座通用圖書館這個想法，早在亞歷山大心中萌芽了。這個計畫符合其雄心壯志，並展現了他渴望全面性的特質。亞歷山大早期頒布政令時曾這樣說道：「地球，就是我的！」收集所有書籍是另一種形式的擁有世界，且是象徵性的、精神性的，也是平和的方式。

收藏書籍的熱情和旅行的狂熱很類似。每一座圖書館就是一趟旅行；每一本書都是一本沒有期限的護照。亞歷山卓足跡遍布非洲和亞洲，隨身總是帶著他那本《伊利亞德》，根據歷史學家的說法，這本書提供解惑之道，並滿足了他不斷超越自己的渴望。這部史詩，彷彿一個羅盤，為他開展了許多未知的道路。

身處亂世時，擁有書籍就是在懸崖邊的平衡動作。這個結論來自於華特．班雅明精采至極的散文《打開我的圖書館》（*Ich Packe Meine Bibliothek aus*）。「翻新一個舊世界：這是收藏家亟欲獲取新事物時最深切的渴望。」班雅明這樣寫著。亞歷山卓圖書館是一部神奇的百科全書，聚集了古代的智慧和小說，許多作品因此免於散佚的下場。不過，它也孕育了一個全新的世界，由此發展出通往未來的路徑。

以往的圖書館都是私人所有，並且專門收藏對主人有用的藏書。甚至屬於學校或各行各業專業團體的圖書館，也只是作為私人用途的機構。型態最接近亞歷山卓圖書館的前一座是位於尼尼微的亞述巴尼拔圖書館，位於今日的伊拉克北部，僅供國王使用。亞歷山卓圖書館藏書多樣而完整，包括各種題材的書籍，作者來自當時所知的地理概念下的世界各地。對於所有亟欲求知的人，任何國籍的研究學者，以及滿懷文學抱負者，這裡的大門總是為他們而敞開。這一類型的圖書館，這是第一座，幾乎收集了當時存在的所有書籍。

此外，它已很接近亞歷山大理想中的混血王國。這位年輕的國王曾經娶了三位外國女子，並生下了帶有蠻夷血統的孩子，根據歷史學家西西里的狄奧多羅斯的敘述，亞歷山大打算將歐洲百姓遷移到亞洲，反之亦然，藉此在兩洲之間建立友誼和親族的和樂世界。這項計畫是蠻橫暴力和兄弟情誼的怪異結合，因為他的英年早逝，終究未能成真。

這座圖書館打開了外在世界的廣闊視野。他們廣納其他語言最重要的作品，並譯成希臘文。一位拜占庭專書作者描述了當時的情景：「每個村子招募智者，這些人，不僅專精自己的語言，並精通希臘文；每個小組受託相關語言的文章，所有翻譯就是這樣完成的。」猶太教的《妥拉》希臘文版本就是當時完成的，亦即《七十士譯本》；伊朗文譯本的作者則是瑣羅亞斯德，兩百多萬個句子，全部是數百年後以紀念活動般靠記憶重組而成。一位名叫曼涅托的埃及祭司為圖書館編列了法老王朝名單及其戰績，始於神話時期，直到亞歷山大征服埃及。為了以希臘文撰寫這部埃及簡史，他廣泛查證、諮詢並摘錄數十座神廟保存的原始資料。另一位雙語祭司貝洛索專精於楔形文學，傾全力將巴比倫傳統譯成了希臘文。圖書館裡少不了關於印度的專業著作，內容取材於當地，作者是希臘駐印度北方恆河畔的波吒釐城王朝大使。如此規模的翻譯工程，堪稱空前。

這座圖書館實現了亞歷山大夢想中最美好的部分：追求廣泛性、求知的渴望、超凡的包容力。亞歷山卓圖書館裡已無疆界藩籬，在那裡，希臘人的文字總算能和猶太人、埃及人，以及印度人和平共處。心靈疆域或許是唯一能殷勤招待所有人的地方。

11

坐擁所有書籍這個想法，波赫士也為之著迷。

波赫士的短篇小說《巴別塔圖書館》（*La Biblioteca de Babel*）帶領我們進入了一座奇蹟般的圖書館，一座充滿夢想和文字的迷宮。然而，我們隨即發現，那個地方令人忐忑不安。在那兒，我們領略到自己的幻想如何沾染了惡夢，並轉化為現代恐懼的神諭。

這個宇宙（他人稱之為圖書館），波赫士說，是有史以來最巨大的蜂巢。它由無數一模一樣的六角形長廊組成，相互之間以螺旋梯串聯。在每個六角長廊空間裡，目下所見是檯燈、書架和書籍。左右兩側的平台各有一個房間，一間用來站著打盹，另一間是小便池。至此，所有需要一應俱全：光線、閱讀和廁所。走道上有詭異的職員來回走動著，敘述者是其中一位，他把這些人定義為不完美的圖書館員。在那個無盡的幾何空間裡，每位圖書館員負責特定數量的長廊。

圖書館裡的藏書都具備了二十三個字母和兩個標點符號的組合，換言之，所有語言能夠想像和表達的內容，包括被記得的和被遺忘的。因此，敘述者告訴我們，在書架上的某一處，存放著你的死亡紀事。還有，敘述詳盡的未來歷史、圖書館的真實目錄，以及數以千計的假目錄。蜂巢裡的居民遭遇了和我們相同的侷限性：他們只能掌握數種語言，而且生命短暫。因此，一個人要在浩瀚無垠的書籍隧道裡尋得他要找的書，甚或一本他能理解的作品，就統計學上的可能性來說簡直微乎其微。

而這就是極大的矛盾所在。在蜂巢裡的六角形空間內，漫步其中的有尋書者、神祕主義者、激進的破壞狂、意圖自殺的圖書館員、朝聖者、偶像崇拜者和瘋子。卻未見任何人正在閱讀。在那數量多到令人筋疲力盡的茫茫字海中，閱讀的樂趣已然消失。人們所有的精力皆耗於尋覓和釐清。

我們可以簡單的如是理解，這個嘲諷故事以聖經和藏書癖傳說為出發點，故事裡的建築靈感則來自於皮拉奈奇的監獄版畫或埃舍爾的無盡的階梯。然而，對當今的讀者而言，巴別塔圖書館令我們著迷的卻是它如先知譬喻般的鋪陳了虛擬世界、毫無節制的網路、資訊和文字交織的龐大網絡、搜尋引擎演算法操控過濾的……，在那個世界裡，我們都成了迷走在迷宮裡的幽魂。

在這部與時代不符的驚奇之作中，波赫士預示了現今社會。這個故事確實具備了當代直覺：電子網絡，一種我們現在稱之為網路的概念，其實是複製了圖書館的功能。網路發展之初，懷抱的是鼓舞世界對話的夢想。他們必須為文字建構空中途徑、道路和路線。每篇文章都需要引文出處——一個連結，藉由這個連結，讀者可以在世上任何角落的任何電腦上找到這篇文章。負責發展網路結構概念的科學家提摩西．柏內茲—李（Timothy Berners-Lee），當初即從公立圖書館井然有序且靈活的空間裡尋找靈感。他模仿圖書館機制，賦予每個電子檔案專有網址，並且只允許從另一台電腦找到它。接著，柏內茲—李設計了超文本傳輸協議，更為人熟知的是其縮寫符號http，就跟我們填寫申請單要求圖書館員幫我們找書一樣。網路是圖書館的一種擴展——空間倍增、廣大且空靈。

我不禁想像，進入亞歷山卓圖書館的經驗，大概就像我初次優游網路的感覺一樣：在那個無盡的空間裡，除了驚異就是暈眩。我似乎看見了一個甫從亞歷山卓登陸的旅人，下船後即快步前往藏書之處，那是一個和我一樣的重度讀者，近乎盲目地熱愛閱讀，才剛瞥見圖書館門廊，卻已開始憧憬各種令人興奮的可能。在我們這個時代，每個人或有同樣的想法：沒有任何一個地方像這裡一樣積聚了這麼多訊息，這麼多各式各樣的知識，以及這麼多足以讓我們體驗生活恐懼和喜悅的故事。

12

讓我們回到過去。圖書館還沒個影兒。托勒密誇口要在埃及建立偉大的希臘首都，遭遇的卻是齷齪不堪的現實。建城二十年後，亞歷山卓仍是建設中的小城，居民多是軍人和船員，人數有限的一小群官僚為了對抗混亂而疲於奔命，處處可見奸商、罪犯、冒險家，以及靠著花言巧語在這個處女地碰運氣的騙徒。希臘建築師建造的筆直街道，汙穢惡濁，到處飄散著屎尿味。奴隸們背上布滿鞭痕。城市的氛圍就像西部電影，充滿暴力、活力和掠奪。初春一到，致命的坎辛風橫掃全城，多年後，拿破崙和隆美爾的軍隊也領教了這種沙漠風暴。在遙遠的天邊，坎辛風暴彷彿漫天血漬。接著，黑暗抹去天光，沙塵開始侵略行動，築起了令人窒息且導致眼盲的一道道沙牆，然後從裂縫鑽入房舍，使人鼻喉乾燥，並侵入雙眼，許多瘋癲、絕望和犯罪由此而生。沙塵狂暴歷經數小時，而後夾帶著駭人的風聲嘶吼地從海上揚長而去。

托勒密仍決定在這裡建立自己的王朝，並打算延攬當代最優秀的科學家和作家到那片不毛之地。

一連串瘋狂工程開始了。他建造一條水道，讓尼羅河連結馬里奧特湖和海洋。他還下令在海邊蓋了一座皇宮，作為屏障的堤壩是在圍城戰爭中陷入壕溝的巨大堡壘，那是一座僅允許極少數人入內的小型禁城，一個在幾乎不可能成形的城市意外稱帝的君主則定居於此。

為了築夢，他花了好多好多錢。托勒密的領土面積在亞歷山大王國中並不是最大的，卻是最豐饒富庶的。埃及曾是富裕的同義詞。尼羅河畔的沃土提供豐富的小麥收成，這是當時足以呼風喚雨的商品，就像今天的石油一樣。此外，埃及還外銷了當時書寫需求最主要的材料：莎草紙。

紙莎草林的地下莖深埋在尼羅河水中。長莖粗如成年男子的手臂，高度可達三至六公尺。纖維極具彈性，窮人用它編成繩索、地蓆、涼鞋和籃子。古代的故事是這樣寫的：「以紙莎草做成，外塗瀝青，小小摩西的母親就是用這樣的小籃裝著他遺棄在尼羅河畔。」西元前三千年，埃及人發現紙莎草能製出用來寫字的介質，及至西元前一千年，這項發明已擴展到中東各國。許多個世紀以來，希伯來人、希臘人，以至於後來的羅馬人，都是在莎草紙卷寫下他們的文學。隨著地中海地區人民識字率漸增，民智漸開，莎草紙的需求量越來越大，價格也持續攀高。這種植物在埃及之外極為少見，於是，一如今日智慧型手機所需的鈳鉭鐵礦，莎草紙成了非常有力的戰略籌碼。後來甚至出現了一個強大的批發市場，透過非洲、亞洲和歐洲批發行銷莎草紙。埃及歷任國王獨占了莎草紙的生產和銷售；埃及語言的專家們認為，莎草紙「papiro」這個字和法老王「faraón」源於同一個字根。

讓我們試著想像每天早上法老的工廠運作情形；一群國王御用的工人，清晨即來到河畔收割紙莎草，沙沙的腳步聲喚醒了沉睡的鳥群，忽地從草叢裡一飛而散。這群男人在涼爽的清晨上工，到了中午則把採收的紙莎草大把大把地抱到規模龐大的工廠裡存放。他們以精準的動作將作物剝了皮，並切成三十至四十公分長的細條。接著，細條攤放在平板上，第一層整齊直放，第二層再平行橫放疊上去。然後，工人會拿著木槌不斷敲打這兩層紙莎草細條，溢出的漿液正好作為天然凝固劑。接下來，他們以浮石或貝殼將薄片的表層磨平。最後，他們在紙莎草薄片邊緣塗抹麵糊，然後一片又一片接起來，最終變成長條狀，並捲起來存放。一般多是連接大約二十張薄片，並仔細磨光表層，使其成為平滑表面，以免妨礙了書吏的書寫。商人不出售零散的薄片，而是成卷販賣；需要寫封信或一份簡短文件時，切下所需的長度即可。莎草紙卷寬約十三至三十公分，通常可見的長度則在三．二至三．六公尺之間。不過，它的長度變化之大，就跟我們的書籍頁數一樣。舉例來說，大英博物館埃及館的館藏中，「哈里斯莎草紙書」原長度達四十二公尺。

莎草紙卷稱得上是難以置信的大躍進。經過許多個世紀的尋尋覓覓，人類嘗試在石塊、黏土和金屬上書寫，至此，語言終於在鮮活的材質上找到歸宿。史上第一本書的誕生，就是這種水生植物的精髓庇護而成，雖然文字僅勉強成形。有別於祖先的死板僵硬，書本從一開始就是靈活而輕巧，並且適用於旅行和冒險。

羽根沾上墨汁在莎草紙卷內寫下長篇文章……這樣的書籍將慢慢抵達即將成形的亞歷山卓圖書館。

13

亞歷山大大帝死後，麾下的將領仍對他迷戀不已。他們模仿他的神情、衣著、他常戴的帽子，以及他點頭的姿態。他們繼續以他喜愛的方式舉辦盛宴，並以其肖像鑄造錢幣。國王一位昔日同袍蓄起一頭大波浪長髮，為了看起來更像他，甚至刻意披頭散髮。歐邁尼斯將軍信誓旦旦，亞歷山大曾出現在他的夢裡，並且和他說了話。托勒密則故意散播謠言，把自己說成了亞歷山大同父異母的兄弟。有一次，幾位互相為敵的繼業者，竟同意齊聚營帳內，主導集會的是空出的王位和已逝君主的權杖；議論過程中，這幾人總覺得已故君主仍指引著他們。

所有的人都想念亞歷山大，大家都曾與其幽靈相遇，但在此同時，他們也忙不迭地瓜分侵占他遺留的龐大王國，並接連殲滅他的近親，完全背離了曾經將他們團結為一體的忠誠。這一類的愛恨交織，王爾德在《瑞丁監獄之歌》（*The Ballad of Reading Gaol*）這樣寫著：「人人弒其所愛。」

懷念亞歷山大的爭奪戰中，托勒密以狡猾奸詐占了上風。他最受矚目的瘋狂舉動莫過於占據英年早逝的君主遺體。他比任何人都清楚，展示這位君主的遺體，具有難以衡量的象徵性價值。

西元前三二二年秋天，隊伍浩浩蕩蕩從巴比倫前往馬其頓，打算將亞歷山大安葬故鄉。他們護送的遺體，塗抹了蜂蜜和香料，安放在黃金棺材內，至於靈車，根據形容，就像嬌柔俗豔風格的華蓋，紫色簾幕、流蘇、金雕、刺繡，外加皇冠。托勒密和當年跟著他作戰的一位軍官建立了密切友誼。藉由這位密友的協助，他的隊伍得以取道前往大馬士革，避開了一批打算劫棺的大批軍隊。佩爾狄卡斯將軍當時已在馬其頓備妥皇室陵寢，得知亞歷山大遺體被劫走時，氣得咬牙切齒，隨即揮軍進攻埃及，可惜在一場激烈譁變後被自己手下的將領殺死。托勒密贏了這場比賽。他把亞歷山大遺體運回亞歷山卓，並停放在一個開放的陵墓供民眾瞻仰，就像列寧遺體在莫斯科紅場展示那樣，成了亡靈觀光最具吸引力的焦點。羅馬帝國開國君主奧古斯都曾前往弔祭，他在石棺的玻璃蓋上放了花環，並要求輕撫遺體。根據某些流言蜚語，當他打算親吻遺體時，卻突然斷了鼻梁（親吻木乃伊總有相當程度的風險）。石棺曾在一次嚴重的暴動中被破壞，暴民將亞歷山大遺體抬走，但是遍查蛛絲馬跡，考古學家至今仍未尋獲墳墓的蹤跡。有人認為，遺體最終的下場符合亞歷山大的世界主義風格——切割分塊，然後變成數以千計的護身符，遍灑在他征服過的廣大世界。

據說，奧古斯都親赴陵墓弔祭亞歷山大時，有人問他是否也探訪了托勒密家族的陵墓。他這樣回應：「我是來見一個君王，不是來看死人。」一語道破繼業者，亦即亞歷山大繼承者亂象，所有人都覺得這是一群平庸的候補者，令傲世傳奇平添汙點。這幾人欠缺真正的天賦，唯有努力建立和已故君主的關連才能真正受人尊敬。因此，他們竭盡所能把自己打扮成亞歷山大的模樣，並希望被誤認為所模仿的對象，就跟現代專業的貓王模仿者一樣。

在這場模仿和類比的遊戲中，托勒密也希望能像亞歷山大一樣，延攬亞里斯多德成為兒女的導師。只是，哲學家已於西元前三二二年去世，只比他那位名聞天下的學生晚了幾個月。降格以求讓托勒密大失所望，因此，他派特使到雅典的亞里斯多德學園，以豐厚的薪資招募當時最傑出的智者賢達。其中兩人接受了這份工作；一位負責教導王子們，另一位則規畫管理大圖書館。

這位肩負找書和整理書籍大任的是法勒魯姆的德米特里。那個時代仍不存在於世的圖書館員這項職務，就是由他草創而成。他在年輕時期即已具備學術和領導才識。他本是學園的學生，後來投身政治長達十年。當時在雅典已建立理智系統規畫的第一座圖書館：亞里斯多德的著作全集，別稱《讀者》（*El Lector*）系列。亞里斯多德在其超過兩百部的專著當中，試圖找出世界和哲學的相關連結（物理、生物、天文學、邏輯學、倫理學、美學、修辭學、政治學、形上學）。在恩師的藏書和各項分類著作中，德米特里大概早已悟出，坐擁書籍是走鋼索時的平衡桿、亂世中的一座祥和殿堂、一座美好的沙雕。圖書館是我們維護早已遺忘之物的巢穴，是世界的回憶，更是一座抵擋歲月狂流海嘯的防波堤。

德米特里將亞里斯多德思想引進埃及，在當時堪稱西方科學先鋒。世人常說，亞里斯多德教導了亞歷山卓人如何規畫一座博物館。這句話不應照字面解讀，因為這位哲學家從未去過尼羅河國度，他的影響力輾轉抵達此地，多虧了這個為了逃避政爭而移居這座新興城市的得意門生。然而，有心大展身手的德米特里，還是抵抗不了托勒密王朝陰謀盤算。合謀共事後卻下場悽慘，最後被捕。但是，他在亞歷山卓時期卻留下了永恆的足跡。因為他，一個幽靈保護者駐足大圖書館；那是亞里斯多德的靈魂，那個狂熱的愛書人。

14

每隔一陣子，德米特里必須就自己的工作進度向托勒密上呈報告，開頭這麼寫著：「敬呈皇上殿下，德米特里上書。臣遵照指示增添大圖書館藏書，為達目標，尚缺書籍，過往遺賤賣之書亦多有未能適切取回，臣將全力以赴，並在此向您呈報相關費用。」

這可不是一件容易的差事。若非跋涉千山萬水，幾乎無法取得希臘文書籍；國內縱有大量卷書保存在各神殿、皇宮和氣派宅邸內，但是在埃及，托勒密始終不肯放下身段學習百姓的語言。唯有王朝末代女王克麗奧佩脫拉七世例外，根據見證者的說法，她精通多國語言，能夠流暢地以法老語言交談和閱讀。

德米特里派出一群特使，糧食齊備、腰繫武器，一行人前往位於愛琴海和希臘之間的安納托利亞島，目的是獵尋希臘文書籍。我在前面提過，在那個年代，駐守海關的軍官接受指示，要求停靠亞歷山卓港口的所有船隻註冊，並強迫徵收在船上找到的任何著作。所有剛買來的或沒收的書卷，一律送往幾處倉庫，德米特里的助手群就在那裡鑑定文件，並分類列出清單。那些書都是圓筒形的莎草紙書，沒有封面，也沒有書脊，當然也不會有封底，也不會有那條讓我們用來標籤精采或疑惑內容的豔紅色緞帶。想要一眼就能分辨卷書內容是極其困難的事。如果有人同時擁有十來部卷書，並想經常查閱內容，真的麻煩透頂。對於一座圖書館而言，這個問題是最大的挑戰，只能以不盡完美的方式去克服。將這些卷書置放在架上之前，他們先在每一部卷書頂端插上一片小指示牌（還非常容易脫落），牌子上標示了作者、作品名稱和書籍出處。

據說，國王某次視察大圖書館時，德米特里建議在館藏中加入猶太法規書籍，並且是嚴謹的版本。「那麼你還猶豫什麼呢？」國王這樣問道，畢竟早已決定由他全權處理即可。「這些書需要翻譯，因為都是以希伯來文寫成。」

當時僅有少數人通曉希伯來文，即便在耶路撒冷也一樣，當地居民大多使用阿拉米語，也就是幾個世紀之後耶穌講道的語言。亞歷山卓的猶太人勢力強大，在城裡盤據了一個完整區域。這時候，他們開始將自己的神聖經典翻譯成希臘文，不過，速度緩慢，而且僅取片段。虔誠的正教徒對此革新非常反彈。在當時的猶太教堂裡引發了熱議，這就像是問西班牙天主教徒在彌撒結束時是否以拉丁文祝禱一樣。因此，如果圖書館負責人想要完整且精準的《妥拉》譯本，他得自己設法完成。

按照傳統程序，德米特里獲准寫信給以利亞撒，當時的耶路撒冷祭司。他以托勒密的名義請求他指派一群博學的法學專家，同時需具備翻譯能力。以利亞撒對此樂觀其成，並讓專家帶著禮物同行。長途跋涉一個月，一行人穿越了熾熱的西奈沙漠，七十二位希伯來智者抵達埃及，各支族派出六人，個個都是專精猶太教義的佼佼者，他們被安置在法羅島上的一幢宅邸，鄰近海灘，「完全浸淫在寂靜平和的環境中」。為了確定他們的工作進度，德米特里偶爾帶著手下來訪。在這個寧靜的地方，據說，他們在七十二天內完成了《妥拉》的譯本，然後就打道回府了。因為這個典故，希臘文版本的聖經又稱《七十士譯本》。

一位名叫阿里斯特亞斯的人記述了這些軼事，他宣稱自己確實經歷了這些事情。如今眾所周知的是，這是一份捏造的文本，但這篇寓言確有史實穿插其中。世界正在蛻變中，而亞歷山卓正是世界的一面明鏡。希臘文正逐漸演變成新的世界通用語。當然，在此所指的不是尤里比底斯和柏拉圖使用的那種語言，而是一種比較通用平易的版本，當時的人稱之為koine，類似我們度假時在機場和飯店用以溝通的簡易版英文。馬其頓的君主們決定在整個王國境內推展希臘文，以此作為政治和文化霸權的象徵，希望參與時局的人，非得學會它不可。然而，亞歷山大致力推展的某種普及性特質和亞里斯多德學派，卻也深陷在恃才傲物的沙文主義裡。他們也知道，必須了解新百姓，才能收服民心。從這一點來看，王室付出大批金錢和人力翻譯新百姓的書籍，實為用心良苦，尤其是宗教典籍，那是指點迷津的地圖。亞歷山卓圖書館的誕生，不只為過往和文化提供了棲息處。它也是社會的尖兵，我們可視之為當前所見的全球化。

15

這個全球化的雛形稱作「希臘化時代」。從安納托利亞島到旁遮普邦，希臘習俗、信仰和共同的生活型態，已在亞歷山大征服的疆土生了根。希臘建築的仿作，就連遙遠的利比亞和爪哇島都看得到。希臘語一直是亞洲人和非洲人溝通的語言。普魯塔克堅信，在巴比倫，人們閱讀荷馬的作品，他也深信，分別位在當今的巴基斯坦、阿富汗和伊朗的波斯、蘇薩和格德羅西亞，當地孩童傳唱著蘇福克里斯和尤里比底斯的悲劇。藉由經商、教育和異族通婚，大半個世界開始了一場所謂的文化同化實驗。從歐洲到印度，許多城市的景致呈現了一些辨識度很高的特質：道路寬廣的棋盤式街道、廣場、劇院、體育館、希臘碑文和以三角楣裝飾的神廟等。這些都是那個帝國主義的標誌，如同現今的可口可樂、麥當勞、霓虹燈招牌、購物中心、好萊塢電影、蘋果電腦產品，它們把世界標準化了。

一如現代社會所見，當時亦有不滿狂潮席捲各處。在那些被征服的領土上，許多百姓堅拒侵略者的殖民統治。不過，憤憤不平的希臘人也大有人在，他們懷念貴族獨立統治的時代，無須適應來自各方的新族群。啊！已逝的往日時光何其美好！突然間，每個角落竟冒出了邋遢的外國人。在那個領土無疆的世界裡，移民持續成長，自由勞動市場的薪資水平卻因為東方奴隸而下降。對於他人，對於相異事物，人們的恐懼日益強烈。一位名叫阿皮翁（Apion）的埃及語言學家曾大發牢騷，因為猶太人占據了亞歷山卓鄰近皇宮的精華區域，此外，希臘人米利都的歷史學家阿布德拉的赫卡塔埃烏斯（懷疑論者）曾在托勒密時期造訪亞歷山卓，對於仇視猶太人的現象頗感惋惜。族群間的摩擦也時有所聞，有時甚至血腥殘暴。歷史學家狄奧多羅斯就曾敘述：一大群暴戾的埃及人私刑處死一個外國人，因為他殺死了一隻埃及人視為聖獸的貓。

各種改變挑起了不安。許多希臘人數以百年來住在自治小城裡，卻突然被併入龐大的王朝。各種焦慮逐漸蔓延：徹底失根，自覺被取代，過於龐大的世界讓人生活迷失，屈居於遠方外來勢力的統治……。個人主義因而發展成形；孤獨的感受逐漸加劇。

希臘文明具有以下這些特質：痛苦、輕浮、戲劇化、激動、面對快速轉變常感驚愕惶惑，也具有矛盾性的動力。在此引用狄更斯的話來解釋：「那是最好的時代，也是最壞的時代。」他們能同時將懷疑論和迷信發揚光大，還有好奇心和偏見，包容和對立。有些人開始自認是世界公民，同時卻也有另一群人更加擁護民族主義。各種思想普獲回響，並超越國界廣為流傳，輕易就地融合。折衷主義大獲成功。斯多葛主義在整個希臘化時期和羅馬帝國時代普受推崇，教導人們心靈平和、斷除欲望和強化內心，藉此免於痛苦折磨。東方的佛教幾乎與這個靈修方法如出一轍。

前人的諸多理念難以推展，在希臘族群間因此引發了對往日時光的強烈思慕，但在此同時，他們也嘲諷古代英雄故事，並以此為樂。話說亞歷山大征服世界，隨身總帶著他那本《伊利亞德》，不久之後，有個匿名詩人把這些傳說寫成了一部滑稽史詩《蛙鼠之戰》，敘述蛙王和鼠國王子間的一場戰役。對於諸神和神話的信仰消失殆盡，取而代之的是夾雜著褻瀆、困惑和嚮往的情懷。歷時數十年之後，羅德島的阿波羅尼奧斯，一位懷舊的亞歷山卓圖書館館員，他曾作了一首詩，描述了伊阿宋和阿爾戈英雄的歷險故事，藉此向古代史詩《阿爾戈英雄記》致敬。今天的電影迷會發現同樣的拉鋸張力，克林伊斯威特最後的西部片《殺無赦》，對應的是昆丁塔倫提諾嬉皮笑臉、反偶像且極盡嘲諷的突破之作《決殺令》。玩笑和愁緒共存的結合體，當今社會處處可見。

16

托勒密的目的已經達成。亞歷山卓成了超越國界的文明中心，直到被羅馬帝國取代為止。此外，它還是世界經濟強權之都。耀眼奪目的法羅島，世界奇景之一，具備了等同於紐約世貿中心雙子星大樓的象徵性功能。

亞歷山卓南方，一座座龐大的黑色糧倉劃破遠方的地平線。尼羅河洪水灌溉的平原上收穫的作物都存放在那裡。幾千袋農作物藉由一條渠道運送到碼頭。滿載的埃及船隻啟航前往當時的世界主要海港城市，人們正焦急企盼著那一袋袋可以填補飢餓的糧食。古埃及時代的都會區發展遠超過城市近郊。亞歷山卓是糧食的保證，是安定的同義詞，當然也意味著權力。如果埃及人決定提高價格或減少供貨，別的國家可能會陷入暴力和叛變的動盪。

亞歷山卓雖是富強的新興城市，懷舊氛圍卻也處處可見。國王嚮往的舊時光，他未曾親歷，卻對此格外執迷——雅典黃金時期，伯里克里斯引領風騷的歲月，偉大的歷史學家們、劇場、智辯家、論壇……一座齊聚各界英才倨傲天下的小城，自封「希臘學府」。數世紀以來，位在希臘北方的蠻夷之邦馬其頓，經常耳聞雅典光輝燦爛，以及所有讓他們著迷不已的訊息和傳聞。他們邀請年邁的尤里比底斯到馬其頓安度晚年，並成功延攬了亞里斯多德加入王室。這些傑出的客人是他們的希望。他們試圖仿造雅典的精緻，他們亟欲感覺自己也有文化氣質，希望一甩不夠像希臘人的汙名。他們在邊緣散發著崇拜的目光，更誇大了神話。

行文至此，我想起了義大利小說家喬治．巴薩尼的作品《芬奇—孔蒂尼花園》。這本小說我拜讀了許多次，可說是我最鍾愛的作品之一。富裕猶太家族在費拉拉的大莊園內，花園、網球場俱足，外圍築起了高牆，這個地方代表著受人敬重的上流人士，但是，如果你受邀了，你只會覺得自己是個缺乏安全感的外人。你不屬於那個世界，縱使你對它傾心不已。他們讓你加入，僅止於一個明媚的夏季，盡情享受著網球比賽，探索著繽紛花園，落入欲望的陷阱，但大門終究會再度緊閉。那個地方將是你永遠的哀愁。幾乎所有人，在生命中的某個時刻，我們都曾經從外面窺視過某個「芬奇—孔蒂尼花園」。對於托勒密而言，這座花園就是雅典。這座遙不可及的城市帶來傷痛回憶，促使他建立了亞歷山卓博物館❶。

對希臘人而言，博物館是一座聖殿，以此紀念繆思——記憶的女兒，靈感的女神。柏拉圖學院和後來的亞里斯多德學園，都設在獻給繆思的樹林內，因為思想的練習和教育，亦可視為崇尚九位女神兼具隱喻和清晰的行為。托勒密的博物館版圖更廣：那是希臘化時期最有野心的機構之一，現代研究中心、大學和智庫的原始版本。獲得延聘者皆為當代最傑出的作家、詩人、科學家和哲學。受聘者得以擁有終身職，無須憂慮任何經濟問題，他們也因此可以全心全意投入思考和創作。托勒密發給他們薪水，提供免費住處，外加豪華集體食堂的固定用餐位。此外，他們也獲得繳稅豁免權，是皇家金庫進帳豐厚時期送出的最佳禮物了。

世紀更迭，這座博物館實現了托勒密的願望，確實網羅了一群名號響亮的傑出人士：數學家「幾何之父」歐幾里得、當代最優秀的物理學家斯特拉托、天文學家阿里斯塔克斯、以令人驚嘆的精準度計算出地球周長的天文暨地理學家埃拉托斯特尼、解剖學先驅希羅菲盧斯、流體靜力學的發明者阿基米德、撰寫了世上第一本語法著作的狄俄尼索斯．特拉克斯、詩人暨目錄學家的卡利馬科斯，以及羅德島的阿波羅尼奧斯。許多革命性的理論誕生於亞歷山卓：如太陽系的「日心說」，十六世紀時終獲肯定，不但扭轉了哥白尼的研究方向，也讓捍衛此學說的伽利略受到譴責；解剖屍體的禁忌在此被打破，甚至有些尖酸刻薄的流言盛傳著，監獄裡活生生的犯人軀體被割開了，醫學因此而得以進步。他們發展出全新的知識派別，例如：三角學、語法和手稿保存方式。在這座博物館裡，各種文本的語言學研究振翅高飛。他們在此獲得各項重大發現，例如：無端螺桿，至今仍應用於幫浦上。人類開始使用瓦特（馬力）前，早在十六個世紀之前，亞歷山卓的希羅就曾描繪出一部蒸汽機，雖然只是用於推動機械娃娃和其他玩具。他發明的自動機械被認為是機器人的前身。

在那座智者穿梭的小城裡，大圖書館占有重要地位。為了把當代最出色的精銳聚集在同一個地方，而做出如此深思熟慮的努力，堪稱史上罕見。在此之前，這些優秀的思想家從未涉及這麼多書籍、過去的知識彙整，以及歷史的耳語，而這些都是他們學習思考的依據。

博物館和圖書館隸屬於皇宮版圖的一部分，外有城牆保護。這些史上最早一批專業研究員就在那個與世隔絕的空間裡過日子。他們的日常生活不外乎開會、研修和公開討論，但凌駕一切之上的，當然是默默地做研究。圖書館館長另外也兼任國王子女的教師。日落之後，整個研究團隊在一個大廳一起共進晚餐，托勒密本人偶爾也加入用餐行列，就為了聆聽這些智者的對話和鬥智，也聽聽他們的新發現和虛榮心。或許，他自認已經創建了自己的雅典城，一個屬於他的學園。

多虧了當時一位諷刺作家的描述，我們才得以認識博物館團隊成員的生活狀況，這些平靜度日的學者遠離一切煩憂，也不受時代紛擾侵害。這位詩人兼幽默作家寫道：「在人口眾多的埃及王國，助長了許多信手胡寫、在繆思牢籠裡吹毛求疵的智者。」另一首詩則將一位作者從陰間帶回世間，並勸告博物館的成員莫再彼此怨恨。事實上，對於生活平靜無波且遠離塵囂的智者而言，吹毛求疵是常見的通病。歷史資料也顯示了他們彼此之間存在著不和、嫉妒、憤怒、敵對和誹謗。這和今日大學院校發生的狀況無異，無休止的小爭執總是不斷上演著。

17

在我們這個時代，舉世瘋狂競逐建造世界最高的摩天大樓。亞歷山卓，在那個年代，也加入了競爭行列：此地的法羅，歷經數世紀，穩居世界最高建築物之一。那是皇室虛榮的象徵，一座標誌性的建築物，就像雪梨歌劇院或畢爾包的古根漢美術館，那是統治者充滿激情的夢想。此外，法羅也成了科學黃金時代的象徵。

起初，「法羅」只是個地名；亞歷山大在夢中見到這個尼羅河三角洲小島，並決定在這裡打造一座城市。在波羅的海上，另外有個小島也叫做法羅（Fårö）。瑞典導演英格瑪·柏格曼在那裡拍攝了許多電影，《猶在鏡中》是其中之一，後來，他在島上退休，生活就像一隻孤絕的寄居蟹。不過，我們已經不記得原來的地名；那座建築物侵占了地理上的名稱，拜希臘文世代傳承之賜，這個名字仍倖存在我們的語言中。

建築工程開始之前，托勒密要求一位希臘工程師將法羅島和碼頭連接起來，兩者藉由一座長逾一公里的堤壩相連，而這座堤壩將港口碼頭一分為二，分別停靠商船和軍艦。在浩蕩的船隊中央，豎起了一座白色高塔。中古時期仍有幸站在塔邊仰望它的阿拉伯人形容，這是一個由三層建物組成的結構——正方形、八邊形、圓柱體，彼此以斜台相連。在大約一百二十公尺高的塔頂，裝置了一面鏡子，白天反射陽光，夜間則映著熊熊篝火。寧靜的暗夜裡，奴隸攀爬斜台至塔頂，身上背著生火的可燃材料，以確保火勢不息。

傳奇就聚焦於法羅之鏡。在那個年代，鏡片屬於高科技，這個神奇的物品足以改變人類的視野和世界。供職於博物館的諸多科學家，戮力開啟知識的所有途徑，其中也包含了光學專家；他們受命研製了這面大鏡子。雖然無法確切得知研究成果，但歷經許多個世紀之後，阿拉伯旅人的故事裡提及了某種鏡片，藉此可從法羅觀望遠處航向亞歷山卓港的船隻。據說，置身法羅最高處，可在月光下的鏡中看見君士坦丁堡。從這些令人困惑的追憶中——部分屬實，部分誇誇其談，我們或許可以在法羅找到望遠鏡的前身，一個得以深入窺探遠洋和星辰的大眼睛。

法羅曾是最後一個也是最時尚的古代七大奇景。它象徵了亞歷山卓追求的樣貌：一座城市燈塔、一個座標中心、一個疆土廣闊的世界之都、一個耀眼明亮的信號，指引著所有航行船隻的方向。西元十至十四世紀間，接連幾場大地震完全摧毀了這座高塔，不過，我們仍能看出後來的燈塔皆依循了它的建築模式。

在某種意義上，大圖書館也是一座燈塔，只是，已無任何古代作者能協助我們想像這個地方的樣貌。在所有古代文本當中，對於其空間、格局、中庭、環境氣氛，以及所有角落，絲毫未見任何細節，彷彿暗夜裡的鏡中幽影。

18

閱讀是一個涉及神情、姿態、對象、空間、材質、活動和光線的儀式。若要想像祖先們如何閱讀，我們必須認清，進入書本的私密儀式相關環境網絡，每個時代或有不同。

卷書的使用並不像書頁組成的書籍。打開一部卷書時，首先映入眼簾的是第一行文字，然後接著另一行，由左至右，依序出現在莎草紙內面。閱讀的過程中，讀者以右手推開書卷並繼續閱讀更多內容，在此同時，左手必須把讀過的部分捲起來。這是一個緩慢、節奏穩定且讓人沉浸其中的行為；彷彿一曲慢舞。閱讀完畢時，卷書是反方向捲起的，變成從開頭捲向結尾，基於禮貌，必須將它倒捲回來，就像卡帶倒帶，以方便下一位讀者閱讀。不少陶藝、雕塑和浮雕作品呈顯了專注閱讀的男女群像，並復刻了上述的開卷神態。他們或是站立，或是大腿上放著卷書端坐著。每個人都使用了雙手；打開卷書只用一隻手是行不通的。他們的姿態、行為和神情，與今日吾輩不盡相同，但同時也讓人想起了現今讀者的樣貌：微彎的背部，埋首文字裡的軀體，讀者暫時抽離了自己的世界，以一雙眼珠的橫向（或縱向）動作為運輸工具，由此開啟一趟旅程。

亞歷山卓圖書館迎接了許多那樣的靜止旅人，但我們無法確知他們在何種狀況下，又在何處閱讀。相關描述幾乎是零，我們僅有的資料也出奇的模糊。我們唯一可以推測的是沉默背後隱藏的事實。最具關鍵性的資訊，源於出身現今土耳其的一位作者史特拉波，他在西元前二四年從羅馬前往亞歷山卓，為了補足他在歷史方面的研究，他打算在那裡撰寫一部內容豐富的地理專著。他記錄了自己在這座城市的足跡——他造訪了法羅，那座壯觀的堤壩、港口、棋盤式街道、各個社區、馬里奧特湖，以及尼羅河水道。他提及博物館屬於宏偉皇宮的一部分。歷經數世紀以來，皇宮持續擴建，因為每位國王都想增加新房間和新建物，根據史特拉波的說法，皇宮的整體規模，後來幾乎占用了城市三分之一面積。這個廣闊的堡壘禁地，僅有少數人得以入內，史特拉波在這裡凝望著一幅繁忙的縮影。仔細觀察周遭之後，他描述了博物館和亞歷山大陵墓，卻隻字未提大圖書館。

他寫道，博物館內可見逍遙學派學園（一條石柱林立的走道），有個半圓式露天建築（室外的半圓形區域，安放了椅子），還有個寬廣大廳，所有智者就在那裡用餐。他們過著舒適的群體生活，上有祭司，也就是博物館館長，過去由君主選定，現在則由奧古斯都指派。就這樣而已。

大圖書館在哪裡？或許我們的找尋皆是徒勞，而且，雖然它就在眼前，我們卻沒看出來，因為它不是我們期望中的樣子。有些專家推論，史特拉波確實在大圖書館工作，卻未曾提到此地，可能是因為圖書館並非一幢獨立的建築物。或許，它只是博物館長廊兩側牆壁上開放式壁龕的組合。壁龕內的隔板上疊放著卷書，提供研究者使用。相鄰的各個房間，存放著較不常用的文件和書籍，以及珍貴的稀有館藏。

這是關於希臘圖書館較為可信的假設，沒有大廳，僅有書架。那裡缺乏讀者所需的設施，大概只能在旁邊陽光明媚、遮風避雨的門廊內做學問，非常類似修道院迴廊。如果一切如同我們想像的那樣，亞歷山卓博物館的讀者可能會先挑一本書，然後到半圓形露天廣場上找位子，抑或先回到自己的住處臥床休息，抑或在雕像的呆滯目光注視下，漫步石柱間邊走邊讀。就這樣，他們一直在發明之路和回憶小徑中來回穿梭。

19

不過，到了現代，有些圖書館卻是讓人目眩神迷的建築物，結合了實驗性開放空間及光影鋪陳。例如，普受讚揚的柏林國立圖書館，由漢斯・夏隆和埃德加・維斯涅維斯基共同設計。文・溫德斯導演在那裡拍攝了電影《慾望之翼》其中一個場景。鏡頭在寬闊恢弘的開放式閱覽大廳內游移著，循著階梯往上，直達懸浮似的重疊式天橋，彷彿置身音樂廳包廂裡，並在那兒俯瞰這令人震撼的偌大空間。天頂燈光映照下，熙熙攘攘的人們，在平行排列的書架間，捧著成疊書籍緊貼著肚子，或是面帶各種專注神情坐在那兒，手撐著下巴、握拳托腮，原子筆在指間像螺旋槳般轉動著……

在無人察覺的情況下，一群天使模樣的人進駐圖書館，一身令人懷念的八〇年代裝扮，寬鬆的深色大衣，灰色高領毛衣，天使達米爾（由瑞士演員布魯諾・岡茨飾演），頭髮還紮了小馬尾。由於人類看不見他們，這群天使便恣意挨近人們，坐在他們身旁，或伸手搭著他們的肩膀。滿懷好奇的他們，忍不住探頭張望人們正在閱讀的書。他們輕撫著一個男學生的鉛筆，思索著這小玩意兒寫出來的謎樣文字。到了幾個孩子身旁，他們不明就裡地跟著模仿用食指摸著一行行文字的動作。他們滿懷好奇和驚愕，觀察著周遭埋首文字裡的專注面容和眼神。他們很想知道人類做這些事情時的感受，為何書籍能如此強烈地攫取他們的注意力。

天使們擁有讀取人們心聲的能力。雖然無人發言，他們卻能捕捉到持續不斷的文字低語。那是默讀的文字。閱讀建立了一種私密交流，那是一種喧囂的孤獨，在天使耳中卻是既美妙又神奇，甚至近乎超自然。在人類的腦子裡，閱讀的文字彷彿一曲無伴奏合唱，彷彿一段祈禱。

如同這部電影的場景，亞歷山卓圖書館亦處處可聞輕聲絮語和竊竊私語。在古代，當眼睛觸及文字時，嘴巴隨即唸出，身體依隨文字的節奏，一隻腳像節拍器似的輕擊地板。文章是用聽的。當時很少人能想像閱讀存在其他方式。

讓我們稍微聊聊你吧，正在閱讀這些文字的你。此時此刻，手上拿著一本打開的書，你正在進行的是一項既神祕又令人不安的行動，雖然，慣性會妨礙你探索自己做的事情。你要仔細思考這件事。安安靜靜的你，視線正在一行行文字間遊歷，那是一本對你深具意義的書，並對你傳達了此時此刻的世界為你獨有的意念。這麼說吧！你已經退守到內心的一個房間裡，在那兒，有些不在場的人正在對你說話。換言之，那是只有你才看得見的幽靈（以此刻為例，就是我本人的幻象），在那兒，時間的流逝會依你的興致或無聊自成節奏。你已經創造了類似電影幻化場景的事實，而這個事實，取決於你。你可以，在任何一刻，將視線從文字段落間移開，重新參與外在世界的各種活動。但在此同時，無論你選擇身在何處，你將維持旁觀的姿態。這一切，彷如一陣玄妙的微風。

但你也別以為閱讀一向如此。從發明文字後的最初幾個世紀，直到中古世紀，閱讀的規範是大聲朗讀，讓自己和他人都能聽見，而作家本人也在寫作過程中唸出自己寫的文字，藉此聆聽其音樂性。當時的書籍和現在不同，並非一首在內心唱誦的歌曲，而是從嘴巴大聲發出的旋律。讀者變成了出借聲帶的演繹者。一份書寫的文本就像基礎樂譜，因此，文字一個接著一個出現，沒有分隔，亦無標點符號——必須唸出來才能理解其內容。朗讀書籍時，通常有見證人在場。公開的朗讀會頻繁登場，聽眾喜歡的內容則口耳相傳。我們不能把古代圖書館門廊想像成安靜的地方，那是個朗讀聲和回音交錯的場景。除非例外，古代讀者不能自由自在地享受文本中的理念或幻想，你不能為了創造屬於你自己的宇宙就隨意停下來思考，或任性的作個白日夢，也不能自行取捨內容，甚至中斷或放棄。這樣的個人自由，你擁有的自由，其實是獨立思考征服了制式思惟的成果，且歷經多時才一步一步漸趨完成。

或許源於此因，最初一批像你這樣能默默和作者交流的讀者，引發了極大的關注。西元四世紀，希波的奧古斯丁看到米蘭總主教聖安博以這種方式閱讀，一時目瞪口呆，並在其《懺悔錄》中記下了這段軼事。這是第一次有人在他面前做這樣的事。顯然，他也覺得此舉與眾不同。他語帶驚奇描述著：他的雙眼在書頁中來回流轉，他的內心理解書中所述，卻閉口不言。奧古斯丁意識到這位讀者雖置身面前，心思卻不在此地，早已跳脫到自己選擇的另一個更自由、更流暢的世界，他靜止不動，卻正在行旅途中，沒有人知道何處能遇見他。這個景象讓奧古斯丁驚愕不已，且為之著迷。

你是個非常特別的讀者，並且系出創新者族群。你我之間的這段沉默對談，海闊天空，且詭譎莫測，這是一項多麼令人驚異的發明！

20

托勒密一世離世時，專家大多質疑這個家族是否能傳承超過十個世代。托勒密王朝卻持續了近三百年，直到羅馬人將埃及併入其王朝領土。這個家族的所有國王，歷任十四代，全部都稱作托勒密，而古代的作者也不怎麼用心區分（或許連他們自己也算不清楚）。閱讀古代資料時，常會有種錯覺，彷彿只有一個鬼魅般的君主統治了三百年，而在此期間，周遭耽溺於享樂主義、懷舊、受人統治的希臘化世界，實際上卻經常處於動盪和政權更替的局面。

大圖書館和博物館的黃金時代落在前四任托勒密王朝君主統治時期。在四處征戰和皇室惡鬥之外的太平歲月，王朝的所有君主皆樂於與其特殊的文藝偏好相伴。他們都有知識性的喜好：托勒密一世希望能鑽研他經歷過的偉大征戰歷史，於是寫了一部亞歷山大征戰紀事；托勒密二世的興趣是動物學；托勒密三世愛好文學；托勒密四世閒暇時的雅好是戲劇。此後，這樣的文藝熱情逐漸衰微，亞歷山卓的輝煌氣勢也開始漸漸顯現頽勢。到了托勒密十世，據說當時出現了嚴重的財政窘境，為了支付軍隊士兵的薪資，他下令將亞歷山大大帝的金棺換成了較廉價的雪花石膏和水晶棺材。他將黃金熔化後鑄成錢幣，因此化解了危機，但是亞歷山卓百姓永遠無法原諒他褻瀆聖物的行徑。經歷了這次錢幣風波，一段時間之後，他在流亡期間遇刺身亡。

然而，美好歲月倒也持續了數十年，書籍仍持續湧入亞歷山卓。因此，托勒密三世在皇宮外設立了第二座圖書館，地點是塞拉比斯神廟。大圖書館仍保留給學者使用，而圖書館分館則開放給全民使用。一位曾在分館被摧毀前到訪的修辭學教授形容，塞拉潘（即塞拉比斯神廟）的書籍「讓整座城市處於哲學化狀態」。或許，這是第一座真正開放給全民的公共圖書館，無論窮人或富豪，菁英或庸碌，自由百姓或奴隸。

圖書館分館的藏書由本館供應。博物館接收了數以千計的卷書，來自四面八方，智者們仔細閱讀、核對和修改，然後根據此製成精美的完稿版本。原版作品的複製版本就成了姊妹館的藏書來源。

塞拉比斯神廟是個小型衛城，矗立狹窄山丘上，俯瞰全城和海洋。人們爬著壯觀的階梯上山，到達山頂時無不氣喘吁吁。一條漫長的室內長廊，兩旁排列著一間間斗室，在這條長廊走道上，在壁龕裡，或在開放公眾使用的斗室內，處處存放著書籍。這座圖書館分館，或許就像本館一樣，並沒有專屬建築，也寄居在門廊下。

拜占庭作家約翰・策策斯認為，塞拉潘的圖書館收藏了多達四萬兩千部卷書。我們都很想知道兩座圖書館確切的藏書量。關於這個疑問，諸多歷史學家和研究者始終樂此不疲的尋找答案：當時全世界的藏書總量是多少？古代作者實在難以取信，因為每個人提出的數字差異之大，令人愕然，這就像現代常見的示威遊行人數估算，政府提出的數字，隨即遭主辦單位反駁。我們很快地看看這些差異極大的數字。關於大圖書館藏書量，埃匹發尼斯提出了格外精準的數字：五萬四千八百部卷書；阿里斯特亞斯說有二十萬部；策策斯認為是四十九萬；格利烏斯和馬爾切利努斯則認為有七十萬。

可以確知的是，圖書館藏書的計算單位是卷書。這是個模稜兩可的計算方式，可能會有重複計算的作品，而且大部分藏書作品並非單一卷書，一部作品可包括好幾卷。另一方面，卷書數目可能持續改變，透過收集有可能增加，或因火災、意外、散佚而減少。

清點館藏的方法尚未開發，亦無科技協助，古代的圖書館無法確切得知（或許他們也不怎麼在乎）館內究竟有多少不同的作品。我們今天看到的數字，我認為，那只是反映了對亞歷山卓圖書館的迷戀。它的誕生彷若一場夢——夢想擁有各個領域的知識，終究也自成曠世傳奇。

❶亞歷山卓博物館：始建於西元前二八〇年左右，仿效雅典哲學學校，由多個學院組成，而著名的亞歷山卓圖書館也是博物館的一部分。

一個關於烈火和通道的故事

博物館作為展場的概念，最後在歐洲生根茁壯，不再是只供智者研究的模式。亞歷山卓留下的歷史遺產，因為阿什莫爾不尋常的決定，不斷擴展成強大的網絡。

21

在一個收藏了數百萬冊書籍的小城，我度過了生命中最奇特的一段時期。這座城市，或許正是那種特殊紙質帶來的靈感，「它」決定把自己安頓在一個虛構的歷史中。

我還記得在牛津的第一個早晨。備妥所有相關證明，頗以自己獲得的研究獎助金為傲，我打算直接進入博德利圖書館（牛津大學總圖書館），好好享受數小時的初次探索之樂。只是，我竟在大廳被攔了下來，一位圖書館工作人員聽了我的解釋之後，領著我到旁邊的一間辦公室，彷彿我形跡可疑，意圖不軌，必須在閉館前及時處理，避免損及所有訪客和學生的權益。書桌的另一側，一位禿頭男子向我提問，始終沒正眼看過我。我一一回答了他的問題，解釋我的來意，並展示了他以官僚式禮貌要求檢閱的所有證件。靜默持續了好一會兒，在此期間，他將我的資料輸入龐大的資料庫，指尖不斷地在鍵盤上敲敲打打了好一陣子之後，忽地時空交換，回到中古時期，慎重其事的宣誓時刻來臨。他拿出一疊塑膠護貝的卡片遞給我，每張卡片上以各種語言寫著我應該朗讀的文字。我照做了。我發誓，一定會遵守各項規定。我不會偷竊，也不會損害或破壞任何書籍。我不會放火燒了圖書館，也不會協助引發火災，並以觀看張狂的火舌吞噬珍貴藏書燒成灰燼為樂。這樣的開場白類似所有邊境盤查的扭曲邏輯；就像搭機到美國，他們要你填寫超現實的入境表格，問你是否打算威脅美國總統的生命安危。

總之，我的宣誓仍不足夠；我必須通過探測器，讓他們檢查我隨身袋子裡的東西，接著，把背包放進寄物箱之後，終於得以通過不銹鋼旋轉閘門入內。接下來的檢查程序進行期間，我想起了中古世紀的圖書館，為了防竊，他們把書籍栓在書架或書桌上。我還想到了歷史上諸多應付偷書賊的精采詛咒文，這些文章充滿暗黑的想像力，卻莫名其妙地吸引著我，或許是因為能將這些詛咒概念化，功力絕非常人能及。假若要出一本這樣的選集，打頭陣的應該是巴塞隆納的聖彼得修道院圖書館裡刻寫的威脅文字，阿爾維托．曼古埃爾曾在其作品《閱讀地圖》摘錄這段文字：「所有竊賊，或是借書未歸還原主的人，希望他們手遭蛇齧，而且爛掉。希望他們全身癱瘓，四肢廢殘。希望他們痛到不支倒地，頻頻淒厲哭喊哀求，卻必須忍痛到自行緩解。希望書蟲啃食他們的臟器，一如永無休止的悔恨。最後，當他們脫離終身懲罰時，地獄的火焰將在他們身上延燒至永遠。」

我在牛津第一天，他們發了卡片給我，後來我才知道那是牛津最基本的等級。我可以進出圖書館和學院，但僅限某些區域和特定時段；允許查閱書籍和雜誌，但不得借閱；我可以參觀學校裡的各項誇張奇特的活動，但千萬別想要參與。我很快就發現了曾在牛津求學並任教二十六年的路易斯．卡羅，並在此時我才驚覺一項極大的誤解：《愛麗絲夢遊仙境》根本就是道道地地的寫實文學。事實上，他精確地描述了我在牛津最初幾週的經歷。那些透過鑰匙孔縫隙窺見的誘人地點，那些唯有喝下神奇藥水才能獲准入內的地方。我的頭部正頂著天花板。令人窒息的逼仄斗室，讓人忍不住想從窗口伸出雙臂，並一腳竄出煙囪口。隧道、路標、瘋子的零嘴、思考邏輯晦澀難懂的對話，還有那些突然行禮如儀，執意活在另一個時代的人們。

我還發現，在牛津的各種關係——友誼、博士研究的合作或抄襲、封建奴役制、性愛與其他衍生的關係……這些都有季節性，進行的節奏則配合著學期行事曆。

我犯了個嚴重的錯誤，選在學季中抵達此地，這時候，學生已經過了摸索時期，早已緊抓住各項基本需求。那個洞穴似的住處也無法協助我融入此地。那些住宿規則極不友善，就像這座城市一樣，門禁時間則是修道院規格。我依稀記得，傍晚七點的共用廚房，排成一列的八台冰箱，看來令人哀傷；其中一台，裡面有一格貼上我的房號的空間，就像書脊上的圖書編目，甚至連蛋杯都是平均地成雙分配。一切安排都是為了讓每個人安分留在編號的範圍內，以免侵犯他人的領土或食物。下樓吃晚餐，把廚餘倒入公用垃圾袋，然後回到你那間鋪了地毯的小房間。

我熱切渴望與人交談，於是開始從語言裡搬救兵。我第一次用語言學技巧試水溫的地方是薩克勒圖書館，那裡是我的地盤。我觀望了那個喜孜孜、臉紅紅的守衛，肯定是因為喝酒，不然那張臉看起來還算可靠。此外，我還糾纏了阿什莫林博物館的一位警衛，因為她那懷疑的眼神特別吸引我。我問了他們有關這座城市的秘密，圖書館不為人知的奧妙，周遭許許多多的謎團，還有他們守衛的這兩個地方。由此，我聽聞了許多奇妙的故事。

我請求他們解釋嚴謹如儀式般的借書程序：圖書館員接受了你的借書申請，然後和你約定一至兩天後，在一個特別的閱覽室，並且是特定時段，他們會把書交給你。如果是接近週末的日子，等候時間會延長到三天，甚至四天。那麼，館藏書籍究竟放在哪裡？我不解地問。這時候他們才跟我提起了兩座鄰近的小城。

他們告訴我，每一天，博德利圖書館的館員收到的新書多達千本。他們必須找地方放置這些書，因為隔天早上，總有另外一千本很無情地送上門來。每一年，藏書量大約增加十萬本，雜誌年增二十萬本，換言之，每年需要擴增逾三公里長的書架。而法規不容許撕掉任何一頁書。二十世紀初，圖書館周遭的建築物全都被書海淹沒。他們說，就在那個時期，館方開始建造地下倉庫，並在市區地面下建立配有輸送帶的地道網絡。冷戰期間，當核武防空洞蔚為風行時，那座地下迷宮甚至達到神話般的輝煌巔峰。只是，雪崩似的書海在地下湧動，強大的衝擊力威脅了城市地下道工程。這時候，他們開始把書籍轉送別處，地點都在城外，一處是廢棄的煤礦，另一處是近郊的工業廠房。這兩位守衛還說，有些圖書館員專責運輸，但看起來反而更像是穿著螢光工作服的起重機操作員。

由於這些對話（也是我在此地接收的第一波善意），我開始和牛津重歸於好。當我獨自散步時，總覺得自己聽見了腳步下方傳出滾滾書流的輸送帶回音，正與我相伴同行。我想像著書籍在潮濕隱密的地道中的情形，或許就像我童年時看過的兒童節目《布偶奇遇記》裡的那些布偶，或如電影《地下社會》中的角色。我卸下心防，接受了牛津的各種古怪其來有自的現實。我在這個笨拙外國人的邊緣位置，終於覺得比較自在，甚至自由了。而且，我抱持耐心，總算也遇見了其他令人難忘的邊緣人。

清晨的薄霧瀰漫，我在迷濛的街道中前行，隱隱覺得整座城市飄移在書海上，就像一張飛行的魔毯。

22

如常的飄雨早晨，雨幕遮蔽了屋牆，我去警衛好友任職的阿什莫林博物館拜訪她，此時，她告訴我，這裡堪稱當代第一座公共博物館。我倒想聽聽來由。置身任何事物的發源地都總讓我興奮莫名；那是初始的疆域。

話說，當年那個歷史性翻轉，微小到近乎無人察覺：一六七七年，伊萊亞斯·阿什莫爾將他所有的珍奇收藏：古幣、版畫、稀有地理樣本、異國動物標本，全部捐贈給牛津市。這些東西從此不再是私人收藏，不再是作為特權階級象徵而傳襲後代子孫的家族資產，而是屬於所有造訪此地的好奇學生和人們。

在那個年代，各種創新，在一個格外保守的世界並無良好聲譽，通常還得喬裝成另一種形式的恢復傳統。基於重溫古代榮景的渴望，阿什莫爾捐贈的公共收藏，空前絕後，並冠上了「博物館」這個名稱。在某種形式上，這是亞歷山卓和牛津之間的假想樞紐。大圖書館早已存在；但還需要一個屬於它的博物館。他們自以為重塑了歷史，卻創造了另一個完全不同的東西，並大有斬獲：古代思想和現代躁動的融合。博物館作為展覽場所的概念，最後在歐洲生根茁壯，反而不是只供智者研究的亞歷山卓模式。

一七五九年，倫敦的大英博物館開幕。而在一七九三年的法國，革命性的國民公會將王室所有的羅浮宮沒收充公，連同內部所有藝術作品，將它變成一座博物館。這是一個劃時代的新象徵。革命分子亟欲廢除歷史僅屬於某個社會階層獨享的觀念。古物不再是貴族獨有的任性玩賞，法國大革命從貴族手中徵收了歷史。時至十九世紀末，參觀古玩、經典大師畫作，以及書籍的手稿和初版等各項展覽，成了當時歐洲人最時尚的娛樂。這個趨勢跨越了大西洋，傳到了美國。一八七〇年，一群企業家創立紐約大都會博物館；現代美術博物館則是第一座現代藝術私人博物館。一位名叫索羅門．古根漢的礦業商人及其子嗣延續了這個風潮，如今，這個家族經營著龐大的商業版圖，包含觀光、商業，甚至房地產。亞歷山卓留下的歷史遺產，因為伊萊亞斯．阿什莫爾一個非比尋常的決定，不斷擴展而形成強大的網絡。博物館已被稱作「二十一世紀的大教堂」。

在此隱藏了一個非常有趣的矛盾：讓人人都能喜愛歷史，竟然是激進革命的成果。

23

歷史記載中最古老的中東地區圖書館——美索不達米亞、敘利亞、小亞細亞和波斯，同樣也有針對文本竊賊和破壞者的各種詛咒。

「那些將泥板書竊為己有者，或以暴力強奪者，或差使奴隸行竊者，希望沙瑪什神❶挖掉其雙眼；希望納布神和妮莎芭女神使其耳聾；希望納布神將他們的生命溶成一灘水。」

「凡是打破這塊泥板書者，或是將它泡在水中，或將它磨損至無法閱讀，但求天地諸神及眾女神以無法收回的嚴厲詛咒懲罰之，極盡恐怖，毫不留情，讓他們活著時無名無姓，死後絕子絕孫，使之完全在世間滅絕，而其軀體將成為狗群飼料。」

讀著這些令人毛骨悚然的詛咒，我們不難想像那些遠古館藏對其擁有者的重要性，在那個年代，書籍買賣仍不存在，若想自擁書籍，只能自己抄寫（而且你得先成為職業書吏），或像搶奪戰利品一樣，從別人那裡強取（若要成功，你得先打幾場危險硬仗才能擊退強敵）。

五千年前，人類發明了我們現今所謂的書籍，事實上，那是書籍的前身；平板狀，都是黏土製的小平板。美索不達米亞流域的河床並未種植紙莎草，其他材質如石材、木材或皮革亦屬稀少，唯有黏土產量豐富。因此，蘇美人開始在土板上書寫，藉此保存歷史。製作這個用於書寫的平面，須將一小團黏土塑成長度約二十公分的長方形，並壓成平板狀，頗類似我們今天的八吋平板電腦。此外，他們還發展出以尖錐在柔軟黏土上刻寫的書寫風格。水，會將刻寫在黏土泥板上的文字沖刷掉，而被視為書籍劊子手的火，反而能燒製黏土泥板，如同陶窯，使之堅固持久。考古學家挖掘出土的大部分黏土泥板，基本上皆保存完整，即使它們都經過烈火的洗禮。書籍隱藏了不可思議的倖存歷史；僅在罕見的情況下，如美索不達米亞和邁錫尼大火、古埃及的垃圾場、維蘇威火山爆發等，破壞的威力竟拯救了書籍。

史上最早的幾座圖書館都很簡樸，狹小的書庫只有靠牆的幾個架子，一疊疊泥板書垂直放置，一疊緊挨著另一疊，全放在書架的欄板上。事實上，中東古文物專家多稱之為「檔案」。那裡保存了帳單、交貨單據、收據、庫存清單、婚姻合約、離婚協議、司法證件、法律規章。此外還有比例僅占少數的文學，其中多是詩作和宗教讚美詩。在西臺王國首都哈圖沙，現今土耳其境內，考古學家在皇宮舊址的洞穴裡發現的幾件古物，就屬於奇特的文學類別：對抗性無能的祝禱詞。

在哈圖沙的圖書館內，以及比這更早，位在美索不達米亞南部的尼普爾圖書館，已經出現紀錄藏書目錄的泥板書。由於當時尚無取書名的習慣，泥板書多以內文第一個句子或簡短概要區分內容。至於篇幅龐雜的泥板書，為避免內容分散，同一部作品將編列順序號碼。有時候也標示作者名稱或其他附屬資料。這一類目錄的存在，向我們顯示了西元前十三世紀的圖書館已經開始擴增，讀者已無法一眼就能掃視架上所有的泥板書。此外，這也是技術進步的展現：集合藏書這個概念，不只是成就，也是一項抱負。一份目錄並非僅止於圖書館的附錄；那是圖書館的概念、聯繫和巔峰。

古代中東的圖書館從未對公眾開放，僅作為君主獨享的特權，抑或隸屬於書吏學校的菁英階層，因為他們需要文本作為學習範本。西元前七世紀的亞述國王亞述巴尼拔，曾是托勒密之前最大的書籍收藏家。亞述巴尼拔在一份泥板書中提及，他建立尼尼微圖書館，是為了「王室的沉思和閱讀」。他具備當時的君主少有的天分，懂得書寫，且經常以此自誇：「放眼當今的君主，以及我的前人祖先們，沒有人學會寫字。」在他的圖書館內，考古學家挖掘出大約三萬片泥板書，其中只有五千片是文學性內容。出土的泥板書包括了當時常見的檔案文件組合，以及關於預言、宗教和魔法的書籍，還有中東文學最著名的作品。

驕傲的亞述巴尼拔國王的圖書館是亞歷山卓圖書館的前輩，但並不具備後者的全面性。館藏的組合包括了文件，以及公開儀式和典禮的實用文章。即使是文學性作品亦有其實用性的動機，因為國王必須熟知自己百姓的基礎神話。所有中東圖書館皆已不復存在，無一倖免，全部陷入遺忘中。那些偉大王國的著作連同被摧毀的城市深埋在沙漠裡，而被發現的出土文字則模糊難辨。遺忘如此徹底，直到旅人在阿契美尼德古城廢墟中發現楔形碑文以前，許多人還以為那只是窗框和門框側邊的裝飾。沉寂了許多個世紀之後，研究者的熱情堅持讓這些遺跡得以出土，並成功解讀了泥板書上那些被遺忘的語言。

反之，雅典、亞歷山卓和羅馬的書籍從未真正沉默。許多個世紀以來，它們持續低語交談，聊著神話和傳奇，同時也談及哲學、科學和法律。不知何故，或許也無須明白，總之，我們也成了這場交談的一部分。

24

亞歷山卓圖書館也有埃及祖先，不過，他們在家族相片中的影像看起來模糊多了。延續數世紀的法老王朝，期間出現了私有圖書館和附設在神殿內的圖書館，不過，我們所得的相關訊息微乎其微。資料來源提到了書籍館、保存行政文件的檔案，以及生命館，那是千年傳統的儲藏處，所有神聖經典的抄寫、翻譯和保存，都在這裡進行。有關埃及圖書館較詳盡的資訊，來自於一位希臘旅人，阿布德拉的赫卡塔埃烏斯。他在托勒密一世統治期間，曾遊覽過底比斯的阿蒙神廟。這個穿梭廳堂、中庭、走道和邊間的遊歷，被他描述成充滿異國情調。在其中一處迴廊中，他聲稱自己看見了神聖圖書館，上面寫著：「療癒靈魂之處」。這個概念呈顯了文字之美——圖書館作為靈魂療養院。除此之外，我們對埃及的館藏書籍幾乎毫無所知。

一如楔形文字，象形文字也被遺忘逾千年。何以致此？為什麼悠久的書寫歷史變成一團團難以理解的圖騰？事實上，古埃及社會僅有極少數人懂得閱讀和書寫（僅限於書吏階級的成員，這是全國僅次於君主和皇族的權力族群）。若欲成為書吏，至少必須精通數百個象形字，隨著時間推移，漸漸可增至數千字。這是個漫長的學習過程，只有富人才負擔得起這樣的特定學校，類似當今培養高階經理人的MBA商管學院。完成學業的書吏可獲選成為高階公務員或王朝祭司，此後將介入法老之間持續不斷的紛爭，並趁此強加自己的準則和規矩。

在此，我要引用遠古埃及的一篇文章，不過，讀來卻讓人備感親切。文章提及一位名叫杜亞─賀提的富豪，氣急敗壞的痛罵了兒子裴比一頓，因為不成材的兒子在書吏培訓學校怠惰學習，那筆高額學費可是會讓人傾家蕩產的。「你給我好好念書！我看過鐵匠是怎麼幹活的……他們的手指就像恐龍的爪子！理髮師給人剃頭，從早剃到傍晚還不夠，然後還得上街，看看還有沒有想剃頭的客人……收割甘蔗的工人必須先長途跋涉到三角洲，辛勤工作了好久，採收的甘蔗被蚊子咬壞，然後被蒼蠅吃了……。你要知道，世上沒有那種沒有老闆管的職業，除非你是書吏。他自己就是老闆。你如果會寫字，進了我剛剛說的這個行業之後，肯定飛黃騰達。快去跟優秀的菁英打交道！」

我們不知道裴比究竟有沒有把父親的一番訓斥聽進去，是否滿腹牢騷地完成學業，然後在埃及的菁英階級走出康莊大道。以此例來看，苦讀多年期間，除了努力練習寫字，還得忍受以嚴厲出名的老師動不動就體罰，但裴比將取得書吏使用特殊工具的特權：粗細不同的豬毛刷、一個調色板、幾袋顏料、一片用於混合調色的龜殼，還有一塊精緻木板，用來置放莎草紙以便書寫，因為當時並不習慣在桌上寫字，而是坐下來翹著腳作為支撐。

另一方面，我們也認識了幾位見證文明沉落的埃及書吏。西元三八〇年，羅馬帝國皇帝狄奧多西一世頒令訂定基督教為國教，既是唯一宗教，亦具強制性，羅馬帝國境內所有異教從此被迫遭禁。所有古代神廟一律關閉，唯一例外的是伊西斯神廟，位於尼羅河第一座水壩南方的菲萊島。一群祭司棲身於此，戮力保存著遭禁的複雜語言的各種奧秘。其中一位祭司涅斯密—安榮（Nesmet-Ajom），他在神廟牆上刻寫了前所未見的象形文字，最後以「以此獻給永恆」結尾。數年後，查士丁尼大帝大軍壓境，打算關閉伊西斯神廟，祭司們奮力反抗，遭俘虜者皆成了階下囚。埃及埋葬了數千年來共生共存的古老諸神。還有當時的眾神、祭拜文物和文字本身。不過一個世代，一切消匿無蹤。此後卻需要十四個世紀才得以重新發現這個文字的關鍵密碼。

十九世紀之初，解讀埃及象形文字開啟了一門令人驚奇的顯學。歐洲優秀的東方學學者一致瞄準的挑戰是恢復已消失的語言，彼此卻又相互猜忌。數十年下來，科學界出現了躍進和疑慮，當然也有嫉妒，以及榮耀加身的渴望。一七九九年，距離亞歷山卓四十八公里外，一場競賽開了第一槍。前一年，夢想著追隨亞歷山大腳步的拿破崙，帶著兵團挺過烈日炙烤的埃及沙漠，只為了攻打死對頭英國。這次遠征終究挫敗，卻意外開啟了歐洲人對古埃及文化的喜愛。在拉希德港（法國人稱為羅塞塔港）附近，建築軍事基地的工程期間，有個士兵發現了一塊刻著詭異碑文的石板。當鐵鍬撞上深陷淤泥的墨黑玄武岩塊時，那個士兵肯定咬牙切齒咒罵了一頓，而他並不知道自己讓一件絕妙珍品重見天日了。這塊石頭後來舉世聞名，並以其發現地命名為「羅塞塔石碑」。

這件令人難忘的古物是一件古埃及石碑的一部分，當時，托勒密五世下令祭司刻寫紀念文，並同時譯成三種文字：象形、世俗體（埃及文字發展的最後階段）及希臘文，大概類似當今以同一個地區通行的三種語言頒布行政法令的情況。羅塞塔港軍工隊的一位隊長察覺到那塊破損石碑是個珍貴的重大發現，於是下令將這塊重達七百六十公斤的石碑移至開羅的古埃及研究院，那是一群隨著法國軍隊前來的學者和考古學家剛成立的機構。他們將碑文以油墨轉印，隨後發送給有意挑戰這項任務的學者。後來尼爾森上將擊退埃及的拿破崙軍隊，並將羅塞塔石碑收歸所有，法國人氣得咬牙，卻只能任由運往大英博物館，並成了今天最多人參觀的館藏。

那是一八〇二年的事情。當時開始了一場學術爭鬥。

一個試圖解讀陌生語言的人，總會落入文字的亂局中，陰影時時尾隨其後。若無可作為理解的憑據，或是忽略此事攸關謎語的文字，這件事就幾乎是不可能完成的任務了。反之，當研究者手中握有未開發領域的地圖時，他將不再處於迷惘困境。因此，語言學家很快就察覺，羅塞塔石碑上希臘文碑文將為消失的古埃及語言開啟大門。這場解讀古文的歷險喚醒了人們對密碼學的興趣，十九世紀末至二十世紀初，無論是愛倫・坡的作品《金甲蟲》，或是柯南・道爾的短篇故事《小舞人探案》，都展現了密碼學啟發的想像力。

十九世紀最初幾年，埃及之謎仍讓語言學家束手無策，破損不全的碑文使他們困惑迷惘。他們拆解了起始的象形文字和收尾的希臘文，卻始終無法在埃及文與其譯文之間建立清楚的聯繫。但到了一八二〇年代，大約十年間，兩者之間開始出現了相應的線索，馬其頓君主們的名字成了關鍵。在其象形碑文中，有幾個符號刻寫在專家稱之為「盒子」的橢圓形圓圈內。第一步進展是假設盒子裡包含的是法老王的名字。英國人湯瑪士・楊格首先解讀了托勒密的名字，不久後，法國人尚—法蘭索瓦・商博良更解讀出克麗奧佩脫拉七世的名字。藉由這些重大突破，優異的語言暨密碼學家商博良進一步發現，神祕的埃及語言和他精通的科普特語（晚期階段的古埃及語）之間，存在著某些相似性。從這項察覺開始，接下來的幾年，他著迷似的比對碑文，努力翻譯，並發展出一套象形文字對照埃及文法的字典。但不久後，年僅四十一歲就去世了，數十年簡樸、寒冷、貧窮和超時工作的生活，終究毀了他的健康。

托勒密的名字是解鎖關鍵。經過多個世紀的緘默之後，莎草紙書和埃及古蹟總算得以再度發聲。

現今存在著一個名為「羅塞塔計畫」的全球性計畫，旨在保護人類語言免於消失。負責該計畫的語言學家、考古學家和電腦專家，在計畫所在地的舊金山，合力設計開發了鎳合金微蝕刻圓盤，可以顯微錄製一篇文章的一千種語言譯本。就算能夠記得千種語言的最後一人終將離世，這些平行對照的譯文能讓我們有機會復興消失的字義和音韻。這個光碟，是可攜帶的全球版羅塞塔石碑，這個行動，抵抗了語言注定被遺忘的命運。

---

❶沙瑪什神（Shamash）出自巴比倫和亞述神話中的正義之神。納布神（Nabu）是巴比倫人膜拜的智慧與寫作之神。妮莎芭女神（Nisaba）為蘇美人的生育女神，而在亞述則是寫作和占星女神。

25 書籍的外皮

羊皮紙的發明改變了書籍的外觀和未來。當這種全新的書寫材質大為風行時，書籍恰恰變成了這樣：文字定居的軀體，皮膚紋上了思想。

印刷術發明之前，每本書都是獨一無二的。為了能有多一本書的存在，人們必須逐字抄寫，需具備極大的耐力，同時也很耗體力。大部分作品只有寥寥數本複製本，而一篇文章完全消失的可能性，是個非常現實的威脅。在遠古時代，時時刻刻，一部作品的最後一本可能在架上慢慢消失，或因白蟻侵蝕，或因濕氣損毀。而每當水分和昆蟲展開行動時，有個聲音即將永遠被迫沉默。

事實上，這樣的微小破壞工程經常發生。在那個年代，書籍脆弱不堪。每一部書，從一開始，面臨永遠消失的可能性遠大於留存下來。它們的倖存取決於運氣、是否遭遇意外、主人對它們重視的程度，以及比今天更具重要性的材料議題。它們是脆弱的物品，皆以容易損壞、破裂或分散的材質製造而成。書籍的創造，是一個對抗歲月的故事，為的是改善文章實體呈現的感知和實用特性——持久、價格、堅固、輕便。每一個進步，無論看起來多麼微小，卻能增加文字生存的希望。

石材具有持久性，無庸置疑。古人將文字刻印在上面，一如現代，我們仍在居住的城市常見石板、紀念碑、大石塊和基座上刻上了文字。不過，所謂的石板書，只是隱喻性的說法。羅塞塔石碑重達近八百公斤，它是古蹟，不是物品。書籍必須便於攜帶，必須有利於作者和讀者的私密性，必須能夠陪伴讀者，而且行李裝得下。

與書本最接近的祖先是泥板書。我在前文已提過美索不達米亞的黏土製泥板書，使用區域普及今天的敘利亞、伊拉克、伊朗、約旦、黎巴嫩、以色列、土耳其、克里特島和希臘，有些地區甚至使用到基督紀元之初。泥板書和土坯一樣，在太陽下曬乾即可變得堅硬。將其表面淋濕後，抹去原來的文字，可以寫上新的內容。但它們不同於磚塊，極少被送進火爐裡燒烤，因為黏土將因此而無法再利用。為了避免受潮，它們疊放在木架上保存，有時也存放在柳條籃或陶罐裡。它們廉價且輕便，可惜易碎。

現存的泥板書大小如信用卡或手機，但大尺寸的文書規模可達三十至三十五公分。就算雙面書寫，依舊容納不下篇幅較長的作品。這一點相當不便，而且影響重大：當一部作品必須分散寫在好幾片泥板時，這樣的泥板書極有可能散佚，因此，部分內容將遺漏。

當時在歐洲，較常見的是木板、金屬或象牙製的板書，表面則塗上了一層蠟和樹脂。人們以尖銳的骨針或金屬在塗蠟的表層書寫，書寫工具的另一端是抹刀，方便在寫錯時抹掉重寫。這些打蠟文書多見於古代書信，也常用於帳簿、注解，以及所有短暫用途的書寫。這也是當時的兒童開始學寫字的工具，就像是現今我們都使用過且熟悉的格線筆記本。

長方形的泥板書曾是形狀上的一大發現。長方形為我們的視覺帶來一種奇特的喜悅。它劃定了一個平衡、具體且含括在視野之內的空間。大部分窗戶、櫥窗、屏幕、照片和畫作都是長方形。還有書籍，經過漫長的尋覓和發展，最後的終極版本也是長方形。

莎草紙書可能是書籍歷史上一項絕妙的大躍進。猶太人、希臘人和羅馬人對此熱愛至極，甚至視之為自有的文化特色。相較於泥板書，莎草紙是一種精緻、輕巧且具彈性的材質，將卷書捲起來時，大量文字能以極少的空間存放。一件常見的莎草紙書篇幅，足以容納一部完整的希臘悲劇，或一部簡短的柏拉圖對話錄，或是一部福音書。人類保存有關思想和想像力的作品所做的努力，在此展現了驚人的進展。莎草紙書將泥板書貶至作為次等用途：記事、記帳及暫時性文章。這就像列印後棄置的紙張，也就是「廢紙」般，多半被我們作為備忘錄紙條再利用，或讓孩子塗鴨。

不過，莎草紙書亦有其不便之處。埃及氣候乾燥，莎草紙書的彈性和柔軟易於保存，但是歐洲的濕氣卻使其發黑，而且變得脆弱易裂。莎草紙書歷經數次受潮、晾乾之後，終究會散開。在古代，較珍貴的莎草紙書，都是放在陶罐、木盒或紙袋裡保存。此外，莎草紙書僅單面書寫，亦即植物纖維平行分布的那一面，正好符合書寫動向。至於另一面，垂直分布的細絲卻阻礙了鵝毛筆的書寫。書寫的那一面捲在莎草紙書的內側，藉此阻擋陽光和觸摸。

莎草紙書輕便、美麗、易於攜帶，卻是精緻物品。閱讀和經常使用使之耗損。寒冷和濕雨氣候使之毀壞。而作為植物性材質，總能喚醒各種昆蟲的貪食欲望，並且易遭祝融之災。

如同前文已述，莎草紙書僅產於埃及。這是進口產物，仰賴的是蓬勃熱絡的商業結構，而貿易一直維持活絡，甚至由穆斯林操控，直到西元十二世紀為止。埃及的法老和君主們，都是精於壟斷的統治者，市場流通的八種不同的莎草紙書價格，一律由他們決定。而且，類似當今石油輸出國的狀況，這些埃及君主會按照個人喜好，而運用各種程度的施壓或破壞。於是，書籍歷史因此出現了出乎預期的結果。西元前二世紀之初，托勒密五世由嫉生恨，想盡辦法要破壞設立在帕加馬（Pérgamo）、位於當今土耳其的對手圖書館。創建這座圖書館的是一位接受希臘文化的君主歐邁尼斯二世，他重現了一個世紀前托勒密王朝前幾任君主收集書籍的熱情和無私，延攬了傑出的知識分子，組成一個足以和亞歷山卓博物館智囊群抗衡的智者團隊。歐邁尼斯置身王國首都放眼天下，有意遮蔽亞歷山卓的文化光芒，而當時的埃及政治勢力已在走下坡。托勒密亦有自知之明，美好的極盛時期已成往事，但對此挑釁依舊怒不可遏。他不容許任何人冒犯大圖書館，畢竟那是他的家族榮耀象徵。據說，他曾囚禁自家圖書館館長拜占庭的阿里斯托芬，因為他發現此人打算移居帕加馬，並轉而投效歐邁尼斯國王，因此，他指控館長背叛，同時指責對手國王有偷竊之嫌。

除了囚禁拜占庭的阿里斯托芬事件之外，托勒密和歐邁尼斯之間的衝突早已根深柢固。他中斷了對歐邁尼斯王國的莎草紙供應，希望藉由獨占世間最佳書寫材料而讓對手圖書館屈服。這個方法理應極具破壞性，但並非如此，令這個睚眥必報的君主大失所望的是，禁運莎草紙反而促進了一項重大進步，並且使得對手君主永留青史。帕加馬當局的因應對策是，優化皮革書寫這項東方古老技術，當時候，皮革書寫還僅限於次要和區域性的用途。為了紀念這個將皮革書寫普及化的城市帕加馬，改良後的產品就叫作「pergamino」（中文通稱「羊皮紙」）。數世紀之後，這項發明改變了書籍的外觀和未來。羊皮紙的製造使用的是牛犢、綿羊和山羊的外皮。工匠將動物外皮放入石灰水中浸泡數週，取出後，延展並固定在木製框架裡，然後風乾。這個延展步驟能讓皮質形成光滑表面，然後將它刮到所需的柔軟度和厚度為止。歷經漫長的製作過程，得到的是柔滑、輕薄的成品，雙面皆可書寫，而且最重要的是，持久耐用。

義大利作家瓦斯科．普拉托里尼曾說，文學也包含了皮膚上的書寫練習。雖然他指的並非羊皮紙，但那個畫面倒是很貼切。當這種全新的書寫材質大為風行時，書籍恰恰變成了這樣：文字定居的軀體，皮膚紋上了思想。

26

我們的皮膚是最大的一張白紙；軀體，就是一本書。歲月會漸漸在臉、手臂、腹部、性愛和雙腿上寫下歷史。剛來到這個世界時，歲月在我們的肚皮印上一個小眼兒，那是肚臍眼。接著，其他文字會陸續慢慢出現。手上的線條。雀斑，宛若標點符號。醫生切開血肉後逢合的塗劃痕跡。隨著年歲增長，疤痕、皺紋、斑點和靜脈曲張的血管分布，拚出了敘述生命的字句。

我重讀了當代傑出的詩人安娜．阿赫瑪托娃的《安魂曲》，她在詩中描述了列寧格勒監獄前長長人龍裡的婦女們。安娜深知悲慘的況味：第一任丈夫遭槍決；第二任丈夫在古拉格勞改營裡死於衰竭；她的獨子數度被捕，並蹲了十年苦牢。有一天，她攬鏡自照，看著鏡中瘦削的面容，以及苦難在她臉上鑿下的深溝，她想起的畫面是古代的美索不達米亞泥板書。接著，她寫下哀傷而雋永的詩句：「此刻我已明瞭苦痛如何在我雙頰寫下艱難的楔形篇章。」我也有同感，好幾次，我碰見一些人，臉龐有如被苦痛切割過的黏土。而且，拜讀了阿赫瑪托娃的詩作之後，我已無法避免這件事：亞述人的泥板書總讓我聯想起歷盡滄桑的面容，那是承受過許多傷痛的臉龐。

不過，在皮膚上書寫的並非只有歲月。有些人在身上刺青文字或圖案作裝飾，就像一片亮麗的羊皮紙。我從未嘗試過刺青，不過，我可以理解留下痕跡、上色，並變成自己的身體文字這種衝動。我還記得和一位青春期好友同住的那幾個禮拜，她當時決定進行第一次紋身。當她在我面前掀起了覆蓋其上的紗布時，我注視著那猶顯柔軟的字母，以及她手臂上泛紅的血肉，就在她的肌肉綳緊時，刺上的文字似乎也微微的顫動著。那個能夠顫動、流汗、淌血的句子（一本活生生的書），著實令我目眩神迷。

我一向好奇人們在自己的皮膚之書寫些什麼。有一次，我認識了一位刺青師，於是我們聊起了他的職業。他告訴我，大部分人紋身是為了對某人或某事永遠緬懷。問題是，我們的「永遠」經常是短暫的，而根據統計，這一類的紋身內容也最易讓人後悔。另外一些客人選擇的是勵志文句、流行音樂歌詞、詩詞。有些人甚至挑了老掉牙的句子、錯誤的翻譯語句，或毫無意義的文字，但只要紋上了自己的身體，便能感受到自己獨一無二、如此特別、美麗動人、生氣勃勃。我想，刺青是奇妙思想的一種生存方式，是人類世世代代對文字光采的信仰痕跡。

有生命的羊皮紙並非只是譬喻，人類的皮膚確可傳達書寫的訊息，並讓人閱讀。在某些特殊情況下，肉體甚至可作為傳訊的秘密管道。歷史學家希羅多德敘述了一個以真人真事為本的精采故事，內容關於古代的紋身、陰謀和間諜。在一個政治混沌的年代，一位名叫希斯提亞埃烏斯的雅典將軍，有意挑撥其女婿阿里斯塔格拉斯，亦即統治米利都的暴君，希望藉由挑起亂局推翻波斯王國。這項密謀極具風險，雙方都可能因此喪命。通往現今位於土耳其的米利都途中，時時有人監視，而抵達目的地之前，阿里斯塔格拉斯的信使必須事先註冊。那封挑撥離間的信該藏在哪裡才好？行跡暴露可是會招來極刑虐打至死。將軍想到了一個絕妙點子：他找來一個忠心耿耿的奴隸，讓他剃了光頭，並在頭皮紋上訊息，然後等待頭髮重新長出來。紋在頭皮上的內容如下：「希斯提亞埃烏斯致阿里斯塔格拉斯：伊奧尼亞起義。」當奴隸長出的頭髮覆蓋頭皮上的紋字時，將軍即刻派他前往米利都。在高度安全警戒下，奴隸本人對謀反一事毫無所知。他只是受命前往阿里斯塔格拉斯家中，然後剃光頭髮，並請對方看看他的光頭。這位密使小心行事，就像冷戰時期的間諜一樣，一路謹慎，被搜身時亦保持冷靜，總算在密謀未被揭發的情況下抵達目的地，並且順利剃了頭。計畫持續進行。他始終不知道（畢竟沒有人能好好看看自己的頭頂），永留在他頭上的煽動性文字究竟是何內容。

這種由歲月、皮膚和文字交織的神祕網絡，成了克里斯多福．諾蘭執導的電影《記憶拼圖》情節主軸。片中那位迷惑的主角李奧納多，因為身受重創而罹患了順行性失憶症。他無法保存近日的記憶；他對本身行動的意識在短時間內就會消失，因此無跡可循。每天早上醒來，他完全不記得前一天或前幾個月的事，也不曉得那場導致他頭部重創的意外發生以來究竟過了多久。李奧納多試圖找到那個強暴並殺害妻子的男子，打算進行一場復仇大計。他開創了一個系統，讓他能夠行走在一個隨時被刪除且暗藏陰謀、操弄和陷阱的世界：他在手掌、手臂和胸前紋上自己的所有基本資料，每天藉此重建自己的生命。當身分遭受遺忘威脅時，唯有刺青文字讓他得以繼續尋覓並達成目的。故事的真相在劇中角色的謊言糾葛中逐漸明朗，而我們也不免懷疑，說謊的人或許也包括李奧納多。這部電影是各種碎片組成的拼圖，就像主角的內心，又如當代世界。本片間接反映了書籍的特質：對於我們的鮮明回憶到不了的歲月和地點，書是記憶的擴張，唯一的見證者——縱使並不完美，偶爾曖昧不明，卻無可取代。

27

每月數次，我從吉諾里街上的美第奇—里卡迪宮後門進入宮內，旁邊就是花園外的城垛圍牆。外牆漆了香草色，典型的佛羅倫斯風格。我得先吸收這些建築和庭園的簡潔，以迎戰緊接著入目的里卡迪圖書館內部的巴洛克狂潮，以及讓人喘不過氣的金碧輝煌。就是在這裡，我的雙手第一次觸及價值連城的羊皮紙手稿。

在那個豪華閱覽室裡，悠長的數小時期間，我小心翼翼地謀劃著攫取獵物計畫的各項細節。事實上，我的研究並不需要查看任何手稿，但是，我竭盡所能在圖書館負責人員面前展現了最大的研究熱忱。我入內的動機純粹是享樂主義作祟：我想觸摸並輕撫那本書，我想體驗撫摸那個被嚴密守衛的文化遺產是怎樣的感受。我激動的撫著那本為了取悅一位貴族及其特權階級友人而誕生的文化著作，一個可憐女孩為了支付在佛羅倫斯的房租，要了個小花招而犯下的美麗錯誤。我永遠不會忘記那幾分鐘的私密時光，近乎情愛似的守著十四世紀的弗朗切斯科·佩脫拉克。當我完成了查看珍貴手稿的入內程序（把我的後背包交給圖書館員，隨身只能攜帶一張白紙和一支鉛筆，戴上棉質手套，通過警衛的檢查），我必須坦承，我對書籍恣意迷戀帶來的這些麻煩，竟讓我有種惡作劇的愉悅感。有時候，我想像著天頂上壁畫裡置身雲朵和盾徽間的某個寓言故事人物，說不定會衝下來處罰我。尤其是懸浮在最高處那位金髮的豐滿女子，特別具有威脅性；我如果沒弄錯的話，她是舞弄著圓球的智慧女神。

將近一個鐘頭期間，我盡情享受著自己的欺詐成果，並做了筆記（這張紙代表了應用古文學家的角色），紙上的描述，盡是我喜樂的感官印象。翻動書頁時，羊皮紙劈啪作響。我心想，書本的低語，每個時代各有不同。透過專家之手寫下的字體之美和工整筆跡，讓我印象深刻。我看到了歲月的軌跡，那些散布著泛黃汙漬的書頁，彷彿我祖父的雙手。

或許，寫作本書的動機就是在當時產生的，佩脫拉克著作的熱情低語，彷彿是一團溫暖的篝火。後來，我的雙手觸及更多的羊皮紙書，而且，我也學會如何更仔細觀察，但是，回憶依舊執意緊抓著第一次經驗。

輕撫這些古抄本書頁的同時，我不禁自忖，那精美的羊皮紙，曾是一頭牲畜被宰殺後的腰部吧！不過短短數週，一頭牲畜的生命可能經歷草原、馬廄或豬圈，然後變成聖經中的一頁。史料記載較詳盡的中古世紀，修道院普遍購買牛皮、綿羊皮、羔羊皮、山羊皮或豬皮，挑選準則在於牲畜的壽命，藉此可判斷成品的品質。這就跟人類一樣，牲畜的皮質因年紀和品種而互有差異。羔羊皮就比六歲的山羊皮要光滑多了。有些牛皮會有皮膚問題，因為牠們喜歡在樹皮上磨蹭，也可能是昆蟲放肆叮啄的結果。這些特質，加上工匠的手藝，攸關成品最後的呈現。為了剝皮去肉，必須將動物皮盡量擴展，緊繃如鼓，然後取一把彎刀，由上往下小心刮著。固定動物皮的框架張力極大，只要刀子下手太重，或是一個受傷的毛囊，或是啄咬舊傷留下的小孔，都可能發展成網球大小的破洞。抄寫員為了修補損壞的書寫材質，激發了無限想像力，有時候，他們的機智甚至更加美化了手抄本。羊皮紙上的一個破洞，亦可變成讓人探頭窺視下一頁縮影的窗口。我還知道另一個奇特的例子，一個瑞典修道院的修女們，以鉤針在字裡行間織出美麗的紋線，藉此修補了裂縫。

我捧著細緻的羊皮紙，為了避免損壞，雙手還戴上手套，心中卻反覆思及殘忍的行為。如同現代，幼小的海豹在白雪上被狠狠打死，就為了讓人們能緊裹著皮草取暖，中世紀最豪奢的手稿同樣需要相當程度的殘忍。有些精美至極的手抄本使用的純白動物皮，觸感光滑如絲，亦即所謂的「牛犢紙」，來自於剛出生的牲畜，甚至是從懷孕母畜肚子裡強取的胚胎。我想像著多少個世紀以來，牲畜淒厲叫喊，鮮血流淌，才得以讓歷史的文字流傳到我們手中。在羊皮紙和墨水精美示眾的背後，卻隱藏著這對苦難雙胞胎受創的皮膚和鮮血事實——從盲目角度窺伺文明的野蠻行為。我們寧可漠視，進步和美麗也包含了痛苦和暴力。這同樣也是人類詭異的矛盾，在那些書籍當中，許多作品卻以智慧箴言談論博愛、慈悲和憐憫而廣為流傳。

一部偉大的手稿可能會導致一整群牲畜的死亡。因此，以當今的出版量來看，世上不可能有足夠的牲畜因應這樣龐大的屠殺。根據歷史學家彼得．華生（Peter Watson）估計，假設一張羊皮紙是五十公分的正方形，一本一百五十頁的書必須犧牲十到十二頭牲畜。其他專家則確認，光是一部《古騰堡聖經》就需要數百張動物皮。生產一部作品所需的羊皮紙，是唯一能幫助當時的書籍倖存的方式，但恐怕所費不貲，只有極少數人負擔得起。無怪乎，擁有一本書，就算只是一本極普通的書，會長期僅限於貴族特權和宗教組織翻閱了。十三世紀的一部聖經裡，一位書吏因為書寫材料短缺而筋疲力盡，於是在一旁注記了這麼一行字：

「噢！但願蒼穹是羊皮紙，汪洋是墨水。」

28

我在佛羅倫斯住了一年。每天早上必須保護筆電免於被路上大批觀光客衝撞，感覺頗為詭異。一路上，我得閃避數以百計端著僵硬笑容瘋狂照相的人們。我看到永無歇止的一列又一列排隊人龍，這支人類組成的波浪狀蜈蚣隊伍，總是盤踞在同樣的那幾座博物館前。人們坐在大街上，吃著外帶食物。導遊各自帶著隊伍，分別以各種語言對著麥克風扯著嗓子。有時候，大批人潮擋住去路，彷彿一群等候流行樂巨星到來的瘋狂粉絲。人人手上緊抓著手機。大聲驚呼。必須讓路給敞篷馬車通過。空氣中飄著汗臭、馬糞、咖啡和番茄醬的味道。沒錯，上班的路上經過這些喧鬧的人群和自拍狂熱，確實很詭異。當我來到大學附近時，遠遠就看到畫在建築外牆上的「格爾尼卡」，頓時鬆了一口氣，感覺就像脫離了尖峰時段擁擠地鐵上的碰撞擠壓。

平靜和隱密在佛羅倫斯亦非不可求，但必須自行尋覓，並放棄平日熟悉的路徑：你得靠自己去爭取。我第一次找到這樣的秘境是十二月的某個清朗早晨，就在聖馬可修道院。我在一樓還碰見幾位安靜的參觀者，但到了二樓竟只剩我一人，簡直不可置信，彷彿逃脫了大草原上一群倉皇追趕的凶猛野獸。寧靜凝如水晶的氛圍下，我參觀了一間間修士的單人房，安傑利科修士在此繪製了簡潔柔和的壁畫，似乎是對所有謙卑、純潔、滿懷希望、心懷困惑的人類做出了愛的宣言。據說，就在那裡，在一群華服盛裝的隊伍伴隨下，美第奇家族的大家長科西莫到此進行懺悔，藉此省思自己行商累積財富，以及在全歐擴增銀行分行犯下的詆誤。這個偉大的商人為自己保留了兩間單人房；可想而知，擁有權勢的大人物一向比其他人更要求舒適，就算贖罪的時候也不例外。

除了這兩間單人房，就在寬敞走道的開端，我發現了修道院非比尋常之處。專家咸信，此處開啟了第一座現代圖書館。這裡保存了許多精采書籍，都是人文主義者尼科利遺贈這座城市的資產，「為了全民福祉，為了公共服務，為了讓一個地方對所有人開放，在這裡，所有對教育飢渴者皆有所獲，就像在一片沃土上，結出豐碩的學習果實。」另一方面，科西莫資助建造了一座文藝復興時期的圖書館，設計者是米開羅佐，他將中世紀陰暗的房間和緊鎖的藏書改造成新時代的象徵：寬敞的大廳，明亮的採光，全為了方便研讀和交談而設計。相關資料來源語帶欽羨地描述圖書館當時的樣貌：兩排精雕細琢的圓柱撐起了一排拱門，兩側分設雙扇大窗，砂岩打造的水綠色牆壁讓人感受寧靜，書架上滿滿的書，六十四張柏木長椅，從修士到訪客，人人都能坐在這裡閱讀、寫作及抄寫文章。外人允許入內實現了尼科利的夢想：他的四百份手稿對所有佛羅倫斯和各國的愛書人開放。圖書館一四四四年開幕，在它的希臘化和羅馬前輩慘遭摧毀之後，這是歐陸第一座公共圖書館。

我在長長的大廳裡緩緩踱步。大桌已經消失，取而代之的是展示珍貴手稿的玻璃櫥櫃。這個明亮而寧靜的文藝復興空間已經變成博物館，早已無人前來閱讀，然而，四壁之間仍感受得到往日的熱絡氛圍。或許，幽靈仍常駐在此，而且，眾所周知，這是一群容易受驚嚇的生物，寧可留在孤獨的處所，最怕恐怖的人類來干擾。

一項偵探任務

抄寫文本總會出現錯誤，這是已經證實的事實。從手抄本連續出現的過程中，文學訊息也悄悄改變了，許多段落已非作者原意，甚至依版本不同而有不同的表述。

29

忠實無誤地抄寫一篇文章並非易事。這需要一連串令人疲累的重複性操作。抄寫員必須先讀過書裡那個需要抄寫的段落，牢記之後，再以優美的字跡複製它，然後視線重新定格在他剛剛讀過的原作段落。成為一個優異的書吏，必須具備極大的專注力。即使是訓練有素且高度專注的書吏也會出錯：看錯、因疲倦而失誤、意譯、誤譯、修改錯誤、替代詞句、跳行、跳字……等。一個抄寫員的個性，可從他所犯的錯誤看出來。雖然抄寫一本書的手是匿名的，但我們能經由錯誤得知書吏在哪裡出生，具備何種文化水平，他的內心靈敏度和品味，甚至他的心理狀態，都會顯現在他的疏漏及文字間的轉換。

抄寫文本總會出現錯誤，這是已經證實的事實。複製一篇文章會產生模式轉移的挫敗，總有抄寫員自行添加的新元素。手工產品從來就不可能一模一樣。只有機器才能大量生產。書籍手抄本會隨著複製而改變，就像傳話遊戲一樣，同樣的故事經過不同的人口耳相傳，最後會變成和原來的版本完全不同。

由於君主藏書家的激烈競逐，亞歷山卓變成了前所未有的書籍寶庫。在大圖書館裡有許多重複的作品，尤其是荷馬的著作。博物館的智者們有機會比較各種版本，後來發現各版本間存在著令人震驚的歧異。他們發現，手抄本連續出現的過程中，文學訊息也悄悄改變了。許多段落已非作者原意，有些地方則依版本不同而有不同的表述。他們知道茲事體大，並理解到歷經多個世紀以來，許多文本已被人類失誤的沉默力量腐蝕了，就像岩石被持續不斷的潮浪沖蝕一樣，而且，文本的內容也越來越難以理解，甚至完全扭曲了原意。

於是，大圖書館的監察人開始了一項近乎偵探的任務，他們竭盡所能，比對同一件作品的所有版本，藉此重建文本的原版。在缺乏意義的字面下，他們要尋找消失的古字和字義上的程度差異。這項努力促進了研究和調查方法的進步，並且訓練出優秀的評論者世代。亞歷山卓的語文學家完成了當代最珍貴文學作品的修訂版本，且皆經仔細考究。這些原作版本提供大眾使用，既作為後續抄寫的原稿之用，甚至也提供給書籍市場。我們今天閱讀和翻譯的各種版本，都是亞歷山卓文字偵探們催生的子嗣。

除了修復流傳的文本，亞歷山卓博物館，又名「繆思的牢籠」，也製造了大量文學相關的各種專業研究和論述。當時的人雖感念亞歷山卓的龐大文化資產，但也喜歡取笑那些智者，儘管自己也滑稽可笑。最常見的玩笑靶心是一位名叫狄迪莫斯的學者，他出版了三千，甚或四千篇精采的專題文章。西元前一世紀，狄迪莫斯在大圖書館不眠不休地工作，撰寫評論和術語辭典，而他周遭的世界在羅馬帝國內戰後早已分裂。狄迪莫斯以兩個綽號聞名：其一是「銅肚」，因為唯有具備金屬內臟才能寫出如此大量和冗長的文學評論；其二是「忘書」，因為他曾經公開提到某個理論很荒謬，卻遭眾人反擊他曾為這項理論背書。狄迪莫斯的兒子阿皮翁繼承了父親孜孜不倦的工作，據說，羅馬帝國第二任皇帝提比留大帝因此叫他「世界鈴鼓」。亞歷山卓的語文學家，充滿熱情、細心謹慎、學識豐富，但常常也是迂腐守舊、凌亂無章，他們快速地在希臘化時期完成了一趟旅程，由於他們的成功和過度發展（當然我們也不遑多讓），歷史上首度出現，關於文學的書目數量開始超越了文學作品本身。

荷馬之謎與沒落

荷馬是個充滿神祕的人物，還可能是一個盲眼詩人的暱稱。他是一個沒有具體輪廓的模糊記憶，更是一個讓《伊利亞德》和《奧德塞》發出美妙音韻的影子。

30

大圖書館館藏包羅萬象，從史詩到食譜都有。浩瀚書海中，學者得以自行選擇要把精力投注在哪些作者和作品。希臘文學的頭號主角倒無需議論，那是他們專攻的議題。亞歷山卓成了荷馬之都。

荷馬是個非常神祕的人物。這是一個沒有生平的名字，或許，那只是一個盲眼詩人的暱稱——「荷馬」這個名字可譯作「看不見的人」。希臘人對他並無確切認知，甚至對他的生年無法達成共識。希羅多德認為，荷馬在世時期是西元前九世紀（「就是比我的時代早了四個世紀」，他是這樣寫的）。不過，有些作者卻想像他生活在特洛伊戰爭同一時期，亦即西元前十二世紀。荷馬是個沒有具體輪廓的模糊記憶，更是一個讓《伊利亞德》和《奧德塞》發出美妙音韻的影子。

在那個時代，無人不識《伊利亞德》和《奧德塞》。識字的人都在學校讀過荷馬作品，其他人也聆聽過人聲朗讀的阿基里斯和尤利西斯歷險故事。從安納托利亞到印度國境入口，在那個廣闊而融合的希臘化世界，希臘人這個身分不再限於出生的基因；對於荷馬史詩的廣泛熱愛才是共通點。馬其頓征服者的文化具備一系列不同的特質，本地百姓若想出人頭地，勢必要接受這些：語言、戲劇、體育館（男人在此赤身露體做運動，對其他百姓來說可是醜聞一樁）、田徑競賽、座談會（聚會飲酒的精緻版本），以及荷馬。

在一個毫無神聖經典的社會，《伊利亞德》和《奧德塞》是最類似聖經的作品。或是瘋迷荷馬，或是對他不滿，總之，上無祭司監視，希臘的作家、藝術家和哲學家可以暢所欲言，提出質疑，撰寫諷刺作品，或自行延伸荷馬史詩的視野。據說，艾斯奇勒斯曾謙卑自承，他寫的悲劇，只能算是「荷馬盛宴裡的麵包屑」。柏拉圖以極多篇幅反擊了這位詩人的智慧，並將他逐出其理想國。有一次，亞歷山卓來了個名叫祖羅的流浪智者，他到此為自己的座談會作宣傳，並顛覆性地自稱是「荷馬的鞭打者」，托勒密國王特地親赴座談會，就為了「控訴他犯了弒親之罪」。沒有任何人讀了阿基里斯和尤利西斯的史詩後卻仍無動於衷。埃及出土的莎草紙書證實，《伊利亞德》以明顯差距榮登古代閱讀率最高的希臘文作品，此外，出土的希臘埃及時期木乃伊石棺裡也發現荷馬史詩部分段落——他們帶著荷馬的詩句進入永恆。

荷馬史詩不只是讓大眾著迷的娛樂而已，它也展現了古代人民的夢想和神話。始自遠古時期，世世代代，人類傳述在世代記憶中留下痕跡的歷史事件，但我們總是重蹈覆轍，總想把它們變成傳奇。二十一世紀的今天，創造英雄事蹟或可讓我們向原始的人性價值看齊，甚至超越它。然而，事實並非如此：每一種文明自會挑選其民族事件，並將英雄神聖化，藉由一段傳奇歷史引以為傲。或許，當代最熱中於鍛造其神話的國家是美國，藉由西部片，成功地把自己的魅力輸出到世界各個角落。約翰・福特導演在《雙虎屠龍》這部片中對歷史神格化進行反思，片中的報社總編輯狠狠的撕破了調查記者寫好的報導，並斥責他：「這裡是西部，老兄！在西部，當事件變成傳奇時，我們就必須刊載傳奇！」無論是哪個令人懷念的時代，舉凡印地安人大屠殺時期、南北戰爭、淘金熱、原野牛仔的威力、無法無天的城市、支持擁槍論及奴隸制度等，事實上都未必如此輝煌。可以確定的是（有些希臘人也毫無顧忌地如是說），關於希臘文化本質的偉大事件亦有類似情形，那就是腥風血雨的特洛伊戰爭。然而，美國電影讓我們愛上黃沙飛揚的大西部、國界邊疆、拓荒精神和征服他國的渴望，荷馬讓希臘人迷戀的卻是除了沙場上的血腥激戰故事外，還有老兵返鄉後的描述。

就如經典的西部電影，荷馬不只是國家文化的宣傳者而已。確實，他的詩作平和地呈現了貴族世界，沒有挑釁上位者的不公不義，亦未提出質疑，但是卻很巧妙地在故事裡鋪陳了明暗對比。我們從其史詩裡見證了一種心態和幾場與當前局勢相去不遠的衝突，或許，更正確的說法應該是兩種心態，因為《奧德塞》比《伊利亞德》更具現代風格。

《伊利亞德》描述的是一個執迷於聲望和榮耀的英雄。阿基里斯可以選擇平凡、長壽且平靜的一生，如果他留在祖國的話；或是光榮捐軀，如果他偏要前往特洛伊。結果，他決定奔赴沙場，即使預言已警示，他恐怕無法歸返。阿基里斯出身大家族，家人都胸懷理想抱負、英勇進取、勇於承諾、多愁善感、怨天尤人、固執己見、容易鑽牛角尖。亞歷山大從小夢想成為像他一樣的人，並且在帶兵東征西討的那幾年，不時從《伊利亞德》尋找靈思。

戰爭殘酷無情，年輕人戰死沙場，白髮父母悲送黑髮人。有一天夜裡，特洛伊國王冒險獨自前往敵營，哀求他們歸還兒子的遺體，好讓他能安葬。阿基里斯，這個殺人凶手，一個殺戮機器，竟對老人起了憐憫之心，面對一個老人悲痛的尊嚴，他想起了自己的父親，他再也見不到的至親。這是令人感動的一刻，征服者和被征服者一起慟哭，並取得幾項共識：埋葬亡者天經地義，互相爭鬥舉世可見，以及戰爭災難下卻同時散發著人性光輝的奇特美感。儘管《伊利亞德》並未提及，但我們知道休戰期將是曇花一現。戰火繼續延燒，阿基里斯將魂斷沙場，特洛伊將被夷平，而它的子民，男人被亂刀殺死，女人被勝利者挑走當奴隸。這首史詩結尾已近乎地獄邊緣。

阿基里斯是個傳統戰士，生在嚴肅且悲傷的世界；反之，浪遊四方的尤利西斯（這個文學角色如此現代，深深吸引了喬伊斯）耽溺於精采、驚奇和有趣的冒險之樂；有時煽情，偶爾荒誕。《伊利亞德》和《奧德塞》探索了南轅北轍的重要選項，而兩位英雄也以相反個性面對了生命的種種試煉和機運。荷馬很鮮明地呈顯了熱愛生命的尤利西斯，即使他不完美，耽於美色和享樂，人生滋味酸甜並陳。他是所有旅行者、探險家、水手和虛構海盜的前輩，具備通天本領，能應付各種處境，經常說謊，四處留情，人生經驗的收集者，了不起的故事敘述者。他想念老家和妻子，但也以雲遊天下為樂。《奧德塞》是第一部懷舊文學代表，航海和歷險的精神在沒有太多衝突的情況下共存。當他的船隻擱淺在捲髮如雲的卡呂普索女神島上，尤利西斯和她相守了七年。

這個小小的地中海伊甸園，紫羅蘭四處綻放，天堂般的海灘輕捲浮浪，尤利西斯享受與女神的性愛歡愉，並沉醉於她長生不老和青春永駐的生命。然而，過了幾年享樂的逍遙日子，滿溢的幸福讓他覺得自己很可悲。他對千篇一律的永恆假期感到厭倦，經常在海灘悲泣，遙想自己的尋常日子。此外，尤利西斯對神已有足夠認識，根本沒想過要跟這位權力驚人的女友坦承自己對她已感到厭倦。首先攤牌的應該是卡呂普索：「尤利西斯，你真的想回去故鄉的老家？你要知道，故鄉有許多悲傷哀愁正等著你，你跟我留在這裡，你將是不朽的永恆。我自認絕對不會比你的妻子差，不管是容貌或身材，任何一個女人在肉體和外表上都不可能是女神的對手。」

這個誘惑實在太吸引人：永遠當一個豐滿性感女神的情人，身材永遠精壯，沒有衰老，沒有病痛，沒有厄運，也不會有攝護腺肥大或老年失智問題。尤利西斯這樣回她：「女神，請妳別動怒。我當然知道，潘妮洛碧根本比不上妳，但即便如此，我還是很想回家，很期待歸鄉的日子。如果我在赤紅如醇酒的汪洋上遇見諸神虐待，我會努力忍耐。我早就經歷過大風大浪，也在戰火中穿梭過了……」。於是，決定分手之後——詩人荷馬以輕快的語氣敘述：夕陽西下，暮色蒼茫，相愛的兩人沉浸魚水之歡。五天之後，他離開小島，快樂地揚帆啟航。

機靈的尤利西斯不做過多幻想，不像阿基里斯，立下了遠大而獨特的目標。他有機會成為神，卻選擇回到伊薩卡，那個岩石密布的故鄉小島，他在這裡看著父親衰老，看著兒子長成少年，並經歷潘妮洛碧的更年期。尤利西斯是個戰鬥力強且精力旺盛的人，寧取真實的悲傷，也不要虛假的幸福。卡呂普索送他的禮物像極了海市蜃樓，也像是一種逃避，一場嗑藥後的夢幻，更像是一個平行無交集的現實。這位英雄的抉擇展現了一種新智慧，完全不同於阿基里斯謹守的榮耀規則。新智慧輕聲告訴我們，人類謙卑、不盡完美又短暫的生命值得珍惜，儘管有其限制和不幸，雖然青春稍縱即逝，軀體逐漸鬆弛，我們終究要邁開步伐向前走。

失落的口述世界：一張聲音之毯

在口述社會，吟遊詩人多在重大節慶或貴族宴會中表演。一個「飛翔話語」的專職工作者在觀眾面前發表時，不管多麼微不足道，也算是在「出版」自己的作品。

31

西方文學的第一個詞是「憤怒」（希臘文：ménin）。《伊利亞德》的六步格詩句就從這裡開始，我們不假思索，突然就沉浸在喧囂和狂怒之中。阿基里斯的暴怒開啟了一條路徑，帶著我們通往尤里比底斯、莎士比亞、康拉德、福克納、費德里戈．加西亞．洛爾卡和胡安・魯爾福的文學國度。

然而，荷馬豈止是開端，也是一個結束。事實上，那只是幾乎完全被遺忘的冰山一角。當我們將他的名字和世界文學作家並列時，其實是將兩個無法相比的世界混為一談。《伊利亞德》和《奧德塞》始於一個與現代截然不同的世界，那是一個書寫尚未發展前的時代，當時，語言（表情、神韻和音色）只是短暫的存在。在那個時代，荷馬謂之「振翅飛翔的話語」，言語隨風傳遞，唯有記憶才能保存它。

荷馬的名字雖和兩首史詩相連，但那是個幾乎無人談及著作權的時代。在口述時期，詩詞公開朗誦，保存了遊牧民族世代傳承的習俗，而老年人則坐在火堆前述說著祖先的故事和英雄的事蹟。詩歌完全社會化，它屬於全民，而非僅只特定人士所有。每位詩人都能自由運用傳統神話和詩歌，並可隨意改編，或刪減他認為不相關的內容，並加入各種特色、人物、虛構情節，甚至從同業那裡聽到的詩句。每一個故事背後，都有一個不知「版權」為何物的詩人繁複的拼湊星圖。口述盛行的許多個漫長世紀期間，希臘吟唱詩人循序漸進，一代接著一代，逐漸演變也持續茁壯，而詩詞內容終究未能達成封閉或確切的版本。

目不識丁的詩人創作了數以百計的詩詞，但已永遠消失。其中有些詩人在古代作家回憶中留下了吉光片羽，而經由他們的提及（概述或簡短片段）我們大略得知他們的論據。除了特洛伊之外，至少還有一個名叫底比斯的城市，命途多舛的伊底帕斯王就出身此地。有一首非常古老的詩歌，比《伊利亞德》和《奧德塞》更久遠，主角是戰士門農，生於衣索比亞。倘若關於他的生存年代推測屬實，那就意味著，我們所知的歐洲最古老的歌頌英雄史詩，出乎意料的敘述了一個黑人英雄的英勇事蹟。

在口述社會中，吟遊詩人多在重大節慶或貴族的私人宴會中表演。一個「飛翔話語」的專職工作者在觀眾面前發表故事目錄時，不管這是多麼微不足道，他算是正在「出版」自己的作品。若要想像當時敘述和傾聽故事的方式（那不算是文學，因為文字和書寫還不存在），我們有兩個探索管道。《伊利亞德》和《奧德塞》大致描繪了希臘吟遊詩人的生活及這個行業（當然也包括其中的艱辛）。此外，人類學家研究了另外幾個現今仍保存的口述時期文化，包括與印刷和各種最新科技媒介共存的現代。誠然，傳統詩歌看似過時的古物，但它們拒絕死亡，依然在地球上的某些角落述說著近期的戰事和現代危險生活。民俗學者錄製了一位克里特島吟唱詩人的作品，敘述一九四一年德國傘兵入侵的情形，錄製當時，詩人憶起了在戰爭中死去的友人，一時悲切激動而破了嗓，微顫的嗓音無聲而終。

讓我們試著想像西元前十世紀一個鄉紳宅邸內的日常生活景象。家宴登場，為了在晚宴上賓主盡歡，主人特地雇用了一個吟遊詩人。就在門檻邊那個乞丐專屬的位子，異鄉人耐心等待，直到主人請他到客廳入座，在場的地方富豪正在大口吃肉，豪飲美酒，落腮鬍裡滴下了烤肉的油膩肉汁。當眾人目光停留在他身上時，他突然對自己一身破舊且不太乾淨的長袍感到羞愧。他默默拿著樂器調音，是一把齊特琴，努力為表演做最好的準備。他是個出色的說故事高手，從小就開始在這個編織話語的行業打滾。清亮的嗓音伴隨著彈撥的弦音，獨坐眾人面前，彷彿彈著吉他的創作歌手，冒險和戰爭交織的故事高潮迭起，這股魔力讓眾人沉浸其中。晚宴賓客偶爾搖頭，時而頷首，腳下不時跟著打拍子。他們很快就入迷了。故事讓他們內心翻騰，一雙雙眼睛炯炯發亮，臉上開始不自覺地露出笑容。這是古埃及和現代斯拉夫朗誦愛好者的共通點：吟唱詩歌能攫取、進入，並吸引聽眾的心智。

故事的魔力並非唯一竅門，精明的吟遊詩人還有一連串訣竅。初到此地時，他立刻查探了雇主的各代祖先，牢記了他們的名字和特質，打算把他們編入傳奇英雄故事的情節裡。詩人向來會在敘述中加入頌揚雇主先輩的篇章。他可能縮短或延長詩歌，端賴客廳裡聽眾的反應和氣氛。倘若聽眾偏愛華麗繁複的描述，他會順勢增加戰士武力裝備、駿馬的各種馬具，以及公主們的耀眼珠寶。正如俗話說的：反正這些財富也不需要自己花錢買。他能精準掌握停頓時機和吊人胃口的藝術，總是在精打細算過的時機中斷故事，如此一來，雇主就會請他隔天再來。吟唱夜夜登場，有時持續一整個禮拜或更久，直到雇主開始興趣索然。這時候，吟遊樂手又上路了，繼續浪跡天涯的人生，並找尋新的庇護所。

在那個話語飛翔的時代，文學是一門短暫的藝術。這一類的口述詩歌表演，每一次都是獨一無二，也僅有一次。這就像爵士樂歌手演出受歡迎的曲目時，一時興起會來一段無樂譜的即興演出，詩人也常在學會的詩歌裡即興加入各種改變。即使是朗誦同一首詩歌，敘述同一批英雄的傳奇事蹟，每一次內容都和上一次不同。由於年幼即投入學藝，且訓練有素，詩人學會將詩句視為有生命且可鍛造的語言。他們熟知的神話數以百計，精於掌握傳統語言，擁有豐富的詞語寶庫，腦中有個裝滿詩句的斗櫃，樣樣本事俱足，每次朗誦會都能編出一首忠於情節卻又不同以往的詩歌。但是，他們對著作權毫無興趣：詩人熱愛歷史傳承，但看不出有任何理由必須忠於原作，因為傳統版本就很動人。個性化的表達屬於書寫的時代；在口述時代，藝術原創的聲望仍陷在低潮。

當然，為了精通這門行業，詩人必須擁有過人的記憶力。斯洛維尼亞民俗學家穆爾科（Mathias Murko）打頭陣開路，美國語言學家帕里（Milman Parry）和羅德（Albert Bates

Lord）追隨其志，他們證實了二十世紀初的波士尼亞穆斯林吟唱歌手精通三十至四十首口述詩歌；有些通曉逾百首，有人甚至能掌握一百四十首。詩歌吟唱可能持續七或八小時，且如同希臘詩歌，同一個故事的每一次版本都不一樣，甚至必須好幾個晚上通宵達旦才能完整吟唱作品。穆爾科曾詢問這些吟唱歌手幾歲開始學藝，他們答道，還依在父母懷裡就已經開始彈奏樂器，八歲開始口述傳奇故事。有些孩子天賦異稟，他們是口述歷史界的莫札特。其中一位回憶道，他從十歲起和家人行走在商場的各家咖啡館之間，在那裡汲取了所有詩歌；直到能正確複誦聽來的詩歌才能去睡覺，睡著之後，詩歌會永遠烙印在他的記憶裡。有時候，詩人必須長途跋涉數小時，就為了去聽某位同業的演出。僅僅一次吟唱預演（萬一喝得爛醉，就需要兩次），就已經足夠應付正式演出。詩歌就是這樣傳承下來的。

希臘可能也是類似的情況。希臘史詩的詩人保存了對歷史的記憶，因為他們從小在雙重世界裡成長：一個是真實生活，另一個是神話世界。他們在言談間吟誦詩詞，自覺穿梭在歷史的時空裡，而那是他們透過詩的魔法所認識的世界。這些詩人，堪稱有血有肉的書籍，充滿活力且激勵人心，在那個沒有文字的時代，當然也沒有歷史，所有的經驗、生命和累積的智慧，都因為他們才得以避免終結在虛無的遺忘中。

32

西元前八世紀，一項新發明開始無聲無息地改變世界，這場寧靜革命終將改變記憶、語言、創作、思考的組織方式，以及人類和威權、智慧和歷史的關係。改變很緩慢，但成果非凡。字母出現之後，一切已不同既往。

最初的讀者和最早的作家都是開拓先鋒。口述的世界頑抗抵制消失的命運，即使到了今天也並未完全匿跡，書寫的文字起初只能蒙受屈辱。許多希臘人偏好吟唱的文字。他們不太喜歡創新，每當面前出現新事物總要嘟囔發牢騷，認為創新帶來的不是進步，而是衰退。其實這樣的抗拒心態始終存在；所有重大進步，如文字、印刷、網路……等，免不了要面對可怕的詆毀者。當年肯定也有暴躁的一群人指控輪胎根本是廢物，他們到死都寧願用自己的肩膀扛運大石頭。

不過，新發明帶來的承諾倒是令人難以抗拒。整個人類社會都希望延續生命，並且被後人懷念。書寫這個行為可以延長記憶的壽命，避免歷史永遠滅絕。

文字發展初期，詩歌的產生和流傳依然仰賴口述，但是有些詩人學會了寫字，並開始將詩句寫在莎草紙上，或是由他人聽寫記錄，作為通往未來的護照。或許，當時已經有些人開始意識到這項大膽創新超乎預期的意義。寫下詩詞意味著將內容固定，並永遠保存下去。在書裡，文字具體化了。他們必須為詩歌選出唯一的版本，而且是最美好的版本，才不會被時代淹沒。直到當時，詩歌一直是有生命的組織體，它會成長，也會改變，但是書寫將讓它固定化。僅留故事唯一版本意味著犧牲所有其他版本，但同時卻能讓它免於破壞和遺忘。

由於這項大膽行動，幾乎可說是魯莽行事，兩部讓我們建立世界宏觀視野的雋永經典史詩才會傳到我們手中。《伊利亞德》的一萬五千句和《奧德塞》的一萬兩千句詩詞，今日讀之，彷彿這兩部小說是口述時期與新世界之間的邊境。一位詩人，勢必熟稔流暢吟詩，但接觸到書寫時，他會將好幾首傳統詩歌引線穿入同一個相關的情節裡。荷馬是在兩個世界的門檻前那個人嗎？我們永遠無法得知。每位研究者總是想像著他心目中的荷馬：一個遠古時代的文盲詩人；《伊利亞德》和《奧德塞》最終版本的作者；為這兩部作品做最後潤飾的詩人；一個職業抄寫員，卻在兩部手稿上簽下自己的名字；抑或一位編輯，深為這兩部作品的荒誕怪奇和書寫風格而著迷……。我常忍不住臆想，一位對我們的文化影響如此深遠的作者，說不定只是個幽靈。

可供參考的資料極其貧乏，這個謎團是不可能破解了。荷馬的幽影消失在暮色將臨的大地。正因為如此，《伊利亞德》和《奧德塞》更加迷人，藉由這兩部非凡特出的文本，我們得以近觀那個故事展翅飛翔而文字茫然失落的年代。

33

正在讀這本書的你，生命中也經歷過幾年口述的世界。從牙牙學語時的結結巴巴，到開始學習閱讀，文字僅存在於聲音裡。你在每個地方都能找到不出聲的字母圖案，但它們對你毫無意義。掌控世界的大人們，他們倒是能夠閱讀和書寫。你不懂這些事情，也不怎麼在乎，因為能講話就夠了。你生命中最初的幾個故事是從耳蝸進來的；你的雙眼還不懂得如何傾聽。後來你上了小學：筆畫、字跡、字母、音節。人類社會從口述到書寫的演變，在你身上完成了小小的縮影。

我的母親每晚為我朗讀書籍，總是坐在我的床沿上。她像是吟遊詩人；我，則是為她著迷的聽眾。地點、時間、神情和靜默，總是千篇一律，那是我們的私密禮儀。當她的視線正在尋找中斷的文章段落在何處，以及為了回顧情節而重複前幾個句子，這時候，故事宛若清風拂過，吹走了白天所有的憂慮，以及暗夜突襲的恐懼。那段朗讀時光，對我來說是個暫時性的小小天堂。後來我才學會一件事：所有天堂皆如是，簡樸且短暫。

她的聲音。我聆聽她的聲音，以及她協助我以想像力傾聽的故事裡的各種聲響：拍打著船身的嘩啦水流聲、踩雪的沙沙聲、雙劍交鋒的撞擊聲、飛箭如哨的咻咻聲、神祕可疑的腳步聲、陣陣狼嚎、門後低語。我們感覺彼此緊密相依，母親和我分處兩個世界卻同在一起；我們比任何時刻更緊密，卻分隔在兩個平行的空間，內在與外在，留下臥房裡滴答走了半個鐘頭的鬧鐘，以及故事裡流逝的多年歲月，這兩個獨立的世界，同時也圍繞著與故事角色相關的許多人、朋友和間諜。

在這些年間，我的乳齒一顆顆掉了。當她為我朗讀故事的時候，我最喜歡做的事情是用手指推動顫動的牙齒，感受它正在脫離牙根，每次都舞動得更輕鬆，最後終於帶著幾條血絲脫落，我把它放在手掌上仔細端詳——童年正突破新局，在我身體上留下了破洞，以及生命途中的空白碎片，聆聽故事的歲月即將結束，雖然我當時並不自知。

當我們讀到特別令人激動的篇章時；一場追捕，殺手就在附近，行跡就要敗露，背叛跡象顯現。這時候，我母親總會乾咳幾聲，假裝喉嚨癢，咳不停；這是第一個中斷信號。「我不能再往下唸啦！」這下輪到我哀求她，簡直像要發瘋了似的：「不要啦！妳不要在這裡停下來啊！」她又往下多唸了一些。「我好累啊！拜託！拜託啦！」我們演了一齣小喜劇，然後她繼續往下唸。當然，我也知道她在捉弄我，但我每次都真的害怕。最後，中斷終究成真，她闔上書本，親了我一下，留下我在黑暗中，接著，她進入大人們夜晚的秘密生活，他們充滿熱情、神祕和欲望的深夜時光；那是兒童禁足的另一個國度。

闔上的書本放在床頭櫃上，沉默且固執地，拉著我離開加拿大育空的營地，或是美國密西西比河岸，或是《基督山恩仇記》的伊夫城堡，或是《金銀島》「海軍上將本保」的旅館，或是阿古斯塔．阿道夫．貝克爾的《靈魂山》（*El Monte de las Ánimas*），或是奧拉西奧．基羅加描寫的米西奧內斯叢林，或是委內瑞拉的馬拉開波湖，或是伊薩克．巴別爾筆下班尼亞．基爾克居住的烏克蘭奧德薩社區，或是義大利的文蒂米利亞，或是聖彼得堡的涅瓦大街，或是《唐吉訶德》裡桑丘赴任的巴拉塔利亞島，或是位於魔多邊界的屍羅洞穴，或是柯南．道爾描述的巴斯克維爾莊園旁的荒地，或是馬克西姆．高爾基的故鄉下諾夫哥羅德，或是《科學怪人》中位在英戈爾施塔特可怕的實驗室，或是安東尼奧．羅德里奎．阿莫多瓦的《一去不回城堡》（*El Castillo de Irás y no Volverás*），或是羅賓漢出沒的雪伍德森林，或是長在《樹上的男爵》故事發生地翁布羅薩男爵柯希莫所爬的那棵樹，或是《小王子》的猴麵包樹星球，或是《美麗約定》中伊馮娜．加萊的神祕屋舍，或是《孤雛淚》費金的老巢，或是伊薩卡島。而且，就算我適時適地翻開了書，找到了書籤夾著的那一頁，也無濟於事，因為我只看見蜘蛛腳爬滿書頁，卻不認得半個字。沒有母親的聲音，魔法無法成真。

閱讀是一種魔力，沒錯；因為閱讀能夠讓書上那些黑色的昆蟲怪物說話，而當時我覺得那些都是紙上的超大蟻丘。

34

刻板的八股思想會讓我們把口述文化想像成原始、低階的部落等級。假如我們今天是以人口識字率衡量一個國家的國力，那就難怪我們的觀念會把史前時代視為落後的滅絕世界。然而，我們知道事實並非如此，至少，不盡然是這樣。例如，祕魯的印加文化征服也統治了一個強大的帝國，不靠文字的支撐（靠的是結繩記事傳遞訊息的系統，稱為奇普），並且創造了自己的藝術，以及一座雄偉巨大的建築，每年吸引大批觀光客登上庫斯科和馬丘比丘所在的安地斯山脊。

當然，書寫的缺席是文化上的一大不便。口述社會發展越完善，百姓越是經常對遺忘的威脅感到焦慮。他們必須保存自己的法律、信仰、發現和技術知識——那是他們的身分。如果成就無法傳承，每個世代只能無奈地從頭開始。但是，他們只能靠聲音這個系統相互溝通，輕盈而短暫，一如空氣。在人類脆弱的記憶裡，他們找到了在歲月中亙古留存的唯一希望。因此，他們訓練記憶力，將它的能力擴展到極致，成了挑戰極限的記憶競技者。

為了永存歷史所做的努力當中，口述世界的百姓意識到，有節奏的語言更容易記憶，有了這項發現之後，詩歌於焉形成。朗誦詩句時，文字的旋律有助內容在沒有變動的情況下重複，因為缺乏連續會破壞音樂性。我們在小學都學過朗讀詩歌，經過多年後的現在，許多事情早已忘了，但我們會發現自己對當年唸過的詩歌仍記得格外清楚。

希臘神話中，繆思皆為女神謨涅摩敘涅（Mnemosine）的女兒，這個鋪陳並非偶然（「助記符」〔mnemotecnia〕這個字就由此而來），記憶擬人化是一種行動：回憶和重現。在那個年代（每個時代都一樣）無法記憶者亦無力創新。縱有天壤之別，口述詩人和後現代作家卻有個共通點，他們的作品被視為改編、懷舊、翻譯和不斷回收歷史。

節奏不只是記憶的盟友，也是人們享樂的催化劑——舞蹈、音樂、性愛律動，都有著節拍和旋律。語言也具備無窮盡的韻律可能性。希臘史詩以六步格流暢呈現，藉由強弱音節的組合而開創了獨樹一格的聽覺韻律。反之，希伯來詩文則偏好句法節奏：「一個為一切存在的瞬間，一個為蒼穹下每件事物存在的時刻：一個誕生的時刻和一個死亡的時刻；一個栽種的時刻和一個採收作物的時刻；一個殺戮時刻和一個修復的時刻；一個破壞的時刻和一個建造的時刻……」或可這麼說，因為《傳道書》傳唱的這些句子，美國民謠歌手皮特．席格受到啟發而做了一首曲子〈Turn! Turn! Turn! To everything there is a season〉（轉！轉！轉！萬物四季皆有時）成為一九六五年暢銷歌曲。在詩歌的源頭，韻律的愉悅開始作為延續文化之途。

除了語言的韻律性之外，人們還發現了其他保存記憶的策略。口述詩歌現場傳遞知識，採用故事的形式，而非說教式的省思；沒有任何一個詩人會在群眾面前說出這麼無趣的句子：「謊言損及信用。」反之，他們寧可敘述風趣的牧羊人如何以叫喊警示村民（「狼來啦！」）。在口述的時代，冒險故事向來風行，故事中的角色總會犯錯，並為此付出代價，藉由這些虛構情節，最終目的是百姓從中學到教訓。經驗有其價值，並藉由故事形式傳承，如：傳奇、神話、寓言、事件、笑話、謎語或回憶。

口述的幻想世界想像的故事總是充滿生命力和流動性，活著的人和已逝故人，凡人和諸神，肉體和幽靈，皆有互動，蒼天、大地和地獄間相互聯繫，打造出一條通往永恆的道路。

因此，傳統神話甚至將動物、河流、樹木、月亮或白雪擬人化，彷彿整個大自然也想加入歡樂、喧鬧的故事行列中。兒童文學依然延續著這種古老的喜悅，這種喜悅來自於會說話的動物和孩童間熱情奔放又愉悅的共存。

《伊利亞德》和《奧德塞》如同當時眾多已散佚的史詩，依照古典語言學家哈夫洛克（Eric A. Havelock）的說法，都是希臘人彙集民間智慧傳承的口述百科全書。他們以充滿活力和熱情的節奏敘述了特洛伊戰爭神話，接著是希臘征服者歸鄉的艱難歷程。情節的戲劇性和歷險過程捕捉了群眾的注意力。故事進行當中，在行雲流水的篇章偽裝下，不時竄出讓人謹記在心的簡短智慧箴言。聆聽了詩歌朗誦的人，能學到航行和農業的概念，建造船隻和房舍的步驟，舉行集會的規則，集體決議的完成，戰鬥的武裝配備，或籌備一場葬禮。人們對詩歌內容耳熟能詳，舉凡戰士的舉止，如何和祭司交談，如何宣戰或停戰和談，在家該有的樣子，諸神對人類有何期待，法規的內容，習俗和榮耀法典。荷馬的詩句裡並無其作品原創性展現的叛逆和閒散，反而是整個民族的集體發聲。

在那些傳承下來的教化當中，我們讀到了珍貴的古老智慧，但也領教到了古板思想的呈現。在《奧德塞》的第一篇詩歌，鐵拉馬庫斯喝斥自己的母親潘妮洛碧閉嘴，而且看都不看她一眼：「母親，回妳的房間去，好好幹活兒，做做織布和紡錘，檢查一下奴隸是不是把工作都做完了。發言是男人的事情，尤其是我說的話，我說什麼都算數，因為這個家裡我做主。」讀到這段小插曲，我們立刻會想到一個暴躁逞強的青少年，開始覺得自己是個男人了，他差遣母親去織布，想把她手中的持家大權搶過來。不過，詩人准許尤利西斯年輕的兒子宣示早熟的男性主導權，並作為範例灌輸給群眾。對希臘人來說，話語權屬於男人；那是他們的特權。在《伊利亞德》當中，天神宙斯當著宴會賓客和妻子希拉起了齟齬，因為妻子打算揭發他的意圖，於是，他當眾羞辱她，並大聲斥責她：「閉上妳的嘴巴！」這樣的描述，竟出現在嚴肅的六步格史詩裡。藉由舉止和言語，荷馬史詩裡的人物不斷地呈現家庭裡的行為模式，一家之主常以主人和大人物自居。

不僅如此，《伊利亞德》還出現了階級主義的例子，同樣是嚴肅的話語使用權議題。有個鄉下人，名叫德雷希德斯，他是整部史詩中唯一的平民，作者將他描述成前往特洛伊的希臘人中最醜的一個，他膽敢闖入戰士集會，尤利西斯卻以權杖把他推了出去，並以命令的語氣禁止他和比自己優等的人談話，換言之，就是君主和將軍們。儘管膽大妄為，狂妄不羈的德雷希德斯倒是有膽頂嘴，他批評邁錫尼的阿加曼農國王膽小畏縮：「阿特柔斯之子❶！你有什麼好抱怨的？你的軍營裡，財富和女人多到用不完。身為領袖，不應該讓自己的戰士陷於貧困。」詩中描述了尤利西斯如何傷害言語放肆又瘸腿的德雷希德斯，在場的一群士兵們拍手鼓譟，頻頻歡呼、大笑——「背上挨著權杖，不斷有人以肩膀撞他。他彎下身子，淚流滿面。背上瘀傷開始淌血，那是黃金權杖的傑作，他坐了下來，滿懷恐懼。」

當我們沉浸在荷馬史詩的魅力及其無以名狀的絕美瞬間，也必須保有讀者應有的警覺性，要知道，那是一個由希臘父權制貴族掌控的世界，作者對此頌揚，從未質疑其價值。在一個詩人作為傳統哨兵的時代，根本不可能敘述一個自由、觸法的故事。這得等到文字和書籍發明之後，有些作家（而且總是少數）才開始以挑釁、叛逆、卑微、受辱的人物和沉默的女性角色發聲，當然也包括更多挨打的醜八怪德雷希德斯。

35

這是個極大的悖論：我們來自於一個失落的世界，但直到它消失後，我們才得以窺其究竟。我們對口述的印象源於書籍。我們認識飛翔的語言，正是透過它的相反形式，書寫的固定文字。一旦寫成，這些敘述就永遠失去了流暢性、彈性和改編的自由，從許多例子來看，還會失去語言的特性。為了拯救那項傳承，卻必須將它傷害至死。

就算傷痕累累，依舊魅力迷人，人類文化龐大的初期想像力資產得以倖存，並未在任何時期完全消失。在各種神話、寓言、史詩、民謠歌曲和傳統神話的文字紀錄當中，我們依稀能聽見它從遠方傳來的回音。它在經過轉變、改編和重新演繹的《伊利亞德》和《奧德塞》裡，在希臘悲劇裡，在特洛伊城，在《舊約聖經》裡，在印度史詩《羅摩衍那》裡，在冰島史詩《埃達》裡，也在《一千零一夜》裡。這些流放他國的故事（在異國文字世界裡的文學難民）恰恰是人類文化的脊柱。

當繆思開始學習書寫時，在此借用哈夫洛克的文字——激發了令人驚嘆的重大改變。新的文本開始以無限制的多樣性複製，因為它已經不再是記憶產業依靠的主體。知識的倉庫不再由聽覺獨霸，它變成了資料庫，並因此能毫無限制地擴張。於是，文學終於得到了擴展四面八方的自由，再也不需要貪婪地與有限的記憶打交道。這份自由也滋潤了故事的主題和觀點。在口述時期，傳統形式和想法廣受聽眾喜愛和肯定，但文字的論述卻能開啟未知的視野，因為讀者有時間可以從容地領會並思考全新的理念。書籍容納了各種古怪的思想、個人認同的聲音，以及對傳統的挑戰。

放棄口述形式之後，語言實驗了重新調整的建構：句法開展了全新的邏輯結構，字彙變得更抽象。此外，文學在詩歌訓練外找到了新途徑。就像莫里哀作品裡的資產階級，有一天突然驚覺自己逾四十年來一直不知所云；希臘作者發現，作品裡的角色無須繼續在六步格詩詞裡對話了。

現實與理論形成的詭異世界中，散文成了傳輸媒介。創新的詞句擴展了思想領域。這樣的視野擴展也曾出現在歷史、哲學和科學發展之初。亞里斯多德談及自己的知識工程時，選擇的字彙是「theoría」，以及相應的動詞「theoreîn」。在希臘文裡，這兩個字意味著觀看某種事物。這個選擇立意明顯：思索世界這個任務之所以存在，必須歸功於書籍和閱讀，換言之，因為我們能夠看著文字，並慢慢思考其中涵義，而不是在滔滔言談中聽到它被說出來而已。

所有轉變的發生極其緩慢。我們常想像新發明能快速掃除舊習慣的屏障，不過，那些過程不能以光年測量，若用「鐘乳石年」形容反而更恰當。一點一滴，就像滴水穿石後，留下方解石上的細緻紋路，文字創造了全新的意識和心態。放棄古希臘時期的口述傳統是個漫長的階段，進程從西元前八世紀到西元前四世紀。亞里斯多德擁有龐大藏書量，其靈感正來自於野心十足的亞歷山卓圖書館，從嚴格的角度來看，他肯定是歐洲第一位文學家。

事實上，我們不應該將口述和書寫之間的關係視為取代，而是一種奇特的聯繫，一種細膩的交織。例如，看似矛盾的是，希臘小學裡的孩子藉由《伊利亞德》和《奧德塞》學習閱讀。荷馬在學校教學中始終保有一席之地；一如口述百科全書的時代，他是整個古希臘世界無可抗衡的大師。但另一方面，無庸置疑，偉大的歷史口述者和口才便給的雄辯奇才依舊讓希臘人著迷，一如他們在修辭方面展現的無盡熱情。通常，希臘城邦的政治領導權多由雄辯能力出眾的人掌控。中古世紀常見肌肉發達，但腦袋空空的封建領主，以及飽讀詩書卻只能替特權階級抄寫的文人，這種對比差異在古希臘並不存在。希臘人崇拜能言善道且談吐風趣的人。古代典型的幽默常以誇張言詞、閒聊或糾纏方式呈現。基於對文字的無限愛戀，以及對辯論的狂熱，征服希臘的羅馬人認為那些人全都是無可救藥的瞎說閒聊。

聽覺精緻化的過程中，我們也在悲劇中聽見飛翔的文字，還有抒情詩人品達的讚美詩，希羅多德的歷史故事，以及柏拉圖的對話錄。同時，這些作品皆具備創新語言和個人意識的傾向。一如經常可見的狀況，既無完全切割，亦無絕對延續。甚至最新的文學創作總免不了節錄和盜用無數先人的文章。

蘇格拉底的例子展現了引人注目的新舊混合模式。小工匠出身的蘇格拉底，大半生流連在雅典的體育場、工作坊和廣場間，就為了找到願意和他聊聊哲學的人。成天只愛閒逛閒談，不顧家中大小事，加上和贊西佩婚姻不睦，他漸漸成了出了名的怪人。他是個能言善道的人，始終拒絕將教學內容訴諸文字。他怪罪書籍妨礙了關於思想的對談，因為書寫文字無法立刻回應讀者提出的問題和異議。他一定覺得自己更像古代浪遊四方的吟遊詩人，而不是臉色蒼白且掛著黑眼圈的作家。然而，吸引著蘇格拉底並讓他樂於曠廢職業的哲學繆思，卻是書寫之女。若在傳統世界裡，像他這樣的人，出身卑微且其貌不揚，身材矮小，鼻梁塌扁，挺著大肚腩，根本沒有機會在公眾面前發言，而是落得像德雷希德斯一樣的下場。然而，他那個時代的雅典，文化風氣盛行，貴族非但不再當著大庭廣眾打人，而且對他頗為敬重，甚至為他支付巡迴各地的哲學講座費用。

在那個傳播變革的十字路口，蘇格拉底並非唯一抗拒書寫的偉大思想家。畢達哥拉斯、錫諾普的第歐根尼、佛陀和耶穌都選擇了口述方式。不過，他們都善於閱讀，並精於書寫。在《約翰福音》裡，耶穌傾身彎腰，並以手指在沙地上寫了字，就在他即將投入最著名的挑戰之前：「你們當中無罪者，先丟出第一顆石頭。」約翰並未透露他在沙地上寫了什麼，或許一陣風早已把它帶到遠方，或許他只是記下一行備忘事項，但最主要的是我們閱讀了當時的景象。門徒承繼了導師並不重視的任務，但也因為門徒這些敘述，祂在世間留下的足跡才得以清晰留存。雖然這些大師加入了口述行列，但散播其理念的關鍵媒介卻是書籍。當記憶成了話語唯一的儲藏所時，獨特論述在少數追隨者圈子之外幾乎沒有永存的機會。

這是很重要的特點：在新興的書寫文化當中，口述失去了獨占地位，但並未消失，因此，它依然和我們一起生活著。直到二十世紀，有閱讀能力者在所有社會皆屬少數族群，甚至到了今天，世界上仍有千百萬名文盲。正如人類學家所言，詩歌和神話從未噤聲。兩次世界大戰之間，哈佛大學學者帕里遠赴巴爾幹半島調查荷馬風格的史詩朗誦，試圖解開荷馬之謎。讓他驚訝的是，這趟調查之旅竟演變成一首古代風格的新史詩。一九三三年，一位文盲詩人吟唱了一首詩歌，出乎意料地讓這位語文學家躍升為神話英雄：「一隻灰鷹從風景秀麗的美國展翅翱翔，飛越了多少國度和城市，終於來到我們的海岸上。時光荏苒，他將記下我們的歷史。」另一位美國學者海勒姆·賓厄姆耗時數十年發掘了馬丘比丘，知名的程度直逼揮舞著招牌鞭子的印第安納瓊斯。曾有一段時間，有些大學教授在史詩世界的英雄情節裡取得了一席之地。

雖然看來互有牴觸，口述獲得極大成功還得歸功於科技的進步。自遠古時代起，人聲的力量只能達到現場的聽眾。廣播和電話打破了這些限制，不管是嚴肅議題的論述，或是日常閒聊，皆可傳播到世上每個角落。由於行動電話、人造衛星的普及率和覆蓋率，我們的話語有了前所未有的超大翅膀，能從地球的這一端旅行到另一端。

電影始於無聲的演出，然後急切地進展到有聲。在無聲電影階段，戲院放映廳裡有些奇特的人在那兒工作，他們是解說員，屬於吟遊詩人、木偶藝師和說書人這個古老族群。他的任務是為文盲觀眾朗讀電影字幕，並且炒熱現場氣氛。起初，他們的出現發揮了鎮定作用，因為人們第一次看電影會有恐懼感。他們不知道白色布幕上的街道，或是一座工廠、一列火車、一座城市、整個世界……會冒出什麼東西。當移動的影像進入我們的生活時，解說員緩和了電影的詭異感。他們隨身帶著一些小玩意兒，像是號角、波浪鼓、椰子殼，藉此製造銀幕上呈現的聲響。他們拿著細鞭指出各個角色。他們回應觀眾的驚呼。他們即興根據劇情編出相應的獨白。他們跟著表演，讓無聲劇情更有戲。他們扯著嗓子哈哈大笑。說穿了，他們一直嘗試要填補聲音缺席造成的讓人不安的空白。風趣幽默且妙語如珠的解說員名字甚至會出現在節目單上，因為許多觀眾是被他們吸引才進電影院的，非關電影本身。

黑澤丙午曾是很受歡迎的辯士，為日本觀眾解說默片的講評人。他成了明星；大批觀眾擠進電影院聽他講電影。他將當時只想當畫家的弟弟黑澤明引入東京的電影圈。一九三〇年左右，有聲電影旋風似的出現了，所有辯士都失業了，聲名盡失，終被遺忘。黑澤丙午一九三三年自殺身亡。黑澤明決定終其一生執導演筒，他要拍出讓他開始愛上哥哥的聲音那種電影。

36

當我沉浸在上一章的內容裡，正專注於遠古時代遙遠的聲音時，一陣輿論狂潮湧到我面前。消息發布之後，數不清的各種評論、憤怒和嘲諷把社群媒體攪得躁動不已。許多人寫著：「怎麼可能？」有些人說：「實至名歸。」爭議已達天翻地覆的地步。報紙和廣播找來固定班底發表專業評論。不見任何休戰跡象。推特吐出最新一則聳人聽聞的更新：瑞典皇家學院將諾貝爾文學獎頒給鮑布．狄倫。

我也跟著湊熱鬧，加入了各種意見齊聚的可怕論戰。學生們樂見文學界的階級和虛榮終於隨風而去。憤怒的反對者無法接受迂腐的瑞典皇家學院委員會的人造前衛主義。他們並不認為委員會有意褻瀆或擴展寫作的概念，也無意打破任何監控文學疆界的制式規則，與申請進入文學國度的簽證；他們認為這個選擇純粹是機會主義作祟，以及迎合大眾的渴望。反應最激烈的那一群甚至稱之為文學庸俗化，並語帶挑釁地問道，以後還會有什麼比這個更荒唐的事情。繼這位創作歌手之後，瑞典皇家學院這座聖殿會從牢籠放出更多文字白癡嗎？電影、電視編劇？漫畫作者？單人脫口秀表演者？電腦遊戲和跨媒體設計者？推文作家？他們是未來的文學族群嗎？

我呢，因為正在寫這本書，立刻想到了荷馬。我想起了在他名字後面那群巡迴各地的吟遊詩人。他們是第一批拓荒者。他們的吟唱愉悅了豪宅裡的富豪，也慰藉了村莊廣場上的窮苦百姓。在那個時代，成為詩人意味著奔波勞頓，承迎旅途上的風沙，背上扛著樂器，吟詩直到深夜，旋律常駐體內。那些流浪藝術家，衣衫襤褸，他們是繆思特使，藉著詩歌解釋世界奧義的雲遊智者，半是百科全書，半是喜劇演員，他們都是作家的祖先。他們的詩歌在散文之前已經到來，他們的音樂，早於無聲的閱讀。

這是頒給口述傳統的諾貝爾文學獎。如此遙遠的遠古竟成了未來！

37

從小我一直認定，書籍都是為我而寫，我家的那本是世界上僅有的一本。我深信：我的父母，當時在我眼裡那兩個傑出不凡且無所不能的巨人，他們利用空閒時間，創造並生產了他們送給我的那些書籍。我曾將棉被拉到下巴，在床上細細品味最鍾愛的故事，它們由母親特有的嗓音敘述著，那些故事的存在，當然是為了只讓我聆聽。當這位偉大的敘述者完成使命時，我總會要求她：「再講一點！」

我已經長大，但依舊與書籍維持著非常自戀的關係。當一本書讓我有所感觸，當文字如雨絲般浸透我的內心，當我以近乎痛苦的方式理解文字所述的內容，當我非常確定（私密的、獨特的確認），這位作者已經改變了我的生命，我會再次深信，是我，特別是我，我就是那本書一直尋覓的讀者。

我從未問過任何人是否有類似的感覺。以我的情況而言，一切溯及我的童年國度，而且，我認為有個非常關鍵的因素：我和文學的第一次接觸是透過大聲朗讀；就像每個時代的交叉口——書寫的出現和口述的沒落；就像只有一個觀眾的小劇場，就像固定約會，就像尋求解放的祈禱。如果有人為你朗讀，他會希望你樂在其中；這是一個充滿愛的行為，也是生命一場場奮戰中的停火時刻。當你懷著夢想專注傾聽時，敘述者和書籍融合成唯一的存在，僅有這麼一次。同樣地，你的讀者會為你而有了不同的省思、不同的溫柔笑容、不同的沉默和目光，這個故事僅屬於你，任何人都無權侵犯。永遠不要忘了那個曾在夜晚微光中為你誦讀精采故事的人。

有位女子總在性愛結束後聆聽少年戀人為她朗讀。想像徐林克在小說《為愛朗讀》描述的情景，總讓我著迷不已。——

一切就從《奧德塞》開始，少年在中學裡的希臘文課翻譯了這首史詩。「朗讀給我聽，你的聲音真好聽啊！小鬼。」她說。當他企圖要吻她時，她別過臉：「你得先為我朗讀。」從那天開始，兩人幽會的固定儀式總是包含了朗讀。半個小時期間：沖澡、性愛和休憩之前，兩人愛欲相依，他逐句朗讀著故事，女子漢娜專注聆聽，有時自顧自笑著，偶爾沮喪咆哮，或是大聲怒罵。長達數月期間，讀過了許多書，如弗里德里希．席勒、歌德、托爾斯泰、狄更斯的作品，少年羞澀不安的聲音學會了敘述者應具備的技巧。夏季來臨時，白晝變長了，兩人也花更多時間閱讀。一個悶熱的仲夏午後，一本書剛讀完，漢娜卻拒絕開始讀另一本。那天是兩人最後一次相聚。數日後，男孩如常前來，按了門鈴，屋裡卻空無一人。她突然消失了，沒有任何解釋。閱讀的終了也是兩人關係的終局。此後多年間，他只要看見書就忍不住想起自己與漢娜分享過的閱讀。

後來，他在一所德國大學研讀法律，偶然發現了昔日戀人黑暗的過往：她曾是納粹集中營衛兵。她在那裡也要求女囚為她朗讀，夜夜如此，就在她把她們趕上開往奧許維茲的死亡列車之前。根據些許線索，他持續收集資料，終於發現漢娜是文盲。他回溯了一個來自鄉村的外地女孩經歷，沒受過教育，只能做一些薪資微薄的工作，能在克拉科夫附近的女性集中營擔任領導職務，讓她頗感得意。這些新曙光說明了漢娜的強硬性格，有時甚至兼具殘酷，還有她的沉默，她那些令人不解的反應，她對大聲朗讀的渴望，她的邊緣化傾向，她自我隱藏的企圖，她的遺世孤立。年輕大學生的愛戀回憶頓時染上了驚恐，然而，他決定錄製《奧德塞》的朗讀卡帶，並寄到監獄給她，藉此緩解她的孤獨。漢娜坐牢多年期間，他從未間斷寄去更多朗讀卡帶，契訶夫、卡夫卡、馬克斯．弗里施、特奧多爾．馮塔內。兩人陷在那座充滿愧疚、恐懼、回憶和愛戀的迷宮裡，小心翼翼地呵護著大聲朗讀的古老避難所。持續多年的閱讀分享，彷彿重現了雪赫拉莎德❷以講述故事免於被蘇丹殺害的噩運。主角與漢娜仍在二次大戰的災難中載浮載沉，歐洲的傷痕仍然鮮明，於是，他們重返舊時代的故事，從中尋找寬赦、療癒和平靜。

❶希臘神話中珀羅普斯和希波達彌亞的兒子。荷馬史詩中常以「阿特柔斯之子」（atrida）指稱阿加曼農國王。

❷波斯民間故事集《一千零一夜》中的虛構人物，是個說書人。《天方夜譚》裡每晚為國王說故事的王后也叫作雪赫拉莎德（Scheherazade）。

字母的寧靜革命

就像電腦一樣，書寫最初僅在少數專家的封閉圈內流通。接連不斷的簡化才終於讓數以百萬人在日常生活中使用那些媒介。

38

生活在二十一世紀的我們，總認為童年學習閱讀和寫字乃理所當然。我們覺得這是唾手可得的知識，任何人都能辦得到。我們根本難以想像周遭會有文盲，就像漢娜。

但確實就有（根據二〇一六年的西班牙全國統計數字，有六十七萬國民是文盲）。我自己就認識這樣一個人。我親眼看到了她面對日常處境的無力感，例如：在街上找地址、在火車站找到正確的月台、弄清楚電費帳單（我很好奇有誰看得懂那一團混亂的電費價目表）、投票該投哪個票箱、上餐廳如何點餐……只有熟悉的地方和一成不變的日常才能緩和她的焦慮，因為她無法像他人那樣面對這個世界。她竭盡所能隱藏自己的文盲狀態：「我忘了帶眼鏡出門了，可以幫我看看這個嗎？」漏洞百出的偽裝需求終究讓她在人際關係中被邊緣化。我尤其記得那種無助，那一連串為了請陌生人幫忙而準備的必要謊言，努力不想陷入尷尬，卻總是無能為力。

法國新浪潮電影先驅克勞德・夏布洛導演的《儀式》，就捕捉了這群沉默邊緣人黑暗不安的一面，展現了女主角隱忍多時的暴力，諷刺的是，她名叫蘇菲❶。這部電影改編自英國犯罪小說家露絲・倫德爾的驚悚作品《石頭的判決》（*A Judgement in Stone*），描述一位文盲女子為了捍衛自己不識字的秘密，絕望的執迷終於演變成血腥下場。

我們的閱讀更勝於過往任何時代。舉凡海報、招牌、廣告、各種屏幕、各項文件，我們都會挨近看一看。街上充斥著文字，從牆上的塗鴉到亮眼的廣告皆是。手機和電腦螢幕上的文字正在眨眼。在我們的家裡，文字以各種不同形式和我們共同生活，彷彿安靜作伴的寵物。沒有任何時代有過這麼多文字。我們的生活不斷穿梭在一連串書寫文字和即將到來的警示當中。我們每天投注好幾個鐘頭和其他空閒在不同鍵盤上敲敲打打。當我們需要在窗口前填寫表格時，從來沒有人先客氣問過我們識不識字。尤有甚者，如果寫字不夠快，恐被現今社會屏除在外。

安娜・瑪麗亞・摩伊斯❷曾經跟我提起六〇年代發生的一件往事，那天中午，她和「拉丁美洲文學爆炸」那一群知名的作家餐敘：馬利歐・巴爾加斯・尤薩、加布列・賈西亞・馬奎斯、布里西・艾契尼格、荷西・多諾索、豪爾赫・愛德華茲……，一群人走進巴塞隆納一家餐館，那裡習慣由客人自己寫下點餐項目，然後交給服務生。不過，他們一時酒酣耳熱，越聊越熱絡，完全忘了點餐這件事，也沒發現服務生不時帶著詢問的眼神過來關切。直到餐館「師傅」非得親自過來打斷他們，顯然對他們盡顧著嚼舌根卻不祭五臟廟頗感惱怒。他走了過來，並不清楚這群人什麼來頭，氣呼呼地問：「怎麼搞的？這一桌都沒有人會寫字嗎？」

今天的我們總認為，周遭大部分人都有讀寫能力。達到這樣的局面之前，曾是歷經許多個世紀的漫漫長路。就像電腦一樣，書寫最初僅在少數專家的封閉圈內流通。接連不斷的簡化才終於讓數以百萬人在日常生活中使用那些媒介。為了這項進步（電腦僅花了數十年就達成了），人類的書寫歷史還要等上數千年，畢竟快速蛻變向來不是遠古社會的特徵。

六千年前，美索不達米亞出現最初的書寫符號，但是，這項發明的起源至今仍充滿謎團。後來，以各自獨立發展的方式，書寫也在埃及、印度和中國誕生了。根據最新的理論，書寫的藝術源於實用性：財產清單。這項假設也確認了，我們的祖先在學會寫字之前已經會算術。書寫的形成是為了解決富豪地主和宮廷管理的問題，他們有需要做記錄，因為口述作帳太困難。抄寫傳說和故事則是後來的事了。人類是經濟和符號的動物。我們始於書寫清單，然後創造內容（首先寫帳單，接著寫故事）。

最早的紀錄都是圖解式的畫：一個牛頭、一棵樹、一個油罐、一個矮小的人。藉由這些圖案，古時候的地主得以清點名下資產，如畜群、林地、儲藏物品和奴隸。起初，他們將這些內容用小印章印在黏土泥板上，後來改以羽根直接畫上去。那些圖案必須簡單，且經常重複，如此才能熟記和理解。下一個步驟是畫出抽象意念。最早的蘇美人黏土泥板上，十字交叉的兩條線形容敵意；平行的兩條線代表友誼；一隻鴨加上一顆蛋，表示豐富多產。我不禁要想像祖先第一次把想法具體化的興奮雀躍；他們赫然發現，情愛、仇恨、恐怖、沮喪和希望都能寫下來。

但有個問題很快就出現了：外在和內心的世界還需要太多圖案來說明——從跳蚤到浮雲，從牙痛到怕死。各種標記圖案不斷增加，已經超出記憶負荷。這個問題的解決方式，將是史上最人性、最具原創性、最簡單的傑作之一，並發展出不可計數的眾多成果：放棄以圖案呈現無窮無盡的事物和意念，開始畫出語言的聲音，因為這個範圍小多了。就這樣，經由不斷的簡化，終於演變成文字。藉由文字的組合，我們完成了最完美、也最持久的文字呈現方式。但是，文字從未放棄圖解的起源。我們的「D」最初是表示一扇門，「M」是水流，「N」代表蛇，「O」則是眼睛。直到今天，我們的文章仍是我們描繪的景致（縱使我們並不自知）——在那片波濤洶湧的文字汪洋中，或有危險生物正在窺伺，以它眨都不眨一下的銳利目光。

39

最初的系統確實是符號迷宮。混合的元素包括比喻性圖案——象形和表意文字，還有語音符號，以及協助釐清模糊狀況的各種標記。精通書寫者必須熟記上千個符號及其複雜的組合。這項知識既龐雜又精采，只有極少數從事頂尖秘密行業的菁英書吏才有機會接觸。貴族出身的書吏學徒，必須熬過一段殘酷的學習生涯。有一篇埃及古文是這麼說的：「男孩的耳朵長在背後；他們只聽見背上一直挨打。」在書吏學校裡，男孩背上布滿傷疤，但也因為多年的嚴格打罵教育而變得堅韌強悍。學校裡不准怠惰逃避，表現惡劣的學生甚至可能受到監禁的嚴厲處罰。然而，倘若能熬過殘酷且單調的學習生涯，接下來就能躋身宗教階級的頂尖地位。這些書吏專家堪稱最有權勢的貴族，甚至更勝於不識字的朝臣或君主本人。這個教學系統產生的結果是，歷時許多個世紀，書寫只為固有的權勢發聲。

字母的發明擊垮了一道道高牆，為許多人開啟了一扇扇大門，得以書寫自己的想法，而不再只是少數人閉門分贓。革命在閃族部落間進行。背離了複雜的埃及系統之後，最後發展成令人驚異的簡易性。他們唯一保留的是代表簡易輔音的符號，亦即字彙的基礎建築。世上最古老的字母遺跡是在一面滿是塗鴉的石牆上發現的，地點是在恐怖峽谷（Wadi el-Hol）的乾旱道路附近，在古埃及時期盛行於阿拜多斯和底比斯之間的沙漠地區。這些外來的銘刻，留下的日期是西元前一八五〇年，與西奈半島和敘利亞—巴勒斯坦迦南地區的古老字母文字都有關連。直到西元前一二五〇年，腓尼基人（定居在沿海城市，如比布魯斯、泰爾、西頓、貝魯特和亞實基倫的迦南人）完成了一個具備二十二個符號的系統。

在此之前，古老的書寫要求的是取之不竭的記憶力，以及只有少數特權才能具備的漫長專業訓練。運用不到三十個字母就能代表一種語言，看在埃及書吏眼裡，這是個過於粗糙的方法，因為他們早已習慣使用數百個符號。我們的枯燥字母「E」，源於美麗的埃及象形文字——舉起雙臂的男人，若看到這個字母，書吏們大概也會皺鼻蹙眉，但這個字母卻有個非常詩意的意義：「以你的身體提供愉悅」。反之，對於大膽的航海民族腓尼基人而言，這個問題在他們眼中完全是另一種樣貌。簡化的字母書寫讓商人從書吏的威權中解放了。由此，每個人都能自行完成註冊，並自行營業。

新發明的擴展浪潮不只波及商人，也影響了許多政府和祭司學校圈外的人，從此跳脫了正統規範的限制，生平第一次能經由書寫進入傳統歷史的世界，並漸漸對口述魅力失去興趣，甚至開始產生質疑，於是批判精神和書寫文學於焉而生。有些人敢於抒發個人感受、疑慮和自己的人生觀，書籍漸漸變成了自我表達的管道。在以色列，善戰的先知們，既非書吏亦非祭司，卻在聖經裡橫衝直闖；在希臘，沒有貴族血統的人變成了孜孜不倦為周遭世界尋求答案的人。雖然叛逆者及革命者和前人一樣鎩羽而歸，但他們的理念卻有了留存和散播的全新可能。

由於字母的出現，有些消失的基礎理念隨著時間而重獲肯定。雖然大部分文本依然支持君主和權貴，但發出反對聲音的縫隙已經打開。傳統失去部分古老的堅固底子。新思維撼動了牢固陳舊的社會結構。

西元前一千年左右，朱拜勒君主阿希朗（Ahiram）墓裡已有腓尼基文寫的詩歌陪葬，這座城市本以莎草紙出口商港聞名，希臘文把書籍稱作biblíon，正是源於這座城市的名稱（朱拜勒古稱比布魯斯〔Biblos〕）。腓尼基人這套系統發展出後來的各種字母文字分支。其中最重要的是阿拉米語，這是希伯來、阿拉伯和印度語言家族的源頭。同樣這個起源也衍生了希臘文字母，以及後來的拉丁文；這個語言在各地扎根成長，從斯堪地那維亞半島到地中海區域，就像古代被西方殖民的廣大疆域。

40

希臘人在完全自主的狀況下接受了腓尼基文字，並未受到任何脅迫。他們因為有所需求而接受新發明，緩慢的改變進程中，漸漸將過去熱愛的口述傳統訴諸文字，將它們從危脆的記憶中保存下來。他們對口述時代和字母生活有同樣的依賴性。這是個特例；反之，許多口述文化在面對鄰近或入侵的民族強迫接受語言和文字時，大多會產生強烈衝突。人類學家和民族學家找到了這一類現存的例子，字母衝擊加上一連串血腥入侵造成的精神創傷，改變了被殖民國家的寫作。

奈及利亞作家奇努瓦．阿契貝的小說《動盪》（*No Longer at Ease*）反思了入侵文字帶來的愛恨交織。西方文明登陸之後，生長的故鄉出現千年文化恐遭滅跡的徵兆，書中主角卻發現了書寫迷人之處，但同時伴有沉痛的預感，在殖民者操縱下，這個神奇的工具恐將剝奪自己的歷史。外來文明具備了永恆存在的魅力；在此同時，土著文化卻走向衰退——「白人權力的象徵是書寫文字。有一次，出發前往英國前夕，歐比聽見一個文盲親戚語重心長地談到了書寫文字的神祕：以前，我們族裡的女人會用烏利（uli）樹汁在身上作畫。那些圖案非常美麗，可是並不持久。能夠維持兩個禮拜就算是很久了。但是，有些長輩偶爾會談起一種不會褪色的烏利圖騰，只是他們都沒看過就是了。現在，我們在白人的文字裡看到了。你如果去土著部落看看公證人二十年前寫的書，還是跟當年剛寫的時候一模一樣。他們不會今天說一套，明天又講另一套，或者今年是這樣，來年又不一樣了。在書裡，今天的歐科伊不可能明天就變成歐康科沃。在《聖經》裡，彼拉多說：『凡寫下的，皆成定論。』那是永不褪色的烏利。」

41

我們不知其名，也不曉得他生於何處、活了多久。我姑且稱「他」吧！因為我想像這應該是個男人。古希臘時代的女人沒有行動自由，她們被禁止獨立生活，也不允許帶頭做這樣的事情。

他生活在西元前八世紀，也就是二十九個世紀以前。他改變了我的世界。寫下這些文字的同時，我對這位被遺忘的陌生人心存感激，他以智慧完成一項絕妙的大躍進，雖然他自己大概不知道這項發現具有如此重大的意義。

我想像他是個旅人，或許是島嶼居民。可以確定的是，他與歷練豐富、頂著古銅色臉龐的腓尼基商人交好。他一定常在港口附近的小館子和他們把酒言歡，夜晚時分，空氣裡的硝石味混雜著桌上冒著煙的烏賊料理香味，他仔細聆聽著汪洋中的故事。迎著狂風暴雨前進的船隻，彷彿巍峨山脈般的巨浪，船隻遭海浪吞噬，陌生的海岸，女子在夜晚的神祕低語。最讓他著迷的，莫過於某些看來出身卑微的船員展現的過人天分。一個單純的航海商人，怎麼能如此快速流暢地書寫？

希臘人在克里特和邁錫尼王朝極盛時期已懂得書寫，運用的是一組神祕符號，但只作為王室記帳之用。那是一種相當複雜的音節系統，運用非常有限，僅屬菁英階級。四處遠征掠奪的時期，加上最後幾世紀財政困窘，那座符號迷宮幾乎被埋葬在遺忘之城。對他而言，書寫的藝術就是權力的象徵，腓尼基船員的快速書寫正是一個啟示。他感到驚奇、目眩，渴望擁有對方的秘密能力。他決定要解開文字之謎。

他找到一個或好幾個頗有涵養的文人，或許是自己掏錢請來的。他們相約見面的地點，有可能是在一座島上（最佳候選名單是錫拉島〔現今的聖托里尼〕、米洛斯島和賽普勒斯），或是黎巴嫩沿海地區（例如阿米納港〔Al Mina〕，尤比亞島〔Eubea〕人長期在此和腓尼基人做生意）。他從幾位臨時請來的老師那兒學會了這項神奇工具，僅僅二十二個簡單圖案，就能讓他捕捉無數文字留下的痕跡。在此同時，他也發現腓尼基文字具備一項謎點：文字的每個音節只有輔音，讀者必須自己想辦法猜出元音。為了取得最大的方便性，腓尼基人犧牲了精準度。

從腓尼基模式出發，他為自己的希臘文字發明了史上第一個不再模糊含意的字母——就像樂譜一樣精準。他開始調整大約十五個腓尼基輔音，順序依舊，但改成類似的名字（把aleph、bet、gimel變成alfa、beta、gamma……）。他挑出自己的語言用不上的字母，也就是所謂的弱輔音，並將這些符號變成基本需求的五個母音。創新之處就藏在能夠改良原創的細節裡。他的成就超凡遠大。由於他的努力，改良後的字母能在歐洲廣為傳播，既保留了腓尼基發明的優點，還加上一項新進展：文字終於不再需要仰賴猜測，因此也變得更加可親了。讓我們想像以下這個沒有母音的句子該怎麼唸：mgnms cm sr lr st frs sn vcls。試想，我們要在「d」開頭的情況下認出「idea」這個字是何等困難，或是「aéreo」這個字，根本只剩下一個「r」。

我們對這個不知名的人一無所知；唯有他送給我們的這份美妙工具。他的真實身分是被時光浪潮抹滅的痕跡，但毫無疑問的是，他確實存在。專家學者認為，希臘字母的發明並非一群無名團隊接受委託的秘密發展過程。這是個人完成的行為，此人深思熟慮，而且才智過人，必須具備極佳聽覺，才能辨認組成文字的基本元素——輔音和母音。在一個決定性的時刻，在一個獨特的地點，這件絕無僅有的大事於焉完成。希臘文字歷史並無任何跡象顯示，這個語言是從一個較不完備的系統逐漸進展到更完整的文字。也不見任何過度、測試、散亂或退步的痕跡。有一個人——我們永遠也查不出來了，一個不知名的智者，不厭其煩地在港邊小館待到拂曉時刻，他與航行異國海域的船員為友，他鼓起勇氣打造了未來語言，並成就了我們今天所有的文字。我們繼續書寫著，基本上，仍然依照這項絕妙工具的創造者想像的方式。

42

歸功於字母，書寫總算易手。邁錫尼王朝統治時期，極少數的一群專家和書吏負責在黏土泥板上登錄王室的帳目。單調的財產清單是那個時期唯一的書寫遺跡。然而，到了西元前八世紀的希臘，這項新發明呈現了截然不同的風景。我們所知最早的字母遺跡出現在陶杯或石塊上。陶工和石匠刻寫的文字已無關銷售或所有權，如：奴隸、銅礦、武器、馬匹、油品或畜群。他們將尋常百姓在盛宴裡舞蹈、暢飲的歡樂時刻化為永恆。

這樣的出土古物大約有二十件，時間從西元前七五〇年到前六五〇年。最古老的是迪比隆陶杯，出土地點是雅典一處古墓。這是世上最古老的字母文字，雖然不完整，寫的是引人遐思的感官印象：「舞姿極其曼妙的舞孃……」。短短一個句子傳達給我們的是希臘宅院裡座談會上的歡樂場景，談笑、遊戲、美酒，以及為賓客舉辦的舞蹈比賽，獲勝獎品就是這只出土陶杯。

荷馬在《奧德塞》裡形容了這一類的宴會比賽，常見於聚餐場合，對希臘人來說，這是美好生活的基本概念。從銘刻文字來判斷，這一類的舞蹈大概是疾舞如驚鴻，極具調情意味。因此，我們可以想見，舞蹈比賽獲勝者勢必是年輕小夥子，如此才有辦法完成比賽要求的高難度肢體動作、翻筋斗和縱身跳躍。他深感驕傲，希望能永遠保存那個幸福日子的美好回憶，多年之後，他要求將這座勝利獎盃一起陪葬。在他的墓裡，歷經二十七個世紀的沉寂之後，我們找到了這只陶杯，以及銘刻在杯子上的句子，依舊保存著當時舞會裡的樂音，以及曼妙的舞步。

第二件最古老的銘刻，距今大約西元前七二〇年，發現地點也是古墓，位於伊斯基亞島，希臘王國最西邊的國境。銘刻這樣寫著：「我是涅斯托爾香醇的酒杯。誰喝了這杯酒，立刻淪為阿芙蘿黛蒂的欲望之囚，那位完美女神。」這是向《伊利亞德》致敬的文字，以六步格寫成。涅斯托爾酒杯展現了即使在遙遠邊境、就算是在商人和船員的世界裡，他們對荷馬精通的程度無懈可擊。在此也顯示文字的魔力可以將簡單的日常小物，如酒杯或陶製器皿，變成隨著主人入土陪葬的珍貴資產。

一個全新的時代已經開啟。字母將書寫抽離了王宮倉庫的密閉氛圍，並任之曼舞、飲酒且耽溺在欲望裡。

---

❶蘇菲（Sophie）這個名字源於希臘名字「Sophia」，意為「智慧」。

❷安娜・瑪麗亞・摩伊斯（Ana María Moix，一九四七～二〇一四年），西班牙小說家、詩人、翻譯家暨出版人。

43

穿出迷霧的聲音，不確定的年代

智慧或整個文學並非單一心智能容納，但歸功於書籍，我們每一個人都能找到開啟所有故事和知識的大門。一本書是記憶和想像力的延伸。

書寫仍在牙牙學語的童年期間，敘述故事的聲音已走出隱姓埋名的迷霧世界。作者想要被人記得，希望以故事的力量征服死亡。我們知道他們是誰。他們把名字告訴我們，好讓我們將他們從遺忘中拯救出來。有時候，他們甚至走出故事框架，以第一人稱敘事，如此大膽的嘗試，未曾見容於《伊利亞德》和《奧德塞》的無形作者。

我們閱讀希臘教訓詩之父赫西俄德的作品時見到了這樣的改變，他最初的作品寫於世紀交替之際，換言之，大約西元前七〇〇年。他的六步格詩句仍保留了口述文學的韻味，但多了一項新元素：我們今天所謂的自傳性色彩。以其尖銳直白的風格，赫西俄德身兼作者、敘述者和作品角色，詳述自己的家庭狀況、人生經驗及生活方式。或可這麼說：他是歐洲第一人，也是安妮．艾諾或艾曼紐．卡黑爾的遠祖。赫西俄德敘述其父從小亞細亞移民到比奧西亞，「當然不是為了遠離豐饒、幸福和富裕，而是為了躲避貧乏。」他以慣有的尖刻幽默，暢談家人定居的骯髒破村阿斯克拉，「一個悲慘的小村落，冬天很難熬，夏天很艱苦，從來就不好過。」

他也描述自己的寫詩志業如何生成。赫西俄德是個少年牧羊人，天天在山區孤寂度日，夜夜和父親的羊群席地而睡。夏季四處放牧時，他在腦海裡打造了一個由詩句、音樂和文字建構的想像世界。一個靈性卻危險的內心世界。有一天，他趕著羊群來到赫利孔山山腳下，突然見到一個景象。九位繆思女神出現在他面前，教他吟誦一首詩歌，贈與他才華，並將一小段月桂樹枝放在他手中。接下月桂時，她們對他說了一句令人不安的話：「我們知道如何將謊言敘述成實話，我們也知道，只要我們願意，要如何將事實公諸於世。」這是關於小說最古老的省思——那個真誠的謊言，或許，也是針對私密告白的反思。我不禁要想，少年詩人赫西俄德被靜寂、咩咩聲和羊糞圍繞的情景，一如許多個世紀之後，同樣出身牧羊家庭的詩人米格爾．埃爾南德斯，在在展現了他對文字的狂熱。他對文字又愛又懼，因它在世間具備的威力，也因為濫用它可能導致的後果。

在《工作與時日》這部詩作當中，牧羊詩人敘述的是他的尋常生活，而非歷史事蹟。他描述了完全不同於英雄主義的類型：在艱困環境下求生存的勤懇奮鬥。他以荷馬式六步格詩記敘播種和整枝，描述閹割豬仔和犁田的聲響，麥穗和聖櫟迎風搖曳的沙沙聲，還有播了種的大地，以及在寒冷鄉間夜晚用來暖身的酒。他打造的神話和動物寓言，充滿陰鬱的鄉野智慧。他抨擊自己的兄弟裴塞斯，兩人因為爭產而反目。他毫不保留地披露家人爭奪遺產的醜陋真相，也不忌諱坦承自己的貪婪；恰恰相反，他頗以熟知地價而自豪。他在詩中解釋，他那位遊手好閒的無恥兄長竟然去告他，而且惡劣行徑不止於此，甚至試圖行賄法官。接著，他揭發了地方惡霸的貪得無厭，以及法庭的黑箱作業。他運用的尖刻形容精采非凡，例如「囫圇吞肉的法官」。憤怒且陰鬱的訓斥風格，警示執政當局將遭天譴，因為他們為了中飽私囊，總是圖利富裕權貴，卻剝削貧苦農民。赫西俄德已不再歌頌貴族的理念。他是德雷希德斯的傳人，這個相貌奇醜的人在《伊利亞德》中膽敢指責阿加曼農國王罔顧全體作戰的努力，只顧著獨享豐碩成果。

在那個時代有許多希臘人渴望更公平的公共生活基礎，以及更公正的財富分配。《工作與時日》描述的是辛勤勞動的價值，並談及對他人的尊重，以及對正義的渴望。字母通行的時代讓赫西俄德的尖銳抗議有機會永遠保存下來。雖然（或可歸功於）他寫了反抗君主的羞辱文字，這首史詩卻成了雋永經典，後來還成了小學教材。在阿提卡西北方，那個貧窮村落阿斯克拉的小農莊裡，涓涓細流終於開啟了社會詩系譜。

44

字母，根據哈夫洛克的說法，最初是沒有社會地位的外來者。社會菁英仍舊樂於吟誦並參與詩歌吟唱。文字的使用以緩慢、漸進和輕柔的腳步擴展著。最初的幾個世紀期間，故事寫在內心那張空白紙上，然後在眾人面前大聲唸出來。對於口語溝通而言，在某種程度上，詩歌還算是平易好懂。書籍的書寫版本曾經只是對抗遺忘的保障。最古老的文本用途如同語言的樂譜，只供專家（作者和譯者）使用和閱讀。對一般大眾而言，文字的樂律經由聽覺而來，而非視覺。

西元前六世紀左右，散文誕生了，藉由散文，作家無須穿梭在神祕的記憶通道中建構作品，而是坐下來，好好地在黏土泥板或莎草紙上寫字。作者本身也開始寫下自己的文本，或口述由助手記錄。好不容易完成的少數幾本，幾乎無法流通。因此，遠古時代絲毫不見書籍買賣的線索。

不過，口述傳統本身也因轉型而與字母有了接觸。一旦寫成，文字就永遠照這樣的模式定格，就像五線譜的音符一樣。文句的韻律將永遠如此；即興演說、迅速回應和敘述語言的自由消失了。古老的邁錫尼王朝時代，巡迴詩人習慣吟唱英雄傳奇史詩，同時彈撥樂器助興，有時還會插科打諢；但是，在書寫版本出現之後，取而代之的是吟唱固定文本的吟遊詩人——內容永遠一樣，並且少了伴奏，總是一邊敲著手杖打節拍。

在蘇格拉底生活的年代，書寫的文本尚未普遍，而且仍會引人妒忌。它們被認定是口述文字（輕鬆、敏捷、神聖）之替代品。雖然西元前五世紀的雅典已出現書籍買賣的開端，卻要等到一個世紀之後，到了亞里斯多德時代，人們才終於能冷靜正視閱讀習慣。對蘇格拉底來說，書籍是對記憶和知識的救援行動，但他認為，真正的智者應對其懷抱質疑的態度。這個質疑啟發了柏拉圖對話之《費德魯斯篇》，進行地點在雅典城牆附近，就在伊利索斯河畔茂盛的香蕉林蔭間。正值酷暑的午睡時刻，響亮蟬鳴相伴，兩人開始了一場關於美的對話，卻詭異地轉而談及寫作才能的不確定性。

許多個世紀之前，蘇格拉底對費德魯斯提及，埃及的圖特神、骰子、跳棋、數字、幾何、天文學和埃及文字的發明者，他去晉見埃及國王，並提供自己的發明作為教育王室後代之用。我將蘇格拉底的文字翻譯如下：「於是，眾神之王阿蒙問他，寫作有什麼用途？圖特反駁他：這是知識！國王，這能讓埃及人更有智慧；這是記憶和智慧的靈丹。接著，阿蒙對他說道：噢！圖特，身為文字之父，你賦予它並不具備的優點。學習文字書寫的人才會造成遺忘，他們忽略了記憶，因為，他們只關注書籍，回憶都是從外面得來的。因此，書寫帶給人們的或許不是真正的智慧；當他們在沒有接受純正指導的情況下理解書中內容，這樣的智慧將令人難以承受，因為他們會相信自己有智慧，卻不再努力成為智者。」

聆聽了這段充滿異國風情的埃及神話，費德魯斯連連同意導師的論點。蘇格拉底的弟子們一向謙恭，從來不敢反駁老師。所以，在所有的柏拉圖對話錄中，弟子的反應不外乎：「確實如此，蘇格拉底。」「我同意你的說法，蘇格拉底。」「我看你這次還是說得對極了！」就算談話對象已經臣服，哲學大師還是堅持最後一擊：「書寫的文字彷如智者和你交談，但是如果你對它提出問題，如果你想要了解更多，它還是一再重複同樣的內容。書籍根本無力為自己辯護。」

蘇格拉底害怕的是，因為書寫，人們恐怕會放棄努力自我省思。他也懷疑，由於文字助了一臂之力，人們深信文本即智慧，卻不努力深入理解其中奧義，只要文本到手就滿足了。這已經不是與我們合而為一且不可磨滅的智慧，不再是每個人生命行囊中的一部分，而是他人的附屬品。這個論點雖然尖銳，但至今仍對我們影響至深。

此時此刻，我們置身一場有如希臘文字母化的激進變革中。網路正在改變人類記憶的使用和智慧的基本結構。二〇一一年，社會心理學先驅丹尼爾・韋格納測量了幾位自願受試者的記憶容量。只有半數的人記得自己存在電腦裡的資料。凡認定資料已經存妥的人，隨即降低了學習這些內容的努力。科學家將這種不再努力強記的現象命名為「谷歌效應」。我們傾向花腦力去記得資料存在何處，而不是資料本身。誠然，可自由使用的知識之多前所未見，但幾乎全部都存在我們的心智之外。有些令人不安的問題出現了：大量資料排山倒海而來，智慧何在？我們的懶散記憶力只是找尋資訊的網址備忘錄，卻不知資訊本身是何物？到頭來，我們恐怕比遠古口述時代記憶力驚人的祖先更無知？

這件事最大的諷刺是，柏拉圖在一本書中貶抑了尊崇書籍的大師，藉由書寫，我們這些未來讀者才得以保存他對書寫的批判。

45

撇開某些限制不談，擴展人類記憶力唯一的可能性還得仰賴科技。那些轉變既危險又令人驚異。我們的心智和網路間的那條線越來越模糊。我們總以為自己真的都知道我們在谷歌搜尋到的一切。當一群人聚集在一起時，總有人會開始用智慧型手機查詢正在聊的資料——他就像是一隻水鳥似地埋進手機螢幕裡，經過快速查詢後，嘴裡叼著一條魚探出頭來，解答了所有疑問，可能是剛剛聊到的一位演員的名字，或是垂釣香蕉魚最完美的日子[1]。

從八〇年代陸續做了一些實驗之後，韋格納認為，假如我們記得在哪裡能找到重要資訊，即使對資訊本身並無具體認知，我們仍擴展了自己的心智疆域。這是他認定的互動記憶的基礎。根據韋格納的說法，沒有人能記得一切。我們把資訊囤放在他人的心智裡——那些能讓我們隨時詢問的人，則囤放在書裡及龐大的雲端記憶裡。

字母曾是比網路更具革命性的科技。它破天荒頭一遭建構了人類共同的記憶，並廣泛傳播，且人人可得。智慧或整個文學並非單一心智能夠容納，但歸功於書籍，我們每一個人都能找到開啟所有故事和知識的大門之鑰。我們可以這麼想，正如蘇格拉底的預言，自負的無知已經向我們揮出一記重拳。抑或，由於文字，我們參與了有史以來最龐大也最聰明的腦。波赫士的思考則正是如此，他曾經這樣寫著：「人類的諸多工具當中，最令人驚奇者，無庸置疑，就是書籍。其餘都是人體的延伸。顯微鏡和望遠鏡乃視線的延展；電話是聽覺延伸；然後我們有犁和劍，這是手臂的延伸。但是書籍是完全不同的東西；一本書是記憶和想像力的延伸。」

46

那個豔陽刺目的正午，在雅典城外，蘇格拉底告訴費德魯斯，書寫的文字是死亡的幽靈符號，那是現存唯一演說方式——「口述」的非法私生女。

德國浪漫派詩人弗里德里希．荷爾德林，二十三個世紀之後出生了，他多麼希望能重返遠古的那一天，在那片寧靜的草原上，「香蕉林蔭下，伊利索斯河在花海間汩汩細流，蘇格拉底在那裡征服人心，阿斯帕西亞❷在桃金孃叢間漫步，在此同時，廣場上的喧囂不絕於耳，我的柏拉圖打造了天堂樂園。」

這是經常發生的現象：我們眼中的沒落時代，對沉浸其中的人而言，卻是心嚮往之的懷舊之地。荷爾德林自認是古代雅典人，卻被錯置在冷漠的德國。他真正的祖國是那個黃金世紀，那個蘇格拉底指責破壞真正智慧的時代。

不到三十歲的年紀，德國詩人開始飽受精神疾病之苦。據說，他不由自主地狂怒、情緒激動和尖叫。他的疾病被判定為不治之症，於是親戚把他送進一家療養院。一八〇七年夏天，一位名叫齊默（Ernst Zimmer）的家具木工拜訪了被關在療養院裡的荷爾德林，此人熱愛詩人的作品《許佩里翁》（*Hyperion*），並決定把病中的詩人帶回內卡河畔的家中同住。詩人一直由這位忠實讀者的家人照料，直到一八四三年辭世為止。

在幾乎毫不相識的情況下，齊默卻決定收留、供養，並照料他景仰的失智作者。一本書中的無聲文字，在兩個陌生人之間打造了近四十年的堅固情誼。或許，文字是已死的幽靈符號，口述話語的非法私生女，但是，我們讀者知道如何賦予生命。我真想讓囉嗦的老頑固蘇格拉底聽聽這個故事。

47

《華氏451度》是引燃書籍的燃點，也是雷．布萊伯利為其未來主義奇幻小說挑選的書名。或許，這個書名並不是那麼「未來」。

故事發生在黑暗時代裡的一個禁止閱讀的國家。消防員的職責不是滅火，而是焚燒某些不守規定的百姓私藏家中的書籍。政府頒布命令，人人必須幸福生活。書裡充斥著危害人心的理念，此外，單獨閱讀會引起憂鬱。全體百姓都應該遠離作家，因為這些人會散布邪惡思想。

異議分子慘遭追捕。他們藏身城市近郊的樹林裡，或荒野道路上，或被汙染的河畔，或荒廢多時的鐵軌上。他們不斷遷徙，行走在星光下，喬裝成遊民。他們熟背整本書，將內容保存在腦海裡，在那裡，沒有人會看見或懷疑它的存在。「起初，這並非事先策畫的計謀。每個人都有自己想牢記的書，而且大家真的都背下來了。接著，我們彼此有了接觸，於是成立了這個組織，並構想了這個計畫。我們將背下來的書籍內容口述傳給子女，讓他們等待重見天日的那天。當戰爭結束時，總有一天，某一年，書籍將再度被人閱讀。眾人一次又一次集會，就為了口述他們知道的內容，我們將把這些內容印刷成書，直到下一個黑暗時代來臨，到時候，我們或許還是會進行同樣的計畫。」這些逃離家園的難民，曾親眼看著深愛的書籍被摧毀，於是踏上漫長的逃亡之路，時時處在恐懼之中，唯一覺得踏實的只有隱藏在冷靜眼神之後的藏書內容。

這部小說看起來像是反烏托邦寓言，但並非如此。事實上，非常類似的情況確實曾發生過。西元前二一三年，當一群希臘人試圖在亞歷山卓收集所有書籍的同時，中國的秦始皇卻下令焚燒境內所有書籍。他准許保留的只有農業、醫藥和卜筮相關典籍。他希望歷史從他開始。他打算廢除過往歷史，因為反對勢力總是讚揚懷念過去的皇帝。根據當時的一份文件顯示，焚書計畫雷厲風行，毫不留情——凡戀古諷今者將與親族同遭處決。膽敢私藏書籍者，將被處以熱鐵烙身，並下放勞役。秦始皇的仇恨之心摧毀了數以千計的書籍，其中還包含了儒家典籍。秦始皇的爪牙挨家挨戶搜查，搶走的書籍，全部丟進火堆裡燒掉。超過四百位不從上意的術士文人慘遭活埋。

西元前一九一年，改朝換代之後，許多消失的書籍得以重寫見世。專業的文人術士冒著極大的生命危險，偷偷在腦中牢記了整部作品，逃過了戰火威脅，躲過了追殺和那群焚書的爪牙。

這樣的焚書事件無獨有偶。亞歷山大大帝攻占波斯波利斯，並放火焚城，燒光所有拜火教聖書。後來，由於虔誠的信徒逐字牢記了內容，因此重建了這部聖書。布萊伯利構思反烏托邦奇幻故事的同時，殘酷的史達林主義實行期間，安娜．阿赫瑪托娃的十一位友人牢記了她那本令人心碎的《安魂曲》書中所有的詩作，而且完全忠於原作，就怕作者萬一遭遇不測，至少可以將她的作品保存下來。書寫和記憶並非總在敵對狀態。因為，在人類史上，它們經常相互救援：文字保存了歷史；記憶則留存了被獵殺的書籍。

口述文化仍處於巔峰榮景的古代，在那個書籍仍少見的時期，重複閱讀的頻率頗高，熟背整本書其實不足為奇。我們都知道，吟遊詩人多次一口氣吟誦一萬五千句詩的《伊利亞德》和超過一萬兩千句詩的《奧德塞》。即使現代也有人能一字不漏地背誦篇幅很長的文學作品。

希波的奧古斯丁曾經在作品中憶及求學時期的同窗辛普利西歐，此君能夠背誦古羅馬哲學家西塞羅的所有演講稿，以及詩人維吉爾的所有詩作。換言之，數以千計的句子，不但從頭到尾熟背了，而且倒背如流。閱讀的過程中，他把特別有感觸的句子記在「蠟製記憶板上」，以備隨時複習背誦，彷彿正在翻閱書頁。西元二世紀時的一位羅馬醫生，名叫安帝羅（Antilo），他對此有更多表述，並深信背誦書籍對健康有益。他所持的相關理論既滑稽又誇張。他說，那些從來不曾努力背誦一篇故事、幾句詩詞或一段對話的人，恐怕很難排除體內某些對身體有害的液態物質。反之，那些能夠背誦長篇文章的人，卻能透過呼吸順利排出毒素。

或許大家並不自知，其實我們心中也存留了一些對自己意義深重的篇章，就像布萊伯利小說裡的難民、那些中國古代文人術士、拜火教的虔誠信徒，或是安娜．阿赫瑪托娃的友人們。《華氏451度》中的一個角色如是說：「我是柏拉圖的《理想國》。」「我是哲學家皇帝馬可．奧理略。」「《湖濱散記》第一章住在綠河的梭羅，第二章，在威洛農莊（Willow Farm）。」「有個小村子，只有二十七個居民，卻包辦了伯特蘭．羅素所有論著，僅由這麼少的人數均攤了如此大量的頁數。」其中一位衣衫襤褸的反政府異議分子，一頭骯髒的亂髮，指甲裡塞著汙泥，他開玩笑說道：「千萬不要以封面評書。」

每一個讀者，或多或少，內心都有自己的私密藏書，那都是曾經在我們生命中留下印記的秘密文字。

---

❶暗指沙林傑的短篇〈香蕉魚的好日子〉裡的橋段：香蕉魚看到香蕉會一直吃到游不動為止，最後得到香蕉熱而死。

❷阿斯帕西亞（Aspasia，西元前四七〇～四〇〇年），雅典政治家伯里克里斯的情婦，智慧過人，頗獲蘇格拉底賞識。

學習閱讀陰影

字母可以是非常神奇的，但教學方式卻經常落入虐待模式。古希臘學童的日常生活中，體罰是不可避免的一部分，如同埃及或猶太書吏。

48

書籍必須極力吸引讀者。而在這個過程中，書籍也改變了希臘人的生活方式。

字母開始在戰士圈子裡生根。能夠接受教育（軍事、體育和音樂）的人僅限於貴族子弟。童年時期，家庭教師在王宮裡為他們授課。到了青少年時期，介於十三到十八歲之間，他們開始向成年戀人學習戰術——希臘式同性戀情具有教育功能。當時的社會對熟齡戰士和他們挑中的青少年之間的戀情，始終抱持高度肯定。希臘人認為，情欲張力有助於增進雙方的價值：老練的戰士總想在年輕戀人面前展示威風，備受寵愛的青少年也試圖努力達到所仰慕的傑出戰士那種層次。當時的女人總是被冷落在閨房裡，整個希臘城邦都是男人眉來眼去的俱樂部，他們相互競爭，也彼此愛慕，戰爭英雄主義是他們共同的狂熱。至於征戰之間的空檔，他們盡情投入盛宴、比賽和狩獵。他們身體力行血腥爭鬥的騎士理念。歷史學家修昔底德曾敘述，所有希臘百姓都隨身攜帶武器，因為無論是在城裡或在旅途上，人人都感到不安。他也提到，最早把武器留在家裡的是雅典人，而他們的行為舉止也沒那麼粗魯。

西元前六世紀的某段時期，教育不再只側重於軍事和田徑。即使如此，作戰訓練未曾消失，這當然是因為古代城市居民總是不斷與鄰城交戰，手中的飛矛不時擲向離疆界不遠的他城居民。但是，文字和數字的教學漸漸取得一席之地。只有少數人，如堅守古老傳統的斯巴達人，仍維持十三年入伍服役和軍事訓練的義務。

這時候，出乎預料的情況出現了。字母的熱潮已擴展到貴族圈外，而這些人一直認為受教育是他們獨有的特權。傲慢的貴族不得不忍受日益增多的暴發戶，以令人難以承受的大膽行徑，試圖偷偷讓孩子學習寫字，並打算為此支付費用。學校就是這樣形成的。教練或同性戀人的一對一教育，已經不足以應付所有人的學習需求，因而漸漸變成了一種小團體訓練方式。越來越多秉持自由觀念，但無顯赫貴族血統的年輕人，爭取接受教育，就在他們強烈要求的壓力下，出現了第一批集體學習的場所。

為了找出這項決定性的重大進展發生的日期，必須在古代文本中追尋蹤跡。我們在一篇內容令人不安的文本中，幾乎是偶然瞥見，存在著其中一間最古老的學校。這是一篇關於偏遠的阿斯迪帕類亞島上發生的陰暗紀事。希臘作家保薩尼亞斯在其著作《希臘誌》描述了西元前四九二年一件震驚佐澤卡尼索斯群島島民的連續殺人事件。這件命案依然存留在西元前二世紀島民的記憶中，並向這位旅行作家敘述了事件經過。這個殘忍事件彷彿是紀錄片《科倫拜校園事件》和《舊約聖經》裡參孫傳奇的交集。保薩尼亞斯敘述，一位憤世嫉俗的年輕人，對現實不滿，且有暴力前科，他闖進一所學校，打算殺害孩童以發洩心中難解的仇恨：「據說，阿斯迪帕類亞島的拳擊手克雷奧門德斯在一場對戰中打死了埃皮達魯斯城邦的伊戈。由於他的殘暴行為，奧林匹亞評審撤銷了他的冠軍資格。克雷奧門德斯因此陷入瘋狂惱怒的狀態。當他返回阿斯迪帕類亞島時，隨即進入一所學校，當時有六十名兒童在教室裡，他以強壯的臂力打斷了支撐屋頂的圓柱。建築物瞬間壓頂，屋內所有人全部罹難。」

除了沉重的結局之外，這個故事還向我們透露了愛琴海上的一座小島，寬度不到十三公里，在西元前五世紀初已經有學校，而且在一個極普通的日子就有六十名學生。其他出土文件似乎也證實這個資料的真實性。在那個遙遠的古代，字母已完全深入希臘人的生活中，包括只有重大天災才會讓它們名列歷史的偏鄉，或是驚悚命案現場的小村落。

49

母親要教我閱讀時，我拒絕了。我很害怕。在我的學校裡，有個名叫艾瓦利的小男生，雙親都是老師，在家已經學會了很多字。當其他孩子仍在結結巴巴唸著音節卡的時候，他已經能夠輕鬆地流暢閱讀。令人吃驚的流利，卻異常令人難以承受。復仇行動在學校操場爆發。他們緊跟著他不放。對他咆哮：「四眼田雞！大笨豬！」他們用力踩他的書包。他們把他的外套掛在他搆不到的無花果樹枝上，因為他身手不夠靈活跳不起來。艾瓦利打破了小學校園規範；他太聰明了。他的父母後來只好幫他轉學。

我才不會有這種問題呢！我得意地暗暗自忖。而且，我也不需要超越其他同學。母親每天晚上會為我朗讀故事。就算我不會閱讀，我們那個小小的夜間劇場也不會陷入危機。我真正想學的是寫字。年幼無知的我還不知道這兩者必須相輔相成。

有一天，我的手指間終於握上了一枝鉛筆。要握緊它可不容易，得好好的教化它才行。我用力握著它，並緊按著紙，免得紙張悄悄的溜掉了，但是有時候它不肯聽話，抵著紙張的鼻子（筆芯）就斷了。於是，我需要用削鉛筆機削出新的筆尖。可以想見我的樣子；我和其他小朋友圍坐在一張香草色的大圓桌旁。我傾身向前，畫出了短棍、橋梁、圓圈弧形。語言先在我的雙唇間出現，緊接著在手中移動。一長排的m和左鄰右舍糾纏不清。還有一列挺著大肚腩的b。我不喜歡t的那條橫槓（太複雜了）。

過了一陣子之後，我晉級了：我能把字母兜在一起了。m的尾巴伸長到a身上。起初，看起來真是一團糟。我繼續練習。我是左撇子，握筆的拳頭擦著寫好的一行字上，總把字跡擦到模糊。我擦出一條灰色的星雲圖。我那變黑的小手，繼續寫著。直到有天早上，不知不覺中，出乎預料地，我終於找到了寫字的秘訣。我變出了魔術。Mamá。短棍和圓圈在一旁默默地歡呼著。我終於抓住了真正的文字網絡。這不再只是線條而已；馬上出現在紙上的是她：她的聲音如此柔美，她那波浪般的栗色捲髮，她那溫暖的眼神，她那露出暴牙的笑容，正因為如此，最後總以靦腆的神情收場。我用我的鉛筆呼喚她，她就在那裡。「Mamá」媽媽！我剛剛寫字了，我學會第一個字了。

舉凡所有使用文字的社會，學習閱讀就是入會儀式。孩子們都知道，當他們具備理解文字的能力時，離大人就更近了一點。這是成長的結盟，並且超越了童年的一部分。這個經驗讓人幸福又開心。新到手的權力一定要好好測試一下。有誰會不同意整個世界都是連串文字裝飾而成，彷彿一場狂歡晚會？現在得上街去解碼：藥……局、麵……包……坊、套……房……出……租。文字音節就像在口中綻放的煙火，火花不斷，在家裡，在桌上，到處都有訊息冒出來。於是就開始了一連串的問題：「卡路里減半」是什麼意思？什麼是「天然礦泉水」？「使用期限」又是什麼？

在中古世紀的猶太社會，書籍讓孩子參與了記憶交流和歷史分享，因此，學習是值得慎重慶祝的時刻。五旬節慶典期間，教師讓即將開始學認字的孩子坐在他的大腿上。他拿著一塊寫滿希伯來文字母符號的小黑板，這是繼續通往經文的道路。教師大聲朗讀，孩子跟著複誦。接著，他在黑板上塗上了蜂蜜，並讓孩子去舔它，讓文字象徵性融入孩子體內。他們也把字母寫在剝了殼的水煮蛋或餅乾上。字母或鹹或甜，經過咀嚼，然後消化吸收。從此就成了人的一部分。

能為世界解碼又能表達思想的字母，怎麼可能不神奇？古希臘人民同樣為它著迷。在那個年代，除了組成字彙、數字和音符之外，字母也用於代表性的符號。七個母音分別代表它們象徵的七種植物和七個天使。這些象徵性的母音字母多用於巫術和護身符。

在那些偏遠的希臘學校裡——陰沉的午後，細雨不斷，窗外景色單調如常，孩子們齊聲唱著字母歌：「這兒有alfa、beta、gamma、delta和épsilon，還有zeta……」接著唱誦音節：beta加上alfa，變成ba。老師把字母寫出來，然後抓著學生的小手，跟著一起在字母上方把比畫複習一次。孩子們一再演練上千次。他們必須抄寫，或是聽寫簡單的句子。和我們一樣，他們也把詩歌背得滾瓜爛熟，背著屬於他們的《海盜歌》（*Diez Cañones por Banda*）和《葡萄牙人大驚奇》（*Asombrose un Portugués*），還有一長串奇怪的字彙。我還記得其中一首童謠：嘰喳叫，哇啦喊，窸窸窣窣；我後來再也沒去招惹這些動詞。

這樣的教學方式既偏執又令人疲累。老師（馴獸師）朗讀一次，學生就跟著重複一遍。

學習以緩慢節奏前進（難怪十歲或十二歲的孩子仍在學寫字）。能力足夠時，他們會開始閱讀、複述、摘要、評論、抄寫精典文章摘錄，幾乎永遠都是同樣的內容。尤其是荷馬的詩歌，還有赫西俄德的作品，以及其他必讀經典。

古代人對待兒童，多把他們看成迷你版的成人，完全忽視孩子自己的喜好和資質，他們提供給孩子的讀物，就是大人自己看的書。當時沒有所謂的童書或青少年讀物，根本沒有輕鬆易讀的書。當時的人不知童年為何物，也沒有佛洛伊德闡釋童年對人生的重要性極為關鍵。當時，對待孩子最好的方式，就是把他的頭直接按入成人世界的汪洋大海中，將他的童稚洗滌乾淨，彷彿那是汙穢不堪的。

字母可以是非常神奇的，但教學方式卻經常落入虐待模式。古希臘學童的日常生活中，體罰是不可避免的一部分，如同埃及或猶太書吏。劇作家赫羅達斯❶曾在一篇喜劇小品中敘述，一位教師憤怒咆哮：「皮鞭在哪裡？我用來鞭打壞學生的牛尾在哪裡？在我發火之前，趕快拿來給我！」

---

❶赫羅達斯（Herodas，西元前三〇〇～前二五〇年），古希臘喜劇作家。此處節錄自他現存的作品《教師》裡的橋段。

叛逆文字卡位成功

西元前五〇〇年左右，是抒情詩歌的盛世，當時的詩歌仍為吟誦而寫，但已揚棄回顧歷史，他們在詩裡談的是尋常生活，聚焦自己體驗過的感受。現在。這裡。我。

50

字母緩慢擴展的許多個世紀期間，希臘人仍持續吟唱詩歌，但已不再是原來的方式。有些人勇於發表古代文本不敢涉及的內容。不幸的是，我們現今所見只剩下細碎的殘篇斷句。直到西元前五〇〇年左右，沒有任何完整保存的哲學和詩歌著作，整部詩歌或散文作家的部分文本則是例外。不過，這些出土的細碎片段文字力量驚人，即使不完整，依舊撼動人心。

那是抒情詩歌的盛世，當時的詩歌（相較於《伊利亞德》只能算短詩）仍為吟誦而寫，但已揚棄回顧歷史，不再像古代的傳統傳奇那樣。他們在詩裡談的是當代尋常生活，聚焦自己體驗過的感受。現在。這裡。我。

這是破天荒第一遭，寫作與挑釁、隱晦的文字結合，衝擊了當時的主流價值。這股驚人的逆流始於阿爾基羅庫斯（希臘貴族和蠻族女奴的私生子），是個詩人兼傭兵。在他短暫的一生中——西元前六八〇到前六四〇年，一切必須靠自己奮鬥，既無財富，亦無特權，只能靠著幫人打仗求生存。正如他本人所言，他的矛每天能替他掙一小塊麵包和少許佐餐的酒。一個靠運氣打仗的軍人，遊走在文化和野蠻之間，深諳好戰理念背後悲慘齷齪的事實。

根據階級規則，他必須屈居上戰場打仗的位階，不能畏縮，也不准逃避。在一場對抗色雷斯軍隊的小型戰役中，阿爾基羅庫斯陷入困難抉擇，或是手持巨大沉重的盾牌死在沙場，或是棄械逃亡尋求活路。古希臘最嚴厲的辱罵詞，就是指責一個人是擅離職守的「棄盾者」（rhípsaspis）。據說，斯巴達母親告別上戰場的兒子時，總要殷切提醒：「帶著盾牌回來，要不就躺在盾牌上。」換言之，手持盾牌為榮耀而戰，否則就躺在上面，為國捐軀。

阿爾基羅庫斯做了什麼決定呢？他站在塵土飛揚的沙場上，如此昭告天下：「我的那面盾牌，很遺憾，遺落灌木叢裡，現在由色雷斯人揮舞著它。但是我解救自己這一身臭皮囊。我對那面盾牌有什麼好在乎的？掉了就算了。以後再買一面好盾牌就是了。」荷馬史詩裡，沒有任何一個戰士敢做出類似的陳述，也沒有這種自娛的幽默感。但是對於阿爾基羅庫斯而言，他以反英雄的自我形象為樂，並明目張膽地嘲弄世俗價值。雖然他大膽無畏，偏偏數十年都無法靠這項特質在戰場飛黃騰達，但他熱愛生命，「當齒間吐出最後一口氣時，一切都無法挽回，也買不到了。」他知道，及時逃過一死的軍人，必須趕往下一場戰役，必須寫下更多詩篇。從這樣充滿挑釁意味的真誠來看，我實在很難把他想像成懦夫，倒覺得他個性現實且苛刻。

在他的詩作中，文字坦率，毫不修飾，甚至直白得殘忍。從他開始，扎實的現實主義在希臘抒情詩界爆發了。他為全新的傲慢詩歌風格打開了大門。他不再隱藏自身怨怒、多情和嘲笑的態度。對於他的情欲，他也直言不諱：「多麼希望可以摸摸妮奧碧拉的玉手……然後撲上去，壓著她的嬌軀，肚皮貼著肚皮，我的大腿交疊著她的大腿。」非常簡短的一段文字，完全展現了他絲毫不忌諱在詩中談及口交，「就像色雷斯人或佛里幾亞人拿著莖管猛吸啤酒一樣，她，埋頭苦幹。」

阿爾基羅庫斯戰死沙場，一如阿基里斯，但身後帶來的殊榮，儼然就像他又一次大放厥詞，「沒有任何人，死了之後，仍受同胞推崇。我們活著的人，寧可被活人讚揚。」牛津大學教授理查德·詹金斯（Richard Jenkyns）認為他是「歐洲第一個討厭鬼」。我想，他如果看到這樣的墓誌銘，肯定會哈哈大笑。

51

第一本書

西元前六至五世紀，哲學家赫拉克利特將他撰寫的一本《論自然》存放在以弗所的阿耳忒彌斯神殿。希臘哲學的誕生遇上書籍剛起步時期，但這並非偶然。

至今並無歐洲最古老書籍的考古遺物。莎草紙是無法長久保存的脆弱材質，在潮濕的氣候下難以保存超過兩百年。如今我們只能從古希臘文本中追尋其蹤跡，這些文本確切提及具體、真實的書籍，那是曾經有人在某個值得懷念的地方看過、摸過的書。這次尋書之旅帶我走過西元前六至前五世紀。在那段時期，哲學家赫拉克利特將他撰寫的一本《論自然》存放在以弗所的阿耳忒彌斯神殿。

以弗所是安納托利亞的一個城邦，位於古代小亞細亞，今天的土耳其。西元前六世紀初，突然間，毫無任何理由，在那個住滿了希臘人的海岸帶，在那個接鄰亞洲的邊境，現今對哲學的認知竟萌芽了。最早一批哲學家都是出身邊境的子弟，身上流著不同種族血緣，貴族門第不得而入。當希臘本土仍耽溺在歷史的輝煌時，邊境的混血居民已勇於開創顛覆性的新思維。

希臘哲學的誕生遇上書籍剛起步時期，但這並非偶然。面對口述傳播的風行，以傳統、知名又好記的故事為本，書寫開創了另一種複雜的語言，讀者可以藉此慢慢吸收，沉靜思考。此外，若要促進批判精神，雙手捧著書本的讀者可以暫停閱讀，重讀或停下來沉思，這比沉迷於吟遊詩人的聽眾要容易多了。

赫拉克利特被冠上「神祕者」的綽號，以及後來的「晦澀者」別稱。在其作品當中，字裡行間充滿了生命的晦暗不明和令人驚奇的矛盾。他是艱澀文學的始祖，讀者必須絞盡腦汁才能領會其文句的涵義。他是普魯斯特之父，因為他那充滿轉折的迷宮式句法；他是福克納之父，因為他那令人迷惑且經常離題的獨白；他是喬伊斯之父，因為《芬尼根的守靈夜》給人的印象是同時混和了多種語言（其中有些是作者杜撰）。

我並不是說他們之間因為風格相近，就能沾親帶故。事實上，赫拉克利特遺留給我們的只是片段文字的組合，讀來詭異，但威力強大。話雖如此，他們之間最大的共通點其實是對文字的態度：倘若世界是隱晦的，用來呈現它的適當文字就應該是強烈、神祕，而且艱澀難懂。

赫拉克利特認為，現實就是永恆的張力。他稱之為「戰爭」，或是對立者之間的爭鬥。白晝與黑夜；清醒與睡夢；生與死……他們相互轉化成對方，然後僅存在對立的狀態；這是一體兩面的基礎概論——「疾病改善並緩和健康；飢餓即滿足；努力就是休息……不朽的凡人，平凡的不朽，活在他人的死亡中和垂死者的生命」。

赫拉克利特本來可以繼承城邦君主爵位。是他把爵位讓給了弟弟，在實施民主之後，這個爵位實際上是個神職。顯然，他認為這個職位純粹是魔術師、傳教士和算命師的「神祕媒介」。據說，他拒絕為以弗所人制定法規，寧可在神殿中和孩童嬉戲。人們還說他異常傲慢，且目空一切。他對榮耀和權力毫不在乎，滿腦子只想找到宇宙之「道」（logos），那意味著「文字」，也意味了「感受」。《約翰福音》第一句：「太初有道」，正是赫拉克利特所言。

對他而言，萬事萬物的關鍵是變動。沒有任何事物是永恆不變的。一切都在流動中，我們不會在一條同一景象的河裡游泳兩次。

流動世界永遠在改變形象，這深深觸動了柏拉圖，並形成了我們思想的一部分。這個概念，我們重寫、重組了數千次。從藝術家塞薩爾．曼里克：「生命即河流，終將流入大海，即死亡。」到社會學家齊格蒙．包曼與其「液態的現代性」。波赫士對赫拉克利特的「河流」說深感著迷，特地寫詩向他致敬，以下是其中之一，「赫拉克利特漫步以弗所午後。午後時光將他遺留在，不容他決定，一條沉默河流邊緣。他發聲宣告：『無人兩度沒入同一條河。』他駐足。他感受自己亦如河流，亦是流逝。他想找回那天早晨和那個夜晚，反之亦然。他無能為力。」

我認為赫拉克利特的詭異文字包含了賦予哲學起源的神祕和驚訝。以及當下。為了寫這一章，我特別重讀了他陳述晦澀思想的極少數現存殘篇。在我看來，以他的論述解釋現狀，震撼至極，有如超級大地震。除了暴力之外，還有我們經常可見的論戰：全球化與邊境法；族群融合與小眾化的恐懼；難民收容與嚴格興遣返；邊境自由的渴望與築牆建構安樂住所的夢想；渴望改革創新與懷念昔日榮景。

這些對立狀態之間的張力，有時甚至令人無法承受。但也正因為如此，我們自覺身陷其中。不過，根據赫拉克利特的論點，只要在處於動態平衡的張力中做一點小改變，一切會大不相同。也因為如此，世界會變好的希望總是有其道理。

52

他就是想出名，而且不惜代價。他在任何一方面從未有過優異表現，偏偏就不能接受自己只是凡夫俗子。他夢想自己走在街上會被人認出，希望被人低聲議論，甚至指指點點。他的內心有個聲音不斷低語，總有一天要變成名人，就像奧林匹克競賽的冠軍得主，或是把觀眾迷得暈頭轉向的演員們。

他決定做點驚天動地的大事；只是，他一時還想不到該做什麼。

有一天，他終於想出一個計畫。無法建立豐功偉業沒關係，破壞者一樣能名留青史。他住的城市有世界七大奇景之一，許多君主和旅人從遠方慕名前來參觀。在一座多石的丘陵上，矗立在雲間的是掌管整個以弗所地區的阿耳忒彌斯神殿。這座神殿花了一百二十年才建造完成。神殿入口是密集分布的圓柱叢林，內部以金銀打造，安奉著從天而降的神聖女神，此外，神殿內還有希臘藝術家波留克列特斯和菲迪亞斯的珍貴雕塑，以及無以計數的奇珍異寶。

西元前三六五年七月二十一日，在那個月黑風高的夜晚，亞歷山大在遙遠的馬其頓誕生了，他則在黑暗中慢慢爬上通往阿耳忒彌斯神殿的階梯。夜間守衛睡著了。一片寂靜中，只有打呼聲此起彼落。他奪取了一盞油燈，到處潑灑燈油，然後放火點燃殿內的裝飾布幕。火舌狂噬布料，並竄向屋頂。起初，火勢緩緩延燒，直到木梁起火時，猛烈火舞登場，彷彿這座建築數百年來一直夢想著燃燒殆盡。

他入了迷似地望著火舌怒吼，火焰四處盤繞。接著，他一路咳嗽逃出神殿，就為了看著它在夜間燃燒的燦爛光芒。就在此時，守衛將他逮個正著。他們把他扔進一間地牢關了起來，他倒是樂得總算可以清靜幾小時，好好呼吸這一片煙味。當他被嚴刑拷問時，總算說了實話：他計畫放火燒了全世界最美麗的建築，就為了成為世界知名的人物。根據歷史學家敘述，小亞細亞的城市嚴禁提起他的名字，違者處以死刑，但終究無法將他從歷史中抹滅。所有百科全書，包括杜撰的，都提到他。

法國作家馬瑟．施沃布（Marcel Schwob）曾經在他的作品《想像的人生》（*Vies Imaginaires*）以其中一章為他作傳。沙特也為他寫了一篇短篇故事。他的名字被冠用於急切成名的精神疾病，這一類患者為了能在電視或YouTube頻道上出現幾分鐘，可以做出各種極端行為。無所不用其極的暴露狂主義並非現在社會的專利品。

那個該死的縱火犯名叫黑若斯達特斯。由於他的惡行令人難忘，渴望高人氣的病態行為就被稱作「黑若斯達特斯症候群」。

為了獵取名聲而造成的一場火災，把赫拉克利特送給女神的那卷莎草紙書燒成灰燼。最諷刺的是，這位哲學家認為火燒後的宇宙將循環重生，他在作品中也預言了一場宇宙末世大火。我不懂宇宙，但是書籍（它們在火堆裡能燃燒暢旺）確實經歷了惡火摧毀的悲傷歷史。

流動書店

西元前五世紀到前四世紀之間，首度出現了一些當時仍陌生的人物：書商。在那個時代，一個新字彙「書籍銷售員」在雅典喜劇詩人的作品竄出頭來。

53

古希臘黃金時期究竟有多少書籍？識字人口比例又是多少？這些資訊，我們都沒有。我們所知的都是偶然取得的資料，憑著空中飛揚的一點兒青草絲，不可能看出整片大草原的風貌。此外，大部分資料只提及一個特別的地名，雅典城。其他盡是晦暗不明。

為了找出那個無形的識字狀況所有的蛛絲馬跡，我們得細看出土的陶器工藝呈現的讀者形象。從西元前四九〇年起，陶罐上的紅色身影出現了兒童在學校學習閱讀和寫字的畫面，或是坐在椅子上的人們，大腿上放著閱讀中攤開來的卷書。藝術家經常在畫中的莎草紙書上寫下字母或文字，有時候，定睛細看還能讀出其中文句，盡是荷馬或莎芙的詩歌。在幾乎所有例子當中，書裡一定有詩歌。有一本書中也出現了神話。最引人注目的是，這些小幅圖畫中常見的主角是女性，但矛盾之處是，學校的場景中卻從未出現過小女孩。這個相互牴觸的狀況，對我們來說仍是個謎。或許，女性讀者都出身富貴門第，而她們都在家裡接受教育。抑或，這純粹是肖像選擇，非關日常現實。總之，我們永遠不得而知。

一塊介於西元前四三〇到前四二〇年之間的出土石碑上，出現的是一個男人側影浮雕，全神貫注地讀著攤在膝上的卷書，頭部微微前傾，雙腿在腳踝處交疊，就和此刻正在寫作的我一樣。側影浮雕下方有個看來是椅子的東西，一塊磨損的頭，形狀如犬，靜靜地安頓在椅子下方。這幅浮雕展現的是寧靜的閱讀時光。那位已故雅典人是如此熱愛閱讀，甚至帶著閱讀一起入土。

西元前五世紀到前四世紀之間，首度出現了一些當時仍然陌生的人物：書商。在那個時代，一個新字彙「bybliopólai」（書籍銷售員）在雅典喜劇詩人的作品竄出頭來。根據這些詩歌的描述，廣場上的諸多販賣蔬菜、大蒜、薰香和香水的攤位中，有人擺設了販售文學卷書的攤子。蘇格拉底有一次在與柏拉圖的對談中提到，只要一枚古希臘銀幣，任何人都能在市場買到一本哲學著作。令人訝異的是，當時已經存在書籍容易取得的特性，尤有甚者，竟是艱難的哲學作品。從如此實惠的價格來判斷，這一定是篇幅較短的作品或是二手書。

對於書籍價格，我們所知甚少。莎草紙書的價格多在兩枚到四枚古希臘銀幣之間擺盪，這個價格相當於六天一期的短期工的日薪。某些罕見書籍價格昂貴，古羅馬諷刺作家琉善曾在文章中提及有一本書要價大約七百五十枚希臘銀幣，但這並不能代表一般書籍的價格標準。對於富裕階級來說，即使是最低階的富豪，書籍仍屬相對實惠的商品。

西元前五世紀末，開啟了嘲笑圖書館偷書賊的古老傳統，唐吉訶德可作為原型。曾經為文譏諷互文性的喜劇之父阿里斯托芬，嘲笑作家都是「從別的書籍擠出自己的作品」。另一位喜劇作家則利用一座私人圖書館作為其中一幕場景。在那一幕當中，一位教師很自豪地向著名的大英雄海克力斯展示他滿滿的書架，架上都是荷馬、赫西俄德、希臘悲劇，以及歷史學家的作品。「您隨手拿一本自己喜歡的書，然後讀一讀；您慢慢挑吧！先看清楚書名。」海克力斯在希臘喜劇中多以貪吃大食怪的形象出現，這時候挑的是一本食譜。據我們所知，在那個時代，為了滿足讀者好奇心，確實已有各種內容的書籍通行，實用手冊尤其出色，堪稱那個時代的西西里名廚料理書。

雅典書商很重視海外市場。他們已經開始書籍外銷。希臘文地區之外的世界都在找尋來自雅典的文學作品，尤其是希臘悲劇的吟唱本，那是當時最受歡迎的演出。雅典劇場甚至收服了那些憎恨雅典帝國主義的人，同樣的情形也發生在當今強大的美國電影產業。蘇格拉底門生軍事家色諾芬的寫作時期在西元前四世紀前半葉，他曾記述，在危機重重的撒爾米德索斯海岸，位於當今土耳其，遍地都是沈船後漂上岸的戰利品。其中可見「床鋪、小盒子、許多書，還有商人的運貨木箱裡常見的其他東西」。

當時一定有個特定機構供應文學市場的貨源，並且有一群人負責製書工坊的運作。不過，沒有任何資料足以重建當時的規模和運作方式，因此，我們只能戰戰兢兢地從假設出發。可以確定的是，那些製書工坊大概已取得某些作者許可，這些作家亟欲開發親友之外的廣大讀者群。不過，工坊當然也出了很多未曾詢問過作者的文本。在古代社會，沒有人知道版權這玩意兒。

柏拉圖的一位門生訂購了一批導師的著作，然後運往西西里島銷售。此人夠精明，已經察覺當地有蘇格拉底對話錄的市場。以當時的觀念而言，開始這門生意一定會讓他在雅典名譽掃地，但並不是因為侵犯導師的版權，而是他棄文從商，對於當時一個出身良好的人來說，這絕對是卑賤不當的行為，況且，他還是柏拉圖門下的學生。

柏拉圖學院當然有專屬的圖書館，不過，亞里斯多德學園的藏書量應該遠超過他的所有前輩。史特拉波曾說亞里斯多德是「據我們所知，第一個收集書籍的人」。據說，亞里斯多德大肆蒐購另一位哲學家的所有莎草紙書，豪擲的天價是三個天才大師的財產總和（一萬八千枚古希臘銀幣）。可以想見，他經年累月撒錢買書，累積了大量重要文本，範圍涵蓋了當代的科學和藝術領域。若無持續閱讀，他大概無法寫出筆下的所有傳世傑作吧！

歐洲的一個小小角落，已經開始被閱讀狂熱吞噬了。

54

亞里斯多德曾提及，希臘悲劇的作者其實多為讀者而寫，而非劇場觀眾。他還補充道，他的作品「流通廣泛」。在那個書籍剛萌芽的時代，流通廣泛意味著什麼樣的流量？

亞里斯多德的另一個句子則隱約展現了當時書市的狀況。他提到，書商以馬車運送大量書籍。或許，他指的是兜售文本的攤販正在旅途上，蒼茫大地中，過了一村再往下一村。

事實上，正如文學評論家豪爾赫・卡里翁所言：地點固定的書店是游牧、詩意的古老傳統在現代衍生的異常現象。曾為亞歷山卓圖書館貢獻手稿的都是旅人；染料和紙張商人推展了如絲路這一類的全新路徑；二手書的外務銷售員，一如其他商品，直到昨日才在旅店和市集裡落腳，在此之前，他們帶著大皮箱、大箱子和活動攤位架，早已長途奔波多日。當今的行動書車或是驢子圖書館，因地理環境衍生的不同形式的流動圖書館，依舊熱切地維持著書籍漫遊四方的古老傳統。

美國作家克里斯多夫・墨里的小說《輪子上的帕那索斯》描述的就是游牧書商的生活。在美國，時值一九二〇年代，米福林先生駕著一輛由一匹白馬拖拉的大篷車，看起來像電車車廂，日日行走在北美鄉間。當他把兩側護板打開來時，長長的車廂竟變成了一間書店，一排又一排的書架，全部擺滿了書。車內不乏舒適陳設：一副煤油爐子、一張摺疊桌、一張睡鋪、一張柳藤椅，兩個窗子前的架子上還擺了天竺葵盆栽。

米福林先生曾在一所鄉下小學執教多年，「做牛做馬只賺得微薄薪水」。由於健康因素，他決定避居鄉野。他親手打造了大篷車，他稱它是「行動帕那索斯」❶，接著，他在巴爾的摩一家二手書店裡買了大量書籍。雖然從商的精明和口才他都不缺，但米福林先生自認是遊走四方的傳教士，立志要傳播好書的福音。

他奔走在一座座農莊之間，黃沙漫漫的路上，他的木造大篷車一路上遇到的都是第一代量產的汽車。當他來到一家農莊門廊前，隨即從篷車駕座跳下來，接著穿越畜欄，並極力向一位正忙著給馬鈴薯削皮的女人闡述閱讀的重要性。他試圖說服農民成為他的信徒：「當你把一本書賣給某個人時，你賣出的不只是十二盎司的紙張、油墨和黏膠。你正在販賣一個全新的人生啊！愛情、友誼、幽默感，以及在夜間航行的船隻。一本書裡應有盡有，藍天和大地，我的意思是，一本真正的書。我們得加把勁啊！如果現在來的不是書商，而是麵包師傅、肉商或掃把推銷員，人們八成會跑過來迎接我，搶著要看我的商品。但是我在這裡，帶來的是永恆的救贖。沒錯，為大家渺小、痛苦的靈魂帶來救贖。但要讓大家了解這一點，可要費九牛二虎之力呢！」

那些面容黝黑、雙手瘀青的人們歷盡風霜日曬，別說從來沒機會購買文學書籍，根本就沒人跟他們解釋過那些玩意兒有什麼意義。米福林發現，越是深入鄉間，書籍的蹤跡就越少見，而他們的處境更是每下愈況。他以慧心妙口大聲疾呼，現時必須組成一個書商兵團，像他一樣四處拜訪農家，為他們的孩子說故事，和鄉間小學的老師深談，並對農業雜誌出版商施壓，直到書香滲透全國人民的血脈中；簡而言之，把聖杯帶往偏遠的緬因州農家。

這是二十世紀初的北美狀況。亞里斯多德提到的那些行走在豔陽下橄欖林間的書商呢？當書籍仍然青澀，而一切都是初始，他們的處境又是如何？

---

❶帕那索斯（Mount Parnassus），是位於希臘中部的山脈。在希臘神話中，帕那索斯山是太陽神阿波羅和文藝女神靈地，也是繆思的家鄉。

55

文化信仰

教育是我們擁有的一切當中唯一永恆不朽的絕妙事物。只有智慧能隨著年歲讓我們保持青春，即使如洪流般的戰爭，能摧毀夷平一切，卻奪不走你腦中所知。

亞歷山大大帝掀起了全球化的狂熱和恐懼。直到當時為止，希臘人一直是小國的城邦居民，人口少，腹地也小。每個小國皆以本國的政治和文化為榮，他們強力維持獨立狀態，經常以愛好自由之名與鄰國產生爭端。當希臘城邦被新王國併吞時，居民因此陷入集體孤立感。自以為傲的團體開始動搖，漸漸放棄了獨立國家的堅持，變成了廣大的帝國邊疆屬地。前一天仍是城邦居民，現在成了被統治的屬地百姓。他們依然互相爭鬥，日子就在結盟、締約、仲裁和宣戰之間以此為樂，只是，喪失了獨立之後，戰爭就變得索然無味了。前景一片空白，新的國家體制（起步中的獨裁政治，王朝內鬥不斷）並未提供任何安定感。前途茫茫，希臘人必須尋找其他機會。他們開始擁抱東方教義、異國儀式，以及哲學救贖。有些人則投入一個甫形成的新宗教：文化和藝術信仰。

城邦生活沒落之前，有些人早已決定傾全力學習；他們接受教育，期望能夠在被統治的世界裡保有自由和獨立性；他們想盡可能開發自己的天賦才能；他們要盡可能為自己開拓新視野；他們要塑造本身的內在，就像塑造雕像一樣，把自己的生命變成一件藝術品。當傅柯為寫作《性史》而研究古希臘時，這樣的存在美學深深撼動了他。最後一次接受訪問時，他依然為那個古代理念著迷不已，傅柯說道：「這件事之所以引起我的注意，是因為在我們的社會裡，藝術多少已經變成一種目標物，而不是生命，也不是個人。為什麼一個人不能把自己的生命變成一件藝術品？為什麼某件燈飾或某一棟房子可以是藝術作品，而我的生命卻不是？」

雖然這個理念不算新穎，但在希臘化時期，卻是許多失去自由的困惑眾生安頓身心之處。在那段時期，「教育」（希臘文：paideía）變成了某些人認定一生唯一值得投注心力的任務。這個字的意義日漸豐富，當後來的羅馬人，如瓦羅（Marcus Terentius Varro）或西塞羅需要把這字翻譯成拉丁文時，他們選擇了humanitas這個字。由此開啟了歐洲人道主義與其後來發揚光大的局面。這組字彙傳出的回音至今未歇。《圖解百科全書》（*Illustrated Encyclopedia*）拯救了古字paideía——Encyclopedia源於en kýklos paideía，至今仍能在多種語言的全球性實驗計畫「Wikipedia」（維基百科）聽到它的回響。

人們經常遺忘了這個古老的文化信念是以宗教信仰的方式誕生的，它有神話的特質，亦有救贖的承諾。忠誠的追隨者深信，人死後到了陰間，僅有部分人有幸獲選住在源泉灌溉的廣闊綠茵，那兒有詩人吟唱詩歌的劇場，眾人共舞，歌唱表演，大夥兒圍坐在美食不絕的大桌旁談笑吃喝；一場美食美酒源源不斷的盛宴。對一個喜歡高談闊論的哲學家而言，這樣的地方再完美不過了：在那裡，不會有人故意惹惱他們，也不會有人叫他們閉上嘴巴。

正因為如此，我們在許多出土的葬禮文物中：如墓誌銘、淺浮雕或雕像等，發現了不少死者對文化的緬懷。他們要以文學家、演說家、哲學家或藝術音樂愛好者的姿態告別俗世。這些墳墓並非如最初認定屬於知識分子、教師或藝術家所有。如今，我們都知道，其中大部分是商人、醫生或公務員。但是他們想被後人懷念的動機只有一個：因為他們早已在生命中開始了智慧工程、藝術梁柱，以及繆思庇護的各種知識。

「唯一值得投入的只有教育。」西元二世紀一位忠實追隨者如是寫著：「所有其他資產皆屬人性，並且微渺，不值得大費周章去找尋。貴族頭銜是祖先的資產。財富是幸運贈與的禮物，來去都是轉瞬間。榮耀，搖搖晃晃。美麗，如此短暫。建康，並不持久。體力終究淪為疾病和老化的囚徒。教育是我們擁有的一切當中唯一永恆不朽的絕妙事物。因為只有智慧能隨著年歲讓我們保持青春，當一切都被剝奪，老年卻能增添睿智。即使如洪流般的戰爭，即使它能摧毀夷平一切，卻奪不走你腦中所知。」

古老的信念已被破壞殆盡，然而，不朽卻是人人皆可追求的目標，經由文化、文字和書籍。我們不該忘了與大圖書館並立的亞歷山卓博物館，在那座殿堂中，有位祭司天天舉行祭拜繆思儀式。試想那群希臘人，手握莎草紙書，一心想著叩進天堂大門，那畫面多有趣啊！

56

西元前三世紀到前一世紀之間，社會型態逐漸轉型，書籍也找到了新的庇護所。埃及的莎草紙書揭示，希臘化時期的識字趨勢雖未完全普及，但擴展相當廣泛，甚至普及領導階層之外。當然，富豪是第一批進入學校，卻也是最後放棄的一群人。然而，至少在歐陸的希臘，孩子在自由狀況下比任何其他時代擁有更多接受初級教育的選擇，如米利都和忒歐斯的教育法就清楚明列著，忒歐斯的立法甚至明確宣示，童男童女皆可平等接受基礎教育，而且，這項規定似乎還擴展到其他地區。此外，愛琴海和小亞細亞的眾多城市裡，許多富裕家庭的女孩擁有極多受教選擇──柵欄終於打開了，我們得以窺見教室裡有了用功讀書的女孩，以及人類最早的幾個女性讀者世代。

受教育的可能性在廣大區域間持續擴展。出身邊境小城的知識分子名單可達一長串，有些陌生地名甚至唸來拗口，諸如：哥迪艾烏（Cotieo）、艾烏卡爾匹亞（Eucarpia）、羅地亞波利斯（Rodiápolis）、亞馬西亞（Amasia）、艾利歐的塞勒烏西亞（Seleucia de Euleo）……他們不僅在首都大城建立圖書館，一如亞歷山卓與其對手城市帕加馬，規模較小的文化機構也在邊緣地區陸續成立。在科斯島出土的一件西元前二世紀銘刻古物上就提到了幾位贊助地方圖書館的人名。

馬其頓人入侵了面積廣大的兩大洲，非洲和亞洲，在那裡，他們以戲劇、體育和書籍傳達了希臘化的自我認同意識。對本地原住民而言，若想掌握統治者的語言，就閱讀修昔底德和柏拉圖的作品，將有助於爬升到聲望卓著的地位。至於統治者，當然也不遺餘力地強加自己的文化去教化蠻夷。在現今阿富汗的阿伊─哈努姆如此偏遠的地方，仍保存著刻在石壁上的希臘文字，無疑是藉由書籍（旅行版圖越來越廣）來到那個遙遠邊境。

有個值得關注之處：在這個地理版圖如此寬廣的土地上，作家閱讀和引用的都是相同的作者，首先是荷馬，接著是亞里斯多德和米南德。學會寫字和閱讀這些經典，幾乎是一個誕生在現今伊朗和另一個出身埃及的希臘人唯一的共通點，而兩人的故鄉竟相隔如此遙遠。

拯救和維護這一類文學作品不能全靠運氣，必須向駐守在亞歷山卓那座神奇的書籍迷宮裡的一群智者借力。

一個記憶力過人的男子和一群前衛娘子軍

西元前三世紀，出身利比亞的詩人卡利馬科斯，被賦予擬定亞歷山卓圖書館目錄的偉大工程，他是史上第一位文學地圖的製作者，是公認的圖書館員之父。

57

從前，在亞歷山卓的大圖書館裡，有個記憶力相當驚人的男子。日復一日，他照著順序閱讀莎草紙書，讀完一整個書架接著讀下一批。

他的名字是拜占庭的阿里斯托芬。他的父親是一名傭兵部隊將領，一直訓練兒子從軍所需的冒險能力和臨危應變，而他卻寧可沉浸在靜止的旅遊世界裡，享受著讀者擁有的多重想像生活。在他的額頭上，一撮苔癬般的灰白頭髮覆蓋著幾條平行皺紋，彷彿幾行無法辨認的文字。可以這麼說吧！這個一頭枯髮如苔癬的瘦削男子，沉默寡言，腦子裡卻充斥著竊竊私語的幽靈，而且越來越像他日日啃食的那些書籍。

有一天，亞歷山卓舉辦了一場詩歌創作比賽。國王挑選了城裡六位傑出人士當評審。還缺一名湊成單數，於是有人隨口說出了阿里斯托芬這個名字。六位評審聆聽了候選詩人吟誦的詩歌，當其他評審頻頻拍手讚賞時，阿里斯托芬卻面無表情，不發一語。他未加入評審決議，也不和其他人爭論。一直到最後，他請求大家准許他發言，並宣稱除了一人之外，所有其他競賽者都是裝腔作勢的騙子。這時候，他逕自起身，並穿梭在圖書館的門廊間，單憑記憶，從各個不同的書架上拿出了許多莎草紙書，堆得像一座小山似的。接著，他找出那些騙子詩人偷偷剽竊的所有字句。那些文字竊賊騙不了阿里斯托芬。對他而言，每一個句子就像一張人臉，皆可明確辨認，而且，他清楚記得它們在書架上的位置，就像其他人能在夜空中指認每個星辰的正確位置。

根據傳奇故事的敘述，埃及國王任命了那個記憶力超強的讀書人擔任大圖書館館長。

維特魯威在《建築十書》裡記述的這件軼事顯示，抄襲與醜聞就和文學競賽本身一樣古老，或許正因為如此，我們將評審的決定稱作「裁決」。此外，拜占庭的阿里斯托芬的故事也向我們展現了大圖書館的規模已有所成長，建館一個世紀之後，只有博聞強記的傳奇人物才能記得所有館藏。該是列出館藏目錄和名單的時候了。

事實上，如同散文家菲利普．布洛姆（Philipp Blom）所言，所有收藏家都需要自己的一套庫存清單。努力大半輩子收藏的東西，可能哪一天會無故散失，或出售他人，或被搶走，原主人投注的所有熱情和知識就此不見蹤跡。即使是最簡約的郵票、書籍或唱片收集者，大多很難想像，這些以各種私密理由精挑細選的物件，總有一天恐怕會混在老舊雜貨鋪的雜物堆裡。唯有編列目錄，收集品才能在迷航中倖存。這是作為集體存在、精心計畫和作為藝術品的試驗。

目錄在在顯示了數字的力量。我在前文曾經提過，根據文獻資料，托勒密國王每隔不久就會巡視大圖書館的書架，並找來負責人問清楚：「我們現在究竟有多少藏書？」圖書館員說出來的數字，馬上就能顯現其偉大計畫的成敗。這個場景頗類似唐璜．德諾里歐，在歌劇〈唐．喬萬尼〉主演的一段情節，而這號人物恰好堪比作貪婪收藏家的文學原型。劇中，莫札特和作詞者洛倫佐．達．彭特加入了著名的〈catalogue aria〉❶，其中，僕人勒波雷洛手捧主人的獵豔清單：「這是主人您愛慕過的女性名冊，由我本人親自整理出來的。請您過來跟我一起看看！在義大利，六百四十人，在德國，兩百三十一位，在法國有一百人，在土耳其，九十一人。但是，在西班牙已經一千零三人啦！」托勒密王朝的君主們，就跟唐璜一樣，需要會計服務，以保障逐漸增加的館藏數字，而這些館藏確實也日益重要且強大。當今的社群媒體，以相同的方式，成了現今虛擬世界裡的勒波雷洛。我們不斷餵養自戀和收集狂熱，天天緊盯自己征服的好友、追隨者和按讚的數字。

試圖定格永恆的亞歷山卓圖書館，當然也有一套很了不起的目錄。據我們所知，館內至少收藏了一百二十套莎草紙書，比荷馬的《伊利亞德》多了五倍有餘。由此亦可看出當時宏偉館藏的規模，即使如今皆已散失。看來，直到當時，那一片書海已經超越了人類記憶力的極限。智慧、詩歌和書寫的故事總量，只靠一個腦袋，就如傳言中全部都裝在拜占庭阿里斯托芬的腦子裡的話，那自然是再也裝不下了。

58

西元前三世紀，負責擬定這份偉大目錄的是出身利比亞的詩人卡利馬科斯，史上第一位文學地圖的製作者。在亞歷山卓大圖書館的走道、迴廊、內廳和走廊，所有書架書滿為患，已有混亂難尋之慮。此時需要的是一張書籍地圖，一個明確組織和指引方向的羅盤。

卡利馬科斯被公認是圖書館員之父。我想像著他填寫史上第一批書籍編目卡的情景（應該都是泥板），並創造出古老的書目老祖宗。或許，他早已深諳巴比倫和亞述圖書館的秘密，並從中汲取了管理方法的靈感，但他取得的成就卻遠超過任何一位前輩。他勾勒出一張含括所有作者和作品的地圖。他解決了真假爭議的問題。他找出必須確認的無書名莎草紙書。當兩位作者姓名相同時，他會查證每個人的真實身分並予以區分。有時候，有些名字和綽號會相互混淆。例如，柏拉圖的本名（如今已被遺忘）其實是亞里斯多克勒斯（Aristocles）。我們今天認識的「Platon」，是他因摔角鍛鍊被冠上的綽號，這個字在希臘文裡意為「寬闊的背部」，相信這位哲學大師一定頗以自己在沙地上的身手為傲。

簡言之，書籍的新地圖必須以無盡的耐心和忠於細節的愛好面對無止盡的疑問。卡利馬科斯會幫列入館藏的書撰寫作者簡歷，並查證個人資料：其父姓名、出生地、綽號等，再以字母順序列出同一作者的完整著作表，還會在每一部作品的書名後面緊接著內文第一個句子，藉此以便辨識。

利用字母為文本排序和收藏的概念，乃亞歷山卓智者們的重大貢獻。在我們的日常生活中，這件事看來如此稀鬆平常，理所當然又實用，根本沒把它看成一項發明。然而，這項工具，一如雨傘、鞋帶或書脊，是經過漫長的尋覓過程之後，有人在某個靈光乍現的時刻想出來的點子。有些研究者認為，這個簡單的絕妙方法想必是亞里斯多德傳授給亞歷山卓的圖書館員。這項假設大膽有趣，只是已無法查證。總之，這個系統的進步要歸功於亞歷山卓博物館的智者群。我們後人雖然使用不同的字母順序，卻依然模仿著他們的動作。

卡利馬科斯的書籍目錄，世人稱之為 Pínakes，意即「木板」，並未保存下來，不過，後來的數世紀期間，許多文本提到了它及其典故，希望能對它有更好的認識。現存的文物中也有一些清單，顯然是抄錄 Pínakes 而流傳下來。例如，按照字母順序列出的艾斯奇勒斯七十三部劇作，以及蘇福克里斯逾百部作品。這些條列清單是確確實實的損失清單，如今，我們能夠閱讀的完整悲劇，分別僅有其中七部。

卡利馬科斯做了許多影響深遠的重大決定，其中之一是文學分類。他的分類方法，沿用到後世，他把書籍分成兩大領域：詩歌和散文。接著，他再將這兩大文學領域細分成較小的項目：史詩、抒情詩、悲劇、喜劇；歷史、演說、哲學、醫學、法律。最後是無法歸類於前述主要項目的雜集類。此類書籍包含的作品當中，四部甜食料理書為其中一例。依分類按照字母先後排序，一直流傳到現今的圖書館，這套方法完全服膺制式化、實用性的標準，卻稍嫌專斷僵化。從那時候起，風格混合、實驗性、邊緣小眾或挑戰圖書分類的作品（古時候也有叛逆文人），全部被列入無法歸類的書籍。

即使固守形式主義，Pínakes 依然成了主要的圖書搜尋工具，在亞歷山卓圖書館的浩瀚書海裡，這是第一個導引讀者航行的地圖。而在亞里斯多德的知識體系當中，這是智慧和發明的一項大膽創舉。在整個古希臘時期，卡利馬科斯的目錄持續被採用和更新。這個目錄系統不但大獲成功，也奠定了圖書館學和百科全書的基石，而這兩項知識分支至今仍為所有其他領域服務。

我不禁猜想，卡利馬科斯的夢想大概是將每本書內建構的小小世界從遺忘中拯救出來，包括那些最隱蔽的角落，並從中取得努力不懈所需的力量和耐心。畢竟，他自己也是繫念文字前景的作家。然而造化弄人，他的作品卻幾乎全部流散遺失。

據悉，他是個避俗趨新的詩人，總是奮力捍衛著創作實驗。追隨過去的文學潮流讓他感到厭倦。他熱愛簡約、嘲諷、獨創性和碎片化。有時候，為了找出開啟新路徑的入口處，吾人必須更深入了解古典文學。

59

悄悄的，圖書館已經入侵世界。

西元前一五〇〇年至前三〇〇年之間，世界一共存在有五十五座圖書館，僅供少數人使用，而且只分布在中東城市，歐洲完全沒有。根據西班牙二〇一四年的資料，九七%的民眾在居住地可使用至少一座公共圖書館，而全國總計有四千六百四十九座圖書館。這個數字道出了歷史的巨變及令人驚奇的數字成長。雖然圖書館一直不受關注，卻是駕馭人類最成功的古老事件之一。假如我們自問，就像電影《萬世魔星》裡猶太人民陣線的古怪成員那樣，古希臘和古羅馬人到底為我們做了什麼？我們可能會毫不遲疑地回答：草編涼鞋、排水道、法規、民主制度、劇場、水管橋。或許我們可以在名單裡加上角鬥士史詩，那群喳呼吵鬧的半裸鬥士，就連好萊塢編劇都為之著迷……，抑或可再加上四馬雙輪戰車的駕駛人，但我們從未想過默默成功運作的公共圖書館，甚至比過去任何年代都更為活躍。

我至今難忘童年的第一座圖書館。我從小小年紀就知道，所有故事裡都有一座森林；進入樹林內的神祕通道之後，故事裡的主角總會碰到魔法，最後一定會有奇蹟。我也曾走入樹林裡，牽著父親的手，就在七月天的漫漫午後。我們總是一起到格蘭公園裡的那座小圖書館。那是一座小房子，由於它的外觀和屋頂，總讓我覺得是從某個故事裡搬出來的，或許是來自某個阿爾卑斯山國家。我進入昏暗的室內，拿了一本漫畫雜誌，然後抱著我的寶物走出圖書館，回到陽光明媚的公園，挑選一張長椅，坐下來好好看書。我確確實實地讀了每一個字，從頭到尾，咀嚼著文字和圖畫，午後時光漸漸流逝，偶爾傳來腳踏車經過發出的金屬旋律。閱讀完畢後，我歸還漫畫雜誌，整本內容就是我接下來數小時慢慢享用的戰利品，接著，我走出森林，迎著黃昏的涼意，帶著滿腦子想像回家去。

在我童稚的眼光看來，那座公園裡的奇蹟提升到魔法森林的層次，當然是純屬想像；那些書籍和書裡的英雄；白楊樹神祕的低語彷彿正細訴著故事；圖書館。它把我變成了漫畫雜誌裡的西部牛仔，每天下午要求的需求量日益增加。

全西班牙逾十萬名圖書館員（全球數以百萬）餵養著我們的文字癮。他們是毒品守衛。我們信任他們給予的所有知識和夢想，從童話故事到百科全書，從口袋書集子到血腥打鬥的漫畫。如今，許多出版社為了省下倉儲費用而銷燬庫存書，但就在那裡，我們找到儲藏已久的絕版文字；那是個裝滿寶物的大箱子。

有人曾經告訴我，每一座圖書館都是獨一無二，而且看起來就像它的圖書館員。我敬佩那數以十萬計的人們，依然相信書籍的未來，或者應該說，相信書籍穿越時空的能力。他們提供諮詢、鼓勵人們、策畫活動、編造各種藉口，就只是為了讓讀者的目光喚醒隱沒書架上某本書沉睡的文字，有些書甚至沉寂多年。他們很清楚，這些如此日常的行為，就如聖經故事中拉撒路復活般，奇蹟似的重振了一個古老世界。

圖書館員有個非常悠久的發展歷史，始於美索不達米亞的新月沃土，但對於這群遠古時代的同業前輩，我們幾乎一無所知。第一位和我們對話的是卡利馬科斯，我們可以想像他清晰的身影，耐心埋首於圖書分類工作，夜裡還要挑燈寫作。卡利馬科斯之後，許多作家曾在生命中某段時期從事圖書館員這份職業，在書牆包圍的世界裡，接受書籍的邀請和魅惑：歌德、傑可莫．卡薩諾瓦、荷爾德林、格林兄弟、路易斯．卡羅、羅伯特．穆西爾、胡安．卡洛斯．奧內蒂、喬治．佩雷克、史蒂芬．金……，正如西班牙作家格洛里亞．富爾特斯．加西亞曾說過：「上帝讓我成為詩人，我讓自己變成圖書館員。」

至於波赫士，一個讓自己成為特有文學類別的盲眼圖書館員。大文豪的一位友人曾憶述與他一起漫遊布宜諾斯艾利斯國立圖書館的情形。詩人以近乎全盲的目光，擁抱著每一排書架上的每一本書。他知道每一本書的位置，翻開書本時，他能立刻找到確切的頁數。他穿梭在書架林立的走道間，走過近乎隱形的每個地方，波赫士就像藝高膽大的走鋼索表演者，在黑暗的圖書館裡走出新途徑。就像艾可的小說《玫瑰的名字》裡那位盲眼書籍守衛者，也是沉默殺手——豪爾赫．波赫士❷，像是致敬也像是冒犯，這個人物的靈感正是從詩人而來。

這份職業一直由男性擔任，自尼尼微、巴比倫和亞歷山卓以降，發展至二十世紀初，漸漸變成了女性平和介入的新領域。一九一〇年，近八成圖書館員是女性。由於當時只有未婚女性允許就業，社會集體想像塑造的女性圖書館員都是未婚的老小姐，脾氣乖戾、態度極不友善、灰髮紮成了髻、戴著眼鏡、衣著過時、動不動就咆哮罵人。那個年代的普遍心態大多仍認為，女人在書堆裡工作，簡直是可悲又可憐，她一定內心鬱悶，因為男朋友遲遲沒把婚戒套在她的手指上，結婚生子的願望遙不可及。電影《風雲人物》一九四六年上映時，恰恰反映了這樣的刻板印象。其中讓我覺得極其嘲諷的一幕，很不幸的，電影腳本卻毫不帶一絲諷刺；由詹姆斯·史都華飾演的男主角喬治·貝禮在平安夜瀕臨自殺邊緣。這時候，他的守護天使介入阻擋他做傻事，並試圖說服他，生命並非一場空洞的荒謬鬧劇。接連看了朋友、家人失去他之後可能會遭遇的悲痛，喬治問起了他的妻子：「瑪麗在哪裡？」天使支支吾吾：「唉！不……你不要問我這個啦！」喬治焦慮不已，想像妻子恐將遭遇不測，於是緊抓住天使的衣襟。「如果你知道我的妻子在哪裡，趕快告訴我！」「我不能跟你說。拜託！你不會想知道的，喬治。」「她在哪裡？她到底在哪裡？」喬治近乎絕望地問道。「她恢復單身了，喬治……。她此刻正忙著關上圖書館的大門。」喬治隨即把天使甩到一邊，急忙跑去圖書館。這時候，銀幕上出現瑪麗的身影，確實正忙著關上波特斯維爾小鎮公共圖書館的大門。她的穿著完全符合制式形象：單調古板的套裝、髮髻、厚厚的眼鏡。走路時，把皮包緊抱在胸前，看起來自卑又哀怨。此時的電影配樂營造出悲傷的氛圍。眼看著喬治驚恐詫異的神情，可以想見，觀眾八成也會雙手抱頭，心裡暗想：不要！不要當圖書館員啊！

根據學者茱莉亞·威爾斯（Julia Wells）的研究，這樣的刻板思想至今仍充斥美國電影。許多虛構的女性圖書館員依然以暴躁易怒的形象出現，如果有人膽敢在她的管轄範圍內交談，她會馬上氣呼呼地「噓」他。在此我要回顧一段令人哀傷的諷刺事件。就在法蘭克·

卡普拉導演拍攝《風雲人物》之前，在戰後的西班牙，曾在共和政府期間擔任圖書館員的女性都被視為危險的革命分子，而且被認定已遭徹底洗腦。大致上，她們恰恰是《風雲人物》裡那位瑪麗的相反類型：摩登、前衛的女性，西班牙大學裡的女性先鋒。佛朗哥政府秘密調查她們的各項公開活動，她們的職場生活，以及私下的行為。那些得以在公務體系保有圖書館員和檔案員職位的女性，被迫承受著薪資低下、強迫調職和不得擔任主管職等不平等待遇。我想起了語言學家瑪麗亞．莫里納（María Moliner），在圖書館員生涯中被降了十八個職等，總是被排除在主管或其他重要職位之外。她先被派到瓦倫西亞財政廳資料室，然後被調往馬德里工程學院，但總是孜孜不倦編撰著她那本出色的字典。我母親童年時期的圖書館絕非如我印象中魔法森林裡的可愛小房子，而是許多被打壓的女性工作的場所。

圖書館和圖書館員的世界也有惡名昭彰的故事：攻擊、轟炸、審查、淨化、迫害。他們啟發了塑造一連串精采人物的靈感，例如《玫瑰的名字》的豪爾赫修士，他將亞里斯多德的一本著作變成犯罪武器；或是瑪麗，同時生活在兩個不同的時空裡，既是幸福的母親，也是難纏的圖書館員（而我們並不知道她偏愛哪一種生活）。不過，最令人驚奇的莫過於這一路走來的歷程，從東方的起源地，由書吏和祭司階級守護著知識，發展到當今的圖書館，開放給所有想要閱讀和學習的大眾。

那裡的書架上保存著敵對國家的書籍，甚至是曾經交戰的國家；攝影和夢境解析的說明手冊；探討微生物和銀河星系的論著；一個大將軍的自傳旁邊擺著逃兵的回憶錄；一個遭人誤解的作者撰寫正向樂觀的著作，以及成功作家筆下陰鬱灰色的作品；一個旅遊女作家的輕鬆隨筆，緊鄰的是一個作家鉅細靡遺描述幻夢的五大冊鉅著；昨日才出版的書，旁邊放的是二十個世紀前完成的作品。那裡沒有時間和地裡的藩籬。終於，我們大家都獲邀入內：外國人和本地人、戴眼鏡的人、戴隱形眼鏡的人、眼角黏著眼屎的人、紮著髮髻的男人，或打領帶的女人。那裡看似一座烏托邦。

60

馬拉美（Stéphane Mallarmé）在十九世紀曾這樣寫著：「肉體哀傷，而我，唉！讀遍所有書籍。」或許，詩人暗示的是生命的繁重和枯萎帶來的厭惡。然而，在電商巨頭亞馬遜和Kindle電子書閱讀器盛行的年代讀到這段文字，倒是很諷刺地提醒了我們，讀遍所有書籍，那是最瘋癲的藏書家才會有的不可能夢想。人類社會每半分鐘就出版一本新書。假設一本售價二十歐元，厚度兩公分，為了達成全年讀遍群籍的馬拉美標準，必須花費兩千萬歐元，並需要大約二十公里長的書架。

卡利馬科斯的目錄是第一個完整的書籍查詢地圖。繪製書籍地圖這片新大陸何其龐雜，古希臘人也跟我們一樣，覺得不勝負荷。從未有任何人讀完亞歷山卓大圖書館內的所有卷書。沒有人無所不知。在每個人自身不可計量的無知汪洋中，知識越來越像個迷你小島。

於是，挑選的焦慮油然而生。在還不至於為時太晚之前，該讀什麼？看什麼？做什麼？故而，今日的我們對各種清單狂熱追逐。就在幾年前，英國學者彼得．波薩（Peter Boxall）出版了一本絕無僅有的書籍清單，共列了一千零一本，就和雪赫拉莎德共度的夜晚一樣多，簡直就是死前必讀的書單。當今人們偏愛的都是值得聆聽的精選專輯；不會令人失望的精選電影；值得一遊的精選景點。網路是我們日常生活的超級清單，瑣碎片面，且無止盡地分歧。任何一本關於自我成長的著作，都在製造新的百萬富翁，幫助你征服成功，或讓你脫離肥胖，反正都會把基本建議列成清單。你把這些條列的目標保管好，人生就會變得更好。列舉清單必須有抗焦慮藥物的效果，也就是說，藉此安撫我們的抗拒心態，並緩和混亂的擴張速度。這也和焦慮、恐懼有關，以及我們自知生命有限的痛苦覺悟。因此，我們試圖把過剩的東西縮減為十、五十或一百件的分類項目。

瀏覽過難以計數的藏書目錄之後，大圖書館的智者們顯然也被入侵的清單病毒感染了。哪些書是每個世代必讀的作品？哪些敘述、哪些詩句、哪些理念應該傳給後世子孫？

在那個手抄複製書籍的年代，一本古老書籍的傳承需要付出極大的努力，因為材質會損壞，每隔一段時間必須重新謄寫。後來抄寫的版本也必須編輯校正，避免內容因時代變遷而變得模糊難懂。大圖書館的智者，生命亦有限，自是無法保證能校閱目錄上的所有書籍。必須有所選擇。他們列出的清單，和我們的大部分清單一樣，是一份工作計畫，不過，他們另外還開創了一項沿用至今的查詢系統。艾可在《無限的清單》（*La Vertigine della Lista*）一書中表述，各種清單其實是文化的起源，那是藝術史和文學史的一部分。他另補充，我們在百科全書和字典所見即是清單模式的呈現。所有條列式的內容：索引、參考書目、指數、表格、目錄、字典，都讓無限更容易理解。

對於那些被列入清單的作者，古希臘人有個特定的字彙：enkrithéntes，意即「克服篩子者、過篩者」。這個被挑選的字彙，源於鄉間對於篩子的譬喻，當時的百姓以此分離和篩選麥秸和穎果。雖不及現代氾濫，但古代同樣也充斥著死前必讀的各種enkrithéntes作者的作品清單。我們所知的幾本古希臘王朝時期的指南書籍，書名聽起來和當代作品有同樣的時代感：《認識書籍》（*Conocer los Libros*），作者帕加馬的德勒弗（Telefo de Pérgamo）；《關於書籍的選擇和取得》（*Sobre la Elección y Adquisición de Libros*）；艾利尼歐．斐龍（Herenio Filón，又名比布魯斯的斐龍）的著作，或是比提尼亞的達摩非洛（Damófilo de Bitinia）撰寫的《藏書家》（*El Bibliófilo*）。這些指引讀者選書的專業論著列舉了必讀的書單。有些古代清單甚至流傳到現在，雖然同一份清單自有前後差異，選擇必然會不斷隨時更新，但始終維持著共同背景。追溯這些清單並相互比較之後，我認為全部都可以溯及亞歷山卓的智者群和卡利馬科斯的目錄。此外，我認為那些挑選計畫的初衷，不外是集中力量避免部分精采傑作，那些備受喜愛的經典，在遺忘中銷聲匿跡。

選擇，也算是某種方式的保護。至今我們依然列舉景點和文物清單，公布人類文化遺產名單，即試圖保護它們不至於陷入破壞的狂潮中。

亞歷山卓是個出發點。在那裡，君主的金錢和智者的努力，支撐著一項攸關保存和維護的重大任務。或許是第一次，古希臘人真正了解到書中脆弱的文字，將是他們留給孩子和子子孫孫的遺產，後世需要用這些文化遺產解釋生命；那是如此短促，就像一陣清風拂過，彷彿我們思緒中的樂音振動，它們必須完善保存，為了後代子孫；古代的歷史、傳說、故事和詩歌，不但見證了古人的願景，也是理解一個拒絕死亡的世界最好的方式。

我想，亞歷山卓圖書館的智者們偉大的獨創性，非關對歷史的熱愛。這些有遠見的智者其實已體認到《安蒂岡妮》《伊底帕斯王》和《美狄亞》這些飽受遺忘威脅的染料和莎草紙裡的人物，應該在未來的世紀繼續旅行；它們不該從數百萬尚未出生的手中被剝奪而成為私人所有；它們啟發了我們的叛逆勇氣，並提醒我們，痛苦之事可以是最真切的事實；它們也披露了我們最陰暗的一面；每當我們自詡是天之驕子時，它們會狠狠甩我們一巴掌；對我們來說，它們依舊至關重要。

這是第一次，未來世代的權益，即「我們」的權益受人正視。

61

我正在寫作的此刻，十二月，一如往常又在各種清單的疲勞轟炸中結束，從年度最暢銷榜單到最佳衣著人士。過去十二個月濃縮在所有報章媒體刊出的清單擂台上，並大量傾倒在網路上。現實生活變成了一場重大比賽，而我們急切地想知道誰是贏家。

這一次，網路總算不必背負罪名。古希臘人以他們留名青史的清單成為分類先鋒：希臘七賢和七大奇蹟。他們和吾輩一樣被美食征服，早在米其林指南之前就有他們自己的美食評鑑。在西元二世紀一篇名為〈餐桌上的健談者〉（Deipnosofista）的雜文中，我們找到了「古希臘七大名廚」名單。文中，一位專業廚師將七位優異廚師的姓名及其專長傳授給學徒：羅德島的阿吉師（Agis de Rodas），拿手名菜是完美烤魚；希俄斯島的聶雷歐（Nereo de Quíos），燒出的絕妙鰻魚料理，只應天上有；朗普利亞斯（Lamprias）與他的黑色湯底；雅典的卡利亞德斯（Caríades de Atenas），雞蛋佐白醬的料理大師；阿福托尼多（Aftoneto），香腸的創造者；歐迪諾（Eutino），小扁豆料理的傑出大廚；阿里斯東（Aristón），許多燉菜的發明者；此外，還有清蒸料理，就是我們今天所謂的主廚創意料理。他還做了這樣的總結：「他們已經成了我們的第二群希臘七賢。」嘲諷意味非常符合現代感：就在這篇雜文中，一位傑出的料理藝術家以充滿譏諷的語氣宣稱：「在廚房裡，所有調味料當中，最重要的那一樣是吹噓。」

作家理所當然也是餵養清單的餌，包括在亞歷山卓圖書館建立之前。早在西元前四世紀，希臘悲劇界的重量級人物已是膺選：艾斯奇勒斯、蘇福克里斯和尤里比底斯。尤里比底斯去世半個世紀之後，他的經典劇作重新上演，從此成為劇場節目單上的主力。他們吸引的觀眾遠超過仍在世的後輩。雅典政府決定建立國家檔案館，作為公共資產，以此保護艾斯奇勒斯、蘇福克里斯和尤里比底斯的悲劇作品，而且僅屬於他們三人。

希臘悲劇從此以後，永遠由三人組領軍。大圖書館一定還列舉了其他著名的清單——九大抒情詩人、十大演說家。從那個遠古時代起，列舉清單偏好的都是帶有神奇光環的特定數字（三、七、九、十）。

無庸置疑，列舉清單的樂趣是存在的。我知道；因為我經歷過。我父親在生命中的最後幾個月，以他僅剩的一點氣力，經常連續幾個鐘頭流連運動網站。他要找尋美好年代的足球隊照片，當然是他的美好年代啦！那是一九五〇年代末期和六〇年代初。對我父親而言，過去的每個足球隊都比現在的好。能夠讓他稍感亢奮激動的事，莫過於找到年少時期的陳年足球賽事名次表。他先高聲朗誦，對著電腦螢幕唸出來，同時細讀表格上的每個字。接著，記在他保存多年的細格活頁筆記本上。他很驕傲地向我展示那份清單，那些已經消失的足球隊，他寫下一排排的球員名單，漂亮的字跡已因病魔摧殘而略顯扭曲。那些凱旋歌曲的每一節旋律，他曾經牢記又忘卻的十一個球員姓氏，具備了讓他重返童年的威力。清單，也是每個人自傳裡非常私密的一部分。

專家說過，書寫因為計算而誕生。換言之，列表計算山羊、劍和酒罐的數量。或許正因為如此，文學持續開創清點的方式。《伊利亞德》第二首史詩列舉了一長串對抗特洛伊的希臘戰艦目錄。如果少了十誡和數不盡的譜系，《聖經》一定截然不同。西元十世紀的日本女作家清少納言在其著作《枕草子》列了三〇五項清單。她記下了所有可以依序列成目錄的事物，並且寫成文字。每一項清單皆以暗示性的標題開頭，例如：「情人來訪」「令人感動的表情」「陰雨連綿時節」「畫不如實物者」「畫勝實物者」「遙遠的事情」「春曙為最」「輝煌之物」「後宮苑內林木」……。

《尤利西斯》的倒數第二章裡，喬伊斯鉅細靡遺地列出一份冗長的清單，都是在主角利奧波德．布盧姆的廚房抽屜裡找到的用具。我個人偏好的是伊塔羅．卡爾維諾為下一輪太平盛世提出的六項建議。我也喜歡關於波赫士的清單，尤其是他那些才華傲世的詩作。我還喜歡坐在聖敘爾比斯廣場咖啡館內的佩雷克，試圖將巴黎的這個角落掏光耗盡。

一九七五年，藝術家喬．布蘭亞德（Joe Brainard）出版了個人回憶錄《我記得》（*I Remember*），他在書中以一百五十頁的篇幅列出了回憶中讓他感動的一長串清單。「我記得，我曾以為老東西皆無價值可言。」「我記得，每年夏天都讀了十二本書，為的是拿到市立圖書館的證書。我根本不把閱讀放在眼裡，但我就想得到證書。我記得，我選的書都是字體很大，插圖很多。」「我記得，我列了一份去過的地名清單。」「我記得，我幻想自己有一天能讀完整部百科全書，並且無所不知。」

在此，我不能省略波蘭女詩人辛波絲卡的《對統計數據的貢獻》（*Contribución a la*

Estadística）：「每一百人，了解一切狀況者：五十二；／步步皆感不安的人：幾乎剩餘皆是；／那些立即援助的人，總是未遲疑太久：多達四十九；／那些永遠的好人，因為他們無法成為另一種人：四個，或許五個；／那些能夠幸福的人，最多，二十多人；／那些對個人無害，卻能集體撒野的人：超過一半，一定是；／被環境所逼而凶殘者，最好不要知道，即使是大約的數字（……）；／凡人：百分之百。／這些數字至今從未改變。」

我們在列清單中度過一生，然後閱讀它、記住它、撕毀它、丟進垃圾桶、塗掉它，卻愛著它。最好的清單莫過於抱著慎重的態度列舉出來，並賦予它意義。還有那些呈現世界的精緻和特性的清單，避免我們失去了珍視人類寶藏的觀點。雖然，每年年底的清單大轟炸出現時，周遭充斥的清單，大多讓我們很想把它列入黑名單。

---

❶目錄詠嘆調，即詠嘆調歌劇中朗誦資訊的清單，例如人名、地名、舞步等，常見於義大利喜歌劇。

❷豪爾赫．波赫士（Jorge de Burgos），皇冠二〇一四年發行的中文版《玫瑰的名字》將其翻譯為約爾格修士。

故事的編織者

心智就是一台偉大的織布機。時至今日，文學術語依然把這個形象當成壁毯似的沿用下去。文章於我們是何物？其實是言語纖維相互繫結的整體呈現。

62

古希臘文學界僅僅出現一位女性：莎芙。古希臘漠視女性寫作者的顯著失衡現象，讓人忍不住要追根究柢一番。只是事實不盡然如此。誠然，對她們來說，接受教育和閱讀確實不易，但許多女性卻也克服了障礙。其中有些女性，遺留了詩作的斷字殘篇，而大部分並沒有留下作者姓名。這是我大致整理出來被抹滅的女作家名單：科里娜、泰勒希拉、米媞思（Mirtis）、普拉希拉（Praxila）、歐美媞司（Eumetis），又名克萊俄布里娜（Cleobulina）、碧歐（Beo）、依里娜（Erina）、諾希黛（Nóside）、梅蘿（Mero）、安妮黛（Ánite）、莫絲吉娜（Mosquina）、賀迪拉（Hédila）、菲麗娜（Filina）、梅立諾（Melino）、賽希莉亞（Cecilia）、德雷布拉（Trebula）、妲茉（Damo）、尤莉亞·巴碧拉（Julia Balbila）、黛歐塞碧亞（Teosebia）。

她們其中任何一位的詩歌，我們終將無緣拜讀，但我對她們的作品頗感好奇，因為，對我而言，希臘文始於女性的聲音——我的中學老師的聲音。我依然記得，起初，我對她的課並不是特別感興趣。我們總要花上好長一段時間去認同改變我們一生的人。當時我可是很有主見的青少年，我的欽佩必得高價售出。我期待的是能力過人、自信滿滿的那種老師，就是常在電影裡看到的那種，挾著趾高氣昂的態勢走進教室，一屁股靠坐在講桌邊緣，然後開始滔滔不絕，見解睿智，風采出眾，妙語如珠。從外表來看，碧拉・依蘭索完全不符合這樣的想像。她的個頭非常高，身形清瘦，雙肩微微下垂，彷彿在為自己過人的身高道歉。她總是穿著傳統的希臘白袍。當她說話時，近似鋼琴家的修長雙手焦躁地在空中搖來晃去。課堂上，她偶爾邊說邊晃著身子，彷彿腦子的字句很快就會作鳥獸散。她總是神情專注地傾聽，提出的問題比解釋更多，彷彿在問號的庇護下感到特別自在。

沒多久，怪咖碧拉打破了我築起的懷疑論高牆。受教於她的那兩年，我的回憶裡充滿了發現和穿越時空帶來的樂趣，以及學習產生的驚人愉悅。我們這組學生人數極少，經常圍坐在圓桌旁上課，彷彿一小群密謀犯罪的共犯。我們的學習靠的是感染力，還有熱情。碧拉從來不會高高在上，也不是只丟出一些冰冷的日期和數字，或是抽象的理論及古老的概念。她的教學是透明的：不耍花招、從不炫耀、不擺架子，她對希臘的熱情挖掘出我們的興趣。她把自己鍾愛的書籍借給我們，向我們敘述她年輕時的電影，她的旅遊經驗，還有那些耳熟能詳的神話。當她說起《安蒂岡妮》時，她自己就化身為安蒂岡妮；當她描述《美狄亞》時，我們都覺得自己從未聽過比這個更可怕的故事。當她翻譯古希臘經典作品時，總讓我們覺得這些作品為我們而寫。我們忘記了可能無法理解這些作品的恐懼。它們不再只是沉重如石板的印刷文字。感謝碧拉，我們其中有幾位的內心世界併吞了另一個國度。

多年後，當我也必須站在講台上授課時，我才了解，你必須熱愛學生，才能在他們面前赤裸裸地展現你內心所愛；你才能勇於冒險，把你真正的熱情、真正的想法和那些觸動你內心的詩句傳達給那群青少年，即使你知道他們可能會取笑你，或冷漠以對，或一副嗤之以鼻的表情。

在大學就讀期間，我經常趁著碧拉在希臘研討會研習時拜訪她。她從教職退休後，我們繼續相約在她家附近的咖啡館碰面。我必須感謝她寓教於樂的教學方式，以及她對我們所有學生的信任。她一直相信，我們值得獲取知識。她和我們分享了那套傾聽歷史發聲的私密、神祕方式。

當我們碰面時，總要聊上好幾個鐘頭，從當今時事聊到讓我們緊密相連的古希臘。但是，我們也遭遇了矛盾之處：我們都明白，生活在那個讓我們如此迷戀的時代，恐怕是非常恐怖的事情，那時候的女性始終遠離權力，她們沒有自由，未曾脫離幼稚心態。碧拉貢獻多年心力傳達古希臘豐富遺產，但她清楚得很，若生在那個年代，她將被迫永遠隱身在暗處。我想念那些消失的女作家的文字，以及她們在靜默中創建的詩作。

63

文學史以出乎意料的方式開啟了源頭。世界上第一位為自己的文本署名的作者，是一位女性。

荷馬出世之前一千五百年，安海度亞娜，詩人暨女祭司，寫下了一組讚美歌，回音依然縈繞在現今的聖經《詩篇》。她對寫詩引以為傲。她是將美索不達米亞中部和南部合併為大帝國的阿卡德王薩爾貢大帝之女、後來的帝王納拉姆辛的姑母。她的詩篇流散千年，直到二十世紀才重見天日，當學者成功解讀其詩作時，特別封她為「蘇美文學界的莎士比亞」，深為其出色的文采和繁複的鋪陳而折服。「我所做的一切，前所未見。」安海度亞娜如是寫道。她也是最早提及天文學的人。擁有權勢，作風大膽，敢於參與當時的激烈政爭，並因此承受了被流放他鄉的懲罰，只能忍受思鄉之苦。然而，她從未放棄為伊南娜寫作讚歌，這是她的保護神，也是愛與戰爭的女神。在她最私密也最為稱頌的讚美歌中，她披露了自己神祕的創作過程：月亮女神在午夜時分造訪她的住處，並幫助她「孕育」新的詩篇，在氣息間「分娩」了詩句。這是一個奧妙、情色、夜間進行的過程。據悉，安海度亞娜是第一位描述詩句神祕誕生過程的人。

這個充滿希望的起始並無延續。如前文所述，《奧德塞》呈顯了青少年鐵拉馬庫斯斥喝其母閉嘴，因為她的發言不該被公眾聽見。英國古典學家瑪莉．畢爾德以相當細膩的幽默感分析了荷馬詩歌裡的這段篇章——「發言是男人的事情。」鐵拉馬庫斯這樣說道。他指的是展現威權的公開發言，並不包含私下閒聊或說長道短，這樣的聚會閒談，任何人（包括女性；尤其是女性）都可以參與。

潘妮洛碧被迫緘默，開啟了整個古希臘羅馬時期不斷重複的一大串冗長命令詞彙。例如，哲學家德謨克利特，一個民主和自由的捍衛者，在許多思想層面具有相當的顛覆性，卻依舊傳統地建議「女性不宜發言，因為可怕駭人」。由於在大庭廣眾下必須保持沉默，寫作大概因此成了女性的最佳飾品。當時的文化已將這個信念深植在心中：公眾發言僅屬於男性。政治領域、演說及絕大部分的文學，都在男性的掌控之中。我們不該忘了，雅典民主是在女性被排除在外的情況下奠定的基石，被排除的還包括外國人和奴隸，也就是說，是在大部分人口被排拒下產生的。正如八〇年代的英國影集《部長大人》主角所言，「我們有權選擇最好的男人擔任這項職務，性別不在討論之列。」

確實，這樣的排除動作未必在整個希臘王國都一樣嚴重。但在此出現了另一個矛盾之處：雅典夙為政治實驗和知識創新之都，卻也可能是打壓女性最嚴重的希臘城邦。這個讓我們景仰推崇的地方，女性（如果生在富豪之家）幾乎一生沒踩過街道；她們被關在家裡，天天在閨房四壁間做著女紅編織，遠離公共空間，不聞廣場喧囂。不消說，貧苦人家當然沒有足夠的金錢和必要資源去負擔這樣的「在家隔離」；不過，從另一方面來看，當時的狹隘社交、貧窮生活、習俗的種種規範限制，並不容許有太多自由空間。

如同大部分的雅典娛樂活動，劇場也是男性俱樂部。從作者、演員到歌隊成員，清一色是男人；真的很難想像一個大鬍子雅典男人飾演安蒂岡妮或厄勒克特拉的景象。在古希臘時代，雅典城邦領導希臘，女性創作者的缺席更顯醒目。

安納托利亞海岸和愛琴海域島嶼（勒斯博島、希俄斯島、薩摩斯島……），那個與亞洲接鄰的希臘移民國度，卻存在著另一個比較開明的世界。在那裡，禁忌規定不是那麼嚴格，監禁也不至於令人難以喘息。出身富裕或貴族家庭的女孩接受教育，有些女性甚至能公開發言——有些研究者試圖在這個區域挖掘消失的母權制最後的一絲餘燼。根據柏拉圖的說法，在克里特島，「人們稱祖國為『母國』」。在著名的薩拉米斯海戰中，帶領船隊在前線作戰的唯一女性指揮官以領導作戰聞名。她是阿爾特米西亞，出身小亞細亞的卡里亞王國首府哈利卡那索斯城，也是該城女王。她身為希臘人，卻與波斯侵略者結盟。據說，雅典當局提供一萬枚銀幣懸賞她的頭顱，「因為他們不能接受一個女人居然向雅典宣戰。」

在附近的另一座島嶼，羅德島，一個非比尋常的例子讓人眼睛一亮：一個年輕女孩，並未從事賣淫，卻參與男性的餐宴聚會。她的名字是歐美媞司，意思是「來自美好的智慧」，但所有認識她的人都叫她克萊俄布里娜，因為她是希臘七賢之一的克萊俄布盧（Cleóbulo）的女兒。她和安海度亞娜一樣，也是國王之女。克萊俄布里娜具有政治才能，很懂得善用她的影響力。據說，她讓父親變成了一位勤政愛民、備受愛戴的君主。從小，不管是玩耍或編織髮帶或髮網時，她總是喜歡自創謎語。她以六步格寫了一本謎語書，許多個世紀之後仍為人稱道。在一則古代文本中，她出現在一場座談會上，自由自在地與男人交際談話。她和大家有說有笑，有時介入談話，偶爾調皮地撥弄希臘七賢其中一位的頭髮。在那個要求女人保持沉默的年代，聰慧機智的克萊俄布里娜，自然就成了被醜化取笑的對象。據悉，一位雅典喜劇作家在其劇作《那些克萊俄布里娜們》，特以複數呈現，將她化身為滑稽角色。可以想見，這部現已佚失的喜劇，一定塑造了許多類似莫里哀劇作《可笑的才女》的角色：行徑荒唐的年輕女孩，滿腦子文字遊戲，雖然眾人皆認為她聰明過人，事實上，卻是令人難以忍受的掉書袋。寫作的女性必須面對嘲諷訕笑的威脅，以及遭人扭曲的形象。或許正因為如此，她們喜歡的是秘密、以聯想取代明說、謎語、問題。如同古希臘學者卡洛斯．賈西亞．古雅爾（Carlos García Gual）所述，「藉由謎語表達自我，在古希臘社會，實屬女性特有，她們也是文字的編織者。」

64

莎芙，根據她對自己的描述，是個身材矮小、皮膚黝黑，而且其貌不揚的女子。她出身一個家道中落的貴族家庭。她和克萊俄布里娜不一樣，並非君主的女兒。她的哥哥將家產揮霍殆盡，抑或把她該繼承的那份財產花掉了。她被許配給一個不認識的人，這在當時乃稀鬆平常之事，後來生了一個女兒。而這一切正將她推往默默無名的人生道路。

古希臘女性不寫史詩，想當然耳。她們沒有使用武器的經驗，因為打鬥是男性貴族專屬的危險運動。此外，她們也無法像吟遊詩人那樣行動自由，可以遊走各個城市吟唱詩歌。她們不被允許參加宴會，也不能參與運動競賽或政治活動。那，她們還能做什麼呢？寄情回憶。就像格林童話故事裡那些保母和老祖母，她們將遠古傳奇一代接著一代傳下去。她們也為女性歌隊創作詩歌：婚歌、諸神讚美詩、舞曲等。她們在詩中以自己的聲音敘述自己的生活，並以里拉琴（希臘文：lira）伴奏，「抒情詩」（poesía lírica）這個名詞正源於此。那是個被迫形成的狹隘且侷限的世界。即使如此，有些女性，以近乎神奇的方式，從她那個小小的角落拋出創意的目光，並穿透了禁錮她的重重高牆。莎芙做到了。另外一些對抗體制的女性也做到了，如美國現代派詩人艾蜜莉．狄金生或紐西蘭作家珍奈．法蘭姆。

莎芙曾這樣寫道：「有人說，在黑色大地上，最美莫過於一列騎兵中隊，或一群步兵，或一批船隊。但我要說，世間最美莫過於被愛的人。」這段簡短的文字隱藏著心態的重大變革。這段文字寫於西元前六世紀，打破了當時的傳統規範。在一個極度威權的世界，這首詩之所以令人驚訝，因為它傳達了幾種不同的觀點，包括隱約讚揚不被允許的自由。此外，她們也勇於質問多數人稱頌的事物：遊行、軍隊、軍事部署，以及對權力的推崇。莎芙一定也和香頌詩人喬治・巴頌一樣唱出了自己的惡劣名聲：「國家歡度慶典／我依舊躺在床上。／軍歌高唱／從來無法叫我起床。」與其看著無聊的戰士展現肌肉，她寧可感受情欲的遐想和挑逗。「人之所愛，世間最美。」這句詩出其不意的點明了：美，首次出現在愛人眼裡；我們喜歡一個人不是因為我們覺得對方很迷人，而是我們之所以覺得對方很迷人，乃因為那是我們喜歡的人。根據莎芙的看法，愛一個人就是一種創意行為，如同創作詩歌。由於她在音樂方面的天分，身材矮小、長相又醜的莎芙，以她的熱情妝點了周遭狹小的世界，並美化了它。

在某個時刻，莎芙的生命出現了大轉彎。她結束了婚姻，並將日常生活投入另一項我們並不清楚的新活動。藉由重新拼湊出土的莎芙詩歌殘篇，並透過與她相關的各種訊息，我們得以再次建構她在世時不符傳統的生活氛圍。我們知道她帶領了一群年輕女孩，都是名門世家的女兒。我們也知道，她陸續愛上其中幾位：阿媞思（Atis）、笛嘉（Dica）、伊蓮娜（Irana）、安娜多莉亞（Anactoria），她們一起創作詩歌，一起向女神阿芙蘿黛蒂獻祭，一起編織花環，一起感受情欲，相互愛撫，一同歌舞，遠離男人。有時候，某位青少女決定離開了，或許去嫁人了，這樣的分離總讓大家悲傷不已。最後，據說在勒斯博島上另有其他類似團體，負責的女子都是莎芙眼中的死對頭。當某些女孩離開她改投靠敵營時，她會因遭受背叛而痛徹心扉。

人們認為；不過這只是推測，她們是女性「西亞索斯」（thíasoi），一種宗教性的團體，青少女們在一位非凡出眾的女子領導下，學習詩歌、音樂和舞蹈，她們頌揚諸神，或許也在即將踏入婚姻前探索情欲。總之，莎芙對女弟子的情愛並非備受譴責，反之，那是被認同，甚至被期許的感情。希臘人認為愛情是最主要的教育動力。他們蔑視那些為錢教學、成天追著學生討學費的老師。他們堅守亞里斯多德式的信念，認定為錢工作無異是自貶身價。他們更願意自己是為了發掘學生的特殊天分，而樂於貢獻智慧收納弟子的老師，不收學費，愛慕對方，吸引他們，恰好就是蘇格拉底的作法。在古希臘，這一類教學上的同性戀情，甚至比異性關係更受肯定和讚揚。

莎芙最著名的詩作，寫的是一位不再回歸團體的年輕女友婚禮上的情形。對莎芙而言，這是一場告別宴會：「在我看來這個男子就是神／他端坐在妳面前／像個俘虜似的傾聽著妳／當妳對他蜜語柔情。妳的盈盈笑語／讓我胸口的心海翻騰著：／我若望著妳，聲音卻不聽使喚；／我的舌已斷裂／而肌膚之下，星星之火正在延燒，／我已看不見，聽不清，／汗珠浮出，全身顫抖；／我臉色蒼白，更甚枯草。我覺得自己將不久人世。」

這些情欲飽滿的詩句曾讓許多讀者臉紅心跳。世紀持續交替，莎芙不斷遭受誤解、醜化和惡意的批評有如山崩暴洪，甚至連私生活亦遭詆毀。哲學家塞內卡曾寫過一篇散文，題為〈莎芙是否為妓女？〉。另一個極端例子：十九世紀一位裝腔作勢的語文學家寫道，她為了維護異教的情欲淫穢世界，因而「創建了一所閨女寄宿學校」。西元一〇七三年，教宗聖額我略七世下令燒燬莎芙的所有詩作，因為內容傷風敗俗危害社會。

一份幾乎不到一行字的殘篇中，偶然被發現而傳承至今，上面寫著：「我深信，一定有人會記得我們。」雖然可能性近乎零，但在將近三十個世紀之後，我們仍聆聽著那個嬌小女子溫柔的細語。

65

我試著想像雅典有一群叛逆的娘子軍，卻沒有任何希臘作者或歷史書籍提起過她們。為了追溯臆想中這個已被遺忘的行動，我不厭其煩地查證文本，並仔細閱讀相關內容。雖然我們永遠無法確知這項行動是否存在過，但我對這個假設始終興趣濃厚。以下的敘述雖只是假設，但我仍為之著迷。

第一批挺身造反的是「交際花」，換言之，就是高級妓女，也是古希臘雅典唯一真正自由的女性。她們在某些方面類似日本藝妓，社會地位頗受爭議，大多是因為她們享有優勢卻聲名狼藉：這些女子居無定所，卻能維持獨立生活。大部分交際花是出身小亞細亞的希臘人，因此並不具備公民權。她們在家鄉都接受過音樂和文學教育，正好是雅典人拒絕讓女兒學習的事物。她們必須和男人一樣繳交所得稅，並且管理自己的資產，就像男人那樣。她們能透過情人打入政治圈和文化圈。她們從不像雅典妻子那樣忍氣吞聲，不過，她們也自知地位不如人（因為是外國人和妓女）。

這群外來女子，屬少數族群，受寵又迷人，卻是社會弱勢，但她們比關在閨房裡的雅典女子更有能力起身抗議。超過十年期間，由於驚世駭俗的不倫戀撼動了權力高層，她們才得以公開發聲。

對於西元前五世紀的雅典人而言，功能的分配有其不容置疑的規範。當時一位演說家曾直言不諱地這樣形容：「我們擁有交際花是為了行樂，養妾是為了每天有人照顧我們的身體，妻子則替我們帶來合法子嗣，並且忠實地守護著我們的家。」當雅典最有權力的男人膽敢破壞這樣的競爭規則時，全城群起憤慨。

伯里克里斯曾和一名「門當戶對」的女子結婚，那是他兩個孩子的母親。然而，兩人的共同生活窒礙難行，他因此掙脫了婚姻桎梏，改與阿斯帕西亞同居，一位出身小亞細亞的交際花。近五個世紀之後，歷史學家普魯塔克曾寫過一連串文章，嚴詞指責這位挑戰世俗價值的雅典第一夫人，辱罵她寡廉鮮恥，說她是頂著一張狗臉的妾，出身妓院的煙花女等等。

在大部分的人類歷史當中，婚姻主要是財富籌碼，也是利益共享的結合體。對於雅典政客而言，包括在民主政治當中，婚姻鞏固了兩大家族的結合，進而維持政府的正常運作。而婚姻關係的解除也多因商業或政策考量，因為有另一個更有權勢的家族更值得聯姻。然而，伯里克里斯移情阿斯帕西亞，一個無名門背景、聲名狼藉的外國女子，就為了一個再荒謬不過的理由：愛情。伯里克里斯曾試著說明：「從廣場返家，每天擁抱她，並溫柔地親吻她……」對此百姓們只是目瞪口呆地望著他。如同伯里克里斯所述，我們可以想見，配偶之間的情愛展現，在雅典時代是觸犯道德的醜聞。我們可以想像雅典百姓竊竊私語並恥笑君主墮落的景象。愛上這樣的女人已經夠愚蠢，還公然示愛簡直是淫穢不堪。當時，許多人慨歎世風日下，並懷念起更安定健全的過去。在那個西元前五世紀的雅典，我們眼中的黃金時代，對當時的人來說，卻是個妓妾姘居、異族混血和世俗放蕩的黑暗時期。

當時的流言蜚語未提及的是，阿斯帕西亞的智慧對伯里克里斯的仕途提供了極大的幫助。我們對她所知甚微，因為她的形象僅以未知和誹謗包裹著，不過，有些文本讓我們得知，她是如假包換的影子演說家。蘇格拉底曾帶著一群門生拜訪她，並耽溺於她不俗的談吐；他甚至稱她為「導師」。根據柏拉圖的說法，她為丈夫撰寫演講稿；其中包括激動捍衛民主的那場葬禮演說。直至今日，歐巴馬的總統演說文膽，以及過去的甘迺迪總統的文膽，或許都從阿斯帕西亞的文字中攫取了靈感。然而，她從未出現在文學史上。她的文字皆已散失，或轉由他人使用。

大約十五至二十年間，直到伯里克里斯在西元前四二九年辭世為止，阿斯帕西亞在政治權力圈內展現了極大的影響力。她究竟如何利用這出乎意料的領導地位，至今仍是個謎。不過，這段時期發生了前所未見的現象：許多悲劇、喜劇和哲學家的文本開始探討，抑或嘲諷，女性解放這個浮誇的想法，在此之前，沒有任何希臘人提過這個議題。

在那個光華耀眼的年代，女性在《安蒂岡妮》的場景中發聲，那女孩敢於單獨挑戰假人道主義之名而濫用不法的暴君；還有呂西斯特拉忒❶，在烽火熾熱的戰爭期間，竟然異想天開與敵軍軍隊的妻子結盟，她們共同策畫了性罷工，直到雙方簽署和平協議；普拉薩葛拉❷帶領一群雅典娘子軍，取代了會議中的男性，以她們的女性選票建立了共有、平等的政權；另外還有叛逆的異國女子美狄亞。

沒有人比尤里比底斯的《美狄亞》展現得更極致。我可以想像西元前四三一年，坐滿男性觀眾的劇場，早上的第一場演出。觀眾的雙眼緊盯著舞台，深陷恐懼的磁吸效應中，他們看著一個憤怒的復仇女子激發出極度驚恐。眼前所見無以言喻：一個母親親手殺死稚子，就為了以此傷害遺棄她，並將她放逐他鄉的丈夫。觀眾聽到的是全新的語言。美狄亞高聲談論，破天荒第一遭，她談到了關於隱藏雅典家庭裡的憤怒和焦慮。「我們女人最是可悲。我們一開始必須買回一個揮霍錢財的丈夫，還讓他們主宰我們的身體，這是所有壞事之中最糟糕的一件事。對女人來說，和丈夫分手是可恥的醜聞，對男人來說卻非如此。當他們對家裡厭倦了，隨時都能出去找樂子。然而，如果我們也有同樣的厭倦感，他們卻不准我們出門，理由是我們必須照顧孩子。他們口口聲聲說，女人待在家裡可以免於各種危險，可憐的男人啊！還得上戰場打仗呢！」美狄亞反抗她遭遇的禁錮和母職，最後宣稱，她寧可上戰場打仗三次，遠勝過一次分娩。

在美狄亞的感召之下，歌隊的女性也紛紛揚棄自己卑微可悲的行為。其中一位勇敢說道，女性不該被排除在哲學、政治、推理和辯論之外：「我們也擁有伴隨我們尋找智慧的繆思。」在希臘悲劇當中，歌隊傳達的是社區之聲。因此，在那裡發言的不會是叛逆的外國女子，而是循規蹈矩又安分的雅典女性。為了強化效果，舞台上為美狄亞的大膽無畏和女性歌隊發聲的反串男子，個個戴上了長長的假髮，腳上穿的是大尺碼的厚底涼鞋。這是不可思議的歷史悖論，在古希臘已經發明了「變裝皇后」，卻不准任何一位女子成為女演員。

我想像著新觀點瀰漫雅典城上空，某種形式的社會運動正撼動著雅典廣場上的辯論。劇場向來是群體討論的舞台。特別是在古希臘，喜劇和悲劇展現的是當前最迫切的衝突。他們在廣場上、街道上和會議中尋找靈感，為的是將當下的政治不安搬上舞台。可以確定的是，安蒂岡妮、呂西斯特拉忒、普拉薩葛拉和美狄亞都是真實的呈現，她們各以某種方式出現在當時雅典的尋常生活中。

我深信，這股改變的潮流，一定有阿斯帕西亞的智慧加持，她的才智，甚至孕育了柏拉圖的思想，雖然他並非平等的倡導者。事實上，這位哲學家在其中一本著作提及，作為懲罰，不公正的男人會投胎生為女人，世上因此有了女性的存在。很難想像同一個人，一方面認定生為女人是一種懲罰和贖罪，另一方面卻能在《理想國》中寫出精采出色的文字：「沒有任何一個由女性擔任的政府職務是因為她是女性，若由男性出任也不是因為他是男性，兩性擁有同等資質，而女性參與所有職務，乃天賦使然，就跟男人一樣。」

在遠古的相關資訊當中，阿斯帕西亞是最大的謎團和最重要的缺失之一。她的作為、思考和箴言夾帶在他人的作品中而來到我們的世界。據說，她致力於寫作和教學；我相信，除此之外，以她的雄辯口才，一定也激勵了前所未有的解放運動。我不禁要想像，因為她，雅典和其他城市的女性才有勇氣跨入重要哲學學院的大門。在柏拉圖學院裡，至少有過兩位女性門生：曼提尼亞的拉絲特尼亞（Lastenia de Mantinea）和菲柳斯的阿西歐西亞（Axiotea de Fliunte）。據說，後者一直作男裝打扮。一位名叫萊翁希亞（Leoncia）的交際花曾是「花園學派」哲學家，且是伊比鳩魯的情婦。她寫了一本關於諸神的著作，如今已完全散失，書中，她試圖打破各派哲學大師的理論。許多個世紀之後，西塞羅以尖刻語氣否定了她的哲學素養：「連一個像萊翁希亞這樣的妓女都有膽子寫文章反駁泰奧弗拉斯托斯[3]？」

所有女性哲學家當中，最著名也最驚世駭俗的莫過於希帕嘉，出身犬儒學派。據悉，她是古代哲人傳記《哲人言行錄》唯一收錄的女性哲學家。她並未留下任何著作，但以公然打破各種世俗成規而聞名。她放棄家產，和伴侶克拉特斯日日衣衫襤褸，過著餐風露宿的生活。由於兩人皆認為性愛需求自是美好，無須以此為恥，因此雙雙在大庭廣眾之下性交，毫不畏懼他人的異樣眼光。某日，有個男人指著希帕嘉並責問她：「這就是那個荒廢了梭子的女人嗎？」她答道：「對，就是我！我把時間用作自我進修，而不是浪費在織布上，你覺得哪裡錯了嗎？」

總之，希帕嘉或許是帶著好玩的幽默感這樣想的：心智就是一台偉大的織布機。時至今日，文學術語依然把這個形象當成壁毯似的沿用下去。我們仍舊運用紡織隱喻情節交錯、平行進展、抽絲剝繭、編織故事。文章於我們是何物？其實是言語纖維相互繫結的整體呈現。

葡萄牙女詩人索菲亞・安德烈森（Sophia de Mello Breyner Andresen）曾這樣形容自己：「我屬於行走迷宮卻永遠不會遺失語言麻線的那種人。」

66

神話不斷被編織，也不斷被拆解，如同傳說裡敘述的潘妮洛碧就是這麼做的。苦等尤利西斯的二十年間，伊薩卡島的皇宮裡總是擠滿了追求者，他們亟欲宣告缺席多年的國王已經駕崩，並打算填補她的空閨。她向眾人承諾，當她為年邁的公公拉厄耳忒斯織好一塊裹屍布時，就會挑選新夫婿。此後三年期間，她白天織著裹屍布，然後偷偷在夜裡拆掉。她坐在織布機前，不斷地轉動梭子，編織著救贖的謊言，每日清晨總是從頭織起。

古代作者很快就發現，最令人著迷的路徑存在於故事的裂縫、盲點和刻意操弄。潘妮洛碧是否一直忠貞苦等尤利西斯？或者趁他不在而紅杏出牆了？海倫究竟有沒有去過特洛伊？忒修斯拋棄了阿里阿德涅，抑或強暴了她？奧菲斯如此深愛歐律狄刻，甚至可以為她犧牲生命？抑或，他是史上第一個戀童癖？這些都是錯綜複雜的希臘神話迷宮裡，同時存在的不同版本。如同《羅生門》，我們有必要在相互矛盾的故事版本中做選擇。那個歐洲原始文學遺留給我們的資產是，從衍生版本和不同文本，從一次又一次編織又拆解的敘述當中，多重觀點因而產生。

世紀不斷更迭，我們在古希臘模糊如萬花筒似的傳奇詩歌裡，依舊不斷地纏繞線團並拆掉它。在喬伊斯的《尤利西斯》裡，歌手摩莉．布盧姆，一個特立獨行又口不擇言版本的潘妮洛碧，以一個沒有標點的冗長句子闡述她的神話版本，那不是幾行而已，而是很多頁，超過九十頁，而且滿紙穢語。這部小說以沉思式私密獨白作為結尾，她則躺在床上，丈夫就在身旁。她回憶自己在直布羅陀的童年，她的愛情，她的母職，她的情欲、肉體，生命中的回音，那些不可告人之事。這部小說的最後一個字由她出聲。「對」就是那個字。這位潘妮洛碧終於可以抒發她堅定決絕的情欲：「……首先我雙手環抱著他對接著我拉著他撲到我身上好讓他可以聞到我的酥胸上的香水味對他的心跳瘋狂似的猛跳對我說我要對」。

加拿大女作家瑪格麗特．愛特伍亦曾遊歷《奧德塞》的荷馬式風光，在其作品中，女性怪物被重新賦予了幽默感。瑪格麗特藉由一名海妖發聲，一個嘲弄世間的人首鳥體美人鳥，根據神話敘述，她住在無名的多石島嶼上，島上到處堆滿了骷髏和屍體。在詩中，這位誘惑高手展現了她致命又甜美的話語，若有航海人膽敢接近她停駐的礁石，她發出的話語足以讓他們發生海難。她究竟有什麼威力強大的魔咒？「這是一首人人都想學的歌，這首歌能讓成群的男人跳下船，即使他們也看見了海灘上遍地白骨，沒有人聽過這首歌，因為聽過的人都死了……。我要跟你說個秘密，就跟你說，只跟你一個人說。你靠過來一點。這首歌是用來求救的。救救我啊！只有你，只有你能救我，因為你是世間唯一。唉！這首歌無聊得很，可是每次都奏效。」女妖語帶嘲諷地坦承，誘惑世間群雄，根本不需要成為具備致命吸引力的神話角色；只要輕柔的呼喚他們，請求他們幫忙，吹捧她們的虛榮心，就夠了。

美國女詩人露伊絲．葛綠珂則讓女巫喀耳刻、亦即美狄亞的姑母發表自己的看法。荷馬指控她利用神奇藥膏將尤利西斯的同袍變成了豬。在此，她以極盡嘲弄的語氣自述來由：「我從未把任何人變成豬。有些人本身就是豬；我只是讓他們看起來很相似而已。我已經受夠了你的世界，外在展現的是內心的樣貌。」當她的情人尤利西斯決定拋棄她時，這名女巫，獨自在沙灘上，對著大海訴說一切：「那個偉大的男人轉身離開了小島。如今，他已無法死在天堂……如今正是時候再次傾聽世事和汪洋的起伏騷動，重新傾聽日出。將我們帶往此地的緣由，恰恰也促使我們離去；我們的船隻在港口的墨黑海面上搖晃著。魔咒已經終結。大海啊，把他的生命還給他吧！如此才能繼續前進。」

這是源於古代的傳說，但在我們的織布機上以新的細線重新編織而成。雖然鐵拉馬庫斯竭盡所能掌控發言權，並強迫母親保持沉默，但遲早總會出現其他版本的神話，將以潘妮洛碧及其他女性觀點寫成。她們是故事的編織者。

---

❶古希臘喜劇作家阿里斯托芬發表於西元前四一一年的同名劇作《呂西斯特拉忒》（*Lysistrata*）女主人翁。

❷普拉薩葛拉（Praxagora）：出自阿里斯托芬發表於西元前三九二年的另一齣喜劇《公民大會婦女》（*Ecclesiazusae*）的女主人翁。

❸泰奧弗拉斯托斯（Teofrasto，約西元前三七一年～前二八七年），古希臘哲學家及科學家，曾受教於柏拉圖和亞里斯多德，並接替亞里斯多德成為「逍遙學派」領導人。

我的歷史由別人敘述

西方歷史是從其他民族、敵人和許多陌生人的角度解釋下誕生的。我們有必要熟悉遠方的、異國的文化，因為，唯有凝視它們，我們才能冷靜觀照自己的文化。

67

雅典的舞台上常會出現令人目瞪口呆的言詞。透過演員在那裡發聲的有絕望婦女、弒親女子、病人、瘋子、奴隸、尋短自殺者和外國人。觀眾的目光無法從那些特異角色移開。其實，「teatro」（劇場）這個字在希臘文裡是「觀看之處」的意思。希臘人世世代代聆聽故事，但像個間諜似地躲在柵欄門後觀看故事進展，那可是完全不同的經驗，一種強烈詭異的體驗。視聽語言從此大受歡迎，至今仍把我們迷得暈頭轉向。希臘悲劇，通常是三部成一套，開啟了讓觀眾上癮的盛況，如同今日的連續劇和歷史小說。那些劇作都是恐怖組成的故事，如同亞里斯多德所言，其中最優異的作品還包含了夜間旅行，觀眾得以窺伺視覺上的恐懼，以及禁忌、血腥場面、家庭犯罪、生死決鬥的焦慮、諸神的沉默。

當時那些讓人嚇得直打寒顫的作品：艾斯奇勒斯的七部悲劇、蘇福克里斯的七部悲劇，以及尤里比底斯的十八部悲劇，僅有極少數留存至今。據悉，他們三位加起來總共寫了數百部悲劇，其中大部分已消失無蹤。我們也知道，至少有三百部其他作者的作品也已散失。希臘悲劇的風景，如今只剩一片焦土。傳到我們手中的少數幾部作品中，卻包含了當時的雅典人最喜歡的劇作。他們最清楚哪些悲劇是上乘之作。大約西元前三三〇年，三位劇作家的銅像矗立在狄俄倪索斯劇場前方，就在雅典衛城山坡上。如同前文已述，雅典官方決定只保存他們三人的作品。破壞固然駭人，但常是刻意的選擇。

倖存的希臘悲劇展現的是暴力和精緻言語論述的詭異組合。優美的語言和沾血的武器可以在劇中共存。讓人覺得神祕不解的是，希臘悲劇的呈現總是極其精緻。通常，遠古神話敘述的是傳奇的過往，如特洛伊戰爭、伊底帕斯的命運，它們的回音依然縈繞在西元前五世紀的社會。不過，有個特殊的例外，有一部希臘悲劇是根據真實世界寫成的。它也是現存最古老的戲劇作品。那就是《波斯人》，艾斯奇勒斯在這部作品中為莎士比亞闢出新徑，且在不自知的情況下創造了歷史小說這個文類。

艾斯奇勒斯在世期間，波斯王朝數度遠征攻打長期處在烽火威脅下的小城邦群，當時皆屬希臘統治。雅典當局的反擊僅賴城邦軍隊，因此，艾斯奇勒斯亦曾多次遠赴沙場；其中的一場「馬拉松之役」，他痛失兄長，另外，他可能也參與了薩拉米斯海戰。在那個年代，戰爭是完全不一樣的。我試著去想像那種肉搏戰的情景，近距離決鬥，在一個子彈和炸彈尚未發明的年代。當戰士打算刺殺敵人時，首先會逼視對方的目光。接著將長矛或利劍用力刺入對方的身體，砍斷敵軍肢體，踩著屍體前進，一路聽著瀕死的嘶喊，揚長而去，留下屍橫遍野。據說，在墓誌銘上，艾斯奇勒斯僅提及參戰一事，卻隻字未提他偉大的文學成就。為了保衛小小的希臘而與強大的波斯侵略者對戰，比起文學成就，更讓他引以為榮。

我想，現今的文化衝突議題，在他聽來大概不覺得陌生。東西方之間的爭鬥有其悠遠的歷史。雅典當局長期處在暴政專制政權的威脅下，倘若敵人成功入侵了希臘，民主政治和生活方式恐怕會永遠變了樣。遠赴米底王國參戰，始終是那個時代最大的衝突，而當希臘才初嘗勝利滋味時，艾斯奇勒斯決定將戰爭場面寫入作品中。

他其實可以只寫一些充滿愛國情操的小品，但這位戰士詩人卻做了出乎預料的決定。最令眾人驚訝的是，他採取了戰敗者的觀點，如同克林・伊斯威特的電影《來自硫磺島的信》。事件發生的場景在蘇薩，波斯王朝首都，而且作品中並未出現任何希臘人。此外，艾斯奇勒斯似乎也針對波斯社會做了考據，他鑽研了王室族譜、伊朗語文，及皇室的慶典特徵和規範。其中最引人注目的是，作品中絲毫不見一絲仇恨，卻有意料之外的同理心。作品在皇宮廣場揭開序幕。群聚的波斯人憂心不已，因為遠征作戰的軍隊至今音訊杳然。這時候，一位信使回報戰敗一事，並提及亞洲英雄已在沙場上捐軀報國。作品結尾出現了薛西斯一世，歷經戰敗苦果，已無往日的驕傲狂妄，他返鄉時一身襤褸，背上卻多了殺戮留下的傷疤。

這是非常奇特的版本，作者竟站在幾乎要摧毀希臘的宿敵這一邊。波斯人並非如一般人形容的十惡不赦，亦非生來就是罪犯。艾斯奇勒斯帶領我們凝視了年老策士的無力感，他們極力反戰，卻沒有人聽進他們的忠言，還有那些在家苦等戰士歸鄉的人們內心的焦慮，王朝內部鷹派和鴿派的角力，戰死沙場士兵們的母親和遺孀的悲痛。字裡行間亦能感受到被迫遠赴殺戮戰場士兵的無奈悲傷，只因為君主狂妄自大。

《波斯人》裡的信使悲痛地敘述了薩拉米斯海戰，這場戰役後來成了當代一項重要象徵。西班牙作家哈維爾・塞爾加斯在小說《薩拉米的士兵》裡暗示，正是這群希臘人阻擋了波斯王朝的入侵，也抵禦了極權主義。塞爾加斯知道，任何一個時代都有薩拉米斯戰士們：那些面臨關鍵戰役的軍隊，而且看起來幾無勝算，卻仍為了保衛國家、民主和願景而戰。薩拉米斯不只是愛琴海上一座小島嶼，距離比雷埃夫斯港兩公里，薩拉米斯也存於範圍更廣泛的地圖上，任何地方都有著一些人，雖然人數極少，卻勇於反抗征服者的暴力入侵。

劇場表演早在艾斯奇勒斯之前已經存在。他在寫作《波斯人》之前也寫過一些劇作。只是，那些作品皆已佚失，因此，對我們來說，這部作品變成了起始。讓我著迷不已的是，艾斯奇勒斯歷經了戰場上與波斯人面對面、四目相覷的肉搏戰，親眼看著兄長戰死沙場，作品中描述的卻是戰敗的敵人面臨的悲痛遺憾。沒有嘲弄，沒有仇恨，沒有將一切歸咎對方。而是在決鬥中，在傷痕裡，他懷著理解陌生對手的渴望，寫下了這部知名的劇作。

68

艾斯奇勒斯那一代的人普遍認為，對抗波斯之役代表的是東方與西方的對峙。在參戰的悲慘經驗影響下，他們把敵國人民視為嗜血貪婪的侵略者。他們深信，擊敗波斯即代表了文明戰勝野蠻。在安納托利亞半島上，多種文化交織並存，在此誕生了一群混血希臘人，對於迷戀世仇衝突者總是感到不安。為什麼這兩個世界：歐洲和亞洲，總有沒完沒了的生死爭鬥？為什麼這兩大洲從不可考的遠古一直對立至今？他們究竟在尋找什麼？他們如何為自己的理由辯解？從古至今一直這樣嗎？從今以後仍是如此嗎？

那位提出質疑的希臘朋友窮其一生都在尋找答案。他寫了一本大部頭的旅行見聞紀事，書名是《*Historíai*》，這個字在他的語言中意味著「詢問」或「調查」。人們至今仍沿用他為自己的作品和任務訂定書名時，重新定義的那個字彙，但並未翻譯其字義：《歷史》。從這部作品衍生出新的訓練，或許，也包括觀察世界的不同方式。由於《歷史》的作者是個好奇心無窮無盡的人，一位冒險家，追求驚奇，四處為家，他是史上最早以全球角度思考的人，幾乎已預言了全球化。我指的這個人，當然是希羅多德。

在那個年代，大部分希臘人幾乎從未跨出土生土長的村子，希羅多德卻已是個馬不停蹄的旅人。他去應徵商船工作，跟著徒步商隊行旅四方，路上經常與人攀談，並造訪了波斯王朝境內許多城市，為的是能以廣泛的方式及開闊的視野談論戰爭。太平歲月期間，當他認識了日常生活中的敵人，他能提供的是比任何其他作家更獨特也更精確的觀點。在此借用法國作家雅克．拉卡里爾（Jacques Lacarrière）的話，希羅多德努力要打破希臘同胞的偏見，他想向國人展示，野蠻與文明的分界線從未等同於不同國家之間的地理疆界，而是同一個民族當中的道德分界，甚至就在每個人的內心。

令人驚奇的是，希羅多德寫下第一本歷史書籍之後，歷經過許多個世紀，我們卻發現書中的開頭完全符合當前局勢：談論東西方之間的戰爭、綁架人質、相互指控、同一事件的不同解讀方式、各種替代方案。

在這部作品的最初幾個段落，歷史學家探究了歐亞爭端的源頭。他從古老神話中找到了最初的衝突跡象。一切始於一位名叫伊俄的希臘女子綁架事件。有一群商人，或許應該說，一群走私販子，兩者之間的差異在遠古時代常有變更，為了展示商品作買賣，他們在希臘城市阿爾戈斯上岸。幾個在海岸附近的女人被異國商品吸引，紛紛走近探個究竟。她們成群聚集在那艘外國商船船尾，霎時，一群腓尼基商販突然往這群女子撲了上去。女孩們張牙舞爪地奮力反擊，最後大部分人都脫身了，伊俄卻沒那麼幸運。他們抓住她，並將她綑綁後運至埃及，把她當成商品販賣。根據希羅多德的敘述，這次綁架事件，正是一切暴力衝突的開端。不久後，一群希臘士兵肩負復仇任務，出征腓尼基（現今的黎巴嫩），並綁架了泰爾國王的女兒歐羅芭。雙方平手的局面僅短暫維持，因為希臘軍隊另外還在今天的喬治亞境內綁架了亞洲女子梅狄亞。到了下一代，特洛伊王子帕里斯決定藉由綁架方式奪取女人，於是強行帶著海倫前往特洛伊。這個攻擊行動耗盡了希臘人的耐心：特洛伊戰爭開打，也開啟了亞洲和歐洲之間難以修復的敵意。

《歷史》一書的開頭是古代心態混合了驚奇的現代性奇妙呈現。顯然，希羅多德認為，舉凡傳奇、神諭、奇妙事蹟和諸神干預，皆應以經過考察的事實作為佐證。在他生活的那個年代，一個國王作了惡夢，其實是消化不良所致，卻可能被解讀成神的旨意，整個王朝命運或作戰方針可能因此而改弦易轍。理性和非理性之間的疆界非常寬闊。然而，希羅多德既不輕信他人，亦非畢恭畢敬之徒。最讓我著迷的是，他毫不客氣地將自己文化中的偉大神話篇章：綁架歐羅芭、阿爾戈英雄的征途、特洛伊戰爭之始，寫成了一系列猥瑣惡行。我欽佩他以明快睿智的方式擺脫了古老傳說裡華而不實的部分，藉此揭發輕易奪取女人的不當行徑，把她們變成戰時和復仇的受害者，無異於行使暴力。

接著，希羅多德出乎意料地證實了他的訊息來源。他說，聆聽了波斯具有文化涵養的人向他解釋了衝突的源頭。而旅途中遇見的腓尼基人，說的卻是另一套故事，「我不能在他們之間私自決定，詢問他們事情是否以這樣或那樣的方式進展。」歷經多年的遊歷和訪談，希羅多德可以確認的是，他問過的許多見證人，對於相同事件的陳述往往前後矛盾，他們經常忘記事件的經過，反之，倒是對自己想望的平行世界裡發生的一切銘記在心。於是，他發現事實轉瞬即逝，幾乎不可能看透過去的事件是怎麼發生的，因為，我們留存的都是與事件迥然不同、自身感興趣的、矛盾且不完整的版本。在《歷史》中經常可見這樣的句子：「據我所知」「根據我的看法」「依據我從某人口中所聞……」「我不知道這是否屬實；我只是記下人們的說法」……早了現代的多角度思考數千年，首位古希臘歷史學家已經領會，記憶是脆弱且短暫的，人在回憶過往時常會扭曲事實，或為了自我辯護，或為了找尋救贖。因此，如同在電影《大國民》和《羅生門》中，我們永遠無法得知更深層的事實，卻只能窺探其中，看到的是它的各種變體、不同版本，經久不息的陰影，那些不計其數的解讀。

全書最不可思議之處在於：這位作者並未以希臘人的視角寫作此書，而是採用波斯人和腓尼基人的版本。由此可見，西方歷史是從其他民族、敵人和許多陌生人的角度解釋下誕生的。在我看來，即使在二十五個世紀後，這樣的安排仍深具革命性。我們有必要熟悉遠方的、異國的文化，因為，唯有凝視它們，我們才能冷靜觀照自己的文化。也因為只有對照其他身分，我們才能認同自己的身分。我的歷史由另一個人來訴說，他會告訴我，我究竟是誰。

69

經過了許多個世紀之後，希羅多德的一位知識分子同行，哲學家伊曼紐爾．列維納斯，出身立陶宛，歸化法國的猶太人，在奧許維茲失去家人，後來倖存於德國集中營，他或許會這樣寫道：「客居他鄉是決定性的事件，點亮了所有事物。」

70

我想中途暫停一下，並敘述歐羅芭綁架事件的希臘版本。對希羅多德而言，這個傳奇性的綁架事件純粹是一齣丟人現眼的鬧劇，不過，我被那位神祕女子深深吸引著，畢竟我居住在以她命名的歐洲。

古希臘時期人盡皆知，宙斯是個風流成性的神，經常糾纏年輕女性。每當他被某位女性吸引時，為了滿足他的性欲特權，他會喬裝成各種荒誕造型。他最著名的強暴事件分別以天鵝、黃金雨和公牛造型犯下惡行。其中的公牛造型是他誘拐泰爾國王之女歐羅芭的伎倆。

古羅馬詩人奧維德以嘲諷筆觸寫道，眾神之父的大宅院裡根本沒有愛情，也不和諧。宙斯有次和妻子希拉大吵一架，一怒之下甩門而去，離開了王宮。到了奧林帕斯山外，他決定找個女人來一場外遇，藉此發洩夫妻爭吵和婚姻不和的怨憤。他來到泰爾海灘時，瞥見國王貌美如花的女兒正在散步，身邊跟著一群婢女。為了接近獵物，宙斯把自己扮成一頭雪白公牛，粗壯的脖子，加上（這也是奧維德的說法）垂掛著令人嘆為觀止的一團肉，正好就掛在兩隻前腿上。歐羅芭發現了這乳白色的動物，並看著牠安安靜靜地在海邊遊蕩，而這隻狡猾邪惡的動物，看起來就像許多世紀之後梅爾維爾在《白鯨記》中想像出來的那隻白鯨；她看著牠，絲毫不覺有異。

誘惑大戲登場了：公牛用牠那張白臉親吻歐羅芭的玉手，牠在沙灘上跳躍、嬉鬧，還挺著肚腩讓她撫摸。女孩笑得開懷，不再恐懼，並跟著一起玩樂。幾個老婢女在一旁作勢提醒，要她保持謹慎端莊，她卻樂得故意和她們作對，甚至騎上了牛背。當女孩的大腿夾緊公牛腰部時，牠忽地朝大海奔去，一路在海中馳騁，面不改色。歐羅芭驚恐失措，回頭望著海岸。她那一身輕薄的長衫在風中滾滾如浪，從此再也不曾返回自己的家，以及生長的城市。

踏浪疾行的宙斯來到克里特島。他們倆的孩子將在此打造耀眼文明，宮殿、迷宮，還有駭人的米諾陶洛斯，以及許多明亮鮮豔的畫作，吸引了一艘艘船艦吐出絡繹不絕的觀光客，忙不迭地穿梭在克諾索斯遺址中不停拍照。

歐羅芭的其中一位兄長卡德摩斯接獲命令，不管天涯海角，必須找到她的下落。他的父王口出威脅，如果沒把她帶回家，他將慘遭流放。卡德摩斯只是一介凡夫，怎麼也找不到宙斯隱匿罪行的藏身之處。他找遍了希臘每一個角落，一路高喊著歐羅芭，她的名字甚至銘刻在那片陌生大陸的石壁上、橄欖樹幹和小麥田。卡德摩斯疲於永無止盡的尋找，於是創建了底比斯城，伊底帕斯家族悲劇的搖籃。根據傳奇故事的敘述，卡德摩斯是首位教導希臘人寫字的人。

自從語言學家歐內斯特・克萊因（Ernest David Klein）提出語源學開始，許多語文學家認為，「Europa」這個字其實源於東方。它和阿卡迪亞語「Erebu」有關連，與當今的阿拉伯文術語「ghurubu」也有遠房親戚關係。這兩個字都意味著「太陽逝去的國度」；日暮之境；西方，從地中海域東方居民的角度來看。在希臘神話仍未出現的年代，擁有偉大文明的國度已在東方擴展，就在底格里斯河和尼羅河之間的區域。相較之下，歐陸當時是蠻荒之地，黑暗又野蠻的遠西。

倘若這個假設屬實，我們這片大陸有個阿拉伯名字——這是語言的悖論。我試著想像那位芳名歐羅芭的女子——腓尼基人；當今的說法是敘利亞黎巴嫩人，她一定擁有深色皮膚，五官鮮明，一頭波浪捲髮，也就是現在的歐洲人皺著眉頭睥睨的難民潮裡那種外國女子。

事實上，歐羅芭綁架傳奇只是一個象徵。公主在家鄉被擄走的故事背後，一個遙遠的歷史記憶隱隱浮現：東方的知識和美學從新月沃土傳到西方，特別是腓尼基字母來到了希臘土地。因此，歐洲在接納文字、書籍和回憶的情況下誕生了。它的存在，歸功於從東方綁架的智慧。別忘了，曾經有一段時期，我們才是公認的蠻夷之邦。

71

一九五〇年代，歐洲被鐵幕切割，在鐵幕之外的世界遊歷，是一項比希羅多德時代更艱難的任務。一九五五年，一位年輕的波蘭記者，名叫瑞薩德・卡普欽斯基，他最大的渴望，就是「跨越疆界」。去哪裡他都無所謂，前往充滿資本主義光環且高高在上的地方，如倫敦或巴黎，但這都不是他的志向。他渴望的只是跨越疆界這個近乎神祕且意義重大的行動。離開監禁的牢籠。他要認識另一邊的世界。

他很幸運。他當時任職的報社；報紙名稱是激昂狂熱的《青年旗幟報》，報社派他擔任駐印度記者。啟程之前，報社總編輯送了他一本非常厚重的書：希羅多德的著作《歷史》。這麼一本好幾百頁的大部頭書籍，顯然不是適合塞進行李箱那種輕便口袋書，但卡普欽斯基還是帶著這本書同行。在他覺得驚慌恐懼的時刻，這本書傳遞安全感。飛往新德里的班機必須在羅馬轉機。此刻，他就要「踩在西方的土地」上了，而根據他在共產祖國接受的教導，西方的可怕堪比瘟疫。

在他探索那個神祕的外在世界時，希羅多德的著作成了他的萬用寶典和精神支柱。數十年後，累積了漫長而豐富的國際閱歷後，卡普欽斯基完成了一本超凡特出的著作《帶著希羅多德去旅行》，書中充滿了他對這位四處為家的希臘人的孺慕之情，他是旅伴，也是知己：「我對他充滿感激，因為，每當我感到不安和失落時，他總是在我身旁伸出援手（……）多年來，我們一同遊歷世界。我這位經驗豐富且睿智的希臘好友，始終是個傑出嚮導。誠然，最佳的旅行方式是單獨上路，但我認為，我們並未阻礙對方：我們之間的距離相隔了兩千五百年，另外還要再加上一段距離，那是我對他應有的尊重。與一位偉人並肩同行的感受，我永誌不忘。」

卡普欽斯基從希羅多德著作發現了新進記者應有的氣度，一個報導者應具備的直覺、視野和聆聽能力。他認為，《歷史》是史上第一本國際報導文學。這部作品出自一個堅毅無畏者之手，上山下海、橫越荒原、深入沙漠，此人具備了對知識的熱情、渴望和狂熱。他瞄準的是一個異常宏大的目標（使世界歷史永恆不朽），沒有任何事情能使他灰心喪志。在那遠古的西元前五世紀，不可能查證其他國家的相關資料，也沒有圖書館。因此，他採取的方法，基本上，就跟一個記者一樣：旅行、觀察和提問；然後從他人的敘述和自己的所見所聞得出結論。他以這樣的方式累積了自己的知識。

這位波蘭記者兼作家想像他的希臘導師當時的處境是這樣的：他風塵僕僕的在路途中奔波了好長一段時間之後，終於來到海邊小村落。他把手杖放在一旁，抖落涼鞋裡的黃沙，接著，他毫不遲疑，馬上開始進行訪談。希羅多德是地中海文化的子民，人們習慣了坐在擺滿酒食的長桌旁，在溫暖的午後和夜裡，大夥兒坐在一起享用乳酪和橄欖，暢飲剛釀好的美酒，盡情談天說地。在那些閒聊當中（他們正坐在火堆旁或在戶外的千年老樹下晚餐）陸續會出現各種歷史、軼事、古老傳奇和故事。如果突然來了不速之客，他們一定邀他入座。如果這位客人記憶力夠好，他即將收集的資訊一定不可計數。

我們對於旅行家希羅多德的個人資料幾乎毫無所悉，值得一提的是，他在書中敘述了為數眾多的人物和事件，卻絕少提起他自己。他僅在書中記述了自己出身哈利卡那索斯，即現今位於土耳其的博德魯姆，這座城市擁有風景優美的港灣，人口稠密，乃當時亞洲、中東和希臘之間經商路徑中的一站。十七歲那年，希羅多德被迫逃離故鄉，因為他的一位叔父發起了反抗專制當權者運動。從年少時期開始，他已成了無國籍的人，在那個時代的希臘，最悲慘的際遇莫過如此。於是，未來已不可期，他決定將自己放逐山海，行路天涯，盡情探索他所知的世界，從印度到大西洋，從烏拉山脈到衣索比亞。我們並不知道他在流亡期間如何維生。他行旅不斷，大部分精力投注於調查，總是耽溺於他走訪過的各國文化魅力。他認識熱情好客的外國人，與他們暢談習俗和傳統，總讓他耳目一新。他書寫遠方的敵國村落，沒有一絲負面暗示，也沒有對他們做出任何輕蔑的批判。一如卡普欽斯基的想像，他一定是個單純的人，個性親切又富同理心，爽朗開明且善於言談，是個隨時可自我調整並與群眾打成一片的人。雖然被迫流放，但他並未自怨自艾。他試著去理解所有緣由，並努力去了解為什麼每個人有不同的行為模式。他從未以歷史災難為由而指責過他人，卻認定教育、習俗和政治體系對人的生活影像甚鉅。因此，就像他那位叛亂分子叔父，他熱切捍衛自由和民主，堅決反對專制、威權和暴政。他認為，唯有在民主體制下，人活著才有價值。大家快記下來——聽起來像是希羅多德的語氣：一群微不足道的希臘小城邦征服了強大的東方勢力，只因為希臘人已認識自由的生活，為了捍衛這份自由，他們願意付出一切。

《歷史》一書中有個段落讓我格外著迷，而且從初次閱讀便感到好奇。他在其中提到了我們每個人的個性都是被形塑過的，遠超過我們願意承認的程度，主導因素包括思考習慣、重複性和沙文主義：「倘若所有人類皆有選擇文化習俗的自由，若讓他們選一個最完美的習俗，每個人都會挑他原有的那一個；每個人如此堅信，他自己的文化習俗就是最完美的。大流士統治期間，他在皇宮召集了王國境內的希臘人，並問他們什麼樣的價錢才會讓他們願意吃下父母的屍體。所有希臘人一致回答，不會為了任何價錢做這樣的事情。接著，大流士召集了名為卡拉提亞人（Callatiae）的印度百姓，是個吞食父母遺體的民族，國王當著希臘人面前，透過翻譯轉述，問他們願意以什麼樣的價錢放火燒掉父母的遺體；這時候，印度人淒厲哭喊，哀求國王勿再褻瀆他們的文化。品達曾提出非常貼切的說法：習俗乃世界之后。」

有些作者認為，希羅多德這段文字已撒下包容的種子，並申明我們有需要相互理解、認識和反思，許多個世紀之後，這都成了民俗學的基礎知識。總之，當他觀察曾經尋訪過的各地村落時，展現了高度的洞察力，對於自己的祖國希臘亦復如此。每個文化的習俗截然不同，卻在每個地方都發揮了強大的力量。到頭來，人類社會的共通點即不可避免地要面對同一件事：自認優於他人的傾向。如同這位浪跡天涯的希臘人充滿嘲諷的觀點，我們大家都堅信自己比別人優越。關於這一點，我們倒是平等的。

倘若希羅多德這部著作對卡普欽斯基來說是沉重的行李，對遠古時代的讀者甚至會造成更大的不便。事實上，這是史上最早的大部頭著作之一，而絕對可以確定的是，這是以希臘文寫成的第一部長篇著作。此書以分成九部的型態傳承至今，分別以九位繆思命名，九部分別寫成九卷莎草紙書。為了同時運送這九卷莎草紙書，必須找個負責搬運的奴隸。

無庸置疑，莎草紙書的發明在當時意味著一項重大進步。和其他前輩相比，它是最實用的圖書介質。當然，它比泥板擁有更大版面空間，也比石板銘刻或烽火信號更易於運輸；即使如此，它們依然有令人煩惱之處。我在前文已經解釋，莎草紙僅以單面書寫，因此書卷常會變得相當長，而在書寫的那一面，則塞滿了密密麻麻的文字。為了進入那個雜亂的文字迷宮，讀者必須精於手工，不斷地同時推開與捲回莎草紙書，慢慢閱讀著數以公尺計的文章。此外，為了讓版面空間發揮最大效益，莎草紙書在書寫時盡量節省空間，字與字和文句之間都沒有間隔，更遑論細分章節。倘若時光機器允許我們拜讀希羅多德西元前五世紀寫下的《歷史》其中任何一部，我們大概會覺得那是一篇又臭又長、永遠不會結束的文章，而且延伸了近十卷莎草紙書。

只有簡短的作品能夠以單一莎草紙書呈現，例如希臘悲劇或蘇格拉底對話錄。莎草紙書卷越長，它就越脆弱，也更不方便，並且更容易破裂。若要在一部四十二公尺長的莎草紙書（當今所知最長的一部）找到特定的段落，恐怕免不了會手臂抽筋和肩頸痠痛。

因此，古代大部分作品不只一卷。西元前四世紀，古希臘的書吏和書商發展出一種存放系統，以此確保分成多卷的作品能完整保存。同樣的系統已經運用在中東的泥板書。此系統的運作方式，是在卷書末了抄寫下一卷的第一句，藉此幫助讀者找到他打算要讀的下一卷莎草紙書。雖然人們竭盡所能謹慎保存，莎草紙書的完整性仍免不了要承受可能斷裂、失序和散佚的威脅。

當時有專用於保存和運送莎草紙書的木盒。人們試圖藉由這些容器隔絕濕氣、蟲咬和歲月的張牙舞爪。每個木盒保存了五到七部莎草紙書，端視作品篇幅而定。令人好奇的是，許多古代作者現存的作品數目都是五和七的倍數，例如，我們有艾斯奇勒斯的七部悲劇，蘇福克里斯也是七部悲劇，普勞圖斯有二十一部喜劇，而提圖斯．李維保存的部分歷史著作是每十部為一套。有些研究者認為，經過歲月的洗禮和波折，這些作品得以倖存，一定是因為它們單獨或與其他作品一起存放在木箱裡。

我深入研究了更多細節，在此也試著解釋古代卷書的保存是多麼脆弱和困難。當時，每一部著作的流通量寥寥可數，而對於卷書的保存必須付出極大的努力。祝融和水患，對書籍的破壞毫不留情，且這樣的天災在當時相對頻繁。使用造成的磨損、飢餓的蛀蟲，以及濕氣帶來的浩劫，迫使人們每隔一段時間就要重新抄寫內容，逐字謄寫，包括圖書館和私人收藏的所有莎草紙書。老普林尼曾寫道，在最好的情況下加上最嚴謹的維護方式，一部莎草紙書的使用年限可望達到兩百年。但絕大多數的莎草紙書的保存時間卻短了許多。莎草紙書持續消失，有些特定作品的倖存數目也在減少當中，於是，重新找到它再謄寫一部也變得日漸複雜。綜觀整個遠古和中古世紀期間，直到印刷術發明之前，書籍持續在消失中，或在瀕臨消失的深淵斷崖旁。

我們不妨試著想像，如果我們必須付出好幾個月的時光投注在抄寫，逐字謄寫我們最珍視的書籍，以防它某天會消失。多少書籍可能獲救？

因此，我們應視之為渺小的集體奇蹟，多虧許多無名讀者不為人知的熱情，像希羅多德的《歷史》這種氣勢磅礴同時又格外脆弱的作品，才得以穿梭許多世紀的時光隧道來到我們手中。正如南非小說家柯慈所言，所謂的經典是「那些躲過險惡野蠻之瑰寶，它之所以倖存，是因為有世世代代的人們不容許自己漠視它，因此，他們不計任何代價緊抓著它不放。」

關於喜劇與我們對垃圾場的歉疚

當古代社會規範變得更嚴謹時，那些喜劇一再搬演的不道德劇情就開始令人反感了。在此，我們遭遇的是歡笑引發的悖論和悲劇：最好的作品遲早都會碰到敵人。

72

驚悚駭人的連環殺人事件，在義大利山間一座中古世紀修道院裡陸續登場。這些死亡事件的致命線索全都指向那座修道院圖書館，它隱藏在一片濃密樹林裡，或可說是冰原中的一顆鑽石，館內收藏著一份手稿，修士將為了它而殺戮或死亡。這件棘手事件的調查工作，修道院長委託一位暫住修道院的訪客負責，巴斯克威爾的威廉修士，因為他精於宗教法庭的審訊。這一切都發生在風雲詭譎的十四世紀。

《玫瑰的名字》是一部讓人驚奇連連的黑色小說，故事發生在修道院裡，一個行禮如儀、隱密寂靜卻又暗潮洶湧的世界。作者艾可巧妙運用了豐富的主題元素，目光瞄準了各個時代的文學熱愛者，他把常見的「蛇蠍美人」以一本不祥之書取代，它將誘惑、毒害並殺死所有膽敢閱讀其內容的人。讀者當然會問，那份禁忌的文本究竟隱藏了什麼危險秘密，我們只知道它具備「百隻毒蠍的致死威力」。一本陰暗並有煽動性的福音書？某個預言天災的中古世紀「諾查丹瑪斯」？還是亡靈巫術？色情？褻瀆？神祕主義？某種黑暗彌撒儀式？不，都不是這些零碎的小伎倆。當威廉完成整幅犯罪拼圖時，我們終於看出事情真相──噢！天啊！居然和亞里斯多德的一篇散文有關。

真的嗎？有些人或許會有上當的感覺。再怎麼說，亞里斯多德既不是激進作家，也並非以顛覆性的思想聞名。今天的我們很難想像，這位謹守中庸之道的理論家，一個上通天文下知地理的博學家，並且創立學園作育英才，這樣的人會寫出可怕的著作？不過，艾可卻推測，那些危險文字出自我們從未讀過的一本亞里斯多德著作：已經散佚的一本關於喜劇的論著，亦即傳奇經典之作《詩學》的第二部，換言之，這部散文（從亞里斯多德本人的提示來看）深入探討了革命性的歡樂世界。

當我們閱讀《玫瑰的名字》近結尾時，看到的是典型連環謀殺案之一，通常，壞人會以自身的邪惡手段自豪，且大肆賣弄了一番，讓大家瞧瞧他如何把辦案的偵探整得毫無招架之力，但是，這裡的惡棍竟愚蠢地炫耀自己的智慧。在此，修士凶手解釋動機：一種聳人聽聞的末日風格。為何亞里斯多德這部關於歡笑的著作如此危險，以至於非消滅不可，「這本書把歡笑提升到藝術層次，把它變成了哲學的目標，以及背離正道的神學。歡笑免除了村民對魔鬼的恐懼，因為愚民的節慶裡也盡是癡傻可憐的魔鬼，所以也輕易受控。但是這本書將教導大眾，脫離恐懼是一種智慧行動。當人們開懷大笑時，當醇酒在喉嚨裡咕嚕作響時，小村民將自以為是大地主，因為關係的主導權已被翻轉；但是這本書將告訴學者，這樣的翻轉可以合法化。這本書恐怕會誘發魔鬼的火花，終將在全世界引燃一片新火海。倘若有一天，由於文字堅不可摧的見證，歡笑的藝術變得普及……到時候，我們再也沒有阻擋褻瀆的武器，因為輕瀆、侮慢將結合肉體的陰暗力量，藉由放屁和打嗝展現出來，到了那個地步，人們就會奪取隨地放屁和打嗝的權利！」

艾可想像出來的殺人犯提供線索讓我們明白，原來那個詛咒是朝著喜劇來的。古代的幽默感遭受極大的打壓。亞里斯多德所有關於喜劇的論著皆已消失無蹤，反之，另一半關於悲劇的著作倒是好端端的留存至今。為數眾多的古希臘喜劇作家曾在座無虛席、氣氛熱絡的劇場發表劇作，但只有其中一位的作品倖存至今：阿里斯托芬。亞歷山卓圖書館館藏目錄上的大部分文學體裁（史詩、悲劇、歷史、演說、哲學）都是嚴肅，甚至是莊嚴的作品。

即使到了今天，炮口依然傾向攻擊歡笑聲。一齣喜劇奪得奧斯卡獎的可能性微乎其微。如果有個流著幽默感血液的作家到斯德哥爾摩領取諾貝爾文學獎，八成會讓我們驚愕得瞠目結舌。廣告商和電視製作人都知道幽默感能賣錢，但是瑞典皇家學院就是不肯讓它走上藝術講台。大眾文化引爆喜劇熱潮，同時也使之降格。我們以觀賞「實境秀」和單人脫口秀為娛樂的同時，高端文化卻嚴拒這樣的蹩腳美學，始終皺著眉頭睨視它。如此無關緊要的娛樂；加上大笑療法的大受歡迎，似乎將歡笑聲侷限在自我療癒和暫時放鬆的範圍內。

學者路易斯．貝特朗（Luis Beltrán）認為，我們犯下的一大錯誤，就是將幽默看成一種邊緣詭異的現象。詭異的是；他補充道：在我們稱之為「歷史」的近代文化和經濟不平等時期，嚴肅性竟大獲成功。我們不能忘了，這只是冰山一角。數千年來，我們以另一種方式有過同樣的經歷。原始文化，早在書寫、王朝和累積財富之前，曾經是平等和愉悅的。俄國理論家米哈伊爾．巴赫汀曾形容古代的節慶裡，老祖宗戴著面具，經過喬裝，大家歡樂共聚，攜手度過難關。同樣的平等精神也存在被迫陷入貧窮的社會，而其組織系統則非常單純。不過，當新興的農業和貨幣文化提供了致富的可能，穀倉比較滿的人就會等不及要早點建立階級制度。從此，引導社會走向不平等的組織總是偏愛嚴肅的語言。因為，當群眾面對宰制、威權和階級這些可怕的蔑視，發自內心的歡笑終將喚起更多反叛情緒。

巴赫汀這項論點讓我對平反歡笑的地位頗感興趣，不過，我認為這個世界在本質上並非平等和愉悅的。我想像中的世界是恐怖、專制、殘暴。我非常認同庫柏力克在電影《2001太空漫遊》中呈現的場景。當第一個原始人類發現骨頭可以作為工具時，他毫不遲疑地立刻拿它狠狠砸了同伴的頭顱。原始部落並非人人自由發言的天堂，而是有人發號施令。事實上，與我們這個時代相比，當時的族群中，人與人之間幾乎沒有貧富差異，但可惜的是，這並未阻止專制霸權的表現：你不准走進來這裡，這塊比較大的肉是我的，我們打獵沒啥收穫都是你們的錯，我們要把你們逐出部落，我們要把你們都殺了……，以及諸如此類的事情。我也不認為笑聲總是傾向恢復平等性；世上也有殘酷和反制性的笑聲：學校操場裡攻擊弱勢同學的嘲笑，或是納粹分子開會空檔抽菸時閒聊的玩笑。然而……

有一種反叛性的幽默，挑戰統治關係，打破威權世界的優勢，指控當權者的錯誤，並將其所作所為攤在陽光下。如同米蘭．昆德拉在小說《玩笑》中所言，歡笑聲具備了一股將權力去除正當化的巨大力量，因此，它使人不安，也因而遭受懲罰。大致而言，每個時代備受愛戴的領袖都憎恨並打壓醜化他們的人。幽默作家通常將目標瞄準政府或是當前最難纏的人物，即使在現代民主社會，他們經常引爆幽默越界和行為觸法的爭議。一般而言，人們對這種爭議的態度，取決於他們提出的信念是否與「我們」相關。寬容有個不規則的組合方式：我很憤慨，你容易受人影響，他是武斷的老頑固。

阿里斯托芬和卓別林一樣，總是展現意見相左的批判式幽默。因此，我總認為他們倆的幽默有種系出同門的親切感，在那個家族裡，卓別林是厚道的表哥，阿里斯托芬則是喜歡挖苦別人的爺爺。他們倆都對尋常小老百姓最感興趣；他們的英雄從來就不是貴族。依據不同場合，夏洛特[1]可能以流浪漢形象出現，也可能化身逃犯、移民、酒鬼、失業者或瘋狂的淘金客。阿里斯托芬的喜劇主角，男女皆然都是身無長物，亦非貴族出身，他們卑鄙無恥到極點，四處招搖撞騙，想盡辦法逃稅，對戰爭厭煩至極，渴望性愛和節慶，口無遮攔，或許還不至於挨餓，但經常幻想能夠大快朵頤小扁豆、烤肉和糕餅。夏洛特同情孤兒和單親媽媽，愛上女乞丐，偶爾會淘氣地朝警察屁股踢一下。他毫無禁忌地醜化多金富豪、大企業老闆、移民局官員、趾高氣揚的一次大戰軍官，或是希特勒本人。阿里斯托芬創造的角色亦有類似特性，或試圖藉由性愛罷工阻止戰爭，或占據雅典議會以宣示全民共有政策，他們嘲笑蘇格拉底，甚至提議治療財富之神的近視眼，如此才能改善遺產分配。經過一連串越界闖蕩和騙術花招，所有作品結束時都是一場豐盛喧鬧的盛大節慶。

不過，阿里斯托芬和卓別林都遭遇了司法問題。

阿里斯托芬的喜劇作品充斥著個人的指涉，以及影射政治人物的角色，就跟電視上的木偶戲一樣。舞台上，演員指名道姓開玩笑——正確地說，名字加上父姓，而玩笑對象就坐在台下觀眾席：他們取笑這個人有眼屎，另外那個人太小氣，或長相太醜，或行事腐敗。雅典城，劇作演出的所在地，堪稱當時的世界之都，也是當時地球上最重要的城市，但是以它僅有十萬人口的規模，在我們看來，只能算是鄉間小鎮。在那座城市裡，大家彼此相識，說長道短成了日常活動。阿里斯托芬常和鄉親在廣場上碰頭，他們每天早上聚在那裡，若不是一起批評政局，要不就是監看他人動向，在人背後閒話議論。他和懷念過往榮景的保守派尤其意氣相投，對於新趨勢卻無好感。接著，到了劇場裡，他以幾近街坊閒聊式百無禁忌的語言風格，在舞台上嘲弄伯里克里斯，或謔稱另一位政治領袖是香腸販。齊聚雅典的知識分子、新世代教育家及學識淵博的文人，在他看來都只是一群魯莽之徒，但他同時也很感謝他們，因為他們為他帶來了豐富的創作靈感。他常在作品中安排名人角色，而且必定讓他們在劇中做出各種荒誕怪奇的行為。他使用街頭和鄉村常見的語言風格，但會突然來個大轉彎，改成滑稽模仿悲劇或史詩的誇張語句。在此借用安德列斯．巴爾瓦的句子，他針對理想主義式的疑問提出了唯物主義式解答：「對我們而言，阿里斯托芬開闢了一條新途徑，其創建和穩固皆藉助於劇場的魔法：藉由歡笑得到平和，藉由歡笑得到自由，藉由歡笑參與政治。」這一類的喜劇，吾人謂之舊喜劇，恰好盛行於對此類劇作撻伐不遺餘力的雅典民主社會。

阿里斯托芬的幽默後繼無人。或許可以這麼說，與其說這份幽默到他為止，不如說是他自己做了了結。西元前五世紀結束前，雅典已被支持寡頭政治派政變的斯巴達征服。緊接而來的是數十年的政治動盪，以及被潰敗撕裂的情緒。肆無忌憚提出批判的年代已經過去了。阿里斯托芬本人依然持續創作喜劇，但已改走謹慎路線，劇情越來越傾向譬喻風格，不再有針對某人的指涉，也沒有嘲弄政府官員的獨幕劇。

至於接下來的新世代，希臘人已在亞歷山大大帝和其他繼任君主統治下生活。那些王朝無法容忍嘲諷訕笑。這時候，新型態的喜劇應運而生，傷春悲秋，風俗派風格，劇情總是錯綜複雜，正是荷西・奧德嘉・賈塞特在寫作時思及的那種幽默：「喜劇是所有保守政黨的文學類別。」據悉，這些喜劇作品的元素經常重複出現：年輕的主角、巧言令色的奴隸、劇中人物的不期而遇、被人錯認的雙胞胎、嚴厲的雙親、慈悲心腸的妓女……。那個年代最知名也最受歡迎的喜劇作家是米南德。

關於古代文學的傳承，米南德是獨一無二的例子。他的作品被廣泛閱讀了許多世紀，最後落得散佚的下場，雖是逐漸消失，但終究絲毫未存。直到埃及的莎草紙書還原了他的大量劇作殘篇之前，我們只讀過極少量的摘錄。被連根拔除的手抄傳統中，他是僅存的代表作家。他是風靡全國的喜劇熱潮中的一分子，可惜當時許多作家的劇作早已散失；在這一長串的名單中，許多人基本上都是沉寂的：馬格尼斯（Magnes）、穆洛（Mulo）、歐波利斯（Eupolis）、克拉提努斯（Cratino）、埃庇卡摩斯（Epicarmo）、和哲學大師同名的另一個柏拉圖、斐勒克拉忒斯（Ferécrates）、安提法奈斯（Antífanes）、阿萊克西斯（Alexis）、狄菲盧斯（Difilo）、菲勒蒙（Filemón）、阿波羅多洛斯（Apolodoro）。

雖然新喜劇的作者試圖以不觸犯他人的方式娛樂大眾，但終究還是出了問題。當那個古代社會規範變得更嚴謹時，那些喜劇一再搬演的不道德劇情就開始令人反感了。一心只想玩樂的年輕人、妓女、被矇騙的父母……，都不足以作為新世代的表率。在學校裡，老師只能從米南德劇作中挑選某些作品，甚至只能選出某些片段，如此小心翼翼，就為了避免損害純真學童的道德教育。就這樣，喜劇漸漸被審查牽制，後來，內容也消失了，如同大部分舊喜劇作品的下場。《玫瑰的名字》裡那位修士毀滅者始終有一大群助手。在此，我們遭遇的是歡笑引發的悖論和悲劇：最好的作品遲早都會碰到敵人。

73

談到「課本」，就跟提及「木板」「到外面去」「結局」或「不必要的殘酷」一樣，根本無需贅言。雖然是贅述，我們都知道這兩個字要表達的意思：教學導向的書籍。古希臘人已經有課本，或許這樣東西就是他們發明的呢！這些課本收錄了文學作品的篇章段落，作為練習聽寫、評論和寫作的教材。這一類的文選對於書籍的倖存扮演了極重要的角色，因為大部分傳承至今的作品，多是某個時期的學校教材。

希臘全球化時代的兒童很幸運，他們可以學習超過入門等級的內容，基本上接受的是文學教育。首先，由於父母重視文字的價值；用今天的話來說，就是溝通能力，藉由閱讀偉大作家的作品，他們學習了流暢的演講和豐富的字彙。古希臘世界的百姓深信，口語表達不佳，思考能力不可能會多好，「書籍造就口才」，有句羅馬諺語是這樣說的。

其次，課本的風行和鄉愁有關。許多希臘人追隨亞歷山大腳步，遠赴他方，範圍從利比亞沙漠到中亞草原。定居當地的希臘人，無論是在法尤姆、巴比倫或蘇薩附近的村落，他們安家落戶之後，即刻建立了各種機構、小學和體育場。文學協助移民他鄉的希臘人維持一個共同的語言，一個分享關連的系統，以及一種身分認同。對於分散在國土廣大的王朝各地的希臘人而言，這是他們之間最穩固的接觸和交流途徑。散居在無邊無際的廣大疆域，終於在書籍裡找到了祖國。當然也不乏積極學習希臘語言和生活方式的在地原住民。針對這種文化國籍新概念做出最精闢總結的，是演說家伊索克拉底：「我們所有具備共通文化的人都自稱希臘人，這已經超越了擁有相同血液的特質。」

那些希臘人接受的是什麼樣的教育？一種通識文化的洗禮。和現在的我們不同的是，他們對於專業訓練絕對不感興趣。他們蔑視技術傾向的知識。他們對謀職求生毫不癡迷，反正各種工作都能交給奴隸去做。只要情況允許，大家會避免職業訓練這種令人鄙夷之事。休閒娛樂才是雅好。換言之，即是關於心智、友誼和交談的培養；過著一種沉思的人生。只有醫藥，毫無疑問是社會所需，可以自成一個領域。不過，醫生必須忍受屈居文化界之下的處境。從希波克拉底到帕加馬的蓋倫，醫學家總要不厭其煩地一再重申，醫生也是哲學家。他們不想被拘囿在一個特定族群裡，倒是很努力展現文化涵養，總在文章裡引述重要詩人的精采詩句。對於其他人來說，學習和閱讀基本上一直是同一件事，整個王朝皆如此，因而開啟了一個凝聚殖民地的強大元素。

這個教育模式盛行了數百年，羅馬系統也沿用了同樣的概念，並被視為歐洲教育學的根本。羅馬皇帝尤利安二世曾在一篇散文中解釋，一個接受傳統希臘拉丁式通識教育的學生，可能會有哪些職業出路。尤利安二世說，如果接受的是傳統教育，也就是文學，可望擁有在科學領域的優勢，也可能成為政治領袖、戰士、探險家和國家英雄。在那個時代，愛好閱讀者享有廣泛的就職機會。

我曾經提過，西元前三世紀到前一世紀期間，識字率有長足進展，而且已非統治階級的特權。國家當局開始關切教育規章，不過，對於達成真正的全民教育目標，當時的教育組織太過於古老，管理機制則嫌太薄弱。於是，市政權力主導教育機構合併，各城邦則籲請各界慷慨解囊；他們將贊助人稱為evergetes，捐款則用於資助與全民福祉相關的各項服務。古希臘文化，一如後來的羅馬文化，基本上講求個人主義和自由派。但到了這個時期，許多財力雄厚的「比爾．蓋茲」紛紛捐錢贊助公共建設：道路、學校、劇場、浴場、圖書館或演奏廳，並且資助慈善救濟餐會費用。贊助文化被視為富豪的一項道德義務，特別是他們如果有意擔任政壇職務的話。

在小亞細亞城市忒歐斯發現的一件西元前二世紀銘刻石碑，紀念的是一位贊助者，他的捐款總額「足以讓生而自由的孩童們接受教育」。這位贊助者讓學校得以聘請三位教師，各自負責一個年級，此外，他還特別要求，三位教師應該教導男孩和女孩。另在帕加馬出土的一件銘刻，推估是西元前三世紀到前二世紀期間的文物，內容也提到了女孩出現在學校裡，因為她們在小學朗讀和語言比賽中獲勝。我不禁想像，那幾個小丫頭，一臉嚴肅地描摹筆畫，舌頭不時舔著微張的雙唇，即將贏得史上第一個頒給女孩的獎項。我思忖著，她們是否知道自己是一群先鋒，她們是否曾大膽想像過，二十五個世紀之後，我們依然記得她們對抗無知贏得的勝利。

---

❶夏洛特（Charlot）是卓別林在電影中飾演的流浪漢，後來成為他個人的重要象徵。

一段與文字的激情關係

考古學家在一具女性木乃伊的頭顱下方挖出一部莎草紙書，書上寫的是格外動人的《伊利亞德》。當她越過遺忘之河來到死者世界，或許會希望重溫荷馬的詩句吧！

74

多虧古人丟棄的垃圾，我們今天才有幸得以窺探古埃及一般人所寫的文字。我在前文解釋過，當時最常見的書寫介質莎草紙，只能在非常乾燥的氣候下保存，正常情況下的雨天濕度已足以對它造成損害。在埃及某些地區——並非亞歷山卓所在的三角洲一帶，已經重新找回兩千年前被丟棄或堆放在垃圾堆裡的文本。這些文本始終維持在原地，既無損壞，亦無散裂，歷經世紀更迭，由覆蓋其上的一層層火熱黃沙保護著。而且保存完好。在那裡，數以千計的莎草紙書，不是被農夫發現，就是由考古學家挖掘出土，並傳至我們手中，有些文本的書寫顏料仍如此鮮明，一如古人的手當時剛寫下這些文字時那樣。文本內容非常多樣，從驕傲軍官的信函到待洗骯髒衣物清單皆有。幾乎所有莎草紙書皆以希臘文寫成，那是當時官方和文化界的語言。這些莎草紙書寫成的日期從西元前三〇〇年到七〇〇年，從希臘占領埃及，經過托勒密和羅馬王朝統治時期，直到被阿拉伯人征服。

這些莎草紙書顯示了許多未擔任管理職務的希臘人亦懂得讀寫，他們不需要求助專業書吏，能夠自行處理各種程序事宜、記錄商品資料，以及回覆信件。此外，他們享受閱讀之樂。一名男子，百無聊賴，他在一封寫給朋友的信中，提到了埃及村落單調的日常：「如果你已經完成書籍抄寫，寄過來給我吧！好讓我們有點消遣，因為在這裡，我們連個說話的對象都沒有。」確實，有人身處枯燥乏味的偏鄉，他們在書中找尋生命的救贖。我們挖掘出他們當時的讀物殘骸、莎草紙書殘篇，甚至有完整作品出土。後人在潮濕的亞歷山卓並未發現任何莎草紙書，當年號稱是全世界擁有最多讀者的地方，不過，即便如此，這批在乾燥地區出土的文物，仍足以讓我們一窺那個年代的閱讀狀況。若出土的著作殘篇數字可信的話，我們甚至可以看出當時讀者偏愛的是哪些作品。

我必須承認，對於他人的閱讀內容，我總有無法控制的好奇心。在公車上、電車上或火車上，我總會伸長了脖子，加上無法置信的高難度扭曲動作，試圖窺探周遭乘客正在讀些什麼。我認為，書籍可以描繪出將它捧在手中的那個人。因此，探究許多個世紀之前的埃及偏鄉讀者隱私，確實讓我興奮莫名。從年表來判斷，這些男男女女大概也是落腳在法尤姆的那些人，可以想見他們充滿鄉愁的眼神翹首企盼的樣子，如此生動鮮活，彷彿是我們依稀記得的某個熟人。

那些莎草紙書透露了哪些關於他們的訊息？他們最喜歡的詩人，且大幅領先其他作者，當然非荷馬莫屬。他們對《伊利亞德》的喜好程度超過《奧德塞》。他們也閱讀赫西俄德、柏拉圖、米南德、狄摩西尼和修昔底德的作品，但是，這項擂台賽的亞軍是尤里比底斯，他讓我想起一件關於書籍能量的絕妙軼事。

我們回頭看看伯羅奔尼撒戰爭期間動盪不安的年代。信守雅典帝國霸權的當政者，彷彿對戰強大斯巴達的經歷還嫌不夠，竟然發起了遠征部隊，渡海直搗西西里，打算包圍敘拉古城。這次出征造成了毀滅性挫敗：大約七千名雅典士兵，連同盟軍軍隊，淪為被囚俘虜，並被迫在戰勝城邦的採石場作苦勞，也就是所謂的「石牢」。在那裡，根據修昔底德的敘述，他們的雙手和生命時時飽受錘子的威脅。他們被囚禁在極深的地牢裡，完全暴露在炎熱或酷寒之下，一身病痛，與屍體為伍，還得忍受自己的屎尿散發的惡臭，每天只靠一點水和少許大麥維生，一群人就這樣逐漸走向死亡。

普魯塔克記述，敘拉古人熱愛詩歌，甚至釋放了能夠背誦尤里比底斯詩歌的戰俘，並讓他們返回故鄉。「據說，許多人安然返鄉後，紛紛去拜訪尤里比底斯，對他表達最誠摯的謝意，有些人還告訴他，他們能夠脫離奴隸生活，靠的是吟唱了牢記已久的詩歌段落，另外一些人，在戰後流浪漂泊的歲月中，也是靠著吟唱詩人的詩歌而獲得他人施捨食物和飲水。」對了，這些西西里地牢現在已成了塞滿觀光客的熱門景點，使徒保羅曾在此預言耶穌話語，邱吉爾也在這裡畫了水彩畫。

荷馬和尤里比底斯是這場競賽的獲勝者，也是雕塑了希臘人夢想的作家。從出土的莎草紙書數目來看，所有古希臘人童年時期都得閱讀或抄寫他們的詩句。他們不會讓孩子讀「我媽媽很愛我」這樣的簡單句子。當時的教學方法採取的是急遽沉浸其中的方式。他們幾乎從一開始就是趕鴨子上架，直接讓孩子埋首在尤里比底斯美妙但艱深的詩句裡，幾乎不識其義，比如「夢想的珍貴香脂，疾惡之寬慰，奔向我吧！」或是「不要為過去的痛苦浪費新鮮的淚水」。許多出土的殘篇非常有可能是學生的學習教材。不過，也有純粹是熱愛那些詩歌韻律的讀者。有個特別感人的例子；考古學家在一具女性木乃伊的頭顱下方挖出一部莎草紙書，幾乎是貼著她的身體。莎草紙書上寫的是格外動人的《伊利亞德》。我猜想，這位熱情的女讀者一定是想在另一個世界也有書籍在側，根據他們的信仰，當她越過了遺忘之河，來到死者的世界時，她或許會希望能重溫荷馬輕快的詩句吧！

埃及的黃沙之下還出現了數十份屬於私人收藏的文本：喜劇、哲學作品、歷史研究、數學和音樂論著、技術指南，以及發現這批文物之前我們仍完全陌生的作者所寫的文本。我想著那些無名藏書家，不禁自忖，他們究竟是如何取得那些小眾作品的。可想而知，荷馬、尤里比底斯和其他知名作者的作品，一定很容易就能從亞歷山卓圖書館取得。但是，稀有作品大概得委託訂製。亞里斯多德的《雅典政制》就是這樣的例子。較有可能的方式是，這本書的主人委託了一間工坊製作複本，而為了執行這項任務，可能必須派一名書吏前往亞歷山卓圖書館，在那裡按照館藏的原版逐字抄寫。這樣的額外行旅顯然會大大增加委託製書的費用。在那個年代，取得一本罕見書籍可能演變成一場大冒險，可以確定的是，少不了要花掉一大筆血汗錢。

阮囊羞澀的讀者若要滿足這樣的閱讀需求，只能到圖書館借閱了。當時甚至除了亞歷山卓和帕加馬以外，也有規模小的地方圖書館。雖無法和王室精采浩大的藏書規模相比，但至少能為來訪者提供偉大作家的重要作品。我們得知這種小圖書館的存在，再次歸功於石碑銘刻。例如，我們知道，靠近現今土耳其的科斯島上設有圖書館。一件遺留下來的石碑銘刻上列出了一系列私人捐助。一位父親和他的幾位兒子共同贊助了一棟建築物，同時還捐出了一百枚銀幣。另外四個人各自捐贈了兩百枚銀幣和十部書籍。還有兩個人貢獻了兩百枚銀幣。這些捐款，毫無疑問，將用於購買館藏書籍。而在雅典和其他城市也有類似的例子。

那些圖書館很有可能和所在城市的地方「健身中心」（gymnasium）有關連。最初，年輕人在那裡練習田徑和格鬥。「健身中心」其實是源於「裸體」（gymnazein）這個字，因為古希臘的習慣是（簡直是野蠻的醜聞），毫不扭捏也毫無遮掩地展現抹了油的男性健美體魄。在古希臘時代，健身中心已經變成了教育中心，設有教室、會議室和閱覽室。據悉，至少雅典的一座體育中心附設了圖書館，因為一件石碑上仍保留了它的一部分藏書目錄。看來，這份目錄清單是刻在圖書館的牆壁上，讀者可以快速查看，不需要大費周章去打開又捲回莎草紙書，況且，重複使用恐怕也會加速損壞。從那份目錄看來，這座圖書館的館藏側重喜劇和悲劇。出自尤里比底斯的作品有超過二十部，蘇福克里斯的作品逾十部。他們也收藏了十五部米南德的喜劇。散文著作只有兩部，其中一部是狄摩西尼的演說。然而，以修辭研究中心聞名的羅德島圖書館，幾乎不見任何戲劇作品，而其館藏特色在於政治和歷史方面的著作。

假如從雅典和羅德島顯示的資料可以推斷所有城市皆設有健身中心，那麼，希臘化時期可能有逾百座圖書館，構築了一個精緻活耀的網絡，在國土境內的每個角落，頌揚著文字和虛構故事的生機。

75

狄摩西尼七歲失怙。他的父親是個武器製造商，留下的財產足夠他生活無虞，可是他的監護人卻大肆揮霍這筆遺產。他的母親陷入破產困境，已無經濟能力可供他接受良好教育。他們的生活過得很拮据。街坊鄰居的男孩取笑他清瘦的外表，而且體弱多病又敏感。他們甚至還給他取了個外號：bátalo，意思是「肛門」，換言之，就是個「娘娘腔」。此外，他長期被某種嚴重毛病所苦，讓他極度自卑，一開口就說不了話。他八成有口吃，或是在某些輔音的發音上有嚴重障礙。

據說，狄摩西尼以相當嚴厲的紀律克服了自身的困難。他強迫自己含著卵石練習說話。為了增強肺活量，他每天到荒郊野外跑步，而且一路上坡，邊喘邊背誦詩歌。狂風暴雨的日子，他刻意到海邊散步，置身在浪濤咆哮的環境中，以此訓練注意力。在家裡，他站在全身鏡前面，對著鏡子不斷重複練習發音困難的句子，同時也兼顧姿態。普魯塔克敘述的這個情景，就跟勞勃狄尼洛在《計程車司機》片中對鏡重複「You talkin' me?」這個場景如出一轍。貧窮、喪父、口吃、卑微，多年後卻成了史上最著名的演說家。古代的希臘人，如同今日的美國人，特別讚揚戰勝困難的勵志故事。

「十」這個數字象徵完美。在學術界，此數字代表最高等級，也就是，最優。對於畢達哥拉斯主義者，這是個奇妙而神聖的數字。這就難怪雅典也有作品值得保存和研究的當代十大演說家。古人堅信，數字魔力的最極致呈現，當然，就在演說中。

古希臘人一向是出了名的愛聊天，並且熱中無止盡的爭論。他們的神話英雄，不同於其他文化的想像世界，不是野蠻魁梧的英雄戰士，而是那些一加入談話就能侃侃而談的人，因為他們一直被教育成為文字的專家。

雅典的民主機構擴展了演說版圖：所有雅典人——請注意！須符合自由身分和男人這兩

個條件的人，都可以在國民大會發表演說。人們在那些會議中投票決定政治決策，而作為全民評審團的成員，眾人可以評議他人演說的內容品質。看來，他們確實熱愛不斷饒舌閒聊的日子，從廣場到議會，這是日常生活的主要元素。

阿里斯托芬寫了一齣模仿喜劇《馬蜂》，劇中人物名叫菲羅克雷翁，一個不折不扣的法庭審判迷。為了幫助他克服司法強迫症，他的兒子在家裡布置了一個法庭，然後由父親主導審判。由於缺乏控訴對象，於是，他們決定審判家中的小狗，理由是牠偷吃了廚房的乳酪，接著，他們即興發表了冗長的辯護和控訴陳詞。這樣的偽裝扮演大大緩解了菲羅克雷翁的沉迷症狀，效果之好，就像給吸毒者打一劑美沙酮。

希羅多德曾在文中敘述，關鍵性戰役薩拉米斯海戰開打前夕，剛抵達的軍隊照理說應該疲憊不堪，但是希臘軍官卻還是吵成一團，而且騷亂一直持續到半夜，基層的小兵頻頻抱怨，並批評長官無理取鬧。吵架當然不會妨礙他們打勝仗，但希羅多德仍對這種好鬥性格感到遺憾，在他看來，希臘人永遠無法建立強大團結的國度，原因就在於此。沒錯，他們喜好文字、樂於深入討論，所以他們有能力創作文字絕美的詩歌，但也能讓所有討論都變成歇斯底里且具破壞性的爭吵。

古希臘律師和政治家的演說與當今有極大的不同。在尚無法律規範文字誹謗和言詞侮辱的情況下，演說者可說是極盡能事彼此辱罵。無止盡的個人指控，以及抓住對手小毛病就大肆抨擊，為辯論更增添了一種病態，甚至近乎格鬥的樂趣。這種彼此百無禁忌相互羞辱的場面，大概已近似催眠，後來甚至精進到藝術的層次。在法庭上，全部由陪審團組成，司法相關的提問遠不及申辯內容是否精采來得重要。在私人糾紛訴訟過程中，司法規章要求，訴訟人必須當庭以連續兩場演說為自己辯護。當時的律師和現在不同，並不執行代表客戶出庭的業務。經常可見的是，訴訟人在自行辯護或指控對方的申辯上沒有自信，通常會花錢尋求專業服務，聘請名為「史學家」的寫手深究來龍去脈，然後寫出具有說服力的演講稿，力求口語化，盡可能簡潔。客戶熟記演講稿，然後在法庭上背誦。大部分的演說家以此謀生。此外，協助贏得官司也能增加個人聲望，並有助於在仕途上飛黃騰達。

優異的政治和司法演說會在發表或宣判後不久出版，如果爭議仍在白熱化階段，人們熱切閱讀這些演說內容的樂趣，大概不亞於我們現在追捧司法影集的快感。對了，我最喜歡的司法電影之一《梅岡城故事》，似乎是不經意地對古希臘那個年代表達了致敬之意。作家哈波・李塑造的律師男主角，在我的記憶中，葛雷哥萊・畢克那張成熟穩重的臉龐上，總是掛著汗珠，至於他在劇中的名字阿提克斯・芬奇（Atticus Finch），恰好與古希臘阿提卡演說家（Attic orators）同名。當然，為了呼應雅典人的優異口才，劇中芬奇的六歲小女兒思葛心目中的大英雄一定要展現過人的辯護功力——他幫助的是個黑人，所面對的是充滿敵意的陪審團，身處種族主義盛行的阿拉巴馬州，一個在一九三〇年代因經濟大蕭條而陷入貧窮的地方。

阿提卡十位傳奇演說家在一個世紀期間先後出生，介於西元前五世紀和前四世紀之間，基本上彼此都認識，也毫不留情地互相攻訐。他們的極盛時期正好碰上雅典施行民主制度，希臘化王朝時代也畫下句點。因此，狄摩西尼最著名的就是「反腓力辭」演說，那是反對腓力二世，亦即亞歷山大大帝之父的霸權擴張的一系列猛烈抨擊。從那時候起，每當我們痛斥他人時，充其量不過是咄咄逼人的狄摩西尼小學徒罷了。

十大演說家為首的安提豐，是一位真正的開拓者，稱得上是心理分析和語言治療的先鋒。他從這份職業領悟到，各種演說，如果內容誠摯真切的話，對於人們的情緒能夠發揮極大的作用，可以使他們感到安慰、愉快、激動、平靜。於是，他突發奇想：開創了一種用於緩解痛苦和憂傷的新方法，效果等同於病患接受的醫學治療。

安提豐在科林斯開設了一家鋪子，外面掛的招牌上寫著：「此處以適當演說安慰悲傷者」。有顧客上門時，他會非常專注地聆聽他們訴說一切，直到明瞭情緒飽受折磨的緣由。然後，他以撫慰人心的演說，「將不幸從靈魂中抹去」。他運用具有說服力的話語，以此作為治療焦慮的藥石，而根據古代作者的敘述，他甚至靠著讓人鎮靜的論證而名滿天下。在他之後，有些哲學家認為他的工作在於「透過推理而驅逐了叛逆不羈的愁緒」，但是，安提豐確實是發覺文字療癒力可以變成職業的第一人。他也領悟到，這種療法應該植基於探索性的對話。經驗告訴他，一定要讓傷心的客人敘述自己情緒低落的原因，因為尋找措辭的過程中，有時能夠找到解決方式。許多個世紀之後，精神科醫師維克多·弗蘭克，他是佛洛伊德的弟子、奧許維茲和達豪集中營的倖存者，他發展出一套類似的方法，協助當時經歷歐洲野蠻暴力的人走出心靈創傷。

古希臘人深為文字之美著迷，因而開啟了演講這個類別，在古代社會創造了非常亮眼的經濟產值。智辯家是一群巡迴各個城市延攬學生的教師，他們舉辦說明會，展現自己的教學品質，同時也測試聽眾的資質。有時候，他們發表的是預先準備的講稿，但偶爾也會針對群眾提出的議題作即興演說；題目常是荒謬至極，例如：讚揚蒼蠅或推崇禿頭。某些類似的演講會開放讓所有感興趣的人參加，但一般而言，演講多是保留給已支付入場券的群眾。智辯家對自己的演說場景非常在意，有些甚至穿著古代吟遊詩人的誇張服飾出現在觀眾面前，並號稱自己是那些風靡全國上下的詩人嫡傳後代。在希臘化時期，這個熱潮不斷擴大。有一群如假包換的流浪智者兵團；當然是以演說家為主，但也有藝術家、哲學家或保健醫生，他們的足跡遍布整個王朝領土，身懷訓練有素的才智，就連陌生世界的偏遠角落都有人願意聽他們演說。

演講儼然成了最具活力的文學類別，根據某些專家的說法，演講足以定義那個時代的文化原創性。從那裡開啟了一條新路徑，通往現今的「TED大會」，以及退位總統演說家的龐大事業版圖。

西元前五世紀，偉大的智辯家高爾吉亞如是寫著：「文字乃強大的帝王；以它如此渺小的身軀，總被人視而不見，卻執行了最神聖的任務：消除恐懼、驅散痛苦、散播歡樂，以及增加同情心。」這些希臘理念的回音依稀迴盪，在我聽來，如同聖經最美好的句子之一：「只要你說的一句話，我就治癒了。」

不過，那種對語言發自內心的熱情，卻發展出一系列修辭技巧，最終將自然率性的特質破壞殆盡。演說家建立了一套書寫講稿的方法，通篇運用了各種公式、原理和程序，連最小的細節也不放過。這些繁複的論述探討的是風格走向，加上急切的開場方式，還有各種驗證和反駁，最後的成果通常慘不忍睹。不幸的是，整個古希臘時期充斥著賣弄口才的教師，以及廢話連篇的虛榮藝術家。

人們對繁複華麗的喜好節節進逼，因此棄守了太多文學性。我在翻譯古希臘和古羅馬文本時，偶爾會忍不住哈哈大笑起來。作家在文中談到自己最深刻、最基本的情感：痛苦、欲望、放棄、流亡、孤獨、恐懼、自殺傾向，然而，在最不適當的節骨眼兒，卻突然冒出了他認真學習過的某種寫作技巧。於是，魔法一飛四散。他腳下的世界正慢慢沉落，而他居然以對照方式，用平淡無味的文字敘述那種感受！

從那個時代一直到現在，我們對生命處方的純真信仰，讓許多舌粲蓮花的人得以謀生。我們周遭多的是各種自我成長十誡，供給奇蹟的成功清單：拯救婚姻的十種公式、雕塑身材或成為高效率人物的十種方程式、成為好父母的十大關鍵、煎出完美牛排的十大訣竅、結束一篇文章時最出色的十個句子。最後這一項，很可惜，我一定不會買單。

76

二〇一一年，路易維爾一家出版社印行馬克．吐溫最著名的兩本小說：《頑童歷險記》和《湯姆歷險記》，刪去了書中輕蔑性的字彙「黑鬼」（nigger），並將它取代為較中立的名詞「奴隸」。負責這項文學性預防工作的是一位專精於馬克．吐溫文學的大學教授，他宣稱，這是一項艱難的決定，而文章的修正工作，乃因應同校多位教授的請求，他們認為哈克貝利．費恩，雖然天真無邪，但他「充滿種族歧視的語言」，已經在課堂上引發學生明顯不悅的反應。他認為，為了避免美國經典文學被阻擋在現代校園之外，執行這樣的表面美化是最好的方式。這個例子並非單一事件。過去幾年來，持續出現了幾件和青少年經典文學有關的爭議，特別是這些爭議性作品又是教材的一部分。

有一群焦慮的父母憂心格林兄弟或安徒生的作品會對孩子造成無法治癒的創傷，他們質問，《灰姑娘》《白雪公主》或《小錫兵》對二十一世紀的孩子究竟有何價值。這群保護未成年兒童的尖兵更偏愛迪士尼的甜美版本，因為原作是如此殘忍、暴力、宣揚父權且觀念過時。這些父母大多有同一訴求，就算不能擺脫過去不完美的傳統文學，至少也要改編成符合後現代的思想意識。

幽默作家詹姆斯・芬恩・嘉納（James Finn Garner）在一九九〇年代中期出版了《政治正確的童話》（*Politically Correct Bedtime Stories*）。這是他對這項論戰提出的趣味貢獻。芬恩・嘉納這部諷刺作品訴求對象並非兒童，卻更像是他以二十一世紀成年人慣用的婉轉措辭而發表的幽默獨白。他那無懈可擊的諷諭，經常遊走在荒謬邊緣，被他改寫後的《小紅帽》開頭是這樣寫的：「從前，有個小小年紀的人，名叫小紅帽，她和母親住在一座森林旁。有一天，她母親要她把一籃新鮮水果和礦泉水送到祖母家，但是，請注意！這麼做並不是因為這是女人該做的事，而是代表了為健全社區意識而作出的慷慨行動。」

事實上，這一類爭議比我們所知的更久遠，對審查制度和各種規範感到憤怒的激進游擊兵團，可以把大刀揮向這位鼎鼎有名的聖賢：哲學家柏拉圖。年輕世代的教育一向是這位雅典貴族最關切的議題之一，甚至還變成了他的事業。仕途遭遇挫敗之後，或可說，至少，影響執政者這件事並未成功，接著，他全心全意作育英才，就在他於雅典郊區小樹林裡創辦的學院裡。根據文獻記載，他在課堂上坐在高高的椅子，即所謂的「kathédra」，包圍著他的是具象徵意義的較小型座椅，那是門生的座位，裡面還有一塊大白板，一個星象球，一個行星力學模型，一座號稱是他自己製造的時鐘，以及一份標示了主要地理概念的地圖。他試圖將這所學校變成所有希臘城市執政菁英的養成中心，今天的我們可能會考慮將它稱之為「反民主智庫」。

柏拉圖的教學總讓我覺得格外像精神分裂症，那是自由思考和崇尚威權的爆炸性組合。他最著名的文章之一是一篇洞穴寓言，理應是展現批判教育養成過程的最佳文本。一座洞穴裡，有幾個人被反綁在燃燒的火堆旁。囚犯看到的只有石壁上浮動的光影，這些影子就是他們生命中唯一的真實。最後，其中一人掙脫了綑綁，並且逃出了洞穴，走向光影催眠之外的世界。這個故事發出了一項非常誠摯的邀約，鼓勵讀者勇於質疑，不應侷限於表象，我們要勇敢掙脫束縛，揚棄各種偏見，才能直面事實。科幻電影《駭客任務》將這篇寓言的叛逆訊息置入當今的虛擬世界裡，這是一個媒體部落，存在著廣告和消費這兩個平行世界，我們製造的假消息和粉飾過度的自傳淹沒了社群媒體。

然而，柏拉圖最知名的烏托邦《理想國》，不但收錄了這篇洞穴寓言，同時又對自己提出的睿智見解作出黑暗的對立陳述。第三卷可以作為養成中的獨裁者指導手冊。他在文中指出，在理想的社會裡，教育首重灌輸嚴肅、禮貌和價值。對於青年閱讀的文學及他們聆聽的音樂，柏拉圖是嚴厲審查制的擁護者。母親和保母應該為孩子朗讀經過許可的故事，甚至玩具也在規範內。荷馬和赫西俄德的作品因為幾個原因必須禁止兒童閱讀。首先，因為他們的作品披露了幾位舉止輕浮的神，都是希臘化主義者，且有言行不檢的傾向，不足以作為榜樣。我們必須教導年輕人，邪惡從未始於諸神。其次，因為兩位詩人在作品中談到了對死亡的恐懼，柏拉圖對此感到擔憂，因為，在他看來，人們應該試圖讓年輕人樂意在戰場上為國捐軀。「我們將竭盡全力……」他說。「讓那些名人停止哀嘆悲泣，這些事情，應該交給女人來做。」

柏拉圖對劇場也沒什麼好印象。他認為，大部分悲劇和喜劇都在劇情裡安排了壞人，因此，那些演員（都是男人，如同伊麗莎白時代的英國）必須去詮釋那些品行不良的角色，如罪犯，或低下階層的人，例如女人或奴隸。讓自己去認同賤民的情感這種事情，對於兒童或青年的教育絕非好事。戲劇作品當中，若是經他認可的話，應當只有英雄人物出現，男性、無可挑剔、出身權貴世家。因為沒有任何一部劇作符合這樣的條件，於是，柏拉圖開始把當紅的劇作家及其他詩人屏除在外。

柏拉圖年歲漸增，但對於督促審查的火力絲毫未減。在他最後一部對話錄《法篇》當中，他幾乎是明言建議成立詩歌警察，藉此監測新作品：「詩人的創作，不得違背城邦認定的合法、公正、美好和良善這些標準；詩作一旦寫成，不得私下傳閱，必須先經過評審閱讀和通過，評審成員將由法律監護團指派（……），以及我們認定的教育總監。」文章釋出的訊息再清楚不過：詩歌作品必須經過嚴格審查；有時候，我們必須制止它問世，偶爾要做一些刪改和修正，而且，永遠不變的重要原則是（即使是重複許多次），改寫詩作。

柏拉圖的《烏托邦》是反烏托邦小說《一九八四》之姊妹作。喬治．歐威爾想像的獨裁社會設立了小說部，所有新作品都出於這個單位。小說主角茱莉亞就在那裡工作，我們看著她在那裡來回走動著，沾了油墨的雙手總是拿著一串鑰匙。她遵照政府指示，負責書寫小說的機器運作。這個獨裁政府一樣不放過經典作品。在這部小說裡，歐威爾倒是讓柏拉圖的威權夢想成真了：真理部進行了一項重大計畫，目標是改寫過去所有的作品。這項偉大的任務預計將在二〇五〇年完成。「到時候……」其中一位發起人情緒激昂地說道。「喬叟、莎士比亞、約翰．米爾頓、拜倫……只存在新語言版本中，全都變成了和原版相反的內容。所有思想氛圍將完全不同。事實上，也不會再有我們現在理解的所謂的思想，根本不需要了。無意識型態就是我們的最高指導原則。」

柏拉圖的言論滿是嚴厲打壓的意味，但我在他的字裡行間也察覺到些許阻力。當雅典政府管理階層和他碰面時，總會左顧右盼急著找出路。懷海德寫了那個著名的句子[1]，多次被引述後，從此成了西方哲學界談及柏拉圖哲學時必定附上的注釋。為了打圓場，他告訴我們，柏拉圖在寫作時是充滿熱情的，他跟我們這些凡夫俗子一樣，與人爭論時，情緒總會變得更激烈一些，就跟我們在週日的飯桌上討論政治一樣。

不過，柏拉圖對自己的發言內容可一點都不馬虎。他對雅典民主從未有過好感，在他看來，政局從蘇格拉底去世後就已倒退。他想建立一個穩定不變的政治模式，從此再也不需要做任何社會變革，破壞社會道德基礎無恥行徑亦不復見。他經歷過雅典動盪不安的艱難時期。他渴望穩定，希望執掌政權的是智者，而不是愚昧凡人。如果這樣的穩定只能靠極權政府才能完成，他也不反對。卡爾·波普的著作《開放社會及其敵人》前半部裡，他在一篇題為「柏拉圖的影響」的論述中做了以上詮釋。

柏拉圖關切年輕人的閱讀，除了教育上的動機，也牽涉到金錢。這位史上第一座菁英子弟學院的大師創辦人，一直試圖抹黑競爭的同業。他唾棄當時的教育體系，因為詩人（盡是流浪思想家，根本不足以為表率）都是當時希臘人的教師。新教師就應該由哲學家擔任，換言之，就是他本人。他在《法篇》對話錄中提及，建議年輕人跟隨詩人學習是「一項極大的風險」，反之，他提議（這是關於謙虛美德的一次驚人演練）以他自己的作品作為教材：「重新檢視我們完成的這些思想整體呈現，我感受到強烈的喜悅，因為，我讀過了詩歌裡的各種論點，沒有任何更睿智、更適合讓年輕人閱讀的作品。不會有更好的模式可以養成立法執政和從事教育的人才了，最佳的方式就是由教師教導孩子學習這些對話演說，或是其他類似的內容。」到頭來，真正的重點是希臘人的觀念爭奪戰，把杏壇變成了戰場。其中，當然也包含事業經營這部分。

行文至此，我已無需多做說明：我對柏拉圖確實愛恨交織。關於他提出的理念，我常忍不住想對他大吼我從阿道克船長（出自《丁丁歷險記》）那兒學來的一連串罵人的話：愛管閒事、貪得無厭、胡說八道、昏庸愚昧、膚淺頑固！我不禁要問，一個智慧過人的哲學家，怎會以如此卑劣的方式去捍衛一個限制學生只能閱讀呆板文章和道德寓言的教育系統。他的教育計畫排除了所有涉及明暗對比、探索深淵、不安、悖論和混亂心境的文學作品。這樣的整肅意圖令人不寒而慄。倘若他自己也按照這樣的美學原則寫作，今天的我們讀他的文章恐怕只會窮極無聊。然而，他的作品依舊令我們著迷，因為，他的作品尖銳、矛盾、躁動不安，與他提出的規範完全相反。

不過，時至今日，挑戰依舊存在，就像路易維爾那群教授，堅持要從馬克・吐溫的作品中刪掉辱罵的字眼「黑鬼」。童書和青少年讀物究竟是多元的文學作品，還是言行指導手冊？一個形象洗白的哈克貝利・費恩可以教導年輕讀者許多事情，卻剝奪一項非常基礎的知識學習：人類史上曾經有一段時期，幾乎人人都把奴隸喚作「黑鬼」，也因為這段壓迫弱勢的歷史，這個字眼在今天變成了禁忌。刪除書中所有我們認為不適當的部分，就能讓年輕人免除邪惡思想的戕害嗎？

恰恰相反。我們會因此而使得年輕人無法辨識邪魔歪道的面貌。與柏拉圖的看法正好相反的是，邪惡角色是傳統故事中的關鍵元素，他們讓孩子學會了一件事：這個世界上壞人的確是存在的。而且，他們遲早都要和壞蛋交手（從學校操場故意找碴的惡霸學生到實施種族滅絕的獨裁暴君）。

文采令人驚豔又讓人躁動的弗蘭納里．奧康納曾寫道，一個「只閱讀正派書籍的人走的是一條安全的道路，但是，那是一條沒有希望的道路，因為他欠缺勇氣。如果他偶然讀了一本出色的小說，他會非常清楚這是什麼感受。」感受某種程度的不適，也是閱讀一本書的經驗之一；焦慮不安比輕鬆寬慰更具教育價值。我們可將過去的所有文學作品進行整形，讓它們都符合我們的美學要求，但這些作品將無法再為我們詮釋生命。如果我們繼續走這樣的路，那就難怪年輕人會放棄閱讀，正如祕魯作家聖地牙哥．隆卡格里奧戈（Santiago Roncagliolo）所言，年輕人熱情投入「PlayStation」，因為他們可以在那裡殺死一堆人，但不會惹出任何麻煩。

最近有篇報導讓我印象深刻。報導內容提及，倫敦大學亞非學院的學生會要求校方將柏拉圖、笛卡爾和康德從哲學課程中移除——源於他們的種族主義和殖民主義思想。這是再諷刺不過了：柏拉圖，一個被獵捕的獵人。

❶懷海特曾經評價「西方兩千多年的哲學史，都是在給柏拉圖作注解。」只要談到柏拉圖，幾乎都會引用這句話。

77

書籍之毒，以及它的脆弱性

柏拉圖、阿拉伯狂人阿爾哈茲萊德和歌德的作品，以其文字的陰暗魔力將讀者帶往沉淪秘境。「受害者各自中毒，正確的劑量正好就在他想閱讀之處。」

亞歷山卓的圖書館員並未將希臘詩人排除在外，亦未排斥柏拉圖。在尼羅河畔，這座書籍殿堂熱情歡迎兩大對手陣營。它的書架建立了最堅固的停戰區，一切敵意在此畫下休止符，敵人在混亂的書架間交手，疆界逐漸模糊，而閱讀成了最佳的和解方式。

我們都知道大圖書館接納了柏拉圖的各種思想、創見和斥責。但諷刺的是，智者卡利馬科斯，《各科著名學者及其著作目錄》的作者，也是博物館的傑出成員，一直希望能擺脫柏拉圖作品如影隨形的可憎形象。

接下來這件軼事出現在一篇極短的詩歌裡。或許，詩人出身的卡利馬科斯想替詩人同行向柏拉圖報一箭之仇。詩歌裡描述了名叫克雷奧姆布羅托（Cleómbroto de Ambracia）的男子，突然從城牆上縱身往下跳。他在詩中提到，這位年輕人幸無大礙，而與死亡擦身而過的他，之所以動了輕生念頭，是因為讀了「一本論著，就那麼一本，柏拉圖的著作：關於靈魂。」讓可憐的克雷奧姆布羅托做出傻事，題為《斐多篇》的對話錄。許多人覺得納悶，為什麼讀了這部作品會想自殺，雖然內容敘述的是蘇格拉底服下毒堇汁前的最後數小時生命。有些人堅稱，這位年輕人無法承受一位智者如此殞落，但有另一批人則反駁，他跳牆自殺要歸咎於柏拉圖本人的一項論點，因為哲學大師宣稱，智慧的全面性唯有死後才臻圓滿。總之，卡利馬科斯留下了這樣的尖刻批判：或許，閱讀柏拉圖作品比閱讀其他詩歌更容易置年輕人於險境。

我們不清楚克雷奧姆布羅托是否為單一個案，抑或《斐多篇》已埋下種子，衍生了許多年後《少年維特的煩惱》的自殺風潮。自一七七四年出版以來，歌德這部感傷小說為情傷而自殺的情節讓許多歐洲年輕人深受感動，甚至進而模仿。小說不斷再版，本書作者驚恐地看著自己的作品形成了社會現象，以及死亡狂潮。據悉，有些國家的政府以危害公共健康為由禁止本書出版。

歌德從一位朋友的自殺事件獲得本書靈感，並添加了他自己對青少年早逝的想像。小說出版逾半世紀之後，他在自傳《詩與真：歌德自傳》中坦承，唯有讓維特象徵性一槍把自己斃了，才能平息不斷加劇的自我摧殘。只是，歌德的文學式驅魔揪出的鬼怪卻不斷折磨著他的讀者，有些人甚至被那股陰森可怕的影響力屈服了。兩百年後，一九七四年，社會學家大衛．菲力普斯提出了「維特效應」這個名詞，藉此形容自殺展現的神祕模仿反射力。連小說人物都能成為傳染媒介，遑論真實案件。另一本引發議論的精采小說，傑佛瑞．尤金尼德斯的《少女死亡日記》，深入探討了模仿式自殺的心理謎團。

無論如何，這位《斐多篇》讀者跳牆自殺事件（高牆已算是古希臘版本的高架橋）意外開啟了一條新的文學類型：關於致死書籍的故事。難怪此類書籍中最著名的作品《死靈之書》（*Necronomicón*）要採用希臘文書名。這本邪惡之書，只要讀了其中內容就會使人瘋癲和自殺，其實是H．P．洛夫克拉夫特在《克蘇魯神話》那個駭人世界中虛構的一部作品。當然，我們對《死靈之書》的內容毫無所悉，因為讀過它的人無一倖存。不斷有傳聞說這本書記述了神祕智慧和巫術魔法，藉此可以接觸具有邪惡力量的外星人，人稱「古代人」。在遠古時代因為施行暗黑魔法而被逐出地球之後，這些怪異人種躺在太空中昏睡許久，等待機會奪取世界，那是曾經屬於他們的宇宙。

洛夫克拉夫特對於《死靈之書》的歷史有極細微的描述，甚至還交代了譯本和參考書目等細節，有些讀者因此盲目地認定此書一定存在，竟引來不肖之徒冒充古物收藏家，謊稱他們擁有此書且願意割愛，以此詐騙單純的忠實讀者。為虛構書目這個玩笑打頭陣的，是個號稱阿拉伯狂人的詩人阿卜杜．阿爾哈茲萊德（Abdul Alhazred）。事實上，這是洛夫克拉夫特本人兒時的綽號，靈感來自於《一千零一夜》。「Alhazred」隱喻著「all has read」，也就是遍讀群籍。

《克蘇魯神話》系列小說對於閱讀《死靈之書》後的悲慘下場有極豐富的陳述。它警告我們，在中古世紀，由於這本書的巨大影響力，許多可怕的事件接連發生，因此，教會在一〇五〇年將這本書列為禁書。根據洛夫克拉夫特的說法，儘管此書是邪惡詛咒，在十七世紀的西班牙仍出版了這本禁書的拉丁文譯本。這個版本仍有四本存在世上，一本在大英博物館，一本在巴黎的國家圖書館，一本在哈佛大學，最後一本在虛構的美國密斯卡托尼克大學（Miskatonic University），這所大學位於虛構的城市阿卡姆（Arkham）。洛夫克拉夫特的忠實粉絲跟著起鬨，甚至為當今好幾座圖書館偽造了這本書的書目，並暗指這個被禁的版本出自托雷多城。因為這樣一本虛構書籍，托雷多出現了爆量的借書申請，看來，好奇心大大征服了閱讀《死靈之書》可能會導致癲狂死亡的恐懼。

柏拉圖、阿拉伯狂人阿爾哈茲萊德和歌德的作品，以其文字的陰暗魔力將讀者帶往沉淪秘境。另外有個閱讀導致死亡的詭異方式，則是在書本裡下毒。據我所知，以書籍作為謀殺工具最早出現在《一千零一夜》。從第四夜近尾聲及第五夜整晚，雪赫拉莎德敘述了〈國王尤南和神醫魯陽〉的故事。醫師治癒了國王的痲瘋病之後，發現這個忘恩負義的國王居然想把他一腳踢開，於是，暗自謀畫了一個懲罰國王的計畫。他送了一本書給國王，「精華中的精華，比罕見更罕見的稀世珍寶，書裡盡是不可計數的絕妙奇蹟」。其實，那本書的書頁沾滿了劇毒，國王最後落得一命嗚呼的下場。「尤南驚訝得不可自抑。他已經等不及了，連忙接過書，並隨手翻開書本，只是，書頁竟然黏住了。於是他伸手往嘴巴沾了點口水，就這樣翻開了第一頁。接下來的第二頁、第三頁……每一頁都無法直接翻開。就這樣，國王以同樣的方式翻到了第六頁，並試著閱讀其中的內容，但是，他卻連一個字都沒看到。過了沒多久，他的器官已遭毒素入侵，因為那本書上沾滿了劇毒。」

看過希區考克的電影《驚魂記》之後，我們若單獨在旅館洗澡可能會覺得毛骨悚然，這個《一千零一夜》裡的故事，恐怕也會讓習慣先沾了口水再翻書的讀者產生類似的恐懼。我好幾次讀到書籍沾抹毒藥的故事，彷彿這已經變成了恐怖小說的經典情節。我還記得大仲馬的小說《瑪歌王后》那個精采絕倫的獵鷹計畫，心狠手辣的母后凱薩琳錯殺了親生兒子查理。還有亞里斯多德的喜劇；前文已述，在《玫瑰的名字》裡，修道院掀起了腥風血雨。我特別喜歡秘密揭發的那一幕：當方濟修士神探威廉解開謀殺之謎時，卻忍不住向兇手表達了欽佩之意。他大方承認書籍是絕佳的沉默兇手，「受害者各自中毒，正確的劑量正好就在他想閱讀之處。」

不幸的是，這本有關書籍殺人的小說最後一章很有可能確有其事。我想到的是書籍炸彈，在厚厚的書裡放了火力強大的炸藥，收件人一打開書本即遭殺害。白宮每年會收到數以百計的書籍炸彈包裹，最後皆由安全小組成功解除危機。但世上數以百計的郵局職員、記者、大樓管理員、秘書，以及各行各業的男女，早已因此而喪生。任何人都可能成為這一類攻擊的受害者。學者費南多·拜斯（Fernando Báez）指出，網路上已有數十個黑網教人如何製造書籍炸彈。看來，恐怖分子偏好某些特定作者和一長串書籍清單、文類和厚度。有些恐怖團體認為《聖經》不適合，但是，天曉得，他們卻覺得《唐吉訶德》非常好用。二〇〇三年十二月二十七日，歐盟執委會主席羅馬諾·普羅迪差一點遇上死劫，因為他翻開了一本炸彈書籍，那是加布里埃爾·鄧南遮（Gabriele D'Annunzio）的小說《愉悅》（*El placer*）。顯然，不愛閱讀的政客和高官反而能受到更好的保護。

78

我們喜歡把書籍想像成危險之物、殺人兇手且令人不安，不過，書籍卻是特別脆弱的。當你正在閱讀這些文字時，世上某一座圖書館可能正陷入火海。或許，有一家出版社此刻正銷燬滯銷的庫存書，把它們燒成一團灰燼。離你不遠的地方，一場水災淹沒了某些珍貴藏書。有人正在清除繼承的藏書，把它們丟進了附近的回收箱。你的周圍有一群昆蟲兵團，齜牙咧嘴地在紙張裡開疆闢土，忙著在浩瀚書架上的小小迷宮裡產下幼蟲。有人正下令清除妨礙當權勢力的作品。一場破壞性的浩劫正在某個政局動盪的國家上演著。有人譴責某部作品道德淪喪或褻瀆，因而將它丟進火堆裡。

我們有一段與惡火和書籍相關的漫長歷史，恐懼與魅惑交錯其中。蓋倫曾提過，火災和地震，是摧毀書籍最常見的兩大因素。火舌吞噬文字，通常是意外事件，但許多時候也是任意為之。許多個世紀以來，焚書被人們一再執拗地作為荒謬的目的，始自美索不達米亞直到現在。最好的不在場證明，就是在原地的灰燼上以新規則建立基石，或使之再生，並淨化被作家感染的病態世界。

當審查機構決議將《尤利西斯》焚毀時，喬伊斯曾語帶嘲諷地回應，歸功於這一團團火焰，毫無疑問，他們可望有個小一點的煉獄。同樣就在那幾年，納粹極權在多座城市的公共廣場上進行焚書活動。數以萬計的書籍由卡車運送到現場，一疊又一疊等著被摧毀。接著，一條條人龍形成，人人雙手捧著一疊書，等著把它們丟進火堆裡。研究學者估計，「納粹焚書事件」燒燬了超過五千五百位作者的作品，都是新首領認定為墮落沉淪的內容，一八二一年，詩人海因里希．海涅已經預言了一段書籍火葬儀式的前言，他是這樣寫的：「書籍熾烈燃燒的現場，最後也燒傷了人們。」事實上，這句名言出自題為《阿爾曼索》的劇作，作品中那部被焚燒的書籍是《可蘭經》，而那些有焚書癖的人，則是西班牙宗教法庭。

二〇一〇年，當全球正準備紀念「九一一事件」九週年之際，佛羅里達一個小教堂的神父宣布，他決定在恐怖攻擊週年那天燃燒《可蘭經》，更確切的時段是晚上六點到九點，這是電視的收視高峰時段。泰禮．瓊斯，一個橫眉冷眼的牧師，臉上蓄著馬蹄形鬍鬚，神態善變，或像顯要名人，有時又像皮膚黝黑的地獄天使。氣氛劍拔弩張的那幾天，他的面孔開始出現在世界各大媒體和新聞。他公開宣稱，他要把九月十一日變成「世界焚燒可蘭經日」，並呼籲家家戶戶一起歡度這個破壞性節日：Burn a Quran Day。政府當局無法制止他的煽動言論；沒有任何法律條文能夠禁止人們在私人場所焚燒合法取得的書。為了避免伊斯蘭國家爆發抗議和騷亂，前總統歐巴馬和中情局局長聯手以兩伊駐軍安全為由進行勸阻。這件事情變成了國際緊急事件。道貌岸然的瓊斯在第一時間勉強接受施壓，但到了二〇一一年三月，他再也無法繼續遵守協議。如同阿里斯托芬的喜劇，劇中人物在家模擬法庭審判了偷吃乳酪的小狗，泰禮．瓊斯以同樣方式呈現了審判《可蘭經》的場面。經過八分鐘的議論後，那位自稱法官的人宣判這本書犯了違反人道罪，接著當庭進行焚書，並將影片上傳YouTube以供全世界觀看。影片公布之後，好幾個人在阿富汗的暴動中死亡，另有數人身受重傷。

牧師瓊斯一夕成名（包含惡名昭彰），靠的是將一本書丟進火爐裡，儘管這部作品絕不可能因而消失，卻是一個具有強大力量的象徵行為，甚至近乎神奇。我們這個全球化、精密世故且科技化的社會，依舊能因為這麼一個古老的野蠻舉動而引發如此廣泛的騷動。

焚燒莎草紙書、羊皮書和紙本書，象徵著一再重演的古老沉淪戲碼。人類最早的書籍歷史經常可見猙獰火影。波赫士作品中一個抑鬱悲愁的角色有感而發：「每隔好幾個世紀，總要再次燃燒亞歷山卓圖書館。」這個簡短句子，表達的是浩劫：那座尼羅河三角洲的首都，數度陷入火海，直到完全被摧毀，埋葬了古希臘時期的一個偉大夢想。而那些燃燒書籍的火把，就在黑暗中引燃火苗。

79

亞歷山卓圖書館三大毀滅性災難

希帕提亞遭私刑處死意味著希望的破滅。亞歷山卓博物館以及它收集所有書籍和各種理念的夢想，被迫向城市騷亂中的一群暴民屈服。大圖書館從此永遠消失了。

克麗奧佩脫拉七世是埃及末代女王，也是最年輕的一位。當她成為上下埃及統治者時，年紀還不到十八歲。統治尼羅河國度的女子，必須完成一項毫無意義的傳統條件：與親兄弟成婚，就像伊西斯和歐西里斯那樣[1]。克麗奧佩脫拉不想為這樣的瑣事傷神，很乾脆的舉行了婚禮，對象是家族中最年幼的弟弟，亦即托勒密十三世，當時年僅十歲的他，是她認定可以掌控的人。即使姊弟倆已共同生活多年，但這樁婚姻並不和諧。兩個幼小帝后很快就為了爭權而吵得不可開交。克麗奧佩脫拉的謀略比法老弟弟略遜一籌，在宮鬥中徹底潰敗，後來被驅逐出境，且飽受死亡威脅。這位流亡異鄉的年輕女子從家族經驗學到了一個寶貴的教訓：她的親人可以像任何人一樣毫不留情地置她於死地。

同年，凱撒大帝抵達亞歷山卓。當時的羅馬帝國已是強權，自認扮演著世界警察與他國糾紛調停者的角色。克麗奧佩脫拉非常清楚，如果要重返統治權位，她需要凱撒的支持。

她偷偷從敘利亞出發，並逃過了弟弟派出的爪牙；因為他們接受命令，只要她再踏入埃及土地一步即格殺勿論。普魯塔克把被罷黜皇后和凱撒的相遇描述得相當生動有趣。西元前四八年十月的某個溫暖日子，一艘船悄悄地停靠在亞歷山卓港。接著，有個商人小心翼翼地從船上搬下一大捆地毯。他扛著地毯來到皇宮，請求晉見凱撒並呈送禮物。他獲准進入羅馬將軍房內，並將成綑的地毯攤了開來。裡面出現了一個女孩，皮膚熱得發紅，身材嬌小，滿身大汗，二十一歲的她，冒著生命危險自入虎穴，就為了滿足她對權力的欲望。普魯塔克敘述，凱撒「對這位女孩的大膽魯莽深感著迷」。他當時是個五十二歲的男人，身上帶著無數征戰留下的傷疤。他接受克麗奧佩脫拉並非欲望使然，而是他倖存多次後的直覺。她的時間並不多：如果她被弟弟發現，將是死路一條；如果凱撒不站在她這邊，也是死路一條。那天晚上，克麗奧佩脫拉抵達此地，看清了局勢，隨即展開色誘。

凱撒大帝讓她在皇宮內自由行動。有了權力強大的愛人提供庇護，克麗奧佩脫拉奪回了統治權。她仍把小小年紀的托勒密留在身邊，與其說他是國王，不如說是人質。那是亞歷山卓充斥著杯觥交錯和陰謀運作的時期。小法老不甘於被當成傀儡，於是開始策畫埃及暴動，對抗境內的羅馬軍隊。起義爆發後，外來統治者與為數不多的士兵被困在皇宮裡。我曾在前文提過，托勒密王朝的皇宮是個臨海的圍城社區，眾多建築物當中，也包含了博物館和圖書館。繆思牢籠裡的智者賢人們，向來習慣被隔離在那裡安靜做研究，以及無情地相互鬥爭，突然間竟和羅馬將軍一同受困，而且戰略形勢相當不利。圍城進攻者海陸夾擊，摧毀皇宮的欲望顯而易見。學者一雙雙眼睛，看著攻擊者發射的砲火在空中劃出一道道閃亮的弧線，紛紛落在藏書寶庫附近。

凱撒的人馬射出塗抹樹脂的火炬反擊港口軍艦。火把立即點燃了捻縫填蠟的甲板和航海粗繩，船隻被火海包圍，然後像催眠似的緩緩沉入海中。火燒船的惡火延伸到港口，並危及附近的建築物。火勢因風勢推波助瀾，瞬間在所有屋宇間閃爍跳動著。埃及部隊急忙逃離令人窒息的火場。凱撒趁此機會跑到法羅島，並掌控了這座城市的海上進出管道，以靜制動。一如往常，這位傑出的羅馬將軍以過人戰術贏得勝利。托勒密十三世在尼羅河溺斃，留下他那位權力萬能的寡婦姊姊。

普魯塔克一百五十年後記述了這段歷史的經過，他堅信，凱撒人馬火燒軍艦的行動延燒到大圖書館，將所有莎草紙書燒成灰燼，亞歷山大大帝的夢想就這樣奏起了響亮的安魂曲。結局真的是這樣嗎？

我們有充分理由提出質疑。凱撒在其著作《內戰記》中提及火燒軍船一事，但並未提到大圖書館遭受破壞，甚至未曾替自己辯解。而凱薩的代理人，即撰寫《亞歷山卓戰記》的奧盧斯・希爾提烏斯，也不曾談及此事。反之，他認為這座城市的大型建築物都是不可燃的建物，因為都是以大理石和泥灰建造，屋頂和地板都不含木材。沒有任何同時代的人為書籍殿堂的毀滅而表達惋惜之意。地理學家史特拉波大約在反抗凱撒暴動事件五年後造訪了亞歷山卓，他詳盡描述了博物館，並未提到博物館近期曾遭毀損一事。其他同期的羅馬和希臘作家也對此隻字未提，如盧坎、蘇埃托尼烏斯和阿特納奧斯。然而，哲學家塞內卡卻打亂了這幅拼圖，他寫道：「亞歷山卓四萬卷莎草紙書陷入火海。」

這就像推理小說一樣，每一個新的發言者敘述的都是不一樣的版本，並提供了相互矛盾的線索。我們該如何解答這道莫名其妙的謎題？隱藏在故事和沉默背後，那個模糊的事實究竟為何？這個謎團可能的解答，或許藏在多年後兩位作者不經意提到的細節裡：卡西烏斯・狄奧和保盧斯・奧羅修斯。他們兩位提到，凱撒引發的焚船火勢燒燬了船塢、所有穀物糧倉，以及港口好幾座倉庫，而倉庫裡的庫存，很湊巧的，正是好幾千卷莎草紙書，可能是大圖書館新購入的藏書，正等著移往博物館存放，抑或，那些都只是商人擁有的空白莎草紙卷，即將經由地中海貿易航線輸出海外。

或許，普魯塔克並未正確解讀書籍庫存被燒燬的描述，在希臘文裡，書籍庫存也稱作bibliothéke，並把它想像成博物館的末世焚書火場。或許，大圖書館的第一次浩劫，其實只是想像出來的記憶，或是衰落的預兆，或是一場神話式火災，最終象徵了一座城市、一個王朝的衰微，一個始於亞歷山大的夢想而終於克麗奧佩脫拉潰敗的朝代。

80

克麗奧佩脫拉的政治和性愛結盟，首先與凱撒，後來與馬克・安東尼，以此試圖避免讓羅馬帝國的貪婪吞食了埃及王朝。但終究只能做到將吞食大戲延後登場罷了。末代女王於西元前三〇年自殺之後，尼羅河國度被新興的羅馬帝國併吞，亞歷山卓從一個傲視天下的王朝首都，變成了新全球化時代的邊緣城市。

一直以來，用於支付圖書館那群智者的資金，向來仰賴托勒密家族的君主們，改朝換代之後，變成了羅馬君主的責任。博物館及其圖書館安度了王朝危機，不過，可以確定的是，它的輝煌時期已是過去式。那個野心勃勃的知識中心，自創建以來，歷經了結合財富、虛榮和馬其頓帝國主義的黃金時代。不過，羅馬君主的金錢和虛榮在亞歷山卓之外另有許多支出。我們不清楚凱撒引發的那場火災是否殃及大圖書館，但毫無疑問的是，王朝財庫早已漸漸枯竭。

大圖書館創建之初的兩個世紀裡仍有慷慨的保護者相挺，例如哈德良，到了第三世紀則因卡拉卡拉無理的威脅而開啟了黑暗時期。這位皇帝宣稱，他非常清楚（事件發生已過了七個世紀）亞里斯多德是毒死亞歷山大大帝的兇手，為了替他的偶像報仇，他謀劃放火燒了博物館，因為哲學家的鬼魂仍在那裡縈繞不去。我們的資料來源，歷史學家卡西烏斯·狄奧，並未明白陳述卡拉卡拉是否實現了這個重大的破壞計畫，不過，他倒是明確指出，智者賢人專用的免費食堂已經廢除，他們享有的許多特權也被取消。經過一段時間之後，由於一件無關緊要的犯罪事件，他卻大舉派兵掃蕩亞歷山卓，殺死了數千名無辜民眾，接著，相當於地中海版本的冷戰時期的柏林，一座城牆分隔了這座城市，並且不定期派士兵巡邏，絕不讓兩個地區的人民有自由互訪的機會。

西元三世紀後半期，羅馬帝國危機加劇。帝國的經濟狀態逐漸惡化，而疲於戰事和政爭的君主們，對文化的興趣已經微乎其微。在那個時代，亞歷山卓的輝煌不過是遙遠的微光了，作為維持藏書的資助早已持續縮減中。用來修復受損、老舊和遺失莎草紙書，以及添購新作品的資金，一天比一天少。衰落已經勢不可擋。

接下來的混亂戲碼是不斷上演的搶劫和掠奪。在羅馬皇帝加里恩努斯統治期間，埃及領導人宣布自立為帝，並切斷了對羅馬的糧食供應。加里恩努斯絕不容許亞歷山卓糧倉就這樣拱手讓人，於是派遣狄奧多鐸將軍（Teodoto）帶兵收復亞歷山卓。火爆的戰爭衝突造成了一座嚴重受創的城市。亞歷山卓被征服後，不久即痛失阿拉伯皇后芝諾比亞（帕米拉王國王后）❷，據說是克麗奧佩脫拉的後代。羅馬皇帝奧勒良和後來的戴克里先也先後加入了殘暴攻城行列，將亞歷山卓陷入血腥和火海的圍城困境裡。軍事家兼史學家阿米阿努斯．馬爾切利努斯記述，或許添加了些許戲劇效果，他寫道，博物館址所在的圍城區域，西元三世紀末已在地圖上消失。

關於博物館的衰落，我們並無任何詳盡記載，但我不禁要想，想必就是保羅．奧斯特在後末世小說《末世之城》裡形容的景象。小說敘述的是一位名叫安娜．布盧姆的女子，她來到一座無名之城，歷經一段戰亂衝突時期之後，一片滿目瘡痍。在這座飽受摧殘的城市裡，街道地名：托勒密大道、尼祿觀景台、第歐根尼車站、金字塔高速公路，讓人聯想起已被夷平的遠古鬼魅城市亞歷山卓，如今早已淹沒在回憶中。

安娜為了尋找唯一的弟弟而來到這座城市，這位年輕記者毫無預警地失蹤了。姊弟重逢的機會看來渺茫，可確認的事蹟早已模糊，而末世風暴似乎迫在眉睫。有一天，安娜在城內閒逛，一路沿著托勒密大道漫步，湊巧來到被嚴重破壞的國家圖書館前：「這裡曾是一座雄偉建築，一排排義大利風格的圓柱，堪稱全城最出色的建築之一。然而，它的光輝歲月已成過往，就和城裡其他建築一樣。三樓的屋頂已被炸毀，圓柱傾倒碎裂，屋內到處都是書籍和文件。」

安娜入住博物館頂樓，一同加入的還有山姆，一位認識她弟弟的外國媒體特派員，對於尋獲好友仍抱著一線希望。雖然大圖書館幾乎稱得上是廢墟，卻是輝煌時期的人物最佳的避風港。那裡住了一小群被迫害的智者，平時針鋒相對的他們暫時處於休兵狀態，此刻正聯手保護這最後的一大批文字、概念和書籍。「我不知道究竟有多少人住在那個年代的圖書館裡，但我相信一定超過百人，或許還要多得多。這裡的住戶都是教授或作家，都是動亂頻仍的前數十年期間的肅清運動倖存者。圖書館各種流派的團體之間，已經產生了相當程度的革命情感，至少，他們之中大部分人都樂意互相交談或交換理念。每天早上兩個鐘頭；他們稱之為『逍遙學派時間』，他們會舉行公開對談。他們說，國家圖書館曾經有一段時期藏書超過百萬冊；當我抵達那裡時，這個數字已經減少許多，但依然有數十萬冊，那是一片令人稱奇的印刷文字汪洋。」

混亂和災難亦入侵了圖書館。安娜發現，館藏分類系統完全雜亂無章，七層樓的所有資料庫中的書籍幾乎都不可能找到放置的位子。一本書若在發霉的大廳迷宮中迷失了，等同於已經不存在：沒有人能再找到它了。

霎時，城市迎來一波嚴酷寒流，寄居圖書館的外來客因此陷入險境。因為找不到其他可燃物，他們決定在鐵爐裡焚書取暖。安娜寫道：「我知道，這件事讓人感到不快，但是我們別無選擇；如果不這麼做，我們只能等著被凍死。奇怪的是，我一點也不愧疚，這是實話；我想，我甚至樂得把書丟進火堆裡。或許，這件事披露了一股隱藏的憤恨；或許，我真心認為書籍命運根本不重要。這些書籍的時代已經過去了。總之，這裡大部分書籍都不值得翻閱。當我找到某本可以接受的書時，我會保留下來慢慢閱讀。就這樣，我讀了希羅多德的書。不過，最終，全部都進了火爐，全都化成了煙灰。」

我不禁猜想，亞歷山卓博物館的科學家和智者們，就是這樣眼睜睜地看著他們珍貴的收藏一步步走向破損、燃燒和崩壞。在一個不可寬恕的時代揶揄場面中，我似乎看見一群學問淵博的知識分子，賣弄著他們的黑色幽默和虛無主義，模仿著巴赫金在納粹圍攻列寧格勒時發生的軼事。他們說，這位俄國作家是個老菸槍，當時，城裡天天處在轟炸的恐懼中，他也被迫關在一個小公寓裡。他還留著一些菸草，卻找不到任何捲菸紙。為了滿足菸癮，他利用了自己耗時十年寫成的雜文集，一頁接著一頁，一口接一口，就這樣耗盡了這本書的大部分手稿，因為他確定莫斯科還保存著另一份副本，豈知，歷經戰亂，最後這一份稿子也佚失了。我記得威廉．赫特在那部迷人的電影《煙》裡敘述了這件軼事，幾乎已成傳奇，而電影編劇正是保羅．奧斯特。我想，這部關於倖存的電影裡的絕望喜劇性，八成都有亞歷山卓圖書館員的影子。到頭來，他們細心呵護的書籍，終究變成了陣陣煙縷，成了一陣風，都成了空中的海市蜃樓。

81

西元四世紀的亞歷山卓是個動盪不安的地方。這座城市的居民，雖以文化素養和感性而聞名，卻也以殘暴惡鬥為樂。這裡的街頭暴動有其漫長的歷史。社會問題、宗教歧異加上權力鬥爭，經常可見血腥的暴力爭執在街頭上演。我們可以想像那種景象，大致類似馬丁．史柯西斯在電影《紐約黑幫》呈現的社區幫派大火拚場面。

埃及首都的動亂漸漸變成了羅馬帝國的危機。由於某種神祕詭異的累犯法規，有些地區持續流入在世界各地的衝突中犯下極惡罪行的不法之徒。黎凡特地區成了遠古時代地緣政治的避雷針之一。

活躍在亞歷山卓的狂熱暴民分屬不同宗教族群：猶太人、異教徒和基督徒。同時也分裂為對立的流派：尼西亞教派、阿里烏教派、起源論者、基督一性論者及其他。他們之間的相互衝突司空見慣，佐以組合複雜的競爭性。然而，也不盡然都是混亂、憤怒和喧囂。令人困惑的暴力之下，一個歷史巨變正在進行中。世紀之初，君士坦丁大帝將基督教合法化，到了西元三九一年，狄奧多西一世公布一系列法令，禁止異教徒公開奉獻犧牲，並下令關閉其主要宗教中心。亂象頻出的數十年間，被迫害者與迫害者的角色已經互換。一切將不復以往：政府已經變成了新信仰，並且已出手摧毀異教主義。

博物館和塞拉比斯神廟分館曾是宗教紛爭的樞紐。兩座建築物都是神廟，而它們的圖書館員都是祭司。在這兩個機構供職的知識分子組成了一個「西雅索以」，換言之，一個繆思宗教團體：九位維護人類創作的女神。他們的工作日常就穿梭在神明雕像、祭壇和其他異教文化的儀式象徵中，因為托勒密王朝家族始終在神廟內的藏書區域維持著古老的東方傳統。這兩座圖書館乃為了異教的經典文化服務而建立，在打壓這個文化的政府統治下，將圖書館延續下去並非易事。

這座塞拉比斯神廟（或稱為宙斯．塞拉比斯）收藏了許多人文書籍，也是亞歷山卓最耀眼的建築之一。神廟裡，庭院內的高雅門廊，精心雕刻的諸神雕像，內部的藝術品，以及老派奢華裝飾，這是在歷史競賽中吃了敗仗的異教徒虔誠祈禱和相聚的場所。在那裡，他們聚在一起，就像打過的仗已被人淡忘的一群老兵，大夥兒大發牢騷，編織對往日的嚮往，就像每個時代的人都會做的事，高聲叫囂過往的時光總是更加美好。

西元三九一年，情勢一發不可收拾。

狄奧菲魯斯主教（Teófilo），亞歷山卓基督教徒的精神領袖，以暴力執行了狄奧多西一世下達的各項命令。狂熱的基督徒團體公然鞭打異教徒。驚恐和仇恨開始在周遭凝結，成了引爆危險的媒介。在這個劍拔弩張的時刻，一件醜聞讓情況徹底失控了。一座建築在密特拉神殿舊址的基督教堂進行整修工程時，工人挖出了幾件神祕異教文化古物。基督教的大家長狄奧菲魯斯下令，這些宗教秘密象徵文物將在市中心遊行示眾。若要理解這件事造成的嚴重影響，我們可以回想前以色列總理夏隆在聖殿山爭議性的散步，不到二十年後，引爆了「第二次巴勒斯坦大起義」。亞歷山卓的異教徒（尤其是哲學教授，文獻資料特別指出這一點）眼看著自己的信仰被褻瀆，並公開遭受群眾戲謔，於是憤而群起攻擊基督徒。街道上四處沾染了鮮血。參與暴動者恐怕遭到對方報復，於是急忙跑到塞拉比斯神廟，並在裡面挖掘避難所。逃亡途中，他們挾持基督徒作為保命盾牌，進入神廟之後，他們強迫基督徒人質在非法的古老神明前下跪。街壘的另一邊，一群手持斧頭的群眾正打算圍攻神殿。

緊張猛烈的圍攻行動進行了好幾天。當情勢看似即將崩盤時，一場大屠殺危機及時免除了。羅馬皇帝差人送來一封信，信中宣布，他認可所有在衝突中喪生的基督徒為殉道者，他也寬恕叛變的異教徒，而基於新宗教法規，他下令終止塞拉比斯神廟各種圖騰雕像。大批羅馬士兵連同一群凶猛的修士隱士，穿越沙漠來到此地，他們直搗神廟內部，把那座由大理石、象牙和黃金打造的塞拉比斯雕像敲碎，一大群憤怒群眾紛紛將碎裂殘片拖到劇場上公然焚燒，接著，神廟內部陳設也被破壞殆盡。而後，他們在這座神廟原址，建立了一座教堂。

塞拉比斯神像被敲碎，神殿遭掠奪，這兩件事大大震驚了埃及的異教徒，包括原本並非特別虔誠的那批人。還有比古老祭壇遭褻瀆和珍貴藏書被破壞更嚴重的事情：他們認為，這是一種集體定罪。他們知道，他們認定的希臘多神論、對哲學的熱情及對古典的堅持，已經被扔進歷史的排水溝裡。

當時還有一位極具影響力的流亡者發聲，異教徒教授兼詩人巴拉達斯（Páladas）。他在亞歷山卓出生、去世，有生之年正好是西元四世紀進入五世紀之際。他在諷刺短詩中深刻陳述了文化被連根拔起之痛，大約一百五十首詩，全都收錄在《希臘選集》（*Antología Griega*）。他見證了這座由亞歷山大大帝創建的城市，東西方文化並存的理想，最後卻充斥著血腥和對立的亂象。他親眼看著自己的神祇雕像都成了廢墟。他在作品中證實了大圖書館遭受破壞，並提及希帕提亞慘遭殺害一事。他在詩中讚譽她是「智慧的無瑕星辰」。他還談到了匈奴西征及日耳曼蠻族入侵羅馬。如今閱讀這些詩作，我們仍能感受到他對另一個末日的生動描述。塞拉比斯神廟遭重創之後，他寫下悲傷的詩篇《幻象》（*Espectros*）：「不是這樣嗎？希臘人，深夜裡，當一切皆陷入深淵時，我們卻出現了，想像著生命中依然有夢？或許，當生命已逝去時，我們才是活著的？」

博物館的最後一位訪客是數學家、天文學家兼音樂家提恩（Teón），時值西元四世紀後半段。我們很難想像當時還存有多少博物館極盛時期的榮景，不過，提恩確曾試圖在火場救火。當街頭暴力衝突不斷和不同宗教相互爭鬥之際，他全心投入預測日蝕和月蝕，並籌備歐幾里得的《幾何原本》的最後版本。他全力栽培女兒希帕提亞；她的名字意味著「最偉大的人」，她學習科學和哲學，彷彿天生就是男人。她和父親合作，在當時的人看來，她甚至已在知識領域超越了他。

希帕提亞決定獻身研究和教學。她從未想過婚姻這件事，想當然耳，她是為了保有自己的獨立性，並非如某些資料推測是為了永保童貞。雖然她的作品在動盪混亂的幾個世紀間多已散佚，從僅剩的部分簡短殘篇中，我們知道她曾寫下了關於代數、幾何和天文學的作品。她的周遭圍繞著一群精挑細選的學生，都是在埃及權力圈位居要職的菁英分子。由於她堅信諾斯底主義（靈知派），加上她的貴族偏見，她不接受出身較低階層的人進入她的社交圈，因為他們無法理解她的崇高理念。所有資料都顯示，希帕提亞是階級主義者，但並未自立教派。她並不是虔誠的異教徒，純粹只把它看作希臘文化中的一環。她的門生當中有基督徒，其中兩位後來成了主教，辛奈西斯即其中一例，還有異教徒和哲學無神論者。希帕提亞和他們都建立了良好情誼。但不幸的是，在那個時代，溫和派的人，那些寧可緩緩沉思者，以及贊成和解的那群人（激進派批評他們過於溫暖），這些人都是單純如白紙，卻缺乏層層保護的族群。

直到不幸慘死之前，她一直按照自己的規則過日子，並享有異常的自由。年輕時候的她是個風華絕代的美女，但與男人之間的關係一向保持明確距離。據說，曾經有位男學生瘋狂愛戀她，並向她求婚。希帕提亞身為柏拉圖和普羅提諾的追隨者，只能向對方解釋，她追求思想的崇高世界，這種低賤的物質享受對她毫無吸引力……。由於追求者在地上久跪不起，她露出反常、而且是嫌惡的神情，要他別再提起這件事。我們能讀到這段軼事，都要歸功於達馬希烏斯，雅典的柏拉圖學院院長，他以既反感又欽佩的筆觸描述了這非比尋常的場景：「她拿來幾條沾了經血的布巾，並說道：『這就是你所愛的，年輕人，一點都不美好！』面對這可怕的一幕，他羞愧的無地自容，並且飽受驚嚇，心境產生了變化，很快就變成了一個更優秀的人。」因這段故事而有了這樣一個寓意：被經血布巾嚇得不知所措之後，希帕提亞的學生決定不再愛慕腐敗的肉身，轉而透過哲學努力尋找美學本身的完美性。

總之，希帕提亞終生未婚，堅持不讓自己追求知識的熱情受影響。她是城裡許多領導階層的老師，介入公共領域頗深，亞歷山卓市政府當局也對她頗為敬重。公務員高官經常向她請益，此乃人盡皆知之事，而這位自信滿滿的女子在政界的影響力也開始招人妒忌。坊間開始流傳她可能具備特殊魔力的誹謗性謠言。並傳言她在天文學和數學方面的興趣背後可能隱藏著一股邪惡的力量：巫術和邪惡魔法。

當時的政局氣氛越發緊繃，行政首長歐瑞斯提斯，一位溫和派的基督徒，他與西里爾主教，亦即狄奧菲魯斯主教的姪子，關係宣告決裂。那是悲慘的西元四一五年，一觸即發的緊張氛圍在史詩片《風暴佳人》中有非常生動的呈現，雖然，當時的希帕提亞其實仍繼續授課，而且應該是大約六十歲的年紀。亞歷山卓爆發了新一波動亂，這次是猶太人和基督徒之間的衝突。暴力場面經常在劇場、街頭及基督教堂和猶太教堂門口上演。西里爾主教下令驅逐城內的眾多猶太人。歐瑞斯提斯獲得希帕提亞和異教徒知識分子支持，堅拒外力干涉行政主權。在街頭巷尾的閒聊中，人們謠傳希帕提亞才是歐瑞斯提斯和西里爾互鬥的真正原因。

大齋期期間，有一群憤怒的暴民，由一個叫作彼得的人領軍，此人是西里爾的追隨者，這群人以行使巫術的罪名綁架了希帕提亞。她為自己辯護，並高聲吶喊，暴民仍襲擊她的轎子，但沒有人敢伸出援手。狂熱分子將孤立無援的她拖到西塞隆教堂，這裡曾是古老宗教敬奉諸神的神廟。就在那裡，眾目睽睽之下，殘忍暴民開始拿著磁磚碎片朝著她猛打。他們挖出她的眼珠子，還拔掉了她的舌頭，直到她氣絕身亡。她的遺體被拖出城外，暴民挖出她的器官，拆解她的骨骼，最後將全部的遺體丟進火堆裡焚燒。他們展示她的遺體，並試圖將她身為女性、異教徒和女教師象徵的一切摧毀殆盡。

西里爾主教究竟是否為煽動謀殺者，各種文獻資料並無共識。推測我們今天所謂的主謀一向是艱難模糊的工作，不過，眾人的懷疑焦點倒是立刻落在他身上。這個事件終究沒有開啟正式的調查。歐瑞斯提斯被調往新地點，而那些令人髮指的行為始終未受制裁。數年後，另一群暴民殺死了歐瑞斯提斯的繼任者，也是當時的地方首長。在當今的天主教會、正教、科普特教會和路德教派，西里爾被奉為聖人。

希帕提亞遭私刑處死意味著希望的破滅。亞歷山卓博物館以及它收集的所有書籍和各種理念夢想，被迫向城市騷亂中的一群暴民屈服。從那時候起，不再有人提起大圖書館，彷彿它龐大的館藏就這樣永遠消失了。

我們不知道，後來那幾個沉寂的世紀裡，剩餘的書籍究竟有哪些。圖書館、學校和博物館都是脆弱的機構，它們無法在暴力環伺的情況下長時間存活。在我的想像中，古老的亞歷山卓，多少溫文有禮、愛好和平的人背負著濃濃的愁緒，在自己的城市裡卻自覺是無祖國的人，面對狂暴年代的驚恐威脅，他們已無任何依靠。巴拉達斯，那位年老的文學教授，他這樣寫著：「我這一生都在和死人所寫的書和平對話。我試著在一個令人不屑一顧的年代傳達我的欽佩之意。從頭到尾，我只是亡者的領事。」

82

當我們已經不抱任何希望會有消息傳出時，大圖書館最後一次出現在兩份阿拉伯文歷史文獻中。文章的敘述觀點既非異教徒，也不是基督徒，而是穆斯林，而且，我們在年表上被迫轉為伊斯蘭教紀元第二十年，也就是西元六四二年。「我征服了亞歷山卓，西方的偉大城市，武力攻克，無須協議。」指揮官阿姆魯．伊本．阿斯在寫給穆罕默德第二位繼任者，也就是哈里發歐瑪爾一世的信中這樣寫著。好消息確認之後，阿姆魯開始列出這座城市的財富和美景清單：「這裡有四千座皇宮，四千座公共浴池，四百座劇場或娛樂場所，一萬兩千家水果商鋪，以及四萬名希伯來納稅人。」

編年史家兼思想家齊福帝（Alí Ibn al-Kifṭī）和學者拉提夫（Abd al-Laṭīf）敘述，數日後，一位年事已高的基督教學者，請求穆斯林指揮官允許他使用入侵後即被充公的大圖書館書籍。阿姆魯興致盎然地聽著老人敘述博物館的往日榮景，以及館內多年來的收藏，價值格外珍貴。阿姆魯並非魯莽戰士，他理解那些蒙塵、蟲蛀的寶物有多重要，但他不敢自作主張就批准，寧可派人送信去請求歐瑪爾一世指示。

繼續看事件發展之前，我們先在此做個說明。確實，阿姆魯在西元六四〇年征服了亞歷山卓，而大部分過程看來也頗具真實性，不過，許多專家認為，齊福帝和拉提夫編造了大圖書館的悲慘結局。兩人在事件發生經過許多個世紀之後的描述，看起來較像是，他們只是想在埃及蘇丹薩拉丁（Saladino）面前詆毀歐瑪爾王朝。或許，這個故事和真實之間的任何相似處只是偶然，但也可能不是。

一般而言，寄送信函需要先航海十二天，接著在陸地花上一樣長的時間才能抵達美索不達米亞。在那個月期間，阿姆魯和老人耐心等待哈里發的回音。那段期間，指揮官曾要求參觀斑駁破敗的圖書館建築。有人帶著他穿梭在綿密的巷弄網絡，走過一條條骯髒的街道後，來到殘破不堪的殿堂前，入口有一群士兵監視著。進入館內之後，走道上回音繚繞，依稀還能聽見所有沉睡的文字低語細訴。書架上的手稿蒙上一層層灰塵和蛛網，彷彿都成了巨大的蛹。老人說道：「可以的話……希望這些書籍都能由國王和繼任者繼續保存和維護，直到歲月的盡頭。」

阿姆魯樂於和老人交談，每天都去拜訪他。他聆聽老人敘述過往，彷彿那是《一千零一夜》裡的故事，那個想在皇宮裡收集全世界所有書籍的希臘國王，簡直是不可思議的故事，還有他那位勤奮的奴隸薩米拉（Zamira，齊福帝把法勒魯姆的德米特里改成了這個名字）為了尋書任務，足跡遍布印度、波斯、巴比倫、亞美尼亞及其他地方。

終於，歐瑪爾的特使帶著哈里發的回覆抵達亞歷山卓。阿姆魯忐忑不安地閱讀回信。「關於大圖書館的書籍，以下是我的回覆：假如書籍內容與《可蘭經》相符，那就是多餘的；如果內容與之相悖，則是褻瀆。接下來，即刻把書籍銷燬。」

失望之餘，阿姆魯只好服從命令。他們在亞歷山卓的四千座公共浴場銷燬了藏書，正好丟進鐵爐裡作為燃燒熱水之用。據說，他們整整花了六個月才燒光所有富含想像力和智慧的寶藏。唯一得以倖免的是亞里斯多德的著作。在那些氤氳瀰漫的浴場中，他的門生亞歷山大的最後烏托邦燒得劈啪作響，直到灰燼終於消聲陷入沉寂。

83

施工十二年，耗資一億兩千萬美元，西元二〇〇二年十月，新建的亞歷山卓圖書館在盛大排場中開幕，同樣位於舊址所在的那塊飛地上。那幢建築展現了全球傑出智慧的結晶；建築內有個寬廣而壯觀的閱覽大廳，七層樓高的空間直通唯一的屋頂，那是由數千片彩色面板拼接而成，白天可以調節折射入內的太陽光線。埃及總統與近三千位各國顯要參加了這場盛會。典禮中的致詞一再強調，對於埃及人民來說，這是值得驕傲的一刻；一個用於對話、理解和理性的古老空間獲得重生；就從這裡開始，批判的精神將展翅飛翔。這也證明了往日榮耀已經復興。只是，言語間依稀可聞不肯妥協又頑強的幽靈仍活躍著。負責報導現場活動的BBC記者，在簇新的書架中找尋被宗教當局列為禁書的納吉布・馬哈福茲著作。一本都沒有。一位高階負責人被問起他的著作為何缺席時，他這樣答道：「與眾不同的書將會慢慢再列入藏書。」那個馬其頓青年的瘋狂夢想仍然得和古老的偏見繼續奮戰。

---

❶古埃及神祇，歐西里斯和伊西斯是兄妹。伊西斯被埃及人敬奉為理想的母親和妻子、自然和魔法的守護神。歐西里斯則是埃及神話中的冥王，掌管陰間，同時也是生育之神和農業之神。

❷芝諾比亞（Zenobia）王后，在丈夫帕米拉王去世後，先是垂簾聽政，後自立為女帝，執政採反羅馬帝國立場，並將羅馬人趕出埃及、敘利亞和土耳其，而有戰士女王之稱。史學家普遍認為她有閃族亞美尼亞人血統，阿拉伯作家更直指她是阿拉伯人。

84

救生艇和黑蝴蝶

「黑蝴蝶」，塞拉耶佛居民這樣稱呼被焚燒的書籍灰燼，它們灑在行人身上、落在陽光遍灑的殘垣地基、行人道、半毀建築物上，最後分解並融入死者的鬼魂裡。

亞歷山卓圖書館的三次破壞看起來只是年代久遠的歷史，然而，不幸的是，人類對書籍的厭惡，在我們的歷史中卻是如此根深柢固的傳統。這樣的破壞從未退出潮流。就像漫畫家「El Roto」❶的一幅作品中所言：「文明逐漸變老；野蠻永保青春。」

事實上，二十世紀是書籍的恐怖世紀：兩次世界大戰有多座圖書館慘遭轟炸、納粹焚書、各種審查制度、中國的文化大革命、蘇聯大清洗、獵巫行動、歐洲和拉丁美洲的極權政府、遭焚燒或轟炸的書店、極權主義、種族隔離、某些自認是救世主的領袖頒布的禁令、基本教義派、塔利班、追殺魯西迪❷，以及其他各種大小災難。二十一世紀則以美軍掠奪伊拉克博物館和圖書館揭開序幕，而那是人類第一次出現書寫文字的地方。

我寫作這一章時正值二〇一七年八月底，恰巧是塞拉耶佛圖書館遭受瘋狂轟炸的二十五年之後。當時的我年紀還小，而在我的記憶中，那場戰爭意味著發現外面的世界，一個比我想像中更大，也更黑暗的世界。

猶記得那年夏天，我開始對翻起來鬆脆響亮的成人讀物感興趣了，以前的我對這些是毫不在乎的。是的，我是在那時候讀了人生第一份報紙，張開雙臂拿著它攤在我面前，就像漫畫裡的間諜一樣。讓我備受衝擊的最初幾則新聞報導和新聞照片，就是一九九二年夏天的那場大屠殺。就在那個時刻，我們在西班牙歡天喜地盛大慶祝巴塞隆納奧運、塞維亞萬國博覽會，以及一個倉促現代化並致富的國家突如其來的凱旋主義。

當年那些催眠似的美夢僅剩些許殘存，但那個灰暗陰森、滿目瘡痍的塞拉耶佛依然歷歷在目。我記得，有天早上在學校裡，道德課老師要大家把筆記本闔上；我們那班只有三、四個孩子，接著，出乎意料地，她和我們聊起了前南斯拉夫戰爭。我已經忘了當時聊些什麼內容，但依稀記得我們都覺得自己長大了，變得重要了，只差一步就能變成合格的國際事務專家。我還記得，有一天，我攤開地圖，然後以指尖從薩拉戈薩一路旅行到塞拉耶佛。我思忖著，這兩座城市的名稱享有共同的韻律呢！我還記得砲火下受創的圖書館景象。赫瓦希奧·桑切斯（Gervasio Sánchez）拍攝的照片——一束陽光穿越殘破的圖書館內部，輕撫著堆積如山的瓦礫和斷裂圓柱。這張照片是那個令人心碎的八月撼人的圖騰。

波士尼亞作家伊凡·羅倫諾維奇（Ivan Lovrenović）曾經記述，在那個漫長的夏夜裡，米利亞茨卡河畔莊嚴宏偉的國立圖書館（Vijećnica）建築不斷地發出的火光，照亮了塞拉耶佛的夜空。首先，二十五枚燃燒的榴彈砲掉落在圖書館屋頂上，雖然這個機構已經豎起了藍色旗幟標示其文化遺產的特殊地位。伊凡說道：當熾烈的火光肆無忌憚地波及大片面積時，突然開始了連續的瘋狂轟炸，意在阻擋圖書館入口。一群狙擊手在山丘上觀察城市動態，眼看著瘦弱又焦慮的塞拉耶佛居民紛紛從避難處跑出來搶救書籍，這群槍手竟對著無辜的群眾掃射。

砲轟情勢越演越烈，消防隊員根本無法靠近滅火。最後，摩爾風格的圓柱投降了，一扇扇崩裂的玻璃窗竄出凶猛火舌。拂曉時刻，數十萬冊的書籍慘遭焚毀；稀有的書籍、城市的檔案文件、全套的文集、手稿和一些世上僅存的唯一藏本。「這裡已經一無所剩了。」一位圖書館館員凱克斯拉夫這樣說道。「我看見煙柱升起，紙片四處飛散，我想大哭、大吼，但終究只能無力地跪在地上，雙手抱頭痛哭。我這一生的責任，就是好好地記住他們如何燒燬塞拉耶佛圖書館。」

作家阿圖洛．貝雷茲—雷維特時任戰地記者，在現場見證了砲轟和火災場景。隔天早上，他看見被摧毀的圖書館地板、崩塌的牆壁和樓梯瓦礫堆、不再有人閱讀的手稿、四分五裂的藝術品。「當一本書起火燃燒時，當一本書被摧毀時，當一本書死去時，我們在某種程度上也不可挽回地變成殘缺不全。當一本書起火燃燒時，所有曾努力使它成真的生命，所有在書中的生命，所有閱讀過這本書的生命，以及它能提供的一切，未來、溫暖、知識、智慧、樂趣和希望，皆已逝去。破壞一本書，從字面上來看，就是謀殺人的靈魂。」

餘燼延燒數日，縈繞不去的黑煙，懸浮在城市上空，彷彿飄著黑色的雪。「黑蝴蝶」，塞拉耶佛居民這樣稱呼被焚燒的書籍灰燼，它們灑在行人身上、落在陽光遍灑的殘垣地基、行人道、半毀建築物上，最後分解並融入死者的鬼魂裡。

多麼詭異的巧合：小說《華氏451度》裡負責焚書的消防隊隊長也用了同樣的譬喻。他雙手拿著書，嘴裡像讀詩似的唸著銷燬書籍的程序：「先燒了第一頁；然後，第二頁。每一頁都會變成一隻黑蝴蝶。多美妙啊！是不是？」布萊伯利小說裡描述的陰鬱未來之中，閱讀絕對禁止，所有書籍都是非法，皆須銷燬。在那裡，消防隊的任務不是滅火，而是點火，甚至放火燒了私藏危險物品的家戶。他們認定的合法書籍只有一本：消防隊員的放火規則。在這本手冊中，記述了這個一七九〇年建立的消防隊，創隊宗旨是燒燬美國的英國書籍，而第一位消防員就是班傑明・富蘭克林。沒有任何資料反駁這個論調，反正也沒有人對此提出懷疑。在那些文件被銷燬、書籍不能自由流通的地方，非常容易就能痛快，且毫無顧忌地修改歷史。

至於前南斯拉夫的例子，消滅過去是種族仇恨的目的。從一九九二年到內戰結束，總共有一百八十八座圖書館和資料館被毀損。聯合國專家委員會一份令人悲傷的報告指出，前南斯拉夫存在著「蓄意破壞文化資產，即使毫無軍事攻擊的需要。」思想家胡安・戈帝索洛（Juan Goytisolo）回應美國作家蘇珊・桑塔格的召喚，親自前往這座波士尼亞首都，並寫了《塞拉耶佛筆記》（*Cuaderno de Sarajevo*）一書：「那座燃燒的圖書館，殘暴的發射砲彈者餵養種族仇恨的原料，簡直比死亡更不堪。這段期間的怨怒和痛苦，將跟隨我進墳墓。那些施暴者的目標：移除這片土地的歷史內容，為的是在這裡建造一座謊言、傳奇和神話的殿堂。對我們的傷害卻是如此血淋淋。」

關於被燒燬的書籍灰燼，人們大可建立各自覺得有趣的事件版本。毋庸置疑，被榴彈砲焚燒或毀損的書籍亦有受人爭議之處。圖書館的部分館藏和書店架上的某些圖書，有些是立場偏頗的，有些甚至作為宣導之用；我想起了一間倫敦書店的軼事，在納粹轟炸的數月期間，書店以店內販售的希特勒著作《我的奮鬥》蓋滿店家上方的屋頂。這不過是多重的發聲管道之一，不計其數的書籍扉頁自有特色，亦互相矛盾，但可以確定的是，它們不會被棄置在盲目的死角，並有機會察覺任何可能的操縱。所有毀壞圖書館和檔案資料者，他們主張的是一個異質性、分歧性和嘲諷都更少的未來。

雖然亞歷山卓圖書館被焚燒數次才完全被摧毀，但並非全部皆遭毀損。橫跨多個世紀為了保存想像力的傳承而付出的努力並未白費。許多書籍得以保存至今，依然在不少文本和亞歷山卓語文學家經常使用的符號中留下痕跡。而這也意味著，經過顛簸崎嶇的路徑，它們經由複製再複製而傳到我們手中，這條複製鏈的源頭則可上溯至那座已經消失的圖書館。數千年來，當年在亞歷山卓城市大圖書館流通的書籍不斷複製，然後經由小型圖書館和私人藏書等網絡往外散布，滋養了廣大疆域的眾多讀者。

在遠古時代複製書籍是能夠保存作品的唯一可能性。能夠從各種破壞中倖存的作品，都要歸功於緩慢、溫和且肥沃的文學灌溉，傾盡全力往外傳播，而後遍及所有隱密、偏遠而安全的角落；這些名不見經傳的小地方從未變成戰場。我們至今仍在閱讀的遠古作品，一直保存在那些角落裡——地處邊緣偏鄉的庇護所。在時局艱難的許多個世紀期間，各種破壞、掠奪和火災，陸續將設置在政權中心所在的重要大型圖書館摧殘成廢墟。

古希臘羅馬遠古時期，歐洲誕生了一個永恆的團體，這支火把，雖然火力微弱，但從未完全熄滅，至今仍是無法遏制的小眾團體。從那時候起，隨著時代演進，無名的讀者懷著滿腔熱情，成功地保護了脆弱的文字傳奇。亞歷山卓正是那個讓我們學會將書籍遠離蛀蟲、氧化、發霉和野蠻惡火的地方。

85

夏季的文學特刊總是堅持要問文壇大老們會帶哪本書去荒島。我不知道這個有名的荒島問句是誰率先發想出來的，也不曉得為什麼要莫名其妙地一再重複提起這種不合時宜的異國島嶼。一般咸認最妙的回答應屬G．K．卻斯特頓：「讓我最開心的莫過於一本名叫《建造小船指南》的書了。」我和卻斯特頓一樣，真想躲到那樣的地方。我對無人荒島之類的沒興趣，也不需要，只要一家擁有《奧德塞》《魯賓遜漂流記》《馬奎斯作品集：一個海難倖存者的故事》和《大海》（*Océano mar*）的書店，於願足矣。

詭異的是，我們幾乎能在世界各地追蹤到書籍捍衛者的蹤跡，包括在最險惡之處。如同馬爾恰馬羅（Jesús Marchamalo）在他那本令人愉悅的作品《觸摸書籍》（*Tocar los libros*）中所言，詩人約瑟夫．布羅茨基，因「社會寄生蟲」罪名被監禁在西伯利亞期間，藉著閱讀W．H．奧登而獲得慰藉；被卡斯楚政權關進牢裡的雷納多．阿里納斯（Reinaldo Arenas），則是在《艾尼亞斯記》（*Eneida*）中找到慰藉。我們也知道，蕾奧諾拉．卡林頓（Leonora Carrington）於二戰剛結束時，在桑坦德接受強制治療，她正是靠閱讀烏納穆諾的著作才挺過難關。

納粹的集中營裡也有圖書館。館藏都是囚犯抵達時被沒收充公的書籍。他們也利用從囚犯身上強奪的金錢購買新書。雖然納粹黨花了相當大一筆資金添購文宣著作，但館內倒也不缺暢銷小說和偉大的經典作品，還有字典、哲學論著和科學資料。館內甚至有禁書，但封面已被囚犯館員變造。這一類納粹圖書館的歷險始於一九三三年，據悉，到了一九三九年秋天，光是在布亨瓦德集中營圖書館就擁有六千冊書籍；達豪集中營的藏書最終達一萬三千冊。納粹黨以此向世人展現，在那些勞動的人道主義勞改營裡，並未忽略囚犯的知性需求。起初，囚犯似乎仍能保有自己的書籍，但這項特權很快就被剝奪了。

圖書館裡的那些書（如此接近，卻又無法取得）是否為犯人帶來些許寬慰？還有，更基本的問題是：對於一個飽受虐待、飢餓和死亡摧折的人，文化會是是一艘救生艇嗎？

我們有個強而有力，並且極具說服力的見證：《歌德在達豪集中營》（*Goethe in Dachau*）。本書作者尼可．羅斯特（Nico Rost）是一位翻譯德語文學的荷蘭譯者。二戰期間，他甚至在祖國被占領之後，仍致力於出版納粹黑名單裡的作品。此外，他還是一位共產黨徒——這是雙重挑釁。他在一九四三年五月被捕，然後被送入達豪集中營，以病人的名義進入護理部，但最後都是做些行政管理工作。他在集中營裡盡量迴避戶外的勞力工作，或是在軍工廠裡當奴工。但是，一直留在護理部是一種高風險的幸運。假如你被他們盯上了，發現你是個一無是處的寄生蟲，很容易就會登上開往滅絕的死亡列車。

在焦慮不安，沒有任何關於聯軍進展消息的情況下，許多囚犯因致命瘟疫斑疹傷寒和食物缺乏而死亡——尼可敘述，有位同伴因為過於消瘦，連假牙都嫌太大套不住了，集中營裡的囚犯越來越悲觀，深信自己恐怕不再有倖存的機會。在這樣的處境下，尼可做了幾個危險的決定。首先，他寫了日記，即使紙張的取得如此困難，而且每天總要躲躲藏藏地胡亂寫上幾句，然後趕緊藏好。

奇怪的是，這份在集中營解散後出版的日記裡，並未記述他貧乏艱困的生活，卻記錄了他當時的思維。他寫道：「談論飢餓者，終究會落得飢餓的下場。談論死亡者，總是第一批死去的人。我認為，維他命L（Literature）和維他命F（Future）就是最好的養分。」他還這樣寫著：「我們所有人會相互感染，因為營養缺乏終將死去。讓我們再讀更多書吧！」他寫道：「到頭來確實如此：古典文學能提供協助並給予力量。」他寫下這樣的句子：「當一個人沒有別的活動可選擇時，置身修昔底德、塔西佗和普魯塔克的馬拉松之役或薩拉米斯海戰的亡靈之中，實為最光榮的選項。」

尼可做的第二個高風險決定，是組織一個秘密讀書會。一位囚監好友和幾位醫師願意向圖書館借書供給讀書會會員使用。當他們無法取得任何讀本時，會員自己就憑著記憶力，把過去讀過的文章背誦出來和大家分享。會員分別簡介自己祖國的文學；他們的國籍足以拼湊成一片歐洲國家馬賽克。大夥兒站在床鋪之間的空位開讀書會，一邊忙著掩飾，同時滿懷恐懼，總會有個人負責把風，只要見了德國人出現就立刻示警。有一次，那個總是假裝沒看見他們的囚監竟然生氣了，突然朝著他們這群人大吼：「閉上嘴巴！誰讓你們還在那兒聊個沒完沒了啊！換做是在毛特豪森，你們早就因為這件事被槍斃啦！真是沒規矩。你們這群人真討人厭！」

兩位讀書會員正在他們內心寫下自己的作品：一位寫的是專利權論著，另一位則為廢墟中成長的兒童寫童話故事。他們談論歌德、里爾克、斯湯達爾，也暢談荷馬、維吉爾、利希滕貝格、尼采，以及亞維拉的德蘭，當時正逢空襲轟炸，簡陋的屋舍顫顫巍巍，同時，斑疹傷寒疫情加劇，有些醫生放手讓多數病人自行病故，藉此討納粹黨歡心。

死亡持續改變著讀書會成員的組合。尼可作為凝聚和運作讀書會的中心人物，總是想盡辦法試探並吸收剛進來的新病人。他的朋友給他取了個綽號：「吞紙的荷蘭瘋子」。那份偷偷寫成的日記是他透過書寫和閱讀展現的叛逆姿態，因為那都是他被迫不准做的事情。就算堆疊的屍體越來越多，他仍堅持不放棄自己的思考權利。一九四五年三月四日，距離被釋放不到一個月（只是，他並不知道倖存之日已近），此時，他感受到自己正處於生死臨界點。他寫道：「我拒絕談論斑疹傷寒、虱子、飢餓和酷寒。」他很清楚，也一直忍受著所有磨難，但他認為，納粹就是想藉此讓囚犯陷入絕望和沮喪。尼可不想讓自己的心思和那些劊子手產生關連；他急切地緊抓著文學，毫無懷疑地在其中找尋救生衣。這個宣揚唯物主義的激進共產主義者有其矛盾之處，因為他能在極端的環境下存活，依靠的竟然是對某個理念的堅定信仰。

所有曾與他交談和分享閱讀的人，來自不同國家：俄國人、德國人、西班牙人、荷蘭人、波蘭人、匈牙利人，各持不同政見。一九四四年七月十二日被送進集中營時，他這樣寫道：「我們組成了一種歐洲共同體（雖是不得已），並且能學習許多和其他國家打交道的方式。」我不禁要想，事實上，在繁冗的歷史協議之前，歐洲聯盟已在納粹集中營囚犯組成的危險讀書會形成。

歐洲疆界之外；無論假想的歐陸邊界在哪裡，在蘇維埃的古拉格，同樣在那幾年間，有些不同的聲音也在與死亡為伍的逆境中發現了文化的意義。

一九四〇年代，賈莉亞．莎弗諾瓦娜在西伯利亞的簡陋營房裡出生。在寒風呼嘯中，她以囚犯身分在那兒度過了童年，一旁就是惡名遠播的煤礦，眼前盡是永恆的冰封大地。她的母親是一位流行病學家，因為拒絕舉發實驗室同事而被迫下放勞改。在那座酷寒的監獄裡，除了一年兩封信之外，囚犯禁止書寫，紙張和鉛筆尤其匱乏，即便如此，為了這個只認識古拉格的小女孩，女因偷偷寫下童話故事，手工裝縫，暗夜中完成的插圖線條扭曲，內文每一個字都是精心手寫完成。「她們做出來的每一本書都讓我覺得好幸福！」已是年邁老人的賈莉亞對捷克作家莫妮卡·古斯可娃（Monika Zgustová）如是說道。「小時候，這些手作童書是我唯一的文化視野。我這輩子一直保存著這些書；它們是我的寶物！」愛蓮娜·科里布特曾被下放沃爾庫塔煤礦場，在那個北極圈內的凍原裡度過了十年歲月，她向古斯可娃展示一本普希金的著作，內頁搭配著古老的插圖。「在勞改營裡，這本來路不明的書有好幾百人經手過，說不定是幾千人呢！沒有人能夠想像，一本書對囚犯的意義何其重大：那是一種解救！身處野蠻之中，那是美、自由和文化！」在《雪地舞會》（*Vestidas Para un Baile en La Nieve*）這本精采著作中，莫妮卡·古斯可娃採訪了古拉格勞改營倖存女性，並向世人展示：即使身處生命的深淵，我們人類渴望故事的程度可能到達什麼樣的程度。正因為如此，我們無論去哪裡，總是帶著書或是放在腦子裡；處在驚恐的環境裡亦如是，書籍是對抗絕望最有效的急救包。

尼可、賈莉亞和愛蓮娜並非唯一。維克多·弗蘭克的手稿在奧許維茲集中營消毒室硬是被搶走，裡面記載著他的專業研究成果，而且，他心心念念以後一定要將內容整理重寫。哲學家保羅·利科遭維琪政權逮捕後，他致力於在監獄裡教學，並組織了一個圖書中心。年紀尚輕的米歇爾·德·卡斯帝羅（Michel del Castillo）在奧許維茲集中營唯一的熱情（頗具象徵性），是托爾斯泰的著作《復活》。後來，他這樣說道：「文學構成了我的生平傳記，也是我唯一的真實。」費雷爾（Eulalio Ferrer）是坎塔布里亞社會黨領袖之子，被關進法國集中營時，他才十八歲。有個民兵提議用一本書和他交換香菸。那是一本《唐吉訶德》，他連續好幾個月一再重讀，「藉著一再重複的文字激勵，陪伴我度過數小時自我喘息並遠離他人譫妄的時光。」

這些人就像是雪赫拉莎德，藉著想像的力量與對文字的信仰而得救。弗蘭克本人後來也提到，在奧許維茲集中營裡，矛盾的是，知識分子的生命存活率反而比其他身型健壯的囚犯更高，即使他們的體能狀況較差。到了最後；這位猶太心理學家說道：能夠讓自己和恐怖環境隔離的人，會在內心找到避難的角落，而他們承受的折磨也較少。

書籍幫助我們挺過多次重大歷史災難，也讓我們安然度過生命中的大小悲劇。誠如另一位黑暗面的探索者約翰．齊弗所述：「我們擁有的意識不會超越文學……文學解救了被譴責的人，它啟發並指引了戀人們，它征服了絕望，或許正因為如此，它可以拯救世界。」

86

最糟莫過於沉默。當時，我還找不到任何字彙來稱呼它。你可以這麼說：他們在學校嘲笑我。或是更戲劇化一些：他們在學校裡打我。但是，這只是事實表層的蛛絲馬跡而已。你的雙眼不需要X光就能看透大人心裡做出的立即診斷：小孩兒鬧著玩。

那是原始的、捕食性的部落機制最早的顯影。他們把我從群體的保護中抽離。那裡有個虛設的鐵絲網，而我身在網外。如果有人羞辱我，或是用力把我從椅子上推下來，其他人一點都不在乎。攻擊終究變成了規律的常態，不再那麼引人注目。我不能說這些事情天天上演。有時候，沒來由的，莫名其妙就迎來一段平和的日子，砲彈會好好鎖在盒子裡好幾個星期，堅硬的大球和捉弄也不再指向我。直到有一天，突然間，老師在課堂上責罵欺壓我的其中一名學生，接著，下課時，在一群等不及要出去玩耍的焦躁孩童之間，在那個漆成藍色的走廊上，他們以羞辱回報我：書呆子！婊子養的！妳看什麼看啊？妳想怎麼樣？於是，否決期再度開啟。

迫害者分擔不同角色：一個當老大，其他的是忠貞黨羽。他們替我創造各種綽號；他們模仿我戴牙齒矯正器的怪誕模樣；他們將碩大的球狠狠朝我丟來，至今我仍能感受當時的驚愕；他們在體育課時折斷了我的小指；他們盡情享受著我的恐懼。當時還有其他事情發生，但我猜他們根本就不記得了。或許，這些事偶爾會在他們的記憶中探出頭來，他們大概會說，嗯！我們對她開的一些玩笑是嚴重了些。他們八成就是這麼想的，總是無動於衷。

在那段最殘酷的時期，那是我八到十二歲期間，當年還有其他的邊緣人；我不是唯一的受害者：一個是留級的女生，一個是幾乎一句西班牙文都不會說的中國移民女孩，還有一個是叛逆期提早報到的奔放女生。我們是團體裡的弱勢族群，掠奪者在一旁觀望，並離我們遠遠的。

許多人會將童年理想化，把它變成被高估的已逝純真階段。我從未擁有過其他孩子認定的純真回憶。我的童年是詭異混雜物：親和力加上恐懼，脆弱加上堅忍，黑暗時日加上歡欣喜悅。童年裡有遊戲、好奇心、最初的幾個手帕交，以及父母提供的實質的愛。還有日常的羞辱。我不知道如何將自己斷裂成兩部分的經驗黏合在一起。記憶已經將它們分開建檔。

但是，最糟糕的，我在此重申，就是沉默。我接受了孩童間的遊戲規則，我接受了無情的咬噬。所有人都知道，從四歲開始，一直以來都是，告密是一件非常要不得的事情。告密者是膽小鬼，是損友，活該被人討厭。在操場發生的事，留在操場就好。什麼事都別跟大人說，萬一非說不可，那就最低限度簡單帶過，免得他們出面干預。身上的抓痕是我自己抓傷的。我遺失的東西其實都是被搶了，並且還出現在洗手間馬桶底泛黃的水裡。我努力將僅存的一絲尊嚴內化，要求自己要忍耐，堅持不出聲，不在別人面前掉淚，不向他人求援。

我並非特例。兒童之間和青少年之間的暴力，總在陰暗的沉默屏障下持續發展。長達數年期間，我激勵自己別成了班上那個告密者、愛告狀的懦夫。我並沒有那麼慘。或因自負，或因羞恥，我遵守規則：有些事情不能說。立志成為作家，成了我對抗這項規則遲來的叛逆。那些不能說的事，恰恰就是必須昭告天下之事。我決定成為自己避之唯恐不及的告密者。書寫的根源往往是陰暗的。這就是我的陰暗。它滋養了這本書，或許，我寫過的所有文章都是因此而來。

充滿屈辱的那幾年，除了我的家人之外，給予我最多助益的是我沒見過的四個人：羅伯特．路易斯．史蒂文生、麥克安迪、傑克．倫敦和約瑟夫．康拉德。後來我才發現，人們更熟知的是他們的作品：《金銀島》《說不完的故事》《野性的呼喚》《黑暗之心》。因為他們，我知道，我的世界只是同時存在的眾多世界中的其一，包括想像的世界。因為他們，我發現我可以封存歡樂的想像，並將它們存放在我內心的房間裡，當外在的世界颳起狂風驟雨時，我會在那裡尋得避風港。這個體悟改變了我的人生。

我在舊文稿堆裡翻出一篇名為《野生部落》的短篇故事，那是我早年探索文學時寫下的習作。多年後重新讀它，眼前所見顯然是一篇生澀作品，但我堅決不做修改。這是我個人歷史中一篇詭異的習作，挖出了深埋心底的往事，當時，即使在事件逼近時，仍能保護我免於意圖明顯且棘手的記憶過濾器操弄。在生硬的字句中，我發現，在我小小的悲劇世界裡，我也從書籍找到了救贖。

＊＊＊＊＊

我是那艘船的船長。當時，我正在甲板上，突然傳來尖叫聲。看見陸地了！我走到船頭，拿起望遠鏡。那座島上有棕櫚樹、椰子樹和奇形怪狀的岩石。金銀島！舵手！右舷轉三度。降下船帆。我們準備靠岸了。我將獨自探索這座島嶼，因為全體人員都覺得害怕。水手常說起島上野人可怕的故事。

「妳在這裡做什麼？」

「她在吃三明治。她必須吃很多才會變成最聰明，而且無所不知的人。」

「給我！嘿！你看，是個乳酪三明治呢！」

「好吃嗎？」

「呸！你看著吧！現在會變得很好吃噢！」

「這樣很不賴哩！」

「拿著，你也吐一口，像這樣……」

「好啦！妳吃吧！快吃！叫妳吃妳就吃！妳該不會是要哭了吧！」

「不會，她不會哭的。大家都說她聰明得很。她會全部吃掉的，而且不會去告狀。」

我遇見一群部落族人，只好鼓起勇氣。我必須通過！最好別惹惱他們。他們以自己的語言喚我為白色的狡猾魔鬼。現在，他們帶我去見首領。共有兩人。他們請我吃東西，如果不吃的話，他們會把我殺掉。他們可以友善待人，也可以異常殘忍。我看見周遭盡是受害者的骨骸。他們遞給我一大片熱帶植物葉片裝著的活生生蠕蟲。我的腹部因噁心而扭擰，但我必須忍耐，並勉力咀嚼。然後把它吞下肚。我把全部都吃完了。他們笑得格外開心，並讓我離開。得救了！根據地圖標示，部落所在村莊就在寶藏隱藏處附近。我來到一座牆壁濕漉不平的洞穴，小心翼翼往前挪步，時時留意是否暗藏陷阱。在那個石穴通道漫步了好幾天之後，我找到了寶藏，同時也聽見美人魚嘲弄的笑聲。

---

❶Roto這個字原意是將事物破壞或撕成碎片。西班牙知名的漫畫家安德烈斯・拉巴戈・加西亞（Andrés Rábago García）就以此作為筆名——「El Roto」。

❷薩爾曼・魯西迪（Salman Rushdie，一九四七年～），印度裔英國作家，以《魔鬼詩篇》一書揚名全球，但也因為在書中批判伊斯蘭教而遭伊朗精神領袖何梅尼下達追殺令。

87 我們就這樣開始成了怪人

歸功於亞歷山卓，人類得以變成如此稀奇：譯者、世界公民，以及那些博聞強記的人。大圖書館讓人目眩神迷，因為它為每個時代無國籍的人創造了一個文字祖國。

事實上，我們都是非常奇怪的，而且，如同艾蜜莉亞・瓦爾卡爾塞（Amelia Valcárcel）所言，正是古希臘人開始變得和今日吾輩一樣奇怪。在亞歷山卓發生了（破天荒第一次，並且是大規模）幾件罕見奇事，現在卻成了我們日常生活的一部分。在尼羅河岸的首都，托勒密王朝實現的成果，對我們而言，是個令人驚異卻又如此稀鬆平常的理念。展現書寫和字母的技術改革之後，亞歷山大的繼任者們開始了一項累積知識和取得智慧的宏觀大計。博物館延攬了當時最優秀的科學家和發明家，並承諾他們可以終生致力於研究——此外，他們也能賺得荷包滿滿，因為有免稅優惠。大圖書館及其塞拉比斯分館將他們細心保存的理念和所有發現對外開放。接觸各種莎草紙書及置身宏偉圖書館那種氛圍，大概就類似當今網路和矽谷展現的創意爆發力。

還有：大圖書館的團隊發展了極有效率的系統，引導那些已超越記憶屏障的資訊走向明確的方位。他們發明了諸如以字母排序的整理分類目錄，成立專責維護莎草紙書的部門——語文學家負責修正作品內容，書吏負責抄寫，和顏悅色的博學圖書館員則在這座文字迷宮裡指引初來乍到者，這是極其重要的一步，等同於書寫的發明。許多書寫系統以個別的方式在不同文化興起，各有其發展的時間和空間，但依然存在的相對少得多。考古學家發現，許多被遺忘語言的古蹟，它們之所以消失，正是因為不具備編列文本目錄和方便尋找的有效系統。如果累積文件到頭來都是一團亂，找尋隨時需要的資料像是大海裡撈針，誰還會有心致力於此？大圖書館在當時的特出之處，如同今日的網路，就是它簡易卻異常先進的技術，足供人們在繁雜混亂的書寫智慧中找出脈絡。

組織資訊仍是高科技時代的基本挑戰，如同托勒密王朝時代。好幾個語言：法語、加泰隆尼亞語和西班牙語，將我們的電腦稱作「整理器」（ordenadores），其實並非偶然。這是巴黎索邦大學古典語文教授雅克・佩里（Jacques Perret）一九五五年對IBM法國高層主管提出的建議，當時正值這種新儀器問世前夕，他們捨棄沿用英文名稱computer，因為這個名稱僅呈現其運算功能，卻採用了在功能上產生影響的ordinateur一詞（更重要也更具決定性），作為電腦的法語名稱。談及科技的演變史，從發明書寫文字到電腦資訊，究其背景，都在於開創管理、保存和維護知識的各種方法。所有對抗遺忘和混亂的進步之路，始於美索不達米亞，在古希臘時代達到巔峰，就在亞歷山卓和塞拉比斯的書籍殿堂裡，然後一路曲折的走到今天的網路裡。

收藏家君主們還踏出了非比尋常且偉大的一步：翻譯。從未有任何人實施過如此全面性的翻譯計畫，其涵蓋議題之廣泛，資源之豐富，史上僅見。托勒密王朝的君主繼承了亞歷山大的野心，征服地圖上未知的疆域已無法滿足他們，他們還想在其他人心中開闢新道路。這是個決定性的轉變，因為歐洲文明是藉由翻譯建立起來的，從希臘文、拉丁文、阿拉伯文、希伯來文，以及其他巴比倫語言翻譯而來。若無翻譯，我們將完全不同。一個被山岳、河流、海洋和語言疆界阻隔的歐洲，每個地區的居民可能會忽略其他的重要發現，我們受到的限制會讓我們更加孤立。我們不可能通曉文學和知識運用的每一種語言，況且，也不是每個人都有語言天分。但是，我們古老的翻譯傳統已經搭起了橋梁，融合了不同理念，建立起極其繁複卻非常和諧的對話，並保護我們免於坐井觀天的沙文主義險境，同時也展示，我們的語言只是其中之一，而且，世上其實有不只一種語言。

我們大都認為，翻譯這件事，理所當然具備了許多神祕面向。在《孤獨及其所創造的》一書中，保羅．奧斯特思考了這個近乎神奇的經驗，一個由不同明鏡組成的遊戲。翻譯的來龍去脈引起了他的好奇，因為，作家曾在多年期間依靠翻譯其他作家的著作維生。他坐在自己的書桌前，閱讀了一本法文著作，接著，很努力地，以英語寫下同一本書。事實上，這是同一本書，但也不是，正因為如此，這份工作總是讓他感到好奇。有些片刻，整段翻譯似乎失速迷航了，兩個重疊的分身，同感些許驚慌失措，焦慮不安地面對彼此。奧斯特坐在自己的書桌前翻譯他人的作品，雖然書房裡只有一個人，事實上卻存在著兩個人。奧斯特把自己想像成另一人，某種活著的鬼魅；「另一人」大多已作古，他在這裡，但也不在，而他的作品是他此時此刻正在翻譯的書，卻又不是。於是，他告訴自己，人確實有可能在同一個當下孤獨，卻也並不孤獨。

語言的融合有相當大的程度是亞歷山大打造的成果，至今我們仍以一個希臘字彙為它命名：Cosmopolitismo（世界主義）。亞歷山大狂妄夢想最美好的一部分（實現的過程亦以誇大高調的方式跛行著，如同所有重要的烏托邦）在於實現一個所有民族共居的Oikoumene❶持久聯盟，並創造了一個新的政治形式，能夠確保所有人類擁有和平、文化和法律。普魯塔克這樣寫道：「亞歷山大並未以首領之姿對待希臘人，也沒有蠻橫對待蠻夷，因為亞里斯多德曾提出建議，與人相處，切勿將他人視為植物或動物一般。反之，他下令要大家都把世界當作自己的祖國，把善人當成親族，視惡人為陌生人。」無庸置疑，這當然是歌功頌德之作，文中很小心地迴避了希臘帝國發展過程的困境。然而，即使透過這片變形稜鏡，依舊展現了始於亞歷山大的一段不凡的全球化過程。

建立一個遠及世界盡頭的王朝計畫，隨著這位馬其頓國王的英年早逝而告終，但是他的遠征為人際關係打開了一個寬廣的空間。實際上，在當時可知範圍內的整個世界，希臘化文明是最主要的文化和商業交流網絡。而亞歷山大與其繼任者為展現強大國力而建立的新興城市，在古典文化式微之際，反而開啟了全新的生活型態。當歐陸的希臘仍將傳統準則視為生存之必需時，遠在中東和小亞細亞的亞歷山大帝國大城市裡，街道上擠滿了尋常可見的各色人種，習俗和信仰互異，為大膽的混雜社會打開了一條新徑。

不少學者認為，最適合代表希臘化新視野的人當屬埃拉托斯特尼，他在西元前三世紀被托勒密三世延攬擔任亞歷山卓圖書館館長。新館長修正了亞歷山大大帝當年遠征時帶回來的地圖資訊。根據學者史庫奇馬拉（Luca Scuccimarra）的記述，「埃拉托斯特尼以出奇明確和堅定的態度，展現了他在人類語言和種族多樣化的豐富知識。」亞歷山卓放眼全球的新視野，勾勒出一項未來世界的計畫：一座希臘城市在非洲，所有巴比倫城市中最出色的一座，也是我們的古代社會各種觀念、藝術和信仰最神奇的接觸點。

就在那裡，在地中海沿岸，誕生了第一個擁抱全人類智慧的文化。這個奇妙的宏大野心，承繼了與他人接觸的渴望，希羅多德一生致力於此，馬不停蹄遠赴世界邊境的亞歷山大亦如是。大師喬治．史坦納曾追述，希羅多德曾提出這樣的問題：「年復一年，我們冒著生命危險且耗費鉅資派遣艦隊到非洲，就為了要問：你們是誰？你們的法律和語言是什麼？他們卻從未派出任何一艘船艦來問我們這些。」希臘化使得知識旅行的概念具體化，並將它對外擴展，仰賴了兩種形式：一是肢體的移動：海洋商隊、馬車隊、騎著駝畜上路，其二是讀者靜止的旅程，循著書籍墨跡引導的路徑，他們窺探了浩瀚的世界。以法羅島和博物館為地標的亞歷山卓，恰恰是這個雙重路徑的象徵。在這座大熔爐城市裡，我們看到了未來歐洲的基礎，無論盛衰，儘管時有緊張局勢和荒誕暴行，就算是暫時向野蠻靠攏的時期，歐洲未曾喪失過對知識的渴望和探索的動力。在《海底視界》（*Visión Desde el Fondo del Mar*）這本書中，阿爾谷優（Rafael Argullol）告訴自己，將來的墓誌銘非常簡單，只有一個字：「旅！」（Viajó!）。接著，他補充說道：「我曾經為了逃避、為了嘗試從另一個瞭望台看自己而旅行。當你能夠從外面看自己時，你會以更多的謙卑和洞察力看待生命，進而發現，就像一個在一群笨蛋中一同鼓譟叫鬧的笨蛋，你曾經以為，我已是更好的我，你住的城市已是夠好的城市，而那個你稱之為生命的，就是唯一可得的生命了。」

亞歷山卓作為希臘之外的希臘城市，卻是歐洲版圖之外的歐洲起源地，在這樣模糊的狀況下，它也開啟了以外面的目光省視自身的過程。大圖書館全盛時期，斯多葛主義哲學家追隨亞歷山大的中心理念，他們首度大膽昭告天下，所有的人都是無國界團體的一員，無論在任何地方或在任何情況下，人們必須尊重他人。別忘了，尼羅河三角洲的希臘王國首都是個活躍的大熔爐，他人的語言和文化在此開始變成重要議題，不但對世界和知識有所理解，領土亦是共享的。在這些願景當中，我們發現了歐洲偉大的全球公民夢想的起源。文字、書籍加上圖書館，這些技術使得這座烏托邦有了存在的可能。

遺忘只是尋常，文字遺產的消失、沙文主義和語言隔閡亦如是。歸功於亞歷山卓，人類得以變成如此稀奇：譯者們、世界公民們，以及那些博聞強記的人。大圖書館讓我這個薩拉戈薩中學裡的邊緣人目眩神迷，因為它為每個時代無國籍的人創造了一個文字祖國。

❶古希臘文，意為「適宜居住的世界」。

第二部

條條大路通往羅馬

一座惡名昭彰的城市

建城之初，羅馬人一無所有，他們擁有的東西都是搶來的：家庭、妻子、土地和王國。陰險狂妄的羅穆盧斯後代，只花了五十三年即征服了當時世界的大部分疆土。

1

新崛起的世界中心是一座臭名昭著的城市。溯及建城起源，羅馬人有個恐怖的暗黑傳奇，特殊之處在於，那個傳奇還是他們自己打造出來的。首先登場的是殺害手足的狂人。根據羅馬神話中的敘述，羅穆盧斯與瑞摩斯，阿爾巴隆伽國王那兩個焦躁的外孫，在那個傳奇的日子，西元前七五三年四月二十一日，兄弟倆為了建造自己的城市而反目。他們原已達成協議，選定台伯河畔作為新建城市的所在，然而，兄弟倆很快就為了爭權而引發衝突。因為是雙胞胎，無所謂長幼有序，兩人各自引證對自己有利的神蹟預兆——諸神也懂得選邊站。事情緣起是這樣的：瑞摩斯有意挑釁，刻意從羅穆盧斯建好的城牆上跳過壕溝。根據歷史學家蒂托．李維敘述，隨後而來的爭鬥中，強烈的野心讓事件演變成血流成河。羅穆盧斯殺死了親兄弟，狂怒的他不停地顫抖著，並怒吼：「所有從我的城牆上跳下去的人，都是死路一條。」就這樣，他為後來的羅馬對外政策祭出了殺雞儆猴的先例，衝突爭鬥之後，總是可以援引此例辯證對方的暴力和不法。

下一步是組織一個真正的犯罪團體。這座新建的城市需要居民。年輕君主毫無顧忌地公開宣稱，羅馬為所有罪犯和逃亡者敞開大門，在城牆之內，沒有人會追殺或打壓他們。大批來路不明的罪犯和出身陰暗底層的人；蒂托．李維記述：紛紛從鄰國逃出，成了第一批羅馬市民。女眾的缺席是最急迫的問題。於是，我們進入了卑劣下流的第三章：集體性侵。

羅穆盧斯邀請鄰近村子的居民一起歡度祭祀水神涅普頓的慶祝活動。看來，附近的村民也急著想參觀這座新城市，雖然當時只是一片泥沼地，最有看頭的就是那幾座棚屋和山羊。即便如此，慶典前一天仍湧入大量好奇的人群。附近村子來的鄉親們，大都有妻女隨行，而村子名稱都土味十足又拗口，例如：卡耶尼納、安藤納耶和克魯斯土梅里姆。倘若王朝強權最後是落在這些村子而非羅馬，恐怕我們今日所稱的羅馬人可能會是克魯斯土梅里姆人了。事實上，宗教慶典只是一個幌子。到了慶祝活動登場時，羅馬人眼看著前來做客的薩賓人目光和心思都集中在表演活動上，於是採取行動。這時候，羅馬人開始綁架和家人一同前來的年輕女性。根據李維的敘述，幾乎所有人都占據了隨機擄獲的第一名女子，但是，因為階級制度使然，位高權重的貴族先預訂了一些比較漂亮的女孩，然後花錢把她們買下來帶回家去。更多的是被擄婦女的父母和丈夫，傷心欲絕，只能不停地怒罵粗暴的羅馬居民。

為了避免誤解，這位歷史學家急忙解釋，如果羅馬人想確保自己的城市能繼續存在，綁架就是不得已的必要手段。此外，他們對飽受驚嚇的女孩也展現了溫情和愛意。他補充道：「這些論點，因為羅馬丈夫的溫柔而更加鞏固，他們為自己的粗暴行為提出的藉口是情不自禁，這樣的理由總能奏效，因為是訴諸於女性的自然魅力。」這還不打緊，這場傳奇的集體野蠻行動，竟成了羅馬婚禮的模式，長達數世紀期間，大喜之日總要上演這種擄掠婦女的場面。按照習俗，新娘要先躲在母親懷裡，接著，新郎佯裝強力搶奪，在此同時，新娘一邊大哭大吼，同時極力抵抗。

這個神話論調甚至出現在一九五四年上映的電影《七對佳偶》這部輕鬆浪漫歌舞片中，薩賓女孩好心幫忙率直粗獷的男主角解決娶妻問題。因此鬆了一口氣的一群哥兒們，愉快地唱起歌來：「那些薩賓女孩，淚漣漣呀淚漣漣，但是心裡其實很開心。在羅馬原野上，她們吶喊又親吻，親吻又尖叫。你們別忘了那些心甘情願的薩賓女孩。從來沒見過有人比她們更愛家，每個女孩膝上都有個羅馬嬰兒，喚作克勞帝歐或布魯托。那些哭哭啼啼的薩賓女孩，每當羅馬男人出門找樂子或打架時，她們也樂得夜夜守在家裡為幼兒縫製長袍。」看來，假道學的好萊塢電影製作守則（海斯法典）雖然審查銀幕上的親吻和夫妻床戲畫面，卻認為這段集體綁架的古老歷史足以作為溫暖和樂家庭的榜樣。

不過，在這個混亂的建國神話中，羅馬的敵人卻已預先警覺到這個王國後來的掠奪姿態。數世紀之後，其中一個對手如是寫道：「建城之初，羅馬人一無所有，他們擁有的東西都是搶來的：他們的家庭、妻子、土地和王國。」陰險狂妄的羅穆盧斯後代，只花了五十三年（根據希臘歷史學家波利比烏斯的推算）即征服了當時世界的大部分疆土。

2

事實上，地中海龐大王朝的建立需時數世紀。在那個西元前二世紀的五十三年間，眼看著羅馬製造出前所未見的破壞性戰力，其他民族莫不驚恐詫異。

前幾場稱不上傳奇的羅馬戰役發生在西元前五世紀。那都是地方性的小規模日常衝突，有時是防禦性，有時是攻擊性，地點都在鄰近地區。直到西元前四世紀，羅馬帝國的擴張讓當時的強權希臘開始另眼看待。西元前二四〇年，經過一段連戰皆捷的時期之後，羅馬帝國的領土幾乎已涵蓋了整個義大利和西西里島。一個半世紀之後，他們掌控了幾乎整個伊比利半島、普羅旺斯、義大利、亞得里亞海全線海岸、希臘、小亞細亞西部，以及介於當今利比亞和突尼斯之間的北非海岸。西元前一〇〇年至前四三年之間，羅馬帝國併吞了高盧、安納托利亞半島部分地區、黑海海岸、敘利亞、猶地亞、賽普勒斯、克里特島、現今阿爾及利亞沿海地區，以及部分摩洛哥。當初只能聚居沼澤地帶的台伯河畔小城居民，如今擁有了整個地中海域，彷彿那是他們獨享的內陸湖泊。

軍事活動成了羅馬人日常生活的特色。西元五世紀一位西班牙史學家記述（他稱之為前所未有的罕見）：在那個帝國積極擴張的漫長時期，曾有過一年無戰事的和平歲月。那幾個戰事停頓的反常月份發生在西元前二三五年，當時政府的最高執政官是阿提利烏斯（Gaius Atilius Bulbus）和曼利烏斯（Titus Manlius Torquatus）。羅馬人通常要付出相當多精力和資源打仗，儘管捷報連傳，但這一路走來也犧牲了不少本國士兵，至於他國的軍隊就更不用說了。英國古典學家瑪麗・貝爾德認為：在那段東征西討的階段，每年大約一〇到二五%的成年男性人口投入古羅馬軍團，這個比例比任何工業革命前的國家都要高出許多，而根據更精細的估算，這是相當於第一次世界大戰的募兵比例。那場對抗漢尼拔的坎尼會戰（第二次布匿戰爭的關鍵戰役）僅持續了一個下午，但羅馬士兵死亡的速度達到每分鐘一百人。而且我們不該忘了，許多戰士在戰後因為傷勢嚴重而死亡，因為古代的武器未必能讓人當場斃命，卻很容易使人傷殘，死亡的威脅多因後續的感染而至。

這是極其巨大的犧牲，但是戰爭帶來的利益遠超過那些殘酷羅馬兵團最貪婪的想像。西元前二世紀中葉，一場又一場勝仗帶來的戰利品讓羅馬人成為當代全世界最富有的人民。戰爭也讓當時最有利可圖的生意更有賺頭：奴隸買賣。成千上萬的俘虜變成了奴工，遍及羅馬的農田、煤礦和磨坊。一台又一台大車滿載從東方王國和城市掠奪的金塊銀塊，塞滿了羅馬帝國財庫。西元前一六七年，金塊已多到氾濫的程度，於是，政府決定全民免稅。這些意外之財卻也變成了破壞羅馬帝國穩定的因素，尤其是那些看得到拿不到的人。經常可見的現象產生了：富者更富，窮人更窮。貴族家庭坐擁的寬敞莊園，靠著奴工的勞力而得以廉價建造，反觀自由耕種的小農，他們的農地在第二次布匿戰爭中慘遭漢尼拔軍隊夷平，由於不公平的競爭所致，他們反而比以前更窮了。世間的甜頭從來就不是人人都有份。

打從遠古時代起，不計其數的戰爭被挑起的目的，不外乎是擄掠戰俘，然後據為己有，並以他們進行交易。世界的財富常常是靠著奴隸的勞力而取得。這就是古代和現代的共通點：從萬里長城到俄羅斯的科雷馬公路、從美索不達米亞的灌溉系統到美國棉花田的栽種、從羅馬妓院到現代社會對待女性的方式、從埃及金字塔到孟加拉製造的廉價成衣。在古代，出兵征討的主因（經常也是唯一的因素）無疑是為了取得奴隸。奴隸代表的是一種強而有力的經濟資源，當時的社會對此也坦蕩無諱。凱撒大帝夙以仁慈寬厚聞名，但他曾一口氣賣掉剛剛征服的高盧村落全體村民，全境至少有五萬三千人。這個產業運作相當快速，因為奴隸販子是跟在古羅馬軍團後面的第二支隊伍，夜晚戰場休兵時，他們就去採購新奇商品。

囚犯、百姓和敵營都因為羅馬帝國的高度組織效率而飽受生命威脅。這個新興王朝實現了希臘人統一版圖的野心，因為，希臘王朝每到了關鍵時刻，總會出現幾個無能政客。我在前文已述，亞歷山大的繼任者建立了自相纏鬥的王朝，一系列互相對峙的戰爭層出不窮，繼承的廣大領土被瓜分切割，只能陷入不斷變換盟邦和不停捲入血戰的恐懼中。所有相互競爭的軍隊都習慣求助羅馬人，或讓他們在地方戰役中聯手作戰，或讓他們擔任衝突的調停者，但最後都落得被這個危險損友鯨吞虎噬的下場。

我們不能說羅馬人創造了全球化，因為在此之前已經有了支離破碎的希臘化世界，不過，羅馬人確實將全球化概念提升到完美的境界，就連今天的我們也不得不為之讚嘆。從王國的這個邊界到另一邊的疆界，從西班牙到土耳其，在如此廣闊的領土上的眾多羅馬王國百姓，他們能夠維持交流，仰賴的是堅固打造且規畫完善的道路網絡，許多路徑甚至保存至今。那些城市呈現的是備受肯定且舒適的城鎮規畫模式：直線切割的寬敞大道、體育場、溫泉、論壇、大理石神殿、劇院、拉丁文石碑、水管橋、下水道系統。外地人無論到哪裡都會看到這些統一標幟，就像今天的觀光客，總是在各地免稅店看到同樣品牌的服裝、電子產品與漢堡，即使在地球上的不同定點，使用的都是相同的行銷策略。

這些轉變引發了古代前所未有的人潮流動。起初主要是隨軍隊出征和被迫集體遷徙的移民。西元前二世紀之初，據估計平均每年有八千名奴隸抵達義大利半島，都是戰爭俘虜。在同一段時期，羅馬帝國的旅人、商人和探險家紛紛進入地中海區域，這些人長期在義大利境外遷徙。這片海洋，他們毫不客氣地稱之為「我們的海」（Mare Nostrum），集聚了許多在各個征戰中撿拾各種商機的商人。買賣奴隸或武器供應成了當時勞工需求最大的行業。同樣在西元前二世紀中葉，羅馬帝國逾半成年男性已經見識過外面的世界，並且在留下足跡時（或只是巧遇），也樂得對種族多樣化貢獻了許多混血後代。

軍事力量、財富、令人稱奇的交通網絡和工程建設，這一切組成了一個強大的機制，舉世無敵，卻又如此貧乏，完全沒有詩歌、故事和符號的潤澤。文藝缺席造成的巨大裂縫，恐將《伊底帕斯》《安蒂岡妮》和《伊利亞德》出乎預料地推向全球化的道路。

挫敗的文學

由一部翻譯作品為羅馬文學揭開序幕，實非偶然，羅馬人總是深為希臘大師著迷，也一直處在召喚、懷舊、嫉妒、緬懷和所有複雜愛恨交織的模糊情緒中。

3

羅馬人能獲得一連串傲人的勝利戰績，必須歸功於擅長暴力和適應力強，可說是達爾文學說的最佳範例。追隨羅穆盧斯的村民很快就學會模仿他人，他們學會狂妄自大，將自己喜歡的東西占為己有，並融合所有模仿來的元素，創造出屬於自己的新風格。從最初的幾場小規模衝突開始，他們習慣了掠奪戰敗的敵手，不只在物質方面，同時也包括象徵性事物。

對抗薩莫奈人的戰役期間，他們模仿敵方的戰略（尤其是，把支隊列為羅馬軍團的基本單位），加上本身精良的武器，很快就將對方擊潰。在第一場布匿戰爭中，羅馬的農工想盡辦法建造了一艘極為類似迦太基風格的船艦，靠著這艘船艦，他們贏得了第一場海戰。就連觀念最傳統、出身最古老的義大利地主，也紛紛投入開發時髦的希臘化農業種植方式。

歸功於如此大量的資源，羅馬創造了一個堅不可摧的侵略強權，堪與亞歷山大軍隊相比，然而他們在管理征服的領土方面更勝一籌。不過，羅馬人縱使戰術精良，也夠野蠻，面對超越他們許多的希臘文化，展現的態度卻出奇謙卑。優秀的領導階層都知道，所有偉大王朝的文明，皆需打造一個一統天下的勝利故事，作為支柱的則是各種符號、紀念碑、建築、虛構的出身神話，以及複雜成熟的演說方式。而取得這些資源的最快捷徑，依照慣例，他們決定模仿最優秀的範本，而他們早已經知道何處可以取得。瑪麗．貝爾德對此下了一個簡潔有力的結論：「希臘創造它，羅馬想要它。」羅馬人爭相使用希臘人的語言，模仿希臘雕像，複製他們的神殿建築，書寫荷馬風格的詩歌，並懷著外來暴發戶的嫉妒心態模仿他們的精緻。

詩人賀拉斯對此悖論亦有著墨，他寫道：被征服的希臘，反向侵略了那個狂野的征服者。今天的我們很難確認羅馬接受的希臘文化到何種程度？接受希臘人教化之前，羅馬人的野蠻（或許並非如此）又到何種程度？但是，這麼一來，同一段歷史將由兩造各自表述。拉丁知識分子和創作者常自認是古典希臘文化的門生。本土文化的痕跡完全被邊緣化或磨滅。許多富有的羅馬人學會以希臘百姓的語言替自己辯護；據悉，道地的希臘人卻經常毫不留情地批判羅馬人混合使用拉丁文和外文的怪腔怪調。

這種現象持續存在，直到西元前一世紀初，一群希臘代表團在羅馬國會發表演說，已經不需要翻譯。征服者努力在正式的文化場合使用眾多殖民地之一的語言，實屬令人讚嘆的超凡表現，完全沒有王朝大都會慣有的文化傲慢。我們不妨試著想像，英國人在布魯姆斯伯里文化圈竭力以梵文進行文學對談是何情景？抑或，普魯斯特滿頭大汗地用非洲班圖語和仰慕他的巴黎貴族進行深度交談？

此乃破天荒第一遭，一個古代超級強權坦然接受了異族的文化，而且是被擊潰的民族，並以此作為自我認同的基本元素。羅馬人並未經歷艱難的掙扎，他們坦然承認希臘文化的優異，並勇於探索其各項發明，然後將它內化，保護它，並將它擴展到更遠的地方。這樣的文化迷戀對於現世的我們影響深遠，而將現代與古代編織相連的絲縷正源自於此，這條絲縷讓我們與那個已消失的燦爛世界仍緊密相連。尤其，那些觀念、科學上的各種發現、神話、思想、情感，當然也包含我們的歷史出現的錯誤和悲劇，彷彿走鋼索的特技人員，戰戰兢兢地行走了一個又一個世紀。這一系列在虛空之上平衡前進的文字，我們稱之為古典。由於這份連吾輩也讚嘆的魅力，希臘文化作為歐洲文化的「道路元標」（km 0）倖存至今。

4

拉丁文學是個非常特殊的例子：它並非自行產生，而是委託孕育而成，是個體外受精的成果。分娩日期落在西元前二四〇年很重要的日子，那天，羅馬慶祝戰勝迦太基。

早在文學開張日之前，羅馬人已經學會寫字，不消說，當然是模仿了希臘人，從西元前七世紀起，希臘人一直生活在義大利南方富庶的殖民地，一個以「大希臘」聞名的地區。經由商業和旅行，它的字母化書寫傳到了北方。第一批學習希臘字母和文字的義大利北方人是伊特拉斯坎人，在西元前七至前四世紀期間，這個城邦是義大利半島的主導中心。它的南方鄰國，亦即羅馬人（他們不得不承認，羅馬人確實在數十年間征服了伊特拉斯坎王朝）迫不急待地投入這個奇妙的新玩意兒，同時也接受了伊特拉斯坎文，並將它做了一些修正，使之更適合拉丁文。我童年時期的字母，此時此刻，這些正從我的黑色電腦鍵盤上觀望著我的字母，曾是一群浪跡天涯的字母，後來由腓尼基人帶著它們上了船。它們飄洋過海前往希臘，之後又航向西西里島，隨後抵達現今托斯卡尼的丘陵和橄欖林，再前往拉齊奧[1]轉轉，經過一手又一手，不斷蛻變，終於成為如今穿梭在我指間的輪廓。

古老字母最早的見證人完全不給幻想留下任何餘裕。性格務實，天生規畫者的羅馬人，僅將文字限用於事件和法規的登錄。歷史最悠久的文本，出自西元前七世紀，特別是西元前六世紀，都是一批批非常簡單的銘刻，例如，給收件人的潦草幾筆財產記號。接下來的幾個世紀，我們看到的只有書寫的法規和儀式。絲毫不見虛構文本的痕跡——人們當時多為了權力在戰場上拚搏生死，沒有剩餘時間留給詩詞。羅馬文學必須繼續等待；這是個可以延後處理的事，只能等到戰士休兵時期才來醞釀。當頭號危險敵人化成煙塵，任務完成了，終於可以輕鬆享受勝利的喜悅時，羅馬人才開始思考藝術人文和人生樂趣。第一次布匿戰爭在西元前二四一年結束。不到幾個月之後，羅馬人享受了第一部以拉丁文寫成的文學作品。西元前二四〇年九月，群眾在首都劇院的看板上得知這項消息，緣由是慶祝「羅馬慶典節」[2]。慶典的最大焦點是一部戲劇作品的首演，而且是從希臘文翻譯而來，劇名早已墜入遺忘的洪流，我們無法得知是喜劇或悲劇。由一部翻譯作品為羅馬文學揭開序幕，實非偶然，羅馬人總是深為希臘大師著迷，也一直處在召喚、懷舊、嫉妒、緬懷……所有複雜愛恨交織的模糊情緒中。

這場首次發表也包含了一段詭異的歷史：詩歌在戰爭武器的轟隆聲中抵達羅馬，來自敵方陣營，且是出自外國奴隸的作品。文學家李維烏斯．安德羅尼庫斯，看來不太像是拉丁文學的創始者，亦非土生土長的羅馬人。他原是出身塔蘭托的演員，這是義大利南部最大的希臘文化飛地之一，一座富裕的城市，盛行優雅的戲劇文藝。西元前二七二年，這位年輕人在羅馬征戰期間淪為囚徒，後來不幸遭人販賣落入了奴隸市場。我可以想像，他一定是透過運送奴隸的囚車柵欄初識羅馬城，就像個任人喊價買賣的貨品。有個精明能幹的奴隸販子把他賣到李維烏斯家的豪華莊園裡。他的聰明才智和口才讓他得以免除勞累筋骨的粗重工作。據說，他為主人的孩子授課，豪門之家對此非常感激，於是在數年後解除了他的奴隸身分。按照習俗，獲得自由身分的奴隸必須冠上前主人的姓氏，希臘名字因此多了一個過去身分的象徵。在這個買了他又放了他的富豪權勢庇護下，他在首都創建一所學校。在缺乏本土詩人的情況下，這位精通雙語的外國人，承繼了羅馬帝國的文學大任。我不禁要問，當他以摧毀祖國的侵略國文字書寫，會有什麼樣的矛盾情感？據悉，他翻譯了第一批在羅馬帝國首都面世的悲劇和喜劇，當然也包括荷馬的《奧德塞》。因為他的緣故，阿文提諾的米娜瓦神廟齊聚了一群作家和演員。他那些創始詩句幾乎未留下任何殘篇。我特別喜歡他的拉丁文版《奧德塞》殘留詩句，令人回味不已：「山嶽巍峨，荒原飛沙，汪洋無垠。」

這裡有個待解的小小謎團。所有資料都顯示，當時的羅馬是個幾乎連一本書都找不到的文化荒野，既無公共圖書館，也沒有書商。那麼，安德羅尼庫斯的翻譯是如何取得原著的？富豪貴族可能派信差到義大利南部的希臘城邦，那裡有些書商，但對於一個出身卑微的被解放奴隸而言，這個解決方式簡直不可思議。

當今的愛書人幾乎很難想像那個手寫時代的書籍沙漠。我們所處的二十一世紀，印刷出版的洪流早已溢出合理欄位。每半分鐘就有一本新書出版，每小時一百二十本，每天兩千八百本，每個月八萬六千本。一個閱讀量落在中位數的讀者一生的總閱讀量，充其量只是出版市場一天的產量，而每年被銷燬的書籍卻數以百萬計。不過，書籍過量只是近期的事。過往的許多個世紀期間，書籍的取得還得仰賴人脈，甚至還得找對人才行，另外還要加上費用、投注的心力、時間，以及行旅中面對的各種危險。

若倚賴本身的資源和出身，安德羅尼庫斯永遠沒機會投身閱讀、翻譯，若無有錢有權的庇護者資助，他不可能興學授課。或許，李維烏斯家族資助了所有費用（藉此展現財力，並炫耀文化品味），建立一座小型的希臘經典作品圖書館。對於恩重如山的贊助人，他每天一大早前來問安，所謂的「清晨問候❸」，但贊助人遲遲不出現，他在接待室等得無聊，由於年輕時當過演員，他倒是很懂得與人應對交談，細心試探過後，每天的等待期間，他得以拋卻奴隸身分，心存感激地用他那雙身為希臘人的雙手，捧讀主人收藏的珍貴莎草紙書。

5

羅馬貴族對書籍格外癡迷，因為這些稀有、獨特的珍品並非人人皆可得。起初，他們還老老實實地派人前往亞歷山卓和其他重要的文化中心，尋求專業書商取得複本。不久後，他們發現，趁著入侵希臘領土的征戰期間把整座圖書館搶走更實際。於是，文學成了戰爭的戰利品。

西元前一六八年，埃米利烏斯．保盧斯將軍擊潰馬其頓末代國王。他任由其子小西庇阿和另一個兒子，這兩位知識愛好者，將馬其頓王宮內原屬亞歷山大大帝的所有藏書都運往羅馬。由於這次的豪取掠奪，西庇阿家族成了羅馬城首批私人圖書館擁有者，並扮演了羅馬文學新世代文人的贊助者。劇作家泰倫提烏斯是被這批藏書吸引的作家群之一，據說，他也是奴隸出身。他的綽號「阿非」（Afer，非洲人）透露了他的出身和膚色。當時，文化事務是各司其職的任務。權傾一時的貴族負責掠奪書籍（他們甚至大方坦承，有些書是買來的），藉此讓私人藏書更豐富，當然也能吸引更多才華出眾的作家加入。而所謂的作家，除了少數例外，大多是衣衫襤褸的窮民：奴隸、外國人、戰犯、可憐的臨時工和其他低下階級。

在西庇阿家族影響下，其他將領也紛紛步上搶劫書籍的捷徑。殘酷的蘇拉奪取了堪稱最誘人的極品：亞里斯多德本人的藏書，這套藏書隱藏多年，卻在重新出現後淪為戰利品。在羅馬城裡，盧庫魯斯的私人藏書也頗有名氣，他在安納托利亞北部的多場勝仗中有效率地掠奪了許多書籍。西元六六年卸下大權後，盧庫魯斯靠著他多年掠奪的驚人財富過起了奢華悠閒的生活。據說，他的私人圖書館是按照帕加馬和亞歷山卓的建築風格打造：莎草紙書存放在狹窄的空間裡，還有讓人閱讀的門廊，以及供人集會和交談的大廳。盧庫魯斯是個慷慨的小偷：他將自己的藏書開放給親友和所有住在羅馬城的學者使用。普魯塔克敘述，他的豪宅內經常聚集了一大群知識分子進行會談，彷彿永無止盡地接待著繆思女神的光臨。

存放在西庇阿、蘇拉和盧庫魯斯等人圖書館裡的藏書大多是希臘文著作。經過一段時間之後，漸漸也加入了一些拉丁文作品，但仍屬少數。由於羅馬人較晚才開始學習書寫，文學的整體表現，質與量皆少得可憐。

我不禁想像，當時的狂熱征服者不斷運回大量藝術作品，羅馬的創作者不知作何感想。這些戰利品當中，絕大多數是貨真價實的經典傑作。當時，希臘的文學和藝術已有五百年的發展歷史。要和五百年的熱情創作相抗衡，絕非易事。

癡迷狂熱的古羅馬收藏家讓人不禁聯想到富有的美國資產家，他們讚嘆歷史悠久的歐洲藝術，只要砸一大筆美鈔，祭壇、從牆上剝落的壁畫、整座迴廊、教堂門廊、脆弱古蹟和大師油畫，通通納為囊中物。其中也包括整座圖書館。費茲傑羅筆下塑造的年輕百萬富翁蓋茨比便是如此。他的財富源於來路不明的勾當，卻能將長島的寬敞豪宅妝點得閃亮耀眼，各種豪奢精緻藝品，應有盡有。蓋茨比向來以舉辦奢華誇張的派對聞名，但他卻從來不現身。事實上，奢華富有的表面背後，一段傷心的青春愛戀仍讓他耿耿於懷。極盡揮霍、燈紅酒綠、夜夜笙歌、引人注目的豪華汽車和歐洲藝品……這些不過都是為了向當年拋棄他的女孩自我炫耀罷了。當年他正是因為不夠富有而失戀。蓋茨比打造的豪宅極盡「媚俗」，為了展現自己的社會地位，少不了要有「一座哥德式圖書館，採用英國櫟木雕花的鑲板平頂，或許是從大西洋彼岸的某處廢墟整個搬過來的。」

羅馬人與希臘人展現相互理解的刻板印象，很類似歐洲人和美國人的關係。一邊是實用主義，加上經濟和武力強權，對比的是漫長的歷史包袱，以及光輝過往帶來的偉大文化和緬懷。火星對金星的局面。羅馬人與希臘人通常能相互尊重，不過，雙方也各自擁有在背後取笑對方的笑話和諷諭。可以想見，希臘人一定偷偷恥笑過羅馬軍團那些粗俗愚蠢的大兵，連半個字都寫不出來。另一方面，保守的古羅馬人也毫不客氣的怒斥對方。尤維納利斯在他的其中一齣諷刺劇中提到，他無法忍受整座羅馬城充斥著希臘人，這些賤民，就愛嚼舌根，都是不事生產的寄生蟲，他們帶來閒話是非的壞習慣，敗壞習俗，也侵犯了真正的好市民。

事實上，不盡然都是欽佩。全球化的過程總會引發矛盾和複雜的反應。西元前三至前二世紀期間，有些尖酸刻薄的聲音開始批判外國文化帶來的全面性影響，尤其是希臘文化。他們不願見到新事物演變成危險的潮流，例如：哲學、奢華美食或除毛。其中的頭號批判者當屬老加圖，他與大西庇阿是同時代的人，但兩人是死對頭，他曾嘲笑大西庇阿在希臘體育場內大呼小叫，並且在西西里劇場內和一般老百姓廝混。這位脾氣火爆的高官認為，複雜的外國習俗終究會破壞羅馬風格原有的力量。但在另一方面，我們也知道老加圖教導兒子希臘文，從他保存下來的演講殘篇中，顯示他曾經認真研究過他公開謾罵的希臘修辭技巧。

這些羅馬認同上的矛盾心理，全都反映在它最早的文學作品當中。普勞圖斯和泰倫提烏斯的劇作已經不再只是從希臘文翻譯過來的臨摹之作。他們呈現看似忠於希臘文原作情節的改編作品，亦保留了希臘背景，但事實上是為了取悅歡樂喧鬧的羅馬群眾而寫的混血之作。有別於古典時代的雅典，羅馬城的劇場必須和其他大眾娛樂競爭，例如摔角、雜技或是角鬥士搏鬥競技。因此，幾乎所有喜劇都圍繞著同一個必然存在的基本議題：「男孩擄獲女孩芳心」。人們等著在每一齣喜劇裡看到狡猾奸詐的奴隸引發一籮筐糾紛。為了皆大歡喜，美好結局是必要保證。不過，羅馬戲劇作品輕浮的表面下，實已注入了新元素。藉由這些劇作，觀眾得以見識全新的強大王朝複雜的文化特質。

由於所有喜劇情節都設定在希臘，因此，觀眾必須對海外地理有些基本概念。普勞圖斯在他的其中一部劇作中，大膽將主角設定為迦太基人，並展現了他過人的布匿語能力——由此，現代語言學家在這部劇作中找到那個已消失的語言唯一見證。在另一部劇作中，有幾個角色則喬裝成波斯人。在好幾齣喜劇序幕中，有個關於改編的笑話一再被提起。關於他的譯作，普勞圖斯這樣說：「一個希臘人寫了這篇文章，而普勞圖斯強占了它。」這個句子，如同瑪麗．貝爾德所言，乃是對群眾釋出一個隱含寓意的訊息。聽了這句話之後，帶有希臘血統的觀眾，總忍不住要對這個野蠻的新興世界強權露出微微的訕笑。

在歡笑與玩笑之間，劇場讓人們對急速擴張的世界有更完善的理解。群眾已經了解，古老的傳統已無法維持祖傳的純粹度；還有，無論傳統勢力如何堅決抵禦，步入新軌道最有智慧的作法，實為接受被征服國家的智慧，並自我調適。混血新文學是這個逐漸多元化社會的前哨尖兵。羅馬正在發展其全球化機制及其本質悖論：我們接收的外來事物，也造就了今日的我們。

6

新興的各個王朝品味很單純；簡單得很，他們什麼都要。他們嚮往武力優勢、經濟強權，同時也傾心古老世界的光芒萬丈。西庇阿家族將整座馬其頓皇宮圖書館移往羅馬的熱情和霸氣，加上那些珍貴藏書，吸引了一群希臘和拉丁作家靠攏。憑恃武力和財富，羅馬正試圖取代原有的重量級文學創作中心。這樣的情況已經發生過許多次：政治重劃了文化版圖。

富有的古羅馬人強大的占有欲，實與佩姬．古根漢的熱情無異，一九五〇年代，她將大量歐洲抽象畫作運回祖國，並勾勒出全新的藝術版圖。她的父親，出身礦業巨頭家族的富豪，死於鐵達尼號沉船事故。為了縱情於波希米亞氛圍，她移居巴黎，靠著豐沛遺產過著舒適愜意的生活。她在那裡開啟了著名的前衛畫作收藏。納粹入侵法國時，她仍然留在巴黎，沒有選擇逃難，反而利用機會瘋狂蒐購藝術品。她的名言是：一天買一幅畫。由於德軍已在法國北部掀起戰火，不乏藝術品賣家。她經常向絕望逃難的猶太家族購買藝術品，或以非常便宜的價格直接向藝術家買畫。巴黎淪陷前幾天，她設法將所有的收藏安置在一位友人的糧倉裡，接著逃往馬賽避難，並在那裡和逃出集中營的馬克斯．恩斯特發展出一段戀情。她的財富足以解救恩斯特和他那群藝術家朋友，後來，她和這群藝術家一起逃往美國。

在紐約，她開設了一家畫廊，展示的都是巴黎畫派的藝術作品。這些歐洲流亡藝術家們，包括：馬塞爾．杜象、皮特．蒙德里安、安德烈．布勒東、夏卡爾和達利等，在佩姬的紐約畫廊找到了庇護，也催生了北美前衛畫派。當時的年輕藝術家得以欣賞嶄新風格的藝術作品，並受之陶冶。美國政府對於掠奪歐洲頂級藝術家同樣興趣濃厚，因此開辦了一項方案：聯邦藝術計畫，提供失業藝術家每週二十一美元的補助金，讓他們協助妝點公共機構。因而相互熟識的藝術家包括：傑克森．波拉克、馬克．羅斯科和威廉．德庫寧，後來也成了佩姬庇護羽翼下的新進畫家。波拉克曾在一次訪談中提及：「過去百年最重要的畫作都是在法國完成的。北美的藝術家，基本上，對於現代畫根本一竅不通。能與歐洲偉大的藝術家進行交流，對我們而言，至關重要。」數不清的午後時光，這些年輕畫家齊聚現代藝術博物館，為的是凝視暫時因極權和歐戰而存放館中的畢卡索名作〈格爾尼卡〉。北美的抽象表現主義是在歐洲的前衛陰影下誕生的。

一九四〇年五月，距離巴黎被占領還有三週，另一個流亡者逃往美國，登上了沉船前倒數第二次出航的「尚普蘭號」（Champlain）郵輪。如同許多受迫害的歐洲作家，弗拉基米爾．納博科夫在美國大學裡尋得了庇護。除此之外，他還自願流放自己的語言，在寫作的深淵裡冒險以英語寫了決定性的重要著作。他曾公開宣稱，他自覺是個道地的美國人，就像亞歷桑納的四月天一樣自然。在此同時，他也察覺了這個新國家存在的歐洲光環，恰恰源於徹底剝奪了他的革命和戰爭。在一封寄給文學經紀人的信中，他這樣寫道：「美國文化對我的著迷，恰如對古代世界的淡淡迷戀，他們依附著這個過時的形象，無論夜生活多麼激情，無論衛浴多麼新穎，無論他們的出版品及其他方面的表現多麼出色。」

電影是在法國發明的，同樣也將重鎮移往美國。好萊塢經典電影的偉大創作者，大部分都有歐洲移民背景，但置身強勢的美國文化當中，許多人刻意掩飾了自己的名字和族裔。這些出身寒微的人，在紐約上岸時，身上只有藏在背心內裡的一小疊美鈔，就這樣踏入了龐大的電影產業，很快也吸引了其他歐洲優秀導演、演員和技術人員：弗里茨．朗格、穆瑙、恩斯特．劉別謙、卓別林、法蘭克．卡普拉、比利．懷德、奧托．普雷明格、希區考克、道格拉斯．瑟克等。令人好奇的是，約翰．福特作為美國電影工業的先驅，卻在自己的身世上逆向操作，刻意喬裝成歐洲人。這位美國西部片的「荷馬」，出生於緬因州，卻幻想自己來自茵夢湖❹，一個不存在的愛爾蘭村落。他刻意編造了家族歷史，而且不只一次公開宣稱，他誕生在高威海岸旁鋪著麥稈屋頂的小屋。福特身為美國電影界的掌門人，深知好萊塢的黃金時代絕大部分是歐洲人打下的江山。

除了以上例子之外，我們還可以再加上幾個名字，如哲學家漢娜・鄂蘭、科學家愛因斯坦和波耳，或是因獨裁政權而移民美國的西班牙作家胡安・拉蒙・希梅內斯和拉蒙・J・聖德……在在顯示，二十世紀中葉，由於這一切精心估算過的收容和資助，藝術和知識的中心轉移到了美洲。在遠古的希臘拉丁時代，文化的遷移多在更殘酷的情況下發生。當時，沒有羅馬夢，沒有畫廊，也沒有積極網羅外國人才的大學，卻有為數可觀的希臘知識分子和藝術家以奴隸身分被賣到羅馬城。

❶拉齊奧（Lazio）：古羅馬發源地，位於現今的拉齊奧大區，首府為羅馬。

❷Ludi Romani：古羅馬最古老的宗教慶典之一，紀念木星之神，始於西元前三六六年，每年九月四日至十九日舉行。

❸清晨問候（salutatio matutina）：在古羅馬，Salutatio是一天開始的重要儀式，是不同地位公民之間的基本互動模式，門客向贊助人問候，但贊助人並不會回應門客。

❹出自《The Isle of Innisfree》（茵夢湖島），是愛爾蘭詞曲作家、詩人迪克・法雷利（Dick Farrelly，一九一六～一九九〇年）為約翰・福特導演一九五三年上映的電影《蓬門今始為君開》，所創作的插曲，表達海外愛爾蘭移民對祖國的深情。愛爾蘭詩人葉慈也有一首與此插曲同名的詩歌。

7 奴隸制的隱形門檻

現今從事高尚行業的人多位居社會中高階級，但在古羅馬，這是奴隸從事的行業：醫生、銀行家、管理階層、公證人、財務顧問、老師，多是失去自由的希臘人。

對希臘人和羅馬人而言，奴隸制就像個躲在床底下偷窺的魔鬼，一種蟄伏暗處伺機接近的恐懼。任何人都沒有把握永遠不會淪為奴隸，也沒有人會不在乎自己是否出身豪門或貴族。許多通往地獄的大門是敞開的，即使對於生而自由的人也一樣。倘若你居住的城市或你的國家遭遇戰亂（在古代，戰爭幾乎是日常的一部分），戰敗會讓你變成戰勝國的戰利品。那是拉丁文Vae victis（唉！戰敗者禍患無窮）形容的終極下場。最古老的傳說已明確昭示，戰爭對於今天所謂的「無辜百姓」不會手下留情。在尤里比底斯的作品《特洛伊婦女》中，特洛伊熾烈的戰火之下，王后和公主們悲痛欲絕，任由侵略者將領挑選。她們前一天還穿著華服接待賓客呢！經過一夜的殺戮和征戰，希臘人用力揪著她們的頭髮，將她們分送眾人，並強暴她們。

倘若在海上航行，你可能會遭遇海盜侵襲（所有類型的敵人或擁有船隻的罪犯都具有多功能的攻擊方式），碰到他們，你幾乎無法避免淪為奴隸的下場。

如果有人在陸地綁架了你，你恐怕無法要求家人前來營救。最快速和最保險的處理方式就是把你賣給人口販子。把一個人從自家掠奪後販售圖利，是一門殘酷卻能牟取暴利的生意，也是快速致富的方式。普勞圖斯的喜劇當中經常會出現被綁架的孩童，被迫分離的手足，垂垂老矣的父母仍四處尋找失蹤多年的孩子，好不容易找到孩子時，卻發現他們淪為奴隸或娼妓等低下賤民。

倘若你在財務方面運氣不佳，你的債權人可以把你賣掉，以此作為支付債務的終極手段。

倘若一個有權勢的人想對你施加報復，他可以選擇殺了你，或者更殘忍的方式是，把你交給人口販子。就連哲學大師柏拉圖都親身體驗過這樣的經歷。據說，他在西西里島停留期間，惹惱了暴君小狄奧尼西奧斯，因為他自命不凡地批評了這位敘拉古僭主的統治方式以及他的無知。小狄奧尼西奧斯氣得想處決他，不過，其妻舅狄翁正好是哲學大師的門生，堅持要放他一條生路。當然，蠻橫無理確實應該受罰，於是，他們把柏拉圖帶往愛琴娜島，打算在那個交易熱絡的奴隸市場把他賣掉。還好他夠幸運，事情終究圓滿落幕。一位哲學家同行買下他（一位與柏拉圖思想相左的敵對學派支持者，但並未太過投入），然後又放了他，在謹慎低調但自主的情況下，大師總算回到了雅典的家。

根據羅馬法律，奴隸是主人的資產，並無合法身分。他們必須忍受主人的體罰，因此，許多奴隸經常被鞭打，或是因為不夠順從，或純粹是主人發洩的管道。購買者有權讓奴隸和子女分離，他也可以和奴隸上床，或將他們轉賣，或以棍棒毒打，甚至將他們絞死。主人可以讓奴隸以各種形式為他們生財，包括加入角鬥士搏鬥，或從事性產業（大部分娼妓是奴隸）。在法庭上，奴隸在遭受虐打酷刑的情況下提出的證詞才具有法律效力。

痛擊。深淵。折磨。原本自由生活的人，只因為運氣不好，或是一筆債務、祖國淪陷或一次殘酷無情的交易，因而淪為奴隸，那種沉痛的人生轉折，該如何形容？生活安穩、勤奮甚至幸福無憂的人們，在他充滿希望並享有各種權利的棲身處，卻被人以極度暴力剝奪了一切，從此過著嚴苛的餐風露宿苦日子，就這樣變成了其他人類的資產。許多個世紀之後，電影《自由之心》描述了類似的背景，場景換成了北美的棉花田——

所羅門．諾薩普被囚禁在漆黑的地下室，在他的腦海中不斷重塑事件始末。這位以自由身分出生的黑人，學養出眾，是一位小提琴演奏家，與妻子和兩個孩子定居紐約市。他驚魂未定，腦中一片混亂，一再回想後才發現，他被人欺騙、下藥並綁架，打算把他當成奴隸販售。他怎麼也找不到自己的身分證件，那是唯一能證明他是自由之身的東西。所羅門被關在華盛頓的一處地下室，就在國會山莊附近，在這裡，他開始學習痛苦。監禁他的人使出各種罰則：棍棒毒打、鞭打、食物短缺、環境汙穢、發出惡臭的衣物。有一天夜裡，他們偷偷將他運往南方，並將他交給路易斯安納州一名人口販子。他在棉花田裡耗費了十年青春歲月，曾為不同的南方主人工作，為了迫使他屈從命令，這些人不斷對他施虐，而他一心掛念的親愛家人，始終音訊杳然。這部根據真人真事改編的電影，描述的是一個驚惶無助的人所經歷的漫長磨難（如同你我，倘若我們被人以任何方式綁架，且無任何法律保障），人販一夥試圖以恐懼作為手段，逼迫他過著非人性化的生活。

在古代的世界裡，許多人被迫踏入了那道無形的門檻，接著，他們痛失自由身分，從此變成了商品。

在長達兩百年期間，抵達羅馬的這一類奴隸數目極為驚人，這是勝利征服希臘化各個王朝帶來的結果，包括馬其頓、歐陸的希臘、土耳其、敘利亞、波斯或埃及。羅馬征服者的入侵在東方的地中海域開啟了一段漫長的暴力和混亂時期，也建立了有利於大量擄掠奴隸的環境。海上充斥著海盜，軍隊遠征到遙遠疆域，他們充滿威脅性的出現，使得遠方的地平線抹上一層陰影。由於羅馬人強迫繳交大量人力貢品，許多城市和國家陷入了奴隸債務深淵，數字駭人。西元前一世紀中葉，義大利境內大約有兩百萬奴隸，占人口的二〇%。羅馬王朝建立初期，有人提出了一個絕妙點子：強迫所有奴隸穿上制服，但國會驚恐地拒絕了這項建議——沒人希望被人看出人口中的奴隸比例如此之高。

希臘人並非唯一被羅馬人奴化的民族，淪為奴隸的還有大量西班牙人、高盧人和迦太基人。希臘奴隸的特殊之處在於，他們的學識素養大多比主人高出許多。現今從事高尚行業的人多位居社會中高階級，但在古羅馬社會，這是奴隸從事的行業。令人驚訝的是，那個時代的醫生、銀行家、管理階層、公證人、財務顧問、行政人員和老師，大多是失去自由的希臘人。熱愛文化的羅馬貴族，只要早上走一趟城裡的人力市場就能買個他中意的希臘知識分子，買回來的奴隸可以教育其子女，或純粹讓自己享有家中坐擁哲學家的特權。家庭場域之外，學校裡大多數教師同樣也是希臘奴隸或被解放的奴隸。所有白領或文書工作都是希臘人的專長。此外，他們也支撐了王朝內的管理工作和法律系統。

西塞羅曾在信件中不經意透露自己擁有大約二十名這一類的文人奴隸，擔任的職務包括秘書、職員、圖書館員、抄寫員、朗讀員（負責為主人高聲朗讀書籍或文件），還有助理、會計和跑腿小弟。這位著名演說家擁有好幾座圖書館，分別位於首都住所和多處鄉間別館。

他需要的是合格的專業人才，才能協助他管理數量龐大的藏書及他本人的著作。他的奴隸負責的日常工作如下：將莎草紙書放回架上原來的位子，修復受損的藏書，並整理每日書單。以優美字跡抄寫也是他們的基本工作之一。假如主人的朋友出借的書籍恰好是他感興趣的作品，無論篇幅多長，奴隸必須抄寫完整的複製版本，此外，他們也得盡快將驕狂主人的作品抄寫成複本，好讓他分贈親友（西塞羅是個自命不凡的作者，非常多產，且交遊甚廣）。

至於他的圖書館總管職務，可不是一般人就能勝任。西塞羅熱愛他的藏書，希望能由專家為他服務。於是，他網羅了提拉尼翁，當時變成奴隸而被迫離開祖國的眾多希臘知識分子之一。雖然命途多舛，但這位被俘虜的作家始終保有親切開朗的性格。在此之前，他曾按照亞歷山卓圖書館的模式負責管理著名的蘇拉圖書館。西塞羅給友人的信中提到：「下次來訪時，你務必看看提拉尼翁把我的圖書館藏書整理得多麼美妙。」然而，西塞羅的優秀奴隸未必都是如此順從，不見得都能讓他這麼開心。西元前四六年秋天，這位演說家寫了一封信給他的伊利里亞統治者朋友（這個地區包括現今的部分阿爾巴尼亞、克羅埃西亞、塞爾維亞、波士尼亞和蒙特內哥羅）。他在信中毫不掩飾地表達了自己的憤怒和失望。他的圖書館館長，一個名叫狄奧尼西歐的奴隸，居然是個偷書賊，還把偷來的書拿去賣了，等到東窗事發時，他早已逃之夭夭。有個熟人宣稱曾在伊利里亞見過這個偷書賊。於是，西塞羅拜託這位好友，當時伊利里亞最飆悍的將軍，請他隨手幫個小忙（微不足道的小事）替他捉拿這個偷書賊，並將他遣送羅馬。不過，結果讓西塞羅失望了。由於抓偷書賊並非羅馬帝國地方政府的要務，羅馬軍團並未進行任何緝捕逃犯的行動。

在羅馬的書籍歷史當中，奴隸總是扮演要角。他們在各方面皆參與了文學作品的製作，從教導書寫到抄寫複製本，無一缺席。眾多學養優秀的希臘奴隸和後世被迫成為文盲的奴隸，兩者形成的強烈對比，格外引人注目。在美國，直到一八六五年美利堅邦聯被擊潰為止，南方許多州禁止奴隸學習閱讀或寫字，有識字能力的奴隸被視為攸關黑奴制存在的一大威脅。一八五六年出生的多迪（Doc Daniel Dowdy）生來就是黑奴，他描述了這項法規的恐怖罰則：「當他們第一次發現你試圖閱讀或寫字時，他們會用皮帶抽打你。第二次被發現時，他們會用七條皮帶紮成的皮鞭毒打你一頓。第三次，他們會直接砍斷你食指的第一節指骨。」即便如此，許多文盲黑奴仍想辦法學習閱讀，他們把主人的威脅暫拋一旁，甘冒生命危險。由於禁令使然，學會閱讀耗時多年，需要十足的耐心和謹慎。類似的學習故事很多，每一則都很勵志且感人。貝麗・邁爾斯（Belle Myers）在一九三〇年代受訪時說道，她幫主人照顧幼兒時，趁著和孩子玩字母猜謎的機會而學會了字母。主人後來起了疑心，狠狠踹了她好幾下，藉此警告她切勿妄動。然而，貝麗堅持學習的決心，讓她冒險繼續利用謎語和兒童單字卡偷偷學習認字。「有一天，我發現一本歌本，然後開始拼讀：『當—我—們—同—在—一—起……』我當時好快樂，趕緊跑去跟其他奴隸分享。」

在《自由之心》片中，所羅門必須竭盡所能掩飾自己的讀寫能力，以免遭受毒打。他最大的悲劇在於，在極力掩飾的同時，他也極度渴望能寫封家書給紐約的家人，告訴他們自己身在何處，希望他們能幫他逃離這個飢餓、剝削和殘忍的地獄。多年期間，他善用每個微小的機會從主人那裡偷得小紙條，收集足夠時，他偷偷利用夜間製作粗糙的鋼筆，並找來替代墨汁的桑椹汁。他竭盡所能，冒著極大的危險，記錄了禁忌的訊息，心中懷著唯一且微渺的希望，只希望自己可以回復自由人生。阿爾貝托・曼古埃爾在其著作《閱讀地圖》提及：「在整個美國南部，棉花田的地主絞死黑奴的事件時有所聞，只因為他們企圖教導別的黑奴拼讀文字。奴隸的主人（如同獨裁者、暴君、專制君主和其他不法政權）深信書寫文字的強大力量。他們知道，閱讀僅需要寥寥幾個字就能產生壓倒性的威力。一個人若能讀懂一個句子，就有能力閱讀所有文字；一群目不識丁的文盲更容易管理。因為，閱讀的藝術一旦取得，將永遠烙印在腦中，最好的應變方式就是限制它。由於以上種種因素，閱讀必須被禁止。」

反之，生活在希臘羅馬文明裡的人卻認為，奴隸負責抄寫、記錄工作再合適不過，他們秉持的理由，在今天的我們看來，仍屬非常奇特的想法。

我在前文已解釋，古代的閱讀不同於今日，並非寂靜的活動。除了少數非常特殊的例外，閱讀總是大聲唸出來，即使私下閱讀也一樣。在古人的眼裡，讓書寫的文字發出聲音，有一種令人振奮的魔力。最古老的信仰咸認，氣息乃人的靈魂所在。在遠古時代的墓碑碑文上，死者懇求經過的路人：「把你的聲音借給我。」希望能藉此讓死者重生，也能讓人知道是誰躺在陵墓裡。希臘人和羅馬人深信，所有書寫的文字都需要有個合適的聲音把它唸出來，如此才能讓文字達到完整的境界。因此，當讀者的視線掃過文字，並開始將它唸出來時，已經犧牲了某種精神和聲音的資產：他的喉嚨已被作家的氣息篡奪。讀者的聲音正在經歷文本的內容，並與之結合。作家即使已經辭世，仍可利用他人作為聲音媒介，換言之，讓他們替他發聲。文字被人大聲朗讀，意味著將其權力加諸於讀者，甚至可透過不同的時空。因此（古人如此深信），閱讀和書寫這兩項專業更適合由奴隸擔任。因為這些職業的功能基本上是服務和服從。

另一方面，生為自由身的人們對閱讀的熱愛，多少會引人妒忌。只有作為文章的聽眾才是安全的，他們只須聆聽另一個人朗讀，毋須將自己的聲音出讓給文字。有些人，例如西塞羅，擁有專司朗讀的奴隸。這些奴隸，屬於書籍，在朗讀的同時已經不屬於自己。他們口中的「我」並不是他們本人。他們純粹是其他聲韻的傳輸工具。有趣的是，柏拉圖著作對這種活動所做的譬喻，甚至其他作者，包括卡圖盧斯，他們不約而同提到了賣淫或性關係中被動的一方。讀者被文字雞姦了。閱讀本身就是把自己的身體出借給一個陌生的作者，是個膽大妄為的淫亂行為。並非所有階級的羅馬公民皆認為此舉不恰當，不過，當時比較深思熟慮的人士宣稱，人們對這種活動應適可而止，以免變成一種惡習。

起初都是樹木

對古羅馬人而言，「liber」並非紀念城市，亦無關經商航線，而是樹林的神祕，在那片祕境中，伴隨著樹葉沙沙作響的低語，他們的祖先開始了書寫。

8

書籍是樹木之子，樹木曾是我們人類的第一個家，或許也是我們的書寫文字最古老的棲身處。

文字的詞源闡釋了關於它的起源故事。拉丁文的「liber」意味著「書籍」，起初，這個字指的是砍樹，更精確的說，此字意味著砍伐樹幹時在樹皮上留下的刀痕。老普林尼認為，認識埃及莎草紙書之前，羅馬人已在樹皮上書寫。歷經許多個世紀，變換了不同材質：莎草紙、羊皮紙，那個古老的木材書頁被取代了，但是，歷經一番周折往返，紙張占了上風，書籍再度衍生於樹木。

如前文已述，希臘人將書籍稱作「biblíon」，藉此紀念當時以出口莎草紙聞名的腓尼基城市朱拜勒。到了現在我們的年代，這個名詞的使用已經有了變革，如今只限用於單一著作，指的是《聖經》。對於古羅馬人而言，「liber」並非紀念城市，亦無關經商航線，而是樹林的神祕，在那片祕境之中，伴隨著樹葉沙沙作響的低語，他們的祖先開始了書寫。日耳曼語族的名詞亦如此：book、Buch、boek，統統源於和樹木相關的一個字：泛白的山毛櫸樹幹。

在拉丁文中，字義為「書籍」（libro）的字彙，發音幾乎和「自由」（libre）的形容詞相同，但在印歐語系中，這兩個單字卻是完全不同的詞源。許多羅曼語族語言，諸如西班牙語、法語、義大利語或葡萄牙語，承繼了這份碰巧形成的語音相似度，並玩起了文字遊戲，因而確認了閱讀和自由之間的相關連繫。對於每個時代的文化菁英而言，這兩項熱情最終總是匯合成一體。

雖然現代人多在明亮的液晶或電漿螢幕上學習寫字，但我們依舊能感受到樹木原始的呼喚。在它的樹皮上，人們留下了各種不同的愛情宣言。

西班牙「九八年一代」❶代表詩人安東尼奧·馬查多（Antonio Machado）在詩集《卡斯

提亞大地上》（*Campos de Castilla*）描述的散步途徑中，他經常駐足河畔，就為了細讀戀人絮語：

我又見到金色的楊樹，
河岸小徑旁的楊樹
就在杜羅河畔，聖波羅❷和聖薩圖里歐❸之間，
隱於古老城牆之後
就在索利亞（……）。
這些河濱楊樹，伴隨著
枯葉窸窣作響
潺潺水流，當清風拂過
在那樹皮上
刻著戀人的姓名
開頭字母，數字寫著日期。

當青少年拿著尖刀在銀色的楊樹樹皮上刻下字母時，他們已在不自知的情況下向遠古致敬。亞歷山卓的圖書館員卡利馬科斯早在西元前三世紀已提到刻在樹木上的告白宣言。他並非唯一。維吉爾詩中有個角色曾想像著，隨著時光推移，他和她的名字在樹皮上將如何擴張模糊直到被腐蝕：「我把我的愛情刻在年幼的樹上；樹木將逐漸成長，你們亦將隨之成長，

吾愛。」

在樹幹上刻下字母，以此保留曾經活過和愛過的記憶，這個活躍至今的習俗，或許是歐洲文字發展最初的篇章。或許，就在那個流水不返的織夢河畔，如同馬查多所言，古代希臘人和羅馬人寫下了關於愛情最早的思念和文字。誰知道，在這些樹木當中，又有多少後來變成了書籍呢？

❶九八年一代：即指一八九八年美西爭奪殖民地之戰結束，西班牙戰敗後國事衰微，一群年輕作家以寫作抒發對國家前途的憂心，而形成了西班牙文學史上重要的流派。

❷聖波羅（San Polo）：位於索利亞（Soria）的修道院。

❸聖薩圖里歐（San Saturio）：位於索利亞市的知名古老修道院，矗立杜羅河畔，相當壯觀。

9 窮作家，富讀者

遠古時代並不存在所謂的作者版權或著作權。在赤手空拳的情況下，若無權貴人士撐腰，無論是作為讀者或作者，面對的都是無法生存的窘境。

在古羅馬時代，書籍的取得尤其和人脈息息相關。古人打造了特殊版本的知識社會，完全以人脈網絡為本。

古代文學從未建立我們現今熟悉的出版市場或工業，當時的書籍流通得以運作，仰賴的是友誼和抄寫員的結合。在私人圖書館盛行的時代，倘若一個富豪想要一本古書，他可以向朋友借閱（如果某個朋友剛好有這本書），然後吩咐手下職員抄寫複製版本，通常是由他自己的奴隸完成，或是由某個工坊的書吏代勞。若是當時的新書，多以贈送的方式流通市面。當時沒有所謂的出版社，作者若有意讓自己的作品廣為流傳，首先要訂製相當數目的複製本，然後開始四面八方分送出去。作品的命運取決於作者的親友、同事和顧客周遭的人脈夠廣，且有來頭，同時願意看在他的面子讀這本書。

據說，有個非常富有的演說家，名叫雷古魯斯（Régulo），他寫了一本關於兒子的拙劣文本，並且提供了一千份複製本；普林尼曾惡毒批評，與其說這篇文章寫的是孩子，不如說這本書根本是小孩的文筆。接著，他將複製本分別寄送給義大利各地的所有親友。此外，他還主動連繫幾位羅馬軍團將領，付錢請他們挑選軍團裡音色較美的士兵，然後在王朝境內不同地區舉辦作品的公開朗讀會（另一種形式的新書發表會）。作品的行銷和傳播，或由作者自己張羅；如果他負擔得起，就像雷古魯斯，或由貴族保護者出面處理；如果作者剛好是苦哈哈的窮光蛋，而這種情況司空見慣。

當然，一定有些人急著想讀甫出版的新書，但因不認識作者本人，所以不在贈書名單之內。在這樣的情況下，只要想辦法和作者親友圈內某個人搭上線，把書借來複製一本即可。當作者開始「發行」新著作時，這本書已經被視為公共財，任何人都可以複製它。拉丁文的動詞「adere」，我們譯為「編輯」，主要的字義其實是「捐贈」或「放棄」。這就意味著，出版的著作只能自求多福了。遠古時代並不存在所謂的作者版權或著作權。在整個書籍製作過程中，只有負責抄錄複製本的人以每行計算獲取酬勞（可想而知，這一定不是家中的奴隸），就像我們今天複印時以頁計費一樣。

傑出的英國文人詹森博士（Dr. Johnson）曾說過，除了腦袋裝了軟木塞的蠢蛋，沒有人會為了金錢以外的理由寫書。我們不知道古代作家的腦袋裡裝了什麼，但是他們一入行就清楚得很，靠賣書掙錢的機會極其渺茫。西元一世紀時，幽默作家馬提亞爾抱怨：「我的作品只有免費才會受到大家喜愛。」打從他抵達羅馬，這位來自比爾比利斯（現今薩戈拉薩省的卡拉泰烏德）的作家早已親身體驗，寫作這個行業根本賺不了錢，即使是知名的成功作家也一樣。他提到自己有一次在大街上碰到一個富有的陌生人，此人伸手指著他，且雙眼緊盯著他不放，就像今天那些巧遇名人的自拍魔人：「欸！真的是你嗎？你就是那個馬提亞爾？人人都讀過你寫的那些邪惡玩笑呢！」一陌生人對他說道。接著，他又補上一句：「你怎麼會穿這麼破舊的外套啊？」「因為我是劣等作家。」馬提亞爾的回覆話中有話，預先展現了未來的亞拉岡式隱喻幽默。

至於西塞羅這樣的名家出版演說稿和散文，為的是什麼？擴展自己的社會和政治野心，提升自己的名望和影響力；藉由興趣建立特有的公眾形象；明確告知全天下友人和敵人，自己已功成名就。文學藝術家庇護者長期資助才華洋溢的窮作家，追尋的也是類似的目標：榮耀尊貴、光芒萬丈、阿諛奉承。書籍的功能尤其著重於建立或保證某些人的聲望。文學以餽贈或個人出借的方式自由且自主地流通，在許多感興趣的人之間不斷傳閱，也因此劃定了文化菁英的小圈子，一個富裕階級的私密團體，這些人願意惜才，資助了一些出身寒微的才子或奴隸。在赤手空拳的情況下，若無權貴人士撐腰，無論是作為讀者或作者，面對的都是無法生存的窘境。

由外國人和奴隸打下文學江山之後，漸漸也開始竄出一些本土作者，不過，他們僅限於書寫嚴肅議題，如歷史、戰爭、法律、農業或倫理。這一類世家出身的羅馬共和國早期作家，最知名的當屬西塞羅和凱撒。相對於從希臘引進的奴隸詩人，他們是羅馬公民，而且，還是作家。他們只寫嚴肅議題相關的文章。外國人不准寫作法律或祖國傳統文化相關的作品，但另一方面，出身高貴的羅馬公民把時間花在寫詩也不是什麼好事。如同當今社會，倘若國家領袖花時間創作流行歌曲歌詞，許多人恐怕會認為此舉極不恰當。

因此，曾有很長一段時期存在著兩個平行的當代文學體系。一方面是希臘奴隸或被解放奴隸創作詩詞，以此愉悅提供贊助的文人貴族，另一方面，受人敬重的羅馬公民（只以散文書寫）則寫了一些半吊子內容的作品。「詩歌不是受人尊敬的領域，如果有人投入詩歌創作，人們會稱他為乞丐。」老加圖曾如是敘述。從那個時候開始，雜耍藝人、音樂人和藝術家一直背負這低等階層的汙名，從卡拉瓦喬到梵谷；從莎士比亞、賽萬提斯到紀涅。

在羅馬，擁有合法權益的公民可以自由從事藝術和文學活動，但多數人通常只是偶一為之，而且興致索然。另一方面，對於出身良好的人來說，試圖靠文字謀生可不是什麼多體面的興趣。知識只要和賺錢意圖沾上邊，馬上就變成了有損名聲的壞事。如前文已述，舉凡建築、醫學或教學，都是低等職業。古代學校的老師，大部分是奴隸或被解放的奴隸，他們的工作既卑微也讓人瞧不起。「他具有陰暗的出身。」塔西佗曾經這樣評論一個人，一個外國人，而此人正要開始從事這種低賤的行業。羅馬的王公貴族珍視智慧和文化，卻蔑視教學。一般咸認，教授值得學習的珍貴知識是不光彩的事，矛盾於焉形成。

誰能告訴我們，網路革命竟又重拾古代貴族認定文化只是閒暇娛樂的傳統。古老的口頭禪仍時有所聞，一再告訴人們，作家、劇作家、音樂家、演員、導演……，這些人若想掙口飯吃，必須找個正經的工作，把藝術當成娛樂即可。在新自由主義的框架下，以及在網路的世界裡（奇妙的是，就像在貴族制和奴隸制並存的羅馬），人們認為創意工作應是免費的。

10

在那個富裕世界和上流社會裡，文化已開始扎根，女性也投入了收藏書籍的行列。由於西塞羅的信件，我們認識了卡艾蕾莉亞（Caerelia），一位狂熱的讀者，也是一座哲學圖書館的所有人。事情是這樣的：這位富有的女貴族運用了某種手段（或許是行賄），非法取得了西塞羅的專著《論至善和至惡》盜版，搶在作者正式讓著作流通之前先得手。「無庸置疑，卡艾蕾莉亞對哲學確實充滿了高度熱情。」慍怒的西塞羅字裡行間難掩諷刺語氣。

這位急躁的女讀者並非特例。上流階級的羅馬家庭經常可見飽讀詩書的女性。西元前二世紀，柯妮莉亞，格拉古兄弟的母親，親自教導兒子的課業，並總是替他們延攬最優秀的教師。此外，她還是好幾個文學聚會的主持人，如同後來法國的德．斯戴爾夫人文學沙龍，座上都是當時政壇要人和重要作家。至於森普洛妮雅，乃喀提林密謀造反的共犯，她熱愛閱讀，包括拉丁文和希臘文作品。西塞羅曾形容自己的女兒杜麗雅「非常博學」。龐培的妻子之一（他並非同時擁有多妻）喜好文學、地理和詩歌吟唱。此外，她和卡艾蕾莉亞一樣，「喜歡參與哲學討論。」

羅馬貴族通常讓女兒在家接受教育。一般而言，他們不會把孩子送去學校，寧可延聘家庭教師到家授課，如此才能時時監測女兒的貞潔不被染指。古人通常很擔心自己尊貴的後代在街上會遭遇各種危險。在那個雞姦很常見的環境裡，再多的謹慎都嫌太少。因此，貴族家庭總會配置一個奴隸專責天天護送孩子外出上學，他們稱這種奴隸為「paedagogus」，今天我們將這個字譯為「教育者」（pedagogo），但它的原始字義只是「孩子的陪伴者」。不過，在家教學亦有其風險。著名的教師埃皮羅塔（Quintus Caecilius Epirota）和主人家女兒之間的師生戀，在西元前一世紀引爆的流言蜚語有如排山倒海，最後落得以被解放奴隸的自由身分流亡海外。

當時的女性被禁止踏上知識的最後幾層階梯：高等教育是男人專屬的禁區。她們也不允許像男孩一樣到雅典或羅德島留學一年，那是當時的「伊拉斯莫斯計畫」（Erasmus），交換學生獎助學金。出身良好家庭的女孩不會去上修辭課程，也不會為了加強語言去希臘旅行，當然也不會去雅典衛城，甚至沒嘗過遠離父母的自由滋味。當她們的兄弟正不斷讚嘆雅典雕像並享受希臘式戀情時，這些青少女只能乖乖找個好丈夫，因為她們通常小小年紀就被許配給成年男子。古人認為，婚姻之於女性，就如同戰爭之於男人；完成這項義務，乃人之天職。

後來的許多個世紀期間，出現了許多關於女孩受教的利弊爭論。在這項激烈爭議中，夜生活扮演了關鍵性的重要角色。希臘人習慣把女人留在家裡，自己出外吃喝玩樂，應酬到清晨的場合上通常有高級妓女作陪。反觀羅馬女性，她們也出門參加晚宴，因此，妻子有能力和其他賓客進行知識性交談，對她們的丈夫而言非常重要。因為這個緣故，羅馬貴族家裡不乏聰慧過人的女性，其言談和知識都有出色表現。

但在尤維納利斯的諷刺詩作中，這些具有文化素養的女性卻常呈現尖酸滑稽的形象。西元一世紀末，這位諷刺詩人寫了幾篇詩作，根據他本人的說法，乃出於憤慨。尤維納利斯是個愛嘮叨、反改革的諷刺詩人，總是緬懷著不存在的過往榮景。我們至今仍保存許多他在中古世紀寫的《諷刺詩集》手稿，實非偶然，因為修士們崇拜他那些令人惶惑的人性腐敗宣言；對於啟發性的講道，這是難以超越的最佳題材。他在其中一首詩中提到了男人在婚姻中的苦悶。他呈列了一系列女性「罪狀」：與角鬥士縱情作樂、出軌外國來的骯髒賤民——「妳將成為衣索比亞人的父親，很快地，妳的遺囑會有個永遠見不得人的黑人繼承人。」還有她們的過度花費，她們對奴隸殘忍刻薄，她們的迷信、無情、惡劣情緒和嫉妒心……以及文化素養。「女人在晚宴上開始引述維吉爾的詩句，並拿他和荷馬相提並論，簡直令人難以忍受。所有老師自願退出，教授們自愧弗如，人人都噤聲不語，就連律師和宣告法令的官員也無話可說。我憎恨那些自作聰明的女人，總是審查或背誦文法，時時堅守語言的各種條文和規則；連我都沒聽過的詩詞，她們居然會知道；硬要修改女性朋友的修辭，殊不知，根本沒有一個做丈夫的會這樣吹毛求疵。」

這首諷刺詩爆發的厭女態度如此尖酸刻薄，有些專家甚至懷疑，尤維納利斯是否真的是個喜歡謾罵的守舊派，或只是刻意誇大其詞去醜化她們。經過二十個世紀之後，我們幾乎無法判斷一篇文章究竟是嚴肅或戲謔。總之，戲謔背後若無可信的內容，尤維納利斯的幽默恐怕也不可能引起普遍共鳴。可以確定的是，我們的時代開始之初，許多羅馬女性確實沉浸在閱讀的喜悅中。其中一些熱愛文學和語言的女性，甚至讓她們的丈夫相形見絀。這是史上首見，貴族家庭裡也有傑出優異的母親和女兒，她們談吐不俗，精於閱讀，認識書籍裡的自由世界，並懂得運用文字堅不可摧的力量，如同上帝，或如同鑽石。

11

在羅馬文明當中，能夠學習閱讀和擁有書籍的是誰？沒有任何資料顯示在那個遠古時代存在所謂的普及教育。一直到現代，就在不久之前，有些國家達成了教育全面普及化的目標，但並非偶然，而是需要全體付出極大的努力。羅馬人從未試圖讓文字普遍化，亦從未建立公立學校。教育是自主性的選擇，並非義務。再說，教育所費不貲。有些人幾乎連自己的名字都寫不出來，有些人卻能狼吞虎嚥塔西佗艱澀難解的詩句，在這樣的落差之下，重建整個時代的教育普及率非常困難。

關於書寫和閱讀的熟練度，男女互異，城鄉有別。專家在做相關推測時，通常是過於謹慎和懶散。歷史學家哈里斯（William V. Harris）大膽提出了西元一世紀遭維蘇威火山覆蓋的龐貝城精確的人口數字，他們在那裡鉅細靡遺地研究了數千幅石壁上的塗鴉和圖畫；多是人們日常生活的訊息，例如：租屋告示、愛情告白、失物協尋、買春的價目、為了激怒鍾愛的角鬥士而寫的仇恨文字、謾罵和下流髒話，類似現今在公廁常見的塗鴉……。根據哈里斯的看法，在那座古城裡，擁有閱讀和書寫能力的男性大概不超過六〇％，女性則是低於二〇％；整體來看，不超過兩、三千名龐貝城的居民。雖然這個數字在我們看來似乎少得可憐，但已經創下了前所未有的教育水平，文化開放的程度也是空前。

尊貴階級的孩子年滿七歲時，將面對人生一大挑戰。到了這個年紀，他們必須離開父母家，不再享有母親或某個希臘奴隸個別教導語言的待遇；如同小說裡經常出現的家庭女教師。在家自學的階段結束了，他們從此應該學習面對嚴苛的處境，包括暴力。直到十一、二歲，他們必須忍受小學激烈又單調的教學。學校嚴格執行每個階段的教學目標：字母、音節、作文，絲毫不顧及學生的好奇心，對於兒童心理學也無動於衷。一如古希臘，這裡採取的也是被動式教學：背誦和模仿是最受肯定的兩項能力。

此外，老師通常也對教學意興闌珊。對所有古代作家而言，學校的回憶總是和鞭打和恐怖相連。西元四世紀，詩人奧索尼烏斯寫了一封信給孫子，勉勵他勇敢無懼地迎接即將到來的求學新生活：「去見老師並不是那麼恐怖的事情。」他這樣告訴孫子。「雖然他們的聲音令人不悅，而且經常皺著眉頭語出威脅，但你會習慣的。如果在學校經常聽見藤條鞭打的聲音，千萬別害怕。聽到有人被藤條鞭打而哀嚎，或是你們坐的長椅因為大家恐懼顫抖而移動時，你不要因此而慌亂。」我猜想這些文字的出發點是為了安撫孩子，卻可能因此引發更多夢魘。希波的奧古斯丁終生難忘他在學校遭受的虐待，他在七十二歲時這樣寫道：「若讓一個人在死亡和重返童年之間做選擇，沒有人不是驚嚇到寧可當場橫死。」

小學教師這個職業，拉丁文稱之為 litterator，意即「教導字母的人」。那些可憐的惡魔，通常是奴隸，生活抑鬱不得志，薪資又低（難怪許多人必須兼職），這個職業名稱傳到後代變成了「文學」（literatura），又是一個容易陷入貧困的職業。至於他們授課的學校，當然也不是什麼富麗堂皇的所在：租金低廉的地方，常常是只有簡單的門廊，而且緊鄰嘈雜的街道，再用薄薄的一層布簾隔絕好奇的路人。學生坐在沒有靠背的簡單長椅上，還得在自己的膝蓋上寫字，因為教室沒有桌子。賀拉斯曾形容上學途中的情形：「左手臂上掛著一個小木盒，裡面裝著學算術要用的石頭，外加一塊寫字板。」這就是人類最早的小學生書包裡的內容。

在學校教學中，孩子們需要低廉的書寫素材，用於聽寫、筆畫練習，可以擦掉後重複使用。由於莎草紙是奢華商品，從羅馬時代起，塗上蠟的書板就成了日常書寫或幼童學字的主要器具。他們藉由這些書板學習閱讀，也在書板上展現了自己的成就、愛情和回憶。大致而言，書板都是簡單的木板或金屬板，書寫空間不大，上面覆蓋著一層混合了樹脂的蜜蠟。在這層軟軟的蜜蠟上，人們可以用鐵或骨頭製成的尖筆書寫文字。尖筆的另一端是抹刀，用來刮平蜜蠟表層，然後就能重複使用，或在寫錯字時抹平重寫。只要更換表層的蜜蠟，這個素材可以無止盡地重複使用。在龐貝古城舊址發現了近乎完整的女性肖像，畫中女性若有所思，手上的尖筆輕觸嘴唇，同樣的姿態挪到二十世紀，手上拿的可能是眼鏡、香菸或疏於修剪的鬍鬚。兩幅畫作中最著名的那一幅，讓人想像一個從未存在過的畫面，姑且將她稱之為「詩人莎芙」，一位年輕女性手執尖筆抵著唇邊，一手捧著蜜蠟書板，正在尋思作詩。每當我們咬著原子筆或鉛筆時，其實是在不自覺的狀態下複製了最古老的書寫姿態。

那位龐貝城的年輕莎芙手上捧著一疊書板，共有五、六片。書板一角經常可見有個小孔，以便後來可以將多片書板用細環、繩子或皮帶圈綁在一起。有時候，他們也製造用絞鏈圈綁的折疊式雙連板或多片摺疊板。從英國的哈德良長城附近文德蘭達出土的大量文物中，我們得知還有一種筆記本大小的折疊木製書板存在，多以漂流木或白樺樹板製作而成，看起來就像手風琴。木材須在春天砍伐，此時樹幹豐潤多汁，木材彈性更好，更易於折疊，如同現代的折疊式小冊子。這些裝訂式書板有如木製書頁，拉丁文稱之為codices，算是遠古書寫和現代之間的連結。它們稱得上是當今書籍的前身。

書板在當時很常見，而且用途廣泛。出土的書板中，有不少是出生證明和解放奴隸文件（開啟新生的兩種方式）。書板也用於個人筆記、家庭記帳及小商家的商務紀錄、檔案、信件，還有我們今天閱讀的最初版本的詩歌。奧維德在他的情色手札《愛的藝術》特別提醒秘密戀人們，記得趕在重複使用書板前小心抹去互訴衷情的愛戀絮語。根據詩人的說法，許多不倫戀都是在這種情況下被揭穿的，看來，古時候的蜜蠟書板就像今天的手機一樣容易漏餡。在那個尚未數位化的古代，不能見光的地下戀情顯然也讓老祖宗傷透腦筋，因為就連印度伐蹉衍納的名著《愛經》也以大篇幅指點女性如何隱藏禁忌戀情的書信。

有時候，為了使用墨汁寫字，書板表面會抹上一層石膏，用於書寫的是對半剖開的乾硬蘆草，前端削尖，彷彿鋼筆筆尖。這種書寫方式，對於手不夠巧的人來說，要寫出正確筆畫和簡單線條倒是簡單多了。詩人波西藹斯曾描述一個學齡幼童瘋了似地牢騷不斷，因為他的蘆草筆尖滴出了墨水，正好灑在他的習字作業上。這樣的場景在許多個世紀期間一直在教室裡重複上演，直到不久前才消失。我母親還記得她的小學筆記本上也灑了不少那樣的黑色淚水。

然而，我卻屬於原子筆世代，這項神奇的發明出自於匈牙利記者拉斯洛・比羅。據說，拉斯洛腦中浮現這個基本構想時（生產小孔內滾動鋼珠的新書寫工具），他正在觀察一群小孩踢足球。他發現，那顆球經過水窪後會在地上滾出一道痕跡。我不禁要想像那座多雨城市裡的那場足球賽；叫喊聲、歡笑聲、灰濛濛的天空、地面上嵌著一片片明鏡般的水窪、足球留下的潮濕痕跡，彷彿剛發明的新字母。我童年中那些令人難忘的六邊形Bic Cristal原子筆，以及它的藍色筆蓋，外加側邊小孔，就是在那裡產生的。回想當年那些漫長的午後時光，無聊的我們把筆管當成射豆槍，裡面裝了米粒，然後朝著同學的頸子射出去，我也瞄準了某人（作為一個笨拙的青少女），並試圖藉此吸引當時偷偷喜歡的人注意到我。

12

血腥美學和極度暴力的想像，對我們而言是如此現代化，卻早在古羅馬時代已有忠實信徒。古希臘神話已擁有一系列野蠻行為：強暴、挖眼、任由蟲蛆吞食人類肝臟、手段凶狠的惡棍。而此類描述的登峰造極之作，無庸置疑，當屬基督教殉教者的故事，對於各種虐行、肢解、截肢皆有鉅細靡遺的描述，滿紙鮮血橫溢，簡直是血流成河。

其中一位偉大的恐怖虐待狂大師出生於西元四世紀中葉的西班牙，可能是在凱薩奧古斯塔（現今的薩拉戈薩）這個地方。換言之，他的童年和我倘佯在同樣的江河清風中。古羅馬後期詩人普魯登修斯的父母為他取了個溫文儒雅的名字，他曾從事的幾項工作也都很穩定，如羅馬王朝公務員，但在這個平靜溫和的形象背後，隱藏的卻是昆丁・塔倫提諾或達利歐・阿基多老祖宗的靈魂。近五十歲時，這位向來冷靜的西班牙人嘗試在創作上做出重大轉折，他辭去公職，在七年內寫下兩萬句激烈濃郁的詩句。他的其中一本著作，取了希臘文書名的詩集，《*Peristephanon*》（殉教者頌），書中敘述「關於殉教的極端」，精準陳述各項細節，以優美生動的筆觸描繪十四名基督徒被迫否定信仰時，遭受的種種酷刑虐待。

聖人卡西安（San Casiano）是其中一位，他遭受的恐怖虐待，讓普魯登修斯深受撼動。這篇關於其死亡的敘述，堪稱拉丁文學最驚恐的文章之一，而且出乎意料地，這也是非常出色的紀實資料（從陰森可怕的視野來看），藉此可見識到古代學校的日常生活，以及古羅馬老祖宗的文字實用之處。

普魯登修斯敘述卡西安是小學教師，對學生並不怎麼和藹。他教導的是年紀最小的學生，當他教孩子聽寫時，經常施以嚴厲的處罰。鞭打是每天的日常，學生心裡對他累積了一股混合了恐懼、暴力和悔恨的危險情緒，如同哈內克的電影《白色緞帶》裡那些蒼茫眼神讓人背脊發涼的金髮男孩。

當時正值宗教迫害的黑暗年代。針對基督徒的鎮壓行動再次爆發，卡西安因為拒絕崇拜異教諸神而遭逮捕。根據普魯登修斯的描述，當時的統治當局決定，將一絲不掛、雙手反綁背後的卡西安交給他授課的學生，由他們來擔任劊子手。普魯登修斯的敘述內容，在此之前都在預期之內，但接下來卻突轉陰暗。死亡和殘酷，在此由童顏展現：「所有學童一股腦兒將積壓多時的沉默憤怒化成邪惡和仇恨。他們打破黑板，用力朝著老師的臉砸過去，射得準的甚至正中額頭。他們拿著習字用的蜜蠟書板猛打老師，直到書板斷裂，沾滿了腥紅的鮮血。另外一些人，手拿用在蜜蠟書板上寫字的金屬尖筆，正蓄勢待發。兩百隻手同時在他身上猛刺；其中一些孩子甚至刺及內臟，有些還剝了他的皮。」

普魯登修斯竭盡所能驚嚇讀者，希望藉此增強讀者的信念。他精於運用驚恐手法：拉長恐怖場景，細節的描述、事件的進行，以及聲音和衝擊，一律緩速運作。他把日常事物變成殺人武器，並探索了痛苦的可能極限。他讓我們見識到，用於蜜蠟書板寫字的細針，原來銳利如尖刀。那些以尖如匕首的細針刻寫出來的文字，象徵著暴力統御了文字摻雜鮮血的羅馬校園。於是，這首詩很矛盾地變成了反對兒童體罰最陰暗的辯護。所有學生看似乖乖地承受著老師的諷刺和鞭打，但關於他們復仇的恐怖敘述，迫使我們不得不直視兒童變成劊子手，從無辜受害者變成殺手的轉變過程。

這是令人不安且有害身心的景象。「你有什麼好抱怨的？」有個男孩冷漠無情地對著下場悲慘的老師這樣說道。「你自己也是這樣拿著尖筆刺我們的手啊！現在，我們把在學校承受過的數千次針刺處罰都還給你。我們曾經苦苦哀求這麼多次，求你放過我們，但你總是拒絕，從來不把我們的努力放在眼裡！好啦！你現在可以耍威權啊！你可以來處罰最懶惰的學生啊！」這首詩的結尾十足驚悚。孩子以虐待老師為樂的同時，被針刺得體無完膚的虛弱生命正漸漸停歇。

雖然普魯登修斯的初衷是控訴反基督徒的罪刑，但這段殘暴的記事也暴露了學校生活的陰暗面。另一位西班牙人，生於西元一世紀的卡拉古里斯（現今的卡拉奧拉），他是最早質疑嚴厲教學方式的作家之一。在其著作《雄辯家的培訓》中，昆提利安堅稱，學習欲望端賴個人意志，「暴力毫無存在的餘地。」他反對學校殘酷體罰，寫道：「這種體罰只適用於奴隸」，展現人道關懷的同時，也有自我矛盾的例外和裂縫。或許，當他提及孩子經常被打時，想到的是自己挨打的童年，兒童經常受體罰而陷入恐懼、痛苦和羞愧中，而那份羞愧如此深切，完全粉碎了童年的快樂。因此，他補充道，童年是個缺乏保護的年紀，任何人都不應該對這些無助的孩子施加無限制的權力。

卡西安這段令人毛骨悚然的故事似乎展現了鞭打和體罰從未在羅馬校園消失，但我們在慘淡的景象中也見到了一線曙光。直到現代之初，終於有些人挺身捍衛溫馨趣味的教學方式。這個流派支持以鼓勵代替處罰，並致力於喚醒孩子內心學習的渴望。據悉，有些教師開始為學生製作遊戲教具，孩子結結巴巴唸出第一個字時，他們提供獎勵，送給孩子正在學的字母形狀小甜點或小餅乾。類似的寬容教學方式卻立刻引發了古代傳統領袖的反彈。佩特羅尼烏斯的作品《愛情神話》裡有個角色對當時社會腐敗懦弱的習俗大加撻伐（時值西元一世紀尼祿皇帝統治時期），他宣稱，羅馬的沒落恐怕迫在眉睫，倘若（根據他親眼所見！）孩子們學習時居然在玩樂。校園裡的新舊兩派之爭，早在久遠以前已經存在。

13 一個尚屬年輕的讀者大家庭

直到二十世紀，超過五千年之後，書寫才變成一種普遍廣泛的能力，擴及大部分人口。這是一個漫長的發展過程，卻是直到最近才獲得成果。

事實上，如果我們回顧自己的起源，便會發現作為讀者的我們是個非常年輕的家庭，宛如流星畫過天際般新奇。大約三十八億年前的地球上，某些分子結合後形成了某種特別巨大且複雜的結構，我們稱之為生物體。類似現代人類的動物在大約兩百五十萬年前首度出現。三十萬年前，老祖宗開始懂得用火。大約十萬年前，人類征服了話語。西元前三五〇〇年至前三〇〇〇年期間，在美索不達米亞炙熱的豔陽下，有些不知名的蘇美人智者在黏土板上勾勒出第一批符號，它們超越了聲音在時間和空間上的藩籬，得以讓語言留下恆久的痕跡。直到二十世紀，超過五千年之後，書寫才變成一種普遍廣泛的能力，擴及大部分人口。這是一個漫長的發展過程，卻是直到最近才獲得成果。

我們必須等到十九世紀最後數十年，在跨入二十一世紀前，出身卑微的人們，大城市裡的次文化族群，寄居在街頭幫派和城市部落的世界……這些人總算得以學習字母，並藉由文字自由抒發抗議、不滿和憤怒。現在街頭塗鴉成了最具創意的事件之一，歷經許多個世紀之後，經過數十年致力教育普及，塗鴉終於讓羅馬字母體驗到意外爆紅的滋味。人類史上頭一遭，一群非常年輕的人——學齡兒童和青少年，其中許多出身貧民窟和郊區，他們擁有資源和自信，創造了屬於他們自己的圖畫表達方式，開創了一種結合塗鴉和文字的原創藝術。巴斯奇亞，一個具有海地血統的年輕黑人，原本是個在街頭晃蕩的遊民，直到一九八〇年代，他的塗鴉作品進駐畫廊後，情況才改觀。文字如排山倒海似地湧入他的油畫畫作裡，或許那是他在系統內維持邊緣姿態的自我簽名。書寫一段文字，然後塗掉其中一些字彙，以此攫住更多目光；他曾說，此舉純粹是因為被禁止的文字總會迫使我們更仔細去讀它。

有趣的是，當塗鴉（熱中此事的同好者也稱之為「書寫」〔writing〕）在全球各地的建築物、地鐵月台、圍牆和廣告牆逐漸擴展，紐約、洛杉磯、芝加哥，然後是阿姆斯特丹、馬德里、巴黎、倫敦和柏林……。同樣在那幾年間，矽谷的後院也正在進行一場資訊革命。當高科技的專家正在探索網路極限時，住在邊緣社區的年輕人首度發現在牆上和車廂上寫字的樂趣，以及書寫時肢體動作呈現的美學。在鍵盤開始革新書寫姿態的那些年間，這個另類青少年文化卻充滿熱情地發掘了書法之美，在此之前，僅有極少數人樂在其中。年輕人為之著迷，因為他們能夠在各種東西上留下名字，既有利用文字創作的可能，還能享受書寫的危險快感（這是一項危險行動，時時處在逃亡邊緣的處境），青少年將手寫文字轉變成全新的表達方式，既能打發閒暇時光，又能贏得同儕肯定。這項如此現代的表達藝術，同時也象徵了文字在悠久的人類發展進程中是多麼年輕——書寫只是我們人類最新的一個眨眼動作，也是古老心靈最近的一次悸動。

納博科夫在其小說《幽冥的火》中，提出了充足理由責備我輩冷漠面對這項驚人創新。「我們莫名其妙地視這項奇蹟的存在為理所當然，少數幾個書寫符號竟能擁有無限的想像空間，並引發了各種思想革命，建立了人們相互交談、一起哭泣和歡笑的新世界。」接著，他提出一個令人不安的疑問：「倘若我們有一天醒來時，我們所有的人，都發現自己竟然完全無法閱讀了，怎麼辦？」到時候，我們可能得重返一個不是太久遠以前的世界，就在描畫的聲音和沉默的文字創造奇蹟之前。

14

閱讀的推廣引發了人類情感的新平衡狀態。直到當時為止，語言一直仰賴聽覺開疆闢土，文字發明之後，部分溝通轉向視覺。接著，讀者很快就開始要忍受視力問題了。從某些古羅馬作家的抱怨中，我們發現天天使用蜜蠟書板很容易讓視力疲勞且「變暗」。在上了蜜蠟的表層，字跡成了沒有明暗對比的細線，然而這卻是費了好大的勁才刻上去的文字。詩人馬提亞爾曾在詩作中提及，有人因閱讀書板而「雙眼視力微弱」，昆提利安則建議所有視力不佳的人，只閱讀以墨水書寫的莎草紙書或羊皮紙書，黑字搭配褐色素材。於是，我們發現老祖宗這項最廉價也最容易取得的書寫介質會留下後遺症。

在那個年代，並無所謂的視力矯正。因此，許多古代讀者和學者視力衰退，大多漸漸演變成無法扭轉的視力模糊，或看到鮮豔顏色或強光後，眼前突然出現許多黑點。眼鏡尚未發明。據說，尼祿皇帝必須透過一塊巨大的綠寶石才能看清他鍾愛的角鬥士競賽細節。他很有可能患有近視，因此把精緻的寶石當成望遠鏡使用。無論如何，巨大的珍貴寶石只有皇帝才負擔得起，兩袖清風的知識分子可沒有這份能耐。

許多個世紀之後，在一二六七年，羅傑・培根以科學驗證的方式展示，透過以金鋼砂精確磨光的鏡片，細小的文字會變清楚而且變大。根據這項發現，威尼斯慕拉諾島的玻璃工廠拿玻璃做實驗，漸漸變成了眼鏡的搖籃。鏡片已經有著落，接著必須打造舒適、輕盈且不會讓眼鏡滑下來的眼鏡架才行。雖然最早的解決方式被加上了「擠鼻子」這個綽號，但這項新工具很快就成了上流社會最迷人的配件。

小說《玫瑰的名字》書中有一幕，在一臉驚愕的阿德索面前，巴斯克威爾的威廉修士從胸前的口袋裡掏出一副眼鏡，隨後把它掛在臉上。這個故事發生在西元十四世紀，眼鏡在當時仍屬稀有。修道院裡的修士，在此之前從未見過類似的東西，忍不住好奇地盯著這個奇怪的玻璃玩意兒，卻又不敢多問。年輕的阿德索形容它是「一個叉狀的東西，剛好可以套在人類的鼻梁上，彷彿騎士跨坐在馬背上。叉狀物的兩側連接著兩個橢圓狀的金屬圈，剛好就在雙眼前方，金屬圈內鑲嵌著兩片杏仁狀的玻璃，厚度有如玻璃杯底。」威廉修士向一臉詫異的助手解釋，年紀會讓視力越來越吃力，沒有這個神奇的工具，許多做學問的智者，一旦過了五十歲，讀書寫字簡直要人命。兩人誠心感謝上帝，還好有人發明且製造了這兩片能恢復視力的鏡片。

古代的富有讀者還買不到尚未問世的眼鏡，卻擁有市場上最昂貴奢華的莎草紙書可以保護並善待自己的眼睛。當時大部分書籍是訂製的，手工產品的品質，無論哪個時代都一樣，端賴買家出得起什麼樣的價錢。首先，莎草紙有各種不同品質。根據老普林尼的記述，最精緻的莎草紙由埃及莎草內部果肉的薄片製成。如果藏書家財力夠雄厚的話，可以讓抄寫員盡量以較大的秀麗字跡抄寫，這樣的書籍閱讀起來更舒適，保存時間也更長久。

我們不妨試著想像那些最美麗、最精緻、最獨特的莎草紙書。莎草紙的邊緣以浮石磨得光亮，並以豔色長條緞帶裝飾。為了增強莎草紙書的耐用度，還會加裝稱之為「臍帶」的細棍，多由象牙或名貴木材製成，有時也鋪上一層金箔。臍帶的兩端是精雕細琢的柄。猶太會堂使用的《妥拉》經書依然維持著最早期莎草紙書的樣貌。對猶太人而言，木質圓棍加上圓滑的兩端——「生命之樹」——乃不可或缺的部分，因為在宗教儀式進行中，手部不准碰觸聖書的羊皮紙或經文。對希臘人和羅馬人來說，撫觸經文並非褻瀆，臍帶純粹是方便莎草紙書的攤開或捲回。

工藝家還為富有任性的藏書家打造了其他昂貴配件，例如旅行箱和皮套，可避免莎草紙書受到惡劣天候威脅。對於貴重稀有的藏書，保護皮套還會染成紫色，這是權力和財富的象徵色。據悉，還有一種非常昂貴的軟膏，用豬油製成，塗抹在莎草紙書上，可以驅除啃食文字的蛀蟲。

只有尊貴的羅馬貴族負擔得起如此豪奢的圖書收藏。他們以此驕傲地展現自身的財富，如同當今有錢人開勞斯萊斯炫富一樣。詩人、智者和哲學家，除了少數例外，無法打進這個特權階級圈子。有些人只能偷偷望著那些他們無力負擔的精緻書籍，嘴裡牢騷不斷，甚至寫下尖銳的諷刺詩影射那些沒有文化素養的藏書家。我們知道其中一篇滿懷怨恨的文章，篇名是〈反對大量購書的無知者〉——「那些未曾從書籍獲益的人，買進那麼多書做什麼？不就是讓竊賊有事可做，養個蛀蟲窩，或是嫌奴隸沒把書籍維護好而鞭打他們出氣？你可以把書借給對你來說有利可圖的人，反正你也不知道這些書能做什麼。但是，你就像癱在馬廄裡的一條狗，既不能吃大麥，也對付不了馬匹，而他卻有辦法做到這些事。」這篇充滿怨怒和侮辱的文字，以忿忿不平的筆觸描繪了印刷術發明前書籍短缺的現象，當時，閱讀常常只是與特權毫不匹配的表徵而已。

15

長期以來，書籍僅限於在封閉的朋友圈或特定人士間私下流通。在羅馬共和國，閱讀的都是社會菁英及他們周遭的親友。在漫長的許多個世紀期間，羅馬城內不見任何公共圖書館，你的視線若能停駐在書本上，除非你有傲人財富，或是善於奉承有錢人。

大約西元前一世紀時，我們首度窺見樂在閱讀的讀者確實存在，而且既無大量財富，也沒有社會資源。這要歸功於書店，打破了這道藩籬。透過文獻我們了解到，在古希臘已經出現書店這個行業，不過，至今幾乎沒有任何資料讓我們得以重建人類首批書攤的形象。然而，關於羅馬時代的書店，倒是留下非常詳盡的資料（名稱、地址、管理、價格，甚至相關的笑話）。

年輕詩人卡圖盧斯（他是永遠年輕的人，因為三十歲就英年早逝）曾敘述西元前一世紀中葉一段關於友誼和書店的軼事。我們在寒冷的十二月底歡度純真無邪的聖誕節，這個傳統的前身是古羅馬的農神節，詩人收到一份玩笑性的禮物，那是他的朋友盧爾烏斯送他的一本書：兩人心目中當時最劣等的作者們所寫的詩作選集。「我的老天爺！你送給在下卡圖盧斯的這本小書真夠驚悚，我嚇得差點連命都沒了。」卡圖盧斯忍不住發牢騷。接著，他開始反擊：「你這種惡作劇的行為，恐怕會讓你付出不小代價，你這個搗蛋鬼！在此先警告你，我會去翻遍書店主人的大箱子，買下所有最糟糕的文學毒藥，然後送過去折磨你。在此同時，這些劣質詩人們，我們這個時代的最大災難，這些不該出現的人，統統回去吧！」

在這些玩鬧式的文字當中，我們也發現，在那個時代，在市場上買書當作農神節禮物已是司空見慣。不僅如此，一心想報復的卡圖盧斯，居然能在隔天一大早在羅馬找到幾家營業的書店，買到當代最劣等、最可怕的詩作，打算寄送給惡作劇的朋友以茲報復。

這些清晨營業的書店，主要是接受書籍訂製的工坊。光顧這些地方的多是社會階級較低的人們，因為家裡沒有負責抄寫的奴隸。人們通常會挾著一本原著上門，然後訂製一定數量的手抄複製本，奢華程度則視其經濟能力而定。工坊的員工大多是奴隸，馬上就能提筆抄寫。出身比爾比利斯的詩人馬提亞爾是古代短詩健將，他曾敘述，抄寫他的第二部諷刺短詩著作（我的列印版本是三十頁），大約只需要等候一個鐘頭。由此，他為自己快速、環保的文學作品列出了幾項優點：「首先，耗費的莎草紙較少；其次，完整抄錄我的作品，只需要一個抄寫員花費一個小時即可，不需要養個奴隸浪費許多時間；第三，就算這本書從頭到尾都寫得不好，對讀者也只是短暫的累贅。」

同樣一個字 librarius，指的是抄寫員，但也可譯為書店業者，因為其實是同一種行業。印刷術發明之前，書籍的製作是一字一句手工抄寫，每一本都是手工完成。材料和手工費用皆以件計算。若像當今一次印刷幾千本，根本無法節省費用。甚至恰恰相反，在不保證一定有買家的情況下製作大量書籍，恐怕會讓經營陷入破產險境。面對現代的出版概念和龐大市場，羅馬人恐怕只會眉頭深鎖。不過，卡圖盧斯的軼事倒是讓我們得知，當時可以去書店尋找書單上的某些書籍，不需要隨身攜帶原版書了——可想而知，這些大概是剛問世的新書和某些必讀的經典著作。書店業者開始承受某種程度的經營風險，在店裡提供值得信任的某些作者所寫的「prêt-à-porter」（成衣）現成書籍。

馬提亞爾是第一個和書店業者公會建立良好情誼的作家。經常抱怨文藝贊助者過於吝嗇的他，必然也把自己的著作提供給書店販售。他的好幾首非常現代的詩作當中，已有置入性行銷，或許還收取了費用：「在阿吉萊多社區裡，就在凱撒論壇正對面，有這麼一家書店，門口掛滿了告示牌，幸運的是，你很快就能瀏覽店內所有的詩作標題。到那裡去找我吧！阿德雷克多（書店主人的名字）會為你從第一排或第二排書架上找出一本用浮石磨得光亮的《馬提亞爾詩集》，而且還染成了紫色，售價是五枚第納里幣❶。」

至於詩人提到的那本輕薄詩集售價五枚第納里幣是否合理；當時一天的工資是一枚第納里幣，阿德雷克多和他工坊的書吏製作當然是高價精品，不過，我們猜測，他們應該也為預算有限的讀者製作了一些較廉價的產品。

除了阿德雷克多之外，馬提亞爾還在其他詩作提及其他業者的名字：德里豐、塞昆鐸和巴雷里亞諾。詩人曾以嘲弄語氣感謝第三位書店老闆依然販賣他的前幾本作品：「各位讀者，我在年輕的時候寫了一些微不足道的瑣碎小事，你可以去找巴雷里亞諾買這些書，感謝他，我這些早期拙作才不至於忍耐受苦。」此外，他還替塞昆鐸的書店做宣傳，連地址都附上了：「為了讓你知道我的作品在哪裡販售，免得你在大半個城市奔波卻遍尋不著，請依照以下指示：去找塞昆鐸的書店，他是琉森文人出身的被解放奴隸，書店就在和平神殿和巴拉斯論壇後面。」在一個不識作者版權為何物的社會，馬提亞爾當然也無法從這些書店販售的書籍中拿到版稅（在其他任何書店也一樣），不過，他可能因為在詩作中做廣告而收取了費用，於是，我們這位詩人就成了現代電視影集裡置入性行銷廣告的古羅馬前輩。此外，他可能喜歡在閒暇時光到這些書店轉悠，希望這些書店能在他的短詩中流傳後世。比起那些要他上門服務的傲慢貴族，能和那些學養兼優的書店業者閒聊文學笑話，當然是自在多了。

馬提亞爾的詩作幫助我們重建了那些古代早期書店的形象：店鋪門口貼了告示牌，內部則有一排排壁龕或架子。從出土的龐貝古城保存的類似店鋪遺蹟來看，我可以想像一家書店裡一定有一張結構厚實的櫃檯，牆壁上畫滿了各式神話風格的壁畫；後門則通往工坊大廳，主人在此接待上門的顧客，奴隸抄寫員則毫不停歇地賣力工作，連著好幾個小時伏案抄寫，孜孜不倦地在莎草紙或羊皮紙上寫個不停，時時隱忍著腰痠背痛和手臂痙攣。

經由書店業者，馬提亞爾的詩作開始傳到陌生讀者手中，不再僅限於贊助者的親友圈，詩人本身也樂見這種全新的文學新象。然而，作品向廣大的陌生群眾無限制地廣開大門，讓其他作者抱著戒慎恐懼的態度。賀拉斯在一篇和自己作品對話的信札中坦承了本身的羞怯。他責備剛完成的新作，彷彿那個是活生生的人，抑或，說得更精確一些，彷彿那是個一天到晚只想出門玩樂的年輕人。爭論越來越激烈，詩人扳起臉孔責備一心只想到索氏書店賣笑的新作：「你厭惡緊鎖的大門和嚴謹的形象，你總是抱怨只有少數人看過你，而且不顧我對你的諄諄教誨，你總是對公眾場合大加讚揚。唉！我到底是做錯了什麼事？你看著吧，任由予取予求，戀人很快就疲乏了。當你任由門外漢反覆觸摸，不久就會開始滿身髒汙。」

這首帶有情色基調的戲謔文章背後，隱藏著閱讀權的一項歷史性變革。西元前一世紀到西元一世紀期間，羅馬王朝誕生了一種新族群：匿名讀者。今天的我們可能會覺得出版一本只有親戚朋友會閱讀的書是很可悲的事；但對古羅馬作者而言，這種情況很常見、很可靠，也讓人覺得很自在。為了賺幾枚第納里幣，你要打破各種疆界，張開雙臂歡迎所有人打探你的思想和情感……，對許多作者而言，這是非常過火的體驗，簡直就像在眾人面前脫得一絲不掛那樣難堪。

賀拉斯的信札也宣告了貴族獨占書籍的時代已經結束。此外，對於陌生的讀者大眾，甚至是平民，他也表達了心中的疑慮，因為已經超越了既有的人際關係，也超越了原本的空間和時間。詩人最後威脅厚臉皮的新作，它的下場恐怕很不堪：「你將在沉默中淪為一窩蛀蟲的食物，或是在狹小角落裡垂垂老矣，頂多用來教導幼童學習字母，或是被打包寄往依雷達（現今的萊里達）」。除非那不知羞恥的新書謹守規矩，乖乖待在家裡，留在熟人身邊，否則它將承受淪為學習教材的極大恥辱，或更慘烈的凌辱，就是永遠留在粗俗的西班牙讀者的書房裡。

相對於賀拉斯，更凸顯了馬提亞爾的開放和叛逆，他出身依雷達城，位於凱爾特伊比利亞人聚居的比爾比利斯，因此，他沒有歧視偏鄉百姓的偏見。一個無須為了取得書籍而向富人獻殷勤的新時代開始了。馬提亞爾和書店業者則助長了戰區的擴大。

---

❶第納里幣（denario）：最早出現於西元前二一一年，古羅馬通行貨幣中最常見的硬幣。

書店業者：危險的行業

書店正在快速消失中，它在時光中留下的痕跡遠比大型圖書館要微弱多了。書店與當下的神經脈絡一起震動，它是流動的、暫時的。而且，在我看來，也是危險的。

16

海蓮是移民之女。她的父親是個出身卑微的襯衫裁縫師傅，偶爾會以販售的衣物換取費城劇院的入場券。多虧了這些襯衫商品，在美國經濟大蕭條期間，海蓮能夠舒適地癱坐在破舊的手扶椅上，接著，燈光逐漸暗去，舞台卻明亮了起來，她的心臟急速搏動，彷彿陰暗劇院裡一匹脫韁的野馬。雙十年華加上一份少得可憐的獎學金，她在曼哈頓落腳，在此開啟了女作家生涯。長達數十年間，她蝸居在破舊斗室裡，屋內只有雜亂的家具，以及爬滿蟑螂的廚房，總是無法確定下個月是否有足夠的錢繳交房租。她以電視編劇為業，貧困度日，卻依然筆耕不輟，創作了一部又一部無人願意拍攝的劇本。

她的最佳代表作，此時仍在發展中，並在後來的二十年間逐漸成形，而且是在最純真、最出乎意外的情況下產生的。海蓮偶然瞥見一則專賣舊書的倫敦書店小廣告。一九四九年秋季，她將第一份訂單寄往「查令十字路84號」。那些銅板價的廉價舊書，橫渡大西洋陸續抵達她後來的不同住處，最後停駐在她以柳橙木箱改裝的書架上。

初始以來，海蓮寄到書店的信函，除了簡單的訂單及應該支付的款項，她總會聊些別的事情。她在信中描述了拆封剛抵達的書籍包裹時那份喜悅，以及撫摸那些奶油色書頁時的輕柔觸感；當買來的舊書未達預期的期望時，她會以生動有趣的筆觸形容自己的感受；她抒發自己的讀後感，也聊起拮据的經濟狀況，以及自己的怪癖——「我熱愛那種已被前任主人翻閱無數次的舊書。」那位名叫法蘭克的舊書店主人，起初仍以拘謹的筆調回覆信函，但經過幾個月的信件往返之後，逐漸也敞開了心扉。十二月時，海蓮為舊書店全體員工準備的聖誕包裹寄達查令十字路。包裹內裝有火腿、罐頭和其他食品，在艱困的英國戰後時期，這些東西只有在黑市才買得到。到了春天，她請求法蘭克幫個忙，幫她找本詩歌選集，「關於愛情的詩作，但在中央公園閱讀時，不至於會哀歎連連。」

這些信函最出色的部分是盡在不言中的訊息。法蘭克雖然從未明說，但他顯然可以長途跋涉，找遍所有偏遠地區的待售舊書，就為了幫海蓮找到世上最美妙的書籍。而她的回應則是，更多禮物包裹，更多自我解嘲的交心，以及更多急件訂單。無言的情感與沉默的愛欲，交織在這些僅為商務往來，甚至稱不上私人交往的信件中，因為法蘭克總將每封信件拷貝後留存在業務檔案裡。已婚的法蘭克，看著自己的女兒們逐漸長成荳蔻少女。一窮二白的海蓮，靠著寫電視劇本勉強度日。兩人交換禮物、訂單和文字，間隔卻越拉越大。他們將語言淨化到僅為溝通用，完全不帶一絲感傷，言簡意賅，滿紙珠璣妙語，以此掩飾難言的愛意。

海蓮總說她一定要去一趟倫敦，當然也要去這家舊書店，只要等她存夠錢買機票就能成行，偏偏她賣出的劇本總是少之又少，加上牙病，還有不斷搬家的費用，兩人見面的計畫就這樣拖過了一個又一個夏天。用詞一向含蓄謹慎的法蘭克則遺憾地回覆，大批美國觀光客為了披頭四湧進倫敦，卻總是不見海蓮到來。一九六九年，法蘭克因急性腹膜炎驟逝。他的遺孀寫了一封短信給這位美國女子：「我並不介意在此坦承，我經常很嫉妒妳。」海蓮收集了兩人通信的所有信札，隨後出了書。多年辛勤創作劇本，成功總是對她不理不睬，直到此時才享受到功成名就的美好滋味。《查令十字路84號》立刻成了暢銷小說，後來並改編成電影和舞台劇。數十年來寫了許多無人願意採納的劇本，海蓮・漢芙卻因為這部不在計畫中的作品揚名舞台。拜本書出版之賜，海蓮終於可以造訪倫敦——第一次，但為時已晚；法蘭克已不在人世，「馬克斯與柯恩書店」也早已消失。

這段女作家和書店老闆之間的故事，在他們的往來信函中只披露了其中一半內容。另外一半內容隱匿在他為她尋找的書籍中，因為替另外一個人選書並找到將這本書交給她，乃是兩人互相親近、溝通和親密的強烈表現。

書籍並未完全失去古羅馬時代的原始價值，至今依然保有勾勒情感和友誼地圖的微妙功能。當某些文字深深觸動我們的心靈時，我們總會先和親愛的人分享。當我們贈送自己在乎的人一本小說或一本詩集時，我們知道，他對這本書的感受也反映了他對我們的看法。如果一個友人、一位戀愛中的女子或某個情人將一本書遞到我們手上時，我們會在這本書的文字中探索他的品味和想法，感覺自己對字裡行間的暗示充滿興趣，於是開始和書中文字進行個人對話，並傾全力探索書中神祕的世界。我們在浩瀚的文字汪洋中找尋屬於我們的瓶中信。

我的父母相識之初，父親送了母親一本詩集《哀傷且甜蜜》（*Trilce*），這是祕魯詩人塞薩爾・瓦耶荷（César Vallejo）年輕時的作品。或許，若無這些詩句喚醒情感，可能不會有後續的發展。這本詩集裡的某些文字打破了藩籬，某些文字將我們推薦給同樣喜歡它的陌生人。我和這位當代傑出詩人塞薩爾・瓦耶荷完全沒有親戚關係，但我已將他嫁接到我的生命樹，之於我的出生，詩人和我的家族老祖宗一樣重要。

無論行銷經營、部落格和評論家如何大力促銷，我們讀過最動人的文章總是來自某個親愛的人，或是一個結成好友的書店業者。書籍依舊以一種神祕的方式將我們凝聚在一起。

17

書店正在快速消失中，它在時光中留下的痕跡遠比大型圖書館要微弱多了。豪爾赫・卡里翁在他那本經典散文《書店漫遊：一段書店與文學的尋訪之旅》描述了私人藏書和公共收藏，以及書店和圖書館之間的對話，這些對話幾乎就像人類文明一樣久遠；但是，歷史的天平總是傾向後者。圖書館員收集並珍藏書籍，然後將它暫時出借；書店業者則是想辦法賣出他買來的書籍，並盡量讓書籍流通。書店是交易站，也是通路。倘若圖書館與市政府、國家及其軍隊權力捆綁在一起，書店則是與當下的神經脈絡一起震動，它是流動的、暫時的。而且，在我看來，也是危險的。

從馬提亞爾的時代開始，書店業者就是個危險行業。詩人曾敘述塔爾蘇斯的赫摩根尼斯（Hermógenes de Tarso）在羅馬被處死事件，因為這位歷史學家在作品中的某些指涉惹惱了羅馬皇帝圖密善。為了祭出最嚴厲的懲罰，這本書的抄寫員和販售的書店也連帶被處以極刑。蘇埃托尼烏斯以幾乎無需翻譯的三個字解釋了後兩者遭受的連坐法：librariis cruci fixis

（被釘在十字架上的書店業者）。

圖密善以這次的極刑處罰開啟了悲慘的審查壓迫。從那時候起，不計其數的審查皆運用了這位羅馬皇帝的方法，間接相關的人也必須受罰。這種壓迫方式成功見效，主要基於針對整個書籍傳播的有關人士（從抄寫員，亦即古代的印刷廠，到公共論壇管理者，如同今天的網路供應商）擴大拘押、懲戒或逮捕入獄。恫嚇這些相關產業有助於讓爭議性的文字噤聲，畢竟不是所有牽連其中的關係業者都想和作者擔負同樣的風險，因為作者多把作品看得比自己的生命更重要。因此，在這場反對出版自由的無兵出征的戰爭中，針對書店業者的威脅是必要的一部分。

因為抄寫和販售塔爾蘇斯的赫摩根尼斯作品而遭國王處決的書店業者是誰，我們幾乎一無所知，或許，他們根本就不喜歡這部作品。不過，蘇埃托尼烏斯一段講述圖密善引發恐懼的文章段落中，他們曾驚鴻一瞥地出現過，因而免於淹沒在遺忘之河裡。在那一瞬間，他們出現了又消失了，讓我們帶著無法滿足的好奇回味不已。他們死去時才首度被人提起，如此而已。由他們自己來敘述的故事版本會是什麼樣子？從事這份職業的艱困和喜悅何在？他們是專制極刑的受害者？抑或，他們確實因為支持作者顛覆性的文字而喪命？

有一本充滿熱情的回憶錄，它讓另一個不確定且混亂又專制的年代裡的書店業者發聲了：十九世紀的西班牙，當時剛結束費爾南多七世的專制統治。這本書的作者喬治・巴洛（George Borrow），馬德里人習慣稱他「英國佬喬治先生」，他受命英國及海外聖經公會派往西班牙，其任務是推廣傳道版聖經。巴洛風塵僕僕走遍伊比利半島，一路幾乎是秘密行動，就為了讓他的聖經可以進駐大城小鎮的書店。他在途中遇見形形色色的人，小客棧主人、吉普賽人、魔術師、農民、軍人、走私販、土匪、鬥牛士、卡洛斯主義擁護者、失業的公務員……，並且描述了當時所見的貧脊出版狀態。一八四二年，他出版了這次傳道之旅的見聞，名為《聖經在西班牙》（*The Bible in Spain*），他在書中直言：「西班牙各類文學作品的需求皆少得可憐。」

這部作品展現了無價的書店業者素描，他們以第一人稱敘事，或頑固執著，或怨天尤人，或飽受虐待，某些例子甚至驚恐不安。巴利亞多利德的書店主人是個「個性單純的人，總是悲天憫人」，他必須同時兼營其他生意，因為只經營書店難以餬口。巴洛成功說服了萊昂一位大膽的書店主人在店裡販售他的聖經，並公開宣傳。不過，萊昂市民多為激進的卡洛斯主義者，幾無例外，他們立刻著手在宗教法庭控訴這位異教同鄉。書店老闆並未因此而退縮，他堅決迎接挑戰，甚至將賣書廣告貼在大教堂大門上。在聖地牙哥．德．孔波斯特拉，巴洛和一位書店業老前輩結為好友，並在夏日暮靄中帶領他遊歷城市近郊。經過幾次遠足之後，這位老前輩終於鼓起勇氣向他敞開心胸，娓娓道來過去經歷過的迫害：「我們西班牙的書店業者都是自由派。我們熱愛自己的職業，而且，或多或少也因此承受了一些苦難。許多同業在恐怖時期被絞死，只因為他們販售了絲毫無害的法語或英語翻譯作品。我當時必須逃離聖地牙哥，偷偷藏身在加利西亞的荒野偏鄉。如果不是把您當知心好友，我不會跟您提這些的；總之，我花了好多錢才擺平這件事。在我逃亡期間，他們派了宗教法庭的公務員接手經營我的書店，還跟我太太說我販賣惡劣書籍，必須被活活燒死。」

其中最慘烈的例子，堪稱伊比利半島的「理髮師陶德」，故事主角是比戈的一位瘋狂的書店老闆兼理髮師，根據巴洛的敘述，就算只是賣書給你，他也會藉口幫你刮鬍子而試圖要切斷你的脖子。沒有人知道此人這種既熱心又意圖殺人的行為背後是何動機。我覺得納悶的是，或許也因為他談論文學時總要掐著別人的脖子，所以顧客寥寥可數。

圖密善和費爾南多七世在世的時間相隔了將近一千八百年，但是他們迫害書店業者的手法卻如出一轍。在暴政統治的時代，書店往往是取得禁忌物品的管道，因此，書店也容易啟人疑竇。在排拒外來影響的年代，書店有如陸地上的港口，也是難以監控的邊界入口。外來的文字，被人唾棄或備受爭論的內容，都在那裡找到了藏身之處。我母親仍念念不忘當年的極權時代，她曾經去過某些書店後面的工作間，進入前的儀式，還有允許進入隱密處所的恐懼，夾雜著童年做壞事的樂趣，尤有甚者，她可以觸摸那些危險商品：流放的禁書、煽動性的散文著作、俄國小說、實驗主義文學，所有可能會被審查單位列為淫亂書籍的作品。你買了這樣一本書，接著得好好藏它一輩子；你購買的是機密和危險；你付出的代價可能是同樣被稱為流放者。

我還記得一九九〇年代某天早上，我和父親在馬德里。我們去了一家他非常喜歡的老舊書店（雜亂無章的領地）。他可以在那裡消磨好幾個鐘頭。他把這件事稱之為看熱鬧或聞東西，但看起來更像是在挖煤礦。他的雙臂深入一疊疊書堆裡，直到碰到胳肢窩，他撫摸書籍，盡情探索，也弄塌了書堆。當他站在電燈的錐形燈傘下時，你會發現他周圍漂浮著一圈塵埃光環。他埋首書堆，在一箱箱舊書裡翻找著，瀏覽著疊放三層書籍的書架，這時候的他看起來好幸福。找書的體力勞動也是買書的樂趣之一。九〇年代在馬德里的那天早上，我父親挖出了一份很有意思的寶藏。乍看之下，這是一本《唐吉訶德》。身形瘦削的鄉紳出現在布製封面上，第一章的內容裡有古老的盾牌，鍋子裡烹煮的牛肉比羊肉多，還有各種決鬥，以及週六常見的精神疲憊。沒想到，第二章卻換成了另一部作品的內容，《資本論》。父親臉上出現了難得一見的燦爛笑容。他的眼神發亮。賽萬提斯和馬克思共乘雙人自行車並非外國版本印刷失誤，這是一本禁書。我父親年輕時代鮮明的回憶，那是來自當年的幽魂魅影，他曾經體驗過的那種氛圍，那些低語，那些瞞騙當局的招數。多少當年的細微記憶突然浮現腦海。那個詭異的內容嫁接——卡爾嵌入米格爾❶，這對他來說深具意義，或許是喚醒了他對這種偽裝書的懷舊情感。對於那些我毫無記憶的年代，我雖然尚未出生，但記憶和威脅也曾與我擦身而過——佛朗哥在世期間，我的父母不准生孩子。

18

撰寫這一章前不久，我拿到一本書，弗朗索瓦絲．芙蘭珂（Françoise Frenkel）的著作《柏林書店》（*Una Librería en Berlín*），一本令人深深入迷的自傳，傳主是一位財產被充公、流浪他鄉的猶太裔書店女主人。本書一開頭的文字深深吸引了我：「把見證公諸於世，乃倖存者的責任，藉此，故去的人不致於被遺忘，悲慘的犧牲也不會被忽略。或許，這些文字可以喚醒一些悲憫情懷，讓人感念那些永遠被噤聲、那些在奔逃和殺戮中筋疲力盡的人們。」

本書的原書名更顯張力——《*Rien où Poser la Tête*》（無處安置她的腦袋），一語道盡了她失根離鄉的人生經歷。弗朗索瓦絲生於波蘭，但生命動盪流離，讓她落腳巴黎，在那裡，她學會書店經營的種種微妙技巧——「光是看一個人拿起一本書的輕柔動作，我就能看透他的性格、心情和想法，看著他仔細翻閱書頁的樣子，看著他或是輕巧謹慎地翻書，或是急速瀏覽，漫不經心地馬上又放回桌上，常常不小心撞到了書本脆弱的邊角。我小心翼翼地上前，適度以不冒犯他的方式從他手中接回書本，就為了化解他因為看了建議書單而陷入的尷尬處境。如果他因此而感到高興，我內心的狂喜自不在話下。」

數年後，一九二一年，她在柏林開了一家法語書店「La Maison du Livre」（書屋）。光顧書店的客人非常國際化，而且，她也為造訪德國的法國作家策畫演講，如紀德、莫洛亞、科萊特。聚居夏洛騰堡的白俄羅斯人是弗朗索瓦絲書店的主要顧客群。曾在同一個社區定居的納博科夫，一定也在陰鬱的冬日踩著黃昏暮色造訪過書店。那是書店最輝煌的年代。

一九三五年，納粹取得德國政權，從此開始了苦難時光。

首先，她被迫遵照特別規定，必須接受進口書審查。有時候，書店裡突然出現警察，接著沒收了一些法文書籍和報紙，理由是這些書報已被列為黑名單。獲准販售的法文出版品數目越來越有限，而書店業主販售禁書的下場是直接下放集中營；又是複製圖密善的策略。

「紐倫堡法案」通過後，生活處境更艱難了。弗朗索瓦絲一度遭蓋世太保拘捕盤問。置身黑暗中，躺在床上，她聽著身穿棕色制服的秘密警察在外頭巡迴的腳步聲。他們刻意挑釁地高唱美化武力、戰爭和仇恨的歌曲。

「碎玻璃之夜」（Kristallnacht）發生時，柏林爆發一團團火光，許多猶太會堂陷入火海。到了拂曉時刻，弗朗索瓦絲坐在書店前的台階上，眼看著幾個扛著長長鐵棍的人逐漸走近。他們駐足在某些店家前，接著將櫥窗打破。碎裂的玻璃在空中彈飛起來。他們從砸破的洞口進入櫥窗內，使勁地猛踢陳列商品。在「書屋」門前，他們先看了看手中的清單。「不在名單上。」語畢，一行人隨即揚長而去。法國大使館的緊急救援措施讓書店在當時免於被砸的厄運。弗朗索瓦絲自忖，倘若那天晚上，她的書店真的遭殃了，她一定會竭盡所能捍衛每一本書，不只是因為她對這份職業的依戀，也因為心中的反感，「厭惡死亡永無止盡地出現在思緒中。」

一九三九年春天，她不得不面對現實：她小小的法文書籍綠洲，在柏林已無立足之地，最明智的抉擇應該是逃亡。她在德國的最後一夜，熬夜守著滿滿的書架，在這個小天地裡，她的顧客得以暫時遺忘、自我安慰、自由呼吸。逃到巴黎之後，她得知在柏林的所有書籍、唱片，甚至家具，全部因種族因素遭德國政府沒收。她已失去所有。第二次世界大戰爆發，弗朗索瓦絲在德國目睹的巨大人類白蟻巢，正在整個歐洲蔓生。她孤獨一人，沒有家，幾乎連行李都沒有，亦無棲身之處，她成了廣大歐洲難民潮裡的一顆水滴。她在回憶錄裡描述了這段時期的困惑，以及生命遭受的威脅，直到她偷偷越過瑞士邊界。

希特勒曾跨入「書屋」門檻的可能性微乎其微。然而，文學也曾是他的避風港。由於青少年時期為肺疾所苦，他因而被迫將興趣轉為閱讀。根據他青年時期的友人憶述，他經常光顧書店，並常到圖書館借書。在他們的印象中，他總是與書堆為伍，尤其熱愛歷史著作和德國英雄故事。他去世後，留下了超過一千五百本藏書。《我的奮鬥》讓他成為一九三〇年代德國的暢銷書作家。當時，他的著作熱銷程度僅次於《聖經》。暢銷數百萬冊讓他賺進豐厚版稅，頂著成功光環和財富，總算洗去當年只會在啤酒館吹噓的可笑形象。企圖政變受挫之後，寫作讓他重拾自信。從一九二五年出版《我的奮鬥》開始，他在收入證明的職業欄上填寫的是「作家」，唆使群眾、恐嚇威脅和種族滅絕在當時還不在他的興趣之列。二戰結束時，這部作品粗估印行了千萬冊，譯成了十六種語言。二〇一五年，這本書重新公開發行，僅在德國就售出了十萬本。負責編輯發行的出版社坦言：「這個銷售數字讓我們不知所措。」

一九二〇年，幾乎與弗朗索瓦絲在柏林開書店的同時，希特勒也在此時發表了他最初幾場浮誇空洞的群眾演說，而毛澤東則在長沙開了一家書店，書店業務蒸蒸日上，後來甚至聘了六名員工。這個早期的資本主義歷險多年下來獲利出奇得好，甚至能資助他早年的革命事業。開書店之前，他曾在大學圖書館工作，人們對他當時的印象是個嗜讀如命的狂熱讀者。四十六年之後，他以難以解釋的洩憤情緒，推動了文化大革命，下令焚書，並強迫知識分子下鄉勞改進行自我批判，甚至囚禁或殺害他們。如同卡里翁所述，在當代世界中，制定最嚴厲監控、迫害和極刑的人，那些以最有效方式審查書籍的人，往往也是最有文化素養者、作家，或是博覽群籍的熱情讀者。

書店看似平靜的空間，似乎遠離動盪的世界，但實際上，它的書架上有每個世紀的艱難奮鬥在對我們眨眼呢！

19

三年前，《亞拉岡先驅報》委託我寫一篇文章刊登在文化版紀念特刊上。我決定撰寫書店相關的文字；我想寫它無聲的光熱輻射，映出了它所在的附近迷人的街道和社區。我的想法其實是書店業者卜切（Paco Puche）在《書店回憶錄》（*Memoria de la Librería*）的一段省思：「一家書店在它所在的城市產生的效益是無法計量的，更別提它為街區和居民注入的活力。當然，書店的顧客人數和銷售數字也不足以完全作為參考，因為書店對城市的影響力非常微妙、私密且難以領會。」

我分別在兩座城市採訪了五位書店業者，都是巴洛認識的那些書店業者的傳人。我因為私人因素而挑選了他們，因為這些書店業者，我在生命中的不同時期學會了閱讀。打從童年時期，我總是興高采烈地走進這些幼兒園般的書店，眼前看到的是像哨兵似的杵在書堆間的書店老闆，正在嗅聞、撫摸書籍，不管是整齊或凌亂，暢銷或滯銷，製作精緻或粗製濫造。置身堆積如山的書堆中，我用力深呼吸，探頭張望著眼前如山脈綿延的書海和塵埃。書店多半看起來壅塞，卻也具有擴展空間的能耐。

當時多麼令人興奮，提問、聆聽，並以緊張的字跡在筆記本上快速潦草塗寫——此時，我重新翻閱這份筆記：空白處的箭頭和括號、茶杯壓在紙上留下的圈狀痕跡、畫線做記號、邊角摺頁，還有我用力塗掉的筆跡。筆記上記錄著店長闞碼的訪談，他有一間令人著迷的無名小書店，他告訴我，支撐他繼續走下去的都是已經失落的古老價值。無法抵擋文學的價值，無可救藥的浪漫主義者。

嘲諷和熱情，無論是兩者結合或區隔，這是我在五個訪談中最常感受到的元素。當然，他們各有艱難時期。有些人還記得影印店對書局業務造成的衝擊；另外一些人則抱怨網路書店留下的傷口至今尚未癒合。開書店風險極高，他們如此重申，同時也提及已挫敗的各項美好的個人規畫。當今的書店業，要達到毛澤東當年的事業規模，能夠創造六個就業機會，又無需天天咬緊牙根和資本主義奮戰，實屬不易。

在「安蒂岡妮書店」神祕歡樂的圖書叢林裡，尤莉亞和貝比多自陳，他們覺得自己就像是開立閱讀藥單的主治大夫，兩人都是愛開玩笑的無政府主義者，你可以期待他們可能會挑出冷門禁書給你，或是禁止你閱讀熱門暢銷書。

在傳奇的「巴黎書店」老闆巴布羅的口中，「顧問」是個反覆出現的名詞，這家書店的氛圍，彷彿就像一艘領航艦，載滿皮膚黝黑的年輕船員。這是個特別的巧合，讓我不禁想起這個已延續千年的行業所需的特殊才能；主導書籍藥局的營運，了解讀者的品味、意見和閱讀傾向，理解他們欽佩、熱愛、喜好或厭惡某些書籍的原因所在；換言之，闖進個人任性和執迷的領地；工作日復一日，工時很長，營業金額和搬運費跟背痛一樣令人難過，且經常被理想化。

一九三四到三六年間，喬治．歐威爾曾在一家書店擔任半天的助理工作，他在著作《書店憶往》（*Bookshop Memories*）中提及，如果你不曾在書店工作過，你很容易會把它視為天堂，在擺滿了牛皮封面精裝書的書架間，總有年高德劭的耆老漫步其中……。事實上，書店裡的顧客並非都像艾力克．布萊爾（這是歐威爾的本名）期望的那樣古怪又可愛的，而且，眼看著自己鍾愛的書總是乏人問津，作家其實也氣得咬牙切齒。在此必須特別提醒的是，朋友們印象中的艾力克是個被動又孤僻的書店店員。看來，他似乎缺乏創意，無法打造一個能夠有效管理書籍王國的超能力人物。或許，他並不了解，書店業者是個佯裝者，是個魔法劇場裡的魔術師。

「夢想載體書店」的大片落地窗讓燦爛陽光如瀑布般流洩入內，愛娃和費利斯在我面前暢談他們對延續舊時代咖啡館藝術和文學講座傳統付出的努力。他們希望這些講座（相遇的偶然，重逢的機會，提供建構文化棲息地所需的各種展覽、計畫、歡騰和概念）能拋磚引玉，參與活動者從靦腆寡言到能言善道皆有。書店業者對這份行業的投入，造福了出版社的崛起、插畫家的榮景，以及作家的功成名就。當一家像「夢想載體」這樣的書店關起大門時，我們體驗到的那份孤寂竟是如此難以承受。

我知道，我所住的城市是一個天候惡劣但書店好客的地方，對於無可救藥的嗜讀重症者來說，這是何其幸運的安排，我們所需的僅是好整以暇地穿梭在精挑細選過的書籍當中，撫摸、詢問，並尋找新發現。誰知道，如果一陣北風颳起——我們的冬季裡常見它橫掃過境，鞭笞著我們的體膚，吹斷了樹幹枝葉，攪亂了我們的頭髮，奪走了我們站立的平衡度，把風沙吹進我們的雙眼……，足以讓我們習慣應付無形的對手。這樣的天候迫使我們更常待在家裡，也讓這座城市成了西班牙閱讀人口最多的地方之一。

寫作材料都收集齊全之後，專題報導看來已經定案，但我卻在此時突然發現一個令人不安的細節，一個被遺忘的轉折，另一篇待寫文章的陰影。事情就這麼偶然發生了，就和所有後來看似不可避免的事情一樣，該來的總是逃不掉。我在「卡拉莫書店」和巴可閒聊，沒有筆記，也沒有錄音，兩人輕鬆交談，偶爾夾雜著結束談話的姿態動作——清清嗓子，把原子筆蓋套回去。在他那個吊掛著書本和紙鶴的花園裡，巴可回憶了三十年前書店剛開幕的情景，談起了當時的他透過書籍投入城市生活的渴望，以及恐懼。因為他的緣故，我才發現我們也有西班牙版的「碎玻璃之夜」。

每當憶起「民主轉型」的年代，母親總會一手按住胸口。那是言語表達之外的補充強調，關於她的青春時代，她總是這樣形容：「心臟病發的年代」。但從來沒有人跟我提過的是，在那個歷史動盪的時期，書店業者在第一線承受了極大的恐懼。長達數月期間——動亂巔峰從一九七六年持續到翌年春季，舉凡馬德里、巴塞隆納、薩拉戈薩、瓦倫西亞、旁普羅納、特內里費島、哥多華、托洛薩、格喬、巴利亞多利德等城市的多家書店，當時成了一系列恐怖攻擊的目標，讓人回想起弗朗索瓦絲．芙蘭珂在柏林最後幾天的氛圍。因為，當時有多件攻擊行動是由一個名為「希特勒指揮軍團」的團體所為。在他們的公開聲明中，指責了書店販售馬克思主義、自由派和左派著作的行為。「每兩週一家書店遭受攻擊」，當時有媒體刊出這樣的標題。超過兩百家書店遭破壞，有幾次恐攻事件甚至造成傷亡，例如：薩拉戈薩的「門廊書店」。暴力恐攻方式很多樣：匿名信函、言語威脅、電話通知將有炸彈爆炸、刻意縱火、自動步槍掃射、左輪手槍射擊、潑灑墨水、放置爆裂物，有時甚至將排泄物塗抹在書店櫥窗上。

「門廊書店」舊址在巴塔薩．格拉希安街角。一九七六年十一月的某天夜裡，強力爆裂物在書店前爆炸。大門和櫥窗上的鋼條被炸成鐵片，厚重的金屬板變成彈片，全部往四面八方爆炸奔竄。強大的爆炸威力將廣場旁的石砌門廊震出斑駁裂痕。那是數月內的第五起恐怖攻擊。事件發生之後，沒有人因此被逮捕。書店主人荷西．阿爾克魯多在媒體發表公開宣言：「我賣的只是書籍。因此，我認為這些攻擊事件應該不是針對我來的，雖然我是負責人；我想，他們的攻擊對象是文化。如果找不出明確的處理方式，我們最後只能關掉這家書店，因為我們有自知之明，我們根本沒有任何能力或資源對抗炸彈攻擊。」

這家脆弱書店挺過了暴力脅迫。多年前，我在書店內一座座如小島般的書堆間玩捉迷藏，一邊聆聽著（當時並不知道是誰）查理．帕克的爵士樂，在此同時，我父親已捲起了袖子，沉浸在書堆裡挖寶的樂趣，或和荷西．阿爾克魯多長時間交談，言語中盡是拐彎抹角的文字遊戲。我當時還是個小女孩，那些緩慢、流暢、詭異且艱澀難解的話語，在我聽來就像是咒語。對於當時的我而言，交談是成年人生活的重心。

書店向來都是遭人圍攻的庇護所。至今仍是。書店業者自認是不穿白袍的醫生，卻不只一次在艱難狀況下需要穿著防彈背心工作。

一九八八年，魯西迪出版諷刺小說《魔鬼詩篇》後，快速引爆了一連串審查和暴力事件，而且首度演變成全球事件。印度一位部長指控這本小說褻瀆，從此引爆了導火線。一週後，數千份拷貝書中爭議性內容的影本在多個伊斯蘭研究中心流傳。一九八九年元月，電視螢幕上播放著伊斯蘭教徒在街上焚燒這本書的畫面。抗議事件蔓延全球，短短數週內，本書作者在倫敦寓所幾度收到死亡威脅。一群混亂群眾攻擊位於巴基斯坦首都伊斯蘭馬巴德的美國新聞中心，五個人在暴亂中死於槍擊，當時，暴動群眾大喊：「魯西迪，你只有死路一條！」同年二月，什葉派精神領袖何梅尼決定嚴厲對付這本對宗教大不敬的書籍，並發布賜死教令，公開鼓勵教友以最快的方式處死作者，以及協助發行和編輯本書的所有相關人士。一枚炸彈在加州柏克萊一家書店被引爆，接著在倫敦和澳大利亞其他地方也陸續發生炸彈縱火攻擊。本書的日文版譯者五十嵐一慘遭謀殺；義大利文版譯者卡布里歐洛遭人毆打，而挪威版的發行人倪加德在住家門外挨了三槍。全球各地有許多書店遭破壞和洗劫。三十七人在另一場示威抗議中身亡。書商「企鵝出版社」始終無意將本書從書店下架，即使事件已牽連書店工作人員被迫穿防彈背心上班。魯西迪過了十一年藏匿的生活。一九九七年，懸賞斬首的獎金高達兩百萬美元。

《魔鬼詩篇》在書店開始販售後數日，宣傳活動正如火如荼進行中，一位印度記者趁機採訪了魯西迪。「您沒想過這本書會引起騷動嗎？」他這樣問道。作家斬釘截鐵回應：「認定一本書會引起騷亂，這是極其荒謬的想法。如此看待世界，何其荒唐！」

事實上，回顧書籍在全球遭受破壞的歷史，確實可見人們看待世界的方式有多麼荒唐；我們追求的綠洲、獨特的美好天堂、香格里拉、黃金森林羅斯洛立安，充其量就是言論自由而已。許多個世紀以來，書寫文字不斷遭受迫害，尤其在太平年代，這樣的迫害尤其荒唐，畢竟書店裡只有冷靜規矩的顧客出入，沒有人高舉抗議標示，沒有人指責檢舉，也沒有人打破櫥窗或放火燒房子，但也沒有人揚棄老祖宗傳下來的書籍禁令。

20

書店的混亂和記憶的混亂非常類似。它的通道、書架和入口處，都是充滿了集體和個人記憶的空間。我們在那裡遇見了作家將生命經歷赤裸裸呈現的傳記和紀實文學，以及擺滿了書架的虛構小說。大部頭的厚重歷史書籍，如同緩緩前進的商隊裡的駱駝，指引我們走上重返往日的路徑。調查、夢想、傳奇和編年史，全都湊在一塊兒在陰暗中打盹。但與它們相遇或讓它們重見天日的機會倒是永遠都存在的。

塞巴爾德的小說《奧斯特利茨》的主人翁在書店重拾消逝的童年記憶，絕非尋常。書中描述雅克．奧斯特利茨是在高盧的一個村莊長大，撫養他成年的老邁養父母從未透露他的身世，雅克也總是流露著一股難以言喻的哀愁。他像害怕醒來的夢遊症患者，年復一年，拒絕任何與身世悲劇相關的訊息，徹底移除了這一段生命章節。他不看報紙，關掉特定時段的廣播，完美隔絕了可能與過去生命接觸的所有管道。然而，這項極力要對記憶免疫的意圖，卻伴隨著焦慮的幻覺和夢境，最後以緊張崩潰的方式爆發。倫敦的某個春日，他一如往常在城裡抑鬱漫走，信步走進了大英博物館附近一家書店。書店女主人微微靠坐在書桌旁，桌上堆滿了文件和書籍，她和希臘神話裡奧德塞的妻子恰巧同名：潘妮洛碧．琵思芙。而這位剛入內的旅人並不自知，他剛剛已找到重返伊薩卡島的道路。

這家書店寧靜祥和。潘妮洛碧偶爾抬頭張望，對著雅克淺淺一笑，然後照舊望著外面的大街，悠悠沉浸在自己的思緒裡。老舊的收音機裡傳出連珠炮似的說話聲，但嗓音倒是輕柔，立刻吸引了這位初來乍到的顧客。漸漸地，他停下腳步，彷彿不想錯過廣播裡的每一個音節。兩位女子正在回憶一九三九年夏天的往事，當時兩人都還小，為了躲避納粹迫害，家人把她們從中歐送往英國。奧斯特利茨驚愕不已，他知道，這兩位女士的部分回憶和他的過去是重疊的。他突然又看見那個深灰色海水淌流的港口，那些粗重的繩索和鐵鍊，高挺的船首比屋舍更高，焦躁鳴叫的海鷗群從頭頂上飛掠而過。他的記憶船閘已經失控打開了，許多痛苦的事實從此流瀉而出。他是猶太難民。他最早的童年在布拉格度過。他四歲時和原生家庭永別。他的餘生始終拒絕尋找（幾乎可以確定此舉無濟於事）失落的所有生命足跡。

「您還好吧？」書店女主人潘妮洛碧好意關切，因為他發楞的神情令人擔憂。

奧斯特利茨終於明白為何總覺得自己是過客，沒有故鄉也沒有方向，既孤獨又失落。

那天早上的書店經歷之後，我們跟隨主角在歐洲各城市走了一趟傷痛的尋根之旅，追尋他被剝奪已久的身分。接下來是一連串的解悟。雅克得以重塑母親的形象，一個死於泰雷津集中營的綜藝女演員。他在布拉格拜訪了父母的一位老友，並與這位老太太有一段深度訪談。他也看到了當年的老照片。他以慢速鏡頭檢視納粹當年的宣傳影片，就為了找尋那個撕裂他記憶的女子的容顏。他造訪所有能勾起回憶的地方：圖書館、博物館、資料檔案中心、書局。基本上，這部小說讚頌了這些變換遺忘戲法的場所。

塞巴爾德這部小說裡，真實與虛構的比例不得而知。我們感受到的是，書中人物都在兩者之間的邊界遊走。雖然我們並不知道哀傷的奧斯特利茨是否真有其人或僅是象徵，當我們與他同行時，他話語中的驚恐和悲傷對我們卻是一大挑戰。無論如何，可以確定的是，作者就和他小說中的人物一樣，必須見證這個煉獄般的黑暗時代正如雲霧在風中逐漸消逝。拖曳在歷史中的傷痛無法修補，那些空白不可能填滿，但是，敘述和見證這些過往的工作不會是白費氣力。如果我們仍不挺身抗拒被刻意淡化的事實，持續不斷的遺忘將吞噬一切。未來的世代有權要求我們將過往的一切說清楚。

書籍能發聲，藉由文字敘述，時代和生命皆獲救贖。書店就是這樣一個神奇的地方，在靈光乍現的霎那，我們會聽見未知記憶裡輕柔卻聒噪的回音。

❶此處指的是馬克思（卡爾・馬克思）和賽萬提斯（米格爾・賽萬提斯）的名字。

21

裝訂書的童年與成功

歸功於發明手抄本那群被遺忘者的努力，文字存活的希望增加了。藉由新的格式，書寫文字受到裝訂的保護，比起莎草紙書，可以在毫無損壞的情況下保存更久。

很久以前，災難預測者已經警示我們最壞的預兆：書籍正面臨生存危機，未來的某一天，它終究會因為其他更懶惰的娛樂方式和網路的放肆擴張而消失。

這樣的預測恰好符合了第三千禧世代人們慣有的思考模式。一切都在每日加速中前進。今日的最新科技已經把昨日大獲成功的新發明逼到牆角。舊事物被取代的期限逐日縮短。衣櫥裡應該換成當季最新流行的行頭，手機要換成最新款式；我們的裝備總是持續要求更新程式和運用。新事物吞噬了之前的事物。我們若不保持高度警覺，若不時時密切觀測，世界很快就會超越我們。

大眾媒體和社群媒體，瘋狂追逐即時動態，並以此餵養其內容。它們迫使我們接受急奔而來的各種創新，彷彿站在浪頭上的衝浪客，持續高速前進。然而，歷史學家和人類學家卻提醒我們，在深海海域，變動是很緩慢的。維克多・拉普恩德（Víctor Lapuente Giné）曾寫道，現代社會看似明顯傾向未來主義。當我們針對新舊型態事物做比較時，例如一本書和一台平板電腦，或是地鐵站裡一位修女坐在手拿時髦廣口杯的青少女旁，我們總認為比較新穎的會有更好的未來。事實上，恰恰相反。我們保有的事物或習慣越是長久，它就越有前景。最新的事物，整體而言，看起來都像以前的東西。很有可能到了二十二世紀還有修女和書籍，但未必還會有Whats App和平板電腦。未來還是會有椅子和桌子，但是不一定會有電漿顯示器或行動電話。當紫外線不再把我們曬出一身黝黑時，我們依然會繼續慶祝冬至到來。像金錢這麼古老的發明，其倖存的機會遠大於3D電影、無人機，或電動汽車。許多趨勢在我們看來無庸置疑；從過度消費到社群媒體，但這些終將褪去。從久遠以前伴隨我們至今的古老傳統；從音樂到追求靈性，卻從未消失過。我們不妨看看世界上社經方面較進步的國家，事實上，他們對古物的愛好令人訝異：從王室、活動儀式到生活節奏；從新古典主義建築到古老電車。

倘若詩人馬提亞爾能夠扭轉時光機器，並在今天午後到我家來一趟，他恐怕看不到幾樣他認得的東西。會讓他瞠目結舌的東西可多了，電梯、門鈴、路由器、玻璃窗、冰箱、電燈泡、微波爐、照片、插頭、風扇、鍋爐、馬桶鍊條、拉鍊、叉子和開罐器。他若聽到快鍋咻咻的哨聲，恐怕會嚇一跳，若聽到洗衣機開始轟隆運轉，他一定驚得跳起來。他可能會驚慌失措，急著找尋躲在收音機後面說話的那些人。當鬧鐘嗶嗶響個不停的時候，他一定會苦惱焦慮——就跟我一樣。光是看外觀，他一定摸不著頭緒這些東西做何用途：膠布、噴霧器、開瓶器、拖把、鑽頭、吹風機、擠檸檬器、黑膠唱片、電動刮鬍刀、魔術貼、錄音機、口紅、太陽眼鏡、擠奶器或衛生棉條。然而，看了我的藏書大概會讓他很自在。他認得這些書籍，他會把它們拿下來翻開，並一頁頁讀下去。他會用食指指著一行行文字。他一定感到很寬慰：在他那個世界裡，總算也有東西流傳給我們。

因此，面對關於書籍未來的大量末日預言，我只能說：我尊重這種說法。並沒有太多事物歷經千年仍存在我們生活中。能夠留存至今的東西，可見都是難以淘汰的倖存者（輪子、椅子、湯匙、剪刀、杯子、鐵鎚，書籍……）。這些基本設計和純淨極簡已經沒有大幅改進的空間。它們已經通過許多考驗，尤其是歷經許多世紀的考驗，而我們卻找不到任何更好的其他裝置可以取代它們的功能，頂多只是在材質和成分上做修正。它們在簡易實用這方面已臻完美。因此，我深信書籍會繼續成為閱讀的基本支撐，或是非常類似書籍的東西，同樣具備書籍長期以來堅守的本質，包括在印刷術發明以前。

此外，所有長壽物品，那些已經伴隨我們許多個世紀的東西，塑造了新創事物，並打造了它們的招牌。古代的書籍成了我們開創先進個人電腦的參考模式。一九六〇年代末，大型電腦需要用整個房間來安放，費用則跟買房花費一樣高。那個造價直逼房地產的大塊頭機器必須使用打孔的卡片進行程式設計。這些大型電腦是為了軍事和商業用途而打造。艾倫·凱當時是個年輕的電腦科學家，受雇於全錄公司的帕羅奧圖研究中心（簡稱PARC），此時的他已勾勒了即將大幅扭轉人類生活的願景。他當時正在思考，人類或可和電腦建立關係，讓它的威力成為人們最緊密的媒介。他知道，電腦可望大規模流行，變成家家戶戶客廳都有的新科技，數以百萬人不分職業皆可獨立使用。凱勾勒出他心目中新電腦的樣貌：它必須像書籍一樣輕巧並且方便攜帶，容易取得，容易使用。他用厚紙板做出模型，並深信電腦科技的進步一定能在幾年內讓他的構想成真。在PARC，凱繼續發展他的願景。他將自己的發明稱作Dynabook。這個名稱說明了它的特質：一本動態書籍。換言之，它類似古代的抄本，但具有互動功能，並由讀者掌控。他提供的認知框架，類似過去幾世紀來的書籍和印刷媒體，同時增添了電腦新媒體的優勢。

第一批剛問世的Dynabook被命名為「奧圖」（Alto）。在一九七〇年代中，奧圖電腦已經可以發揮功能。當時有近千台電腦加入運作行列，使用單位不只是PARC，也包括美國各大學院校、參眾兩院及白宮，全部由全錄公司免費提供。新世界正在崛起。雖然奧圖電腦具備多項功能，但這些單位大多將它用於文件、設計和溝通。基本上，它就是一本電腦書。一九七九年，賈伯斯造訪PARC。眼前的景象讓他目瞪口呆。奧圖電腦的外觀和美學概念完全融入了後來的蘋果電腦，直至今日，所有新產品依舊維持著同樣的簡潔外觀。筆記型電腦、平板電腦和智慧型手機，則是更深化了當年追尋的願景，當時設定的目標是輕巧、袖珍又好帶，如同口袋書似的電腦。

一九八四年，字體設計師薩姆納．史東成了「奧多比」（Adobe）公司第一位文字設計部門主管。他延攬一群設計師負責開發新字體，並鼓勵他們從最古老的傳統中尋找靈感。奧多比原創字型軟體選擇了印刷術發明前字體演化的三種美學極致：「Lithos」，靈感源於古希臘，設計師參考的是普里耶涅雅典娜神廟出土的銘刻獻詞，目前存放在大英博物館；「Trajan」，則精心移植了羅馬圖拉真凱旋柱上的字體；「Charlemagne」，雖然名稱叫「查理大帝」，但靈感卻來自盎格魯撒克遜的「聖艾斯沃祝禱詞」（The Benedictional of St. Ethelwold）中的大寫字母。就這樣西方的手稿傳統進入了資訊時代。此外，奧多比公司在一九八〇年代發展了「PostScript」頁面編程語言，提供了極類似紙張頁面的外觀。

一九九三年推出PDF，一種可攜帶式文件格式，奧多比公司又往前跨出了一步。他們實現了在電子文件上做記號的可能性，就像在打字文件或手稿上的操作一樣。對於受到古老書籍啟發的整個文件檔案體系結構，這個軟體也鞏固了更深入的理解方式。

以上都是相當明智的決定。如果沒有在外觀上和感受上將古老世界（在紙上）和現今世界（在螢幕上）呈現相當程度的一致性，初期的電腦對大眾來說恐怕只是事不關己、令人困惑且行不通的器具而已。如果在視覺感受上和日常文件沒有如此明確又密切的關連，沒有人會如此快速使用這項新媒介。這是科技進步的悖論，保存某些可相容的傳統：頁面結構、慣用版型、字體形狀，以及選擇有限的版面設計，成了科技開創嶄新局面的關鍵。人們常認為創新會抹滅並取代傳統，這是錯誤的想法。未來總在經常回顧歷史的過程中往前邁進。

22

一九七六年，波士尼亞作家伊澤特・薩拉伊利奇（Izet Sarajlić）寫了一首詩，名為〈寫給二一七六年的信〉：「什麼？／你們仍聆聽孟德爾頌？／你們仍採集雛菊？／你們仍為孩子慶生？／你們仍以詩人姓名為街道命名？而對我，在一八七〇年代，他們堅稱詩歌的時代已過，一如換裝遊戲，或是觀星天文，或是羅斯托夫城堡舞會。／我啊！真笨，差點兒信以為真。」

23

我們的「裝訂書」，也就是今天對書籍的普遍定義（如果拆開書脊細看，彷彿就像一座織縫的寶塔，手邊沒有書籤時，我們會摺起書頁一角作記號，我們也會一本本往上堆高疊放，就像一座文字砌成的石筍），大約也有兩千年的歷史了。這是無名氏的發明，至今我們仍不知道該向誰道謝。為了獲得這項成果，人們需要好幾個世紀的尋找、演練和摸索。而最簡易的解決方式，如同許多其他事物，往往要蜿蜒繞道之後才會出現。

從文字發明之初，我們的祖先總在周遭尋尋覓覓，希望找到更容易留存短暫字跡的材質：石塊、泥土、樹皮、莎草紙、皮革、木材、象牙、布料、金屬……。他們試圖挑戰遺忘的威力，嘗試造出完美的書籍，便於攜帶、可持久保存且方便使用。在中東和歐洲，早期書籍的主角是莎草紙書或羊皮紙書，以及堅硬的泥板書。羅馬人併用這兩種方法，直到一項令人開心的發現，他們創造了流傳至今的混血物品。

莎草紙書向來就是奢華昂貴的商品。對於日常的書寫需求：練習寫字、書信、正式文件、隨手注記、可刪除的內容等，古人通常會使用板書。希望可以有秩序查閱特定板書的讀者會將它們存放在盒子或袋子裡，或在板書邊角鑽孔，然後以鐵圈或繩索將它們串連在一起。這些串連一起的板書，拉丁文稱之為「Códices」（手抄本）。這個革命性的想法也包含了將小片的木板或金屬板替換成具有彈性的羊皮紙或莎草紙，亦即莎草紙書的材質。最初的試驗成果只是很簡單的小冊子，但已經勾勒出未來的樣貌。

這個最初的混血產品為手抄本打開了更先進的途徑，由對折的莎草紙或羊皮紙組成。羅馬人試圖將這些摺頁縫在一起，裝訂藝術就這樣誕生了。他們很快也學會以堅硬的外層保護那些小冊子，通常是以皮革加襯的木板。書籍的本體構造發展出一項新的元素，我們稱之為「書脊」，彷彿我們的讀物就像一種寧靜的寵物或伴侶。從此，我們在這些加工過的背脊上寫上每本書的書名，於是，我們的視線可以在圖書館的書架上快速瀏覽，很快就能找出在書堆中沉睡的某一本書。

我們對發明手抄本那群被遺忘的人有所虧欠。歸功於他們的努力，文字存活的希望增加了。藉由新的格式，書寫文字受到裝訂的保護，比起莎草紙書，可以在毫無損壞的情況下保存更久。由於它平坦、袖珍的外型，新型書籍輕易就能擺放在櫃子裡的架子上。因為體積縮小了，攜帶更方便也更輕巧。此外，每張書頁可以雙面使用。據估計，若以同樣的面積計算，手抄本的文字容納量超過莎草紙書六倍。材質的精簡也壓低了只有少數人才負擔得起的書籍售價，而其彈性也助長了人類最早一批口袋書的出現：「手抄本手冊」，得此名稱是因為人們一手就能握住它。從此以降，手抄本的尺寸甚至可達袖珍的程度（西塞羅堅稱，他曾經看過迷你版的荷馬《伊利亞德》羊皮書，只有一個核桃殼的大小）。

新發明和材質的進步經常是重大知識革命的推手。在古羅馬文明裡，較合理的書籍價格讓許多人得以享受當時只有少數特權才有的閱讀樂趣。西元一至三世紀間，許多跡象顯示，文化已普及到貴族圈之外。在龐貝古城的城牆和屋舍裡（西元七九年被爆發的維蘇威火山岩漿淹沒），考古學家發現的銘刻文字包括淫穢言語、笑話、政治標語和妓院廣告。這些塗鴉展現的是，當時中產或中下階級人民皆有閱讀能力。此外，在羅馬帝國悠久的歷史和廣闊的國境裡，各種馬賽克藝品、壁畫和浮雕經常可見閱讀的景象。同樣那段時期，羅馬公共圖書館如雨後春筍般出現。根據我們查到的資料，當時有書商挨家挨戶兜售書籍，像極了目前已過時的百科全書推銷員。

推測數字總有其風險，但讀者數量看來確實顯著成長。千年期的前幾個世紀是文宣小冊子的黃金時代，其中包括引人注目的反對羅馬統治的顛覆性內容。當時，除了傳統文學類型外，鼓吹逃避和消費的文學大受歡迎，絕非偶然；烹飪和運動相關著作、搭配隱晦插圖的情色故事、關於魔法或解夢的文字、占星、情節錯綜複雜的通俗小說、以插圖方式敘述的故事——「圖像小說」的前輩。有些知名作家也樂於創作輕文學，或以嚴肅和通俗文化交錯搭配。奧維德早已超前了當今的美妝教學，當時出版了一本對婦女化妝提出建議的詩集小冊。蘇埃托尼烏斯喜歡在他的羅馬君主傳記裡混合歷史和爭議性的煽動敘述。佩特羅尼烏斯曾以作品中道德淪喪、口不擇言的無賴角色，在當時傳統嚴謹的社會掀起軒然大波。以上三位名家頻頻對自由派、非貴族、非專家的讀者釋出善意，這些世間男女都是為了愉悅而閱讀。

24

馬提亞爾是羅馬的西班牙移民。西元六四年，他以大約二十五歲的年紀，決定落腳在當時的機會之都（美國夢的前身），在這裡，天天有潮浪般的移民從王國各地湧入。馬提亞爾很快就發現，羅馬城是個難以立足的地方。他曾在詩作中多次提及面色蠟白的飢餓人群。在此地致富並非易事，甚至連謀生都有困難。在某一首短詩中，他提及在羅馬有許多律師付不出全額房租，許多才華洋溢的詩人只能挨餓受凍，因為他們連外套都沒有。競爭異常激烈；

人人都想功成名就。他人的財富引人側目，也招人妒忌。有人熱中獵取遺產，時時窺伺著那些有權有勢的老年人。馬提亞爾本人也曾經有過這樣的念頭，倘若此言可信：「寶拉想跟我結婚，但我不肯娶她：她年紀大了。我的期望是，如果她再老一點多好。」

在冬季的羅馬城裡，這位來自比爾比利斯的詩人一定是穿著破舊的長衫凍得牙齒打顫。嚴寒的天氣，骯髒的住處，加上前途茫茫，或許可以解釋他為何決定在文學上做出大膽創舉。他打破約定俗成的準則，將嘲諷的砲口瞄準金錢。在他的詩作中，他揚棄了應有的優雅禮儀，卯足了勁嘲諷吝嗇的藝文贊助者，還有那些欺世盜名的知識分子，熱中奢華、炫富和外貌的社會風氣，富人的虛榮，以及在上位者和極力奉承的小人間龐大的人際網絡，這個網絡甚至打亂了所有古羅馬王朝首都居民的生活。

馬提亞爾是個幽默、叛逆的詩人，他不好傷春悲秋，最感興趣的是各種事物的物質層面，以及擁有這些事物者具有的強大力量。當他在詩作中提及書籍時，所指的絕非文學奇才的抽象符號，而是有助於攀升社會地位或能在書店熱賣的具體內容。這些書在賀拉斯和奧維德的作品中展現的是創作的不朽，而在他的短詩裡出現時，其形象卻是無法經久耐用、被人反覆觸摸、太廉價或太昂貴的輕薄小書，常常因為抄寫員急中生錯而出現謬誤，並且在羅馬各書店販售——馬提亞爾也趁此機會為書店打廣告。那些書籍包含各種類型：莎草紙書或羊皮紙書，卷書或能伴隨讀者旅行、一手就能握住的手抄本；賺錢的熱賣書籍或恢復自由身的奴隸所寫的滯銷冷門書（賠錢的當然是書店業者）；大受歡迎的免費讀物，大家爭相閱讀，卻無人願意付錢購買；還有最後淪落在髒汙廚房，書頁用作包裹幼小鮪魚之用，或摺成存放胡椒的三角包。

馬提亞爾是第一個對手抄本趨勢感興趣的作家。一本名為《*Apophoreta*》的書是他最初的著作之一，這個希臘字彙看起來很張揚，實際字義卻是「禮物」。詩人突發奇想，決定在十二月出書（全球送禮的季節），以詩詞方式列出餽贈禮品的目錄：精緻美食、書籍、化妝品、染髮劑、衣服、內衣、廚房用具、裝飾品……。馬提亞爾為每樣物品撰寫一首短詩，提供讀者的資訊包括：材質、價格、特性和用途。在這本書中，禮品目錄皆以昂貴（針對富人）和廉價（針對小氣的富人）兩種提議對照呈現：黃金別針和耳垢清潔棒；一座雕像和女用胸罩；一個來自加地爾（現今加的斯）的女奴和一個波浪鼓；最新潮的誇張時尚（用來飲雪的精美細頸小玻璃瓶）和一個陶土便壺。這些短詩讓今天的我們見識到古代的日常生活樣貌，而馬提亞爾的大膽和好色本性也讓我們大開眼界。關於女用胸罩，他這樣寫道：「用一塊牛皮支撐妳的胸部，因為妳的皮膚撐不起妳的乳房。」至於加地爾來的佛朗明哥舞孃：「她的嬌軀搖晃抖動得令人震驚，連最清純的童男都會自慰。」

《*Apophoreta*》是一本針對拿不定主意的人而寫的幽默手冊，一本取材日常生活所需的詩歌習作，令人耳目一新。在某種程度上，這位詩人打造了聖誕商品廣告，但以辛辣的文學語法呈現。在他那個年代，他的文字風格被評為叛逆、低俗和輕浮。從這本目錄書來看，馬提亞爾對剛加入書籍世界的新讀者展現了他的善意，他的簡易詩句、揚棄菁英主義、毫不掩飾的幽默、寫實主義取向和清新風格，在在都迎合了這群新讀者的喜好；讀者大眾才是手抄本訴求的對象。

在《*Apophoreta*》這本著作裡，馬提亞爾為粗枝大葉的消費者推薦了十四本文學作品。其中五本是寫在羊皮紙上的手抄本口袋書，被歸類為廉價的禮物。由於這本書的見證，我們知道在西元一世紀的八〇年代，裝訂書已在市場流通，並且價格合理。它的優勢除了經濟上的考量外，尚有其他過人之處。多首短詩不約而同提及手抄本驚人的容量，尤其和莎草紙書相比：「羊皮紙上的維吉爾詩作。小小羊皮紙卻容納了浩瀚的維吉爾！」「羊皮紙上的蒂托・李維。在這小小的皮紙上，濃縮了偉大的蒂托・李維。」馬提亞爾堅稱，奧維德的十五卷《變形記》（相當於十五部莎草紙書），只要一本手抄本就能容納全部內容。這樣的濃縮內容不僅意味著節省金錢和空間，也保證了同一部作品的不同部分將不再有分散或消失的情形。因此，內容受到完好保存的可能性也增加了。在邁向未來的艱難道路上，此乃決定性的大躍進。

詩人也肯定手抄本是個便利好攜帶的旅途良伴：「羊皮紙上的西塞羅。倘若有這部羊皮紙書伴隨你，在漫長的旅途中，你會對西塞羅了解透徹。」多年後，他促銷自己的手抄本詩集，也作了同樣的論述：「你希望我的作品伴隨你雲遊四方，你想把它們當作你長途旅行的遊伴，那就購買壓縮的小頁面羊皮紙版本。大部頭的書籍就留給大型圖書館吧！我只要一手就能操作的書。」

我們今天熟悉的裝訂書，當時已在市場上蓄勢待發。有些作者，如同馬提亞爾，對此趨勢大感振奮。其他較守舊派的知識分子則緊抓著尊貴的莎草紙書，同時抱怨時不我予，一切大不如前。可以想見，當時大部分羅馬人已經習慣了與不同格式的書籍共存。在書店業者的工坊裡，顧客可以在兩種方式中自行選擇。

接下來的幾個世紀間，如同馬提亞爾這樣密集、好奇且以開放心態關切新趨勢的見證者，已不復見。但我們知道，由於基督徒堅定的偏好，手抄本已超越莎草紙書取得優勢。基督徒作為長達數世紀遭受壓迫的受害者，被迫到處找尋藏身之處，也常在集會時被迫中斷，因而改為小組秘密聚會。口袋書輕易就能瞬間藏進長袍的皺褶內，還能讓人快速找到特定的段落：一部使徒書、一篇福音預言、一篇佈道文，並可確認內容正確，因為錯誤內容會讓靈魂救贖陷於險境。人們可以在書頁空白處加注筆記，並可在重要段落夾上書籤。此外，在佈道旅程上，這些輕巧的手抄書也易於攜帶。這些優勢，對於秘密閱讀的族群意義重大。另一方面，基督徒也希望打破猶太教和異教徒為莎草紙書建立的象徵主義，繼而確立自己的身分認同。輕巧的裝訂書在喜好藝文的中產或中下階級群眾間開始大量流通，基督教福音也在這個族群找到了更多新教友。新的書籍模式造就了私密的個人閱讀經驗，危險的團體集會也不再採用大聲朗讀方式。虔誠基督徒將手抄本和精心挑選過的宗教文本發展出相當密切的連結。事實上，數世紀之後，《可蘭經》將基督徒描寫成「愛書的人」（ahl al-kitâb），文中夾雜著敬意和驚訝。

曾經挑戰大人禁令而偷偷看書的人（晚上偷偷摸摸，小孩早該上床睡覺的時段，靠著棉被的掩飾，開著手電筒看書，每當有腳步聲傳來時就趕緊關掉），我們都是第一批秘密讀者的傳人。我們也不能忘了，裝訂書之所以大獲成功，也就是因為它造福了私密的、被拒的、被禁止的閱讀。

25

西元三到四世紀期間，手抄本逐漸成了主流，起初僅在西方，後來也在東方流行起來。

除了基督教世界外，勇於改變的先鋒是法律從業者，因為裝訂書有助於快速查詢特定的法律條文。基本上，由查士丁尼大帝編纂的這套法律條文稱作《法典》（Codex）。換言之，是代稱為內容的手抄本，而這個名詞流傳至今，成了所有法律概要條文的統稱。對於教學用的書籍，手抄本的容量和耐用也幫了大忙，並且很快就成了醫生經常查詢的袖珍指南首選。內容目錄的發明則讓尋找內容簡易多了。手抄本與時俱進，後來也成了文學著作的主要形式，尤其是篇幅較長的內容，悲劇或喜劇、拳集和文選。相對於莎草紙書總需要雙手操作的複雜特性，思想先進的讀者很快就愛上了裝訂書，在此借用導演路易斯·加西亞—貝爾蘭加表達情色文學的用語：一手就能包辦。手抄本也能伴隨讀者前往每個地方。根據某些文學作品的敘述，我們得知古羅馬人已能時時刻刻自由閱讀：出門打獵時，以閱讀消磨等待獵物落網的時間；夜深人靜時，以閱讀對抗失眠的厭煩。文章裡形容了各種閱讀姿態，邊走邊讀的女子，或是坐在馬車上的旅人、酒足飯飽後臥躺的食客、佇立長廊上汲汲於飽讀所有陳列藏書的少年。

然而，熱切渴望以新發明取代舊事物的情況從未有過。如同當今的紙本書和電子書共存現象，莎草紙書和手抄本共存了許多個世紀。滾筒式的古老卷書用於禮儀和外交文件——傳統仍在此領域扮演著極重要的角色。莎草紙書仍是中古世紀日常生活常見的景象之一。修道院這種機構和組織則偏好莎草紙書古老的莊嚴特質，連禱文和編年史亦多以古老的格式呈現。莎草紙書甚至窺探了對手的領域；我們在微型莎草紙書裡見識到中古世紀最耀眼的奢華版手抄本。

名為「rotuli mortuorum」羊皮紙書內容都是名流大人物的訃聞；一個信差，千里迢迢地奔波各處，必須將這些卷書分送到與死者相關的機構，通常還會同時收到對方回禮的哀悼卷書。《瑪蒂爾達卷書》（*Rollo de Matilda*）的主人翁是「征服者威廉」和「聖三修道院」女院長的女兒，全長達二十公尺，可惜在法國大革命期間已遭損毀。在英格蘭和威爾斯仍將高等法院主事官稱為「Master of the Rolls」。在沒有提詞員的中世紀，劇場演員演出時必須依靠卷書幫助提示台詞，而由此衍生出演員角色「rol」這個名詞。

事實上，卷書從未完全離開過我們，傳統上如此，在文字、電腦、網路、未來的計畫上，處處仍見卷書留存的記憶。有些大學仍以古風捲筒頒發畢業證書。當我們形容一本書篇幅「很長」或「很廣泛」時，我們已不由自主地成了卷書術語的傳人。我們以不太恰當的方式將手抄本的單位稱作「卷」（volumen），源於拉丁文「volvo」，意思是「旋轉」或「迴轉」，雖然手抄本已不須倒帶。在口語上，我們常把自己覺得無聊的事物稱作「un rollo」❶，一直往前推延，卻總是沒完沒了的一卷書。我們今天常用的「scroll」這個字，英文語法上原用於手寫卷書，現今則用來形容在所有電子螢幕上下垂直游移的動作，如同古人操作莎草紙書的方式。此外，熱中創新的高科技公司正在研發可捲式螢幕，不用時可以捲起來存放。在格式的發展史上，人們秉持的準則是新舊共存和專業化，並非替換。人類最早的書始終抗拒走上滅絕之路。

26

馬提亞爾和佩雷克說得沒錯：各種物品及其材質、特性和伴隨它的各種面向，都不是單純的偶發事件。事實上，它們皆具備了決定性的特質。文字為了倖存而奮戰的過程中（它們是如此脆弱，形同轉瞬即逝的空氣），書籍的格式和材質始終扮演著關鍵性的角色：保存時間多長？由什麼材質製成？售價是多少？每隔多久必須重新抄寫內容？

格式的轉變將大量的受害者推進了時光的陰溝裡。所有無法轉移成新材質的舊型態物品終將消失。這樣的危險至今依然威脅著我們。倘若，第一批電腦在一九八〇年代出現時，我們無法將存取的電腦資料從磁片轉移到三．五寸軟碟，接著再轉存CD，現在則必須轉存到隨身碟……，若非如此這些資料或多或少恐怕會遺失千百次，甚至全部遺失。眾所周知，目前已無任何一台電腦可以讀取最早的那批磁片，因為那已是科技史上的史前時代。

二十世紀期間，電影界持續承受因技術轉變而造成的一波波大破壞。薩拉戈薩大學電影史教授桑卻斯．維達爾（Agustín Sánchez Vidal）曾估計電影界歷來的損失：「一九二〇年以前的電影作品受到的影響最大，在這個時間點之前，電影從一個或兩個捲筒（放映時間介於十到三十分鐘之間）轉變成標準的一個半小時的過程中，遭受破壞。當時，感光乳劑用於回收鹵化銀和纖維素載體，然後製成了梳子和其他物品。這樣的概念讓舊電影損失了大約八成。一九三〇年代，電影從無聲進入有聲時期，引發了一波大約耗損七〇%的系統性破壞狂潮。五〇年代迎來第三波破壞，當時，易燃的硝酸纖維酯膠片大量轉為較安全的醋酸膠片。這次的損失難以估算。若以西班牙為例，一九五四年為止的有聲電影大約只保存了一半。」每一個進步的過程也同時製造了大破壞。

馬丁．史柯西斯在電影《雨果的冒險》中重現了這段令人悲傷的歷史。我記憶最深刻的是令人哀傷的一幕，喬治．梅里愛珍貴電影的賽璐珞膠片流落到製鞋工業，最後用於製造鞋跟。這是物品發展史非常奇特的一章：電影先驅心目中的情節和影像美學，最後被再製成梳子和鞋跟。一九二〇年代，許多不知名的人曾將藝術品踐踏在腳下。他們穿著它踩過人行道上的水窪。他們拿著它梳理頭髮，然後梳出了細碎的頭皮屑。他們從未懷疑過那些物品，其實是一座座小小的墳墓，也是進行破壞的日常古蹟。

古代莎草紙書的被取代，無疑讓我們損失了大量珍貴的詩歌、編年史、歷險故事、小說和理念。許多個世紀以來，懈怠和遺忘摧毀的書籍遠超過審查或狂熱主義。但我們也看到了人們為拯救文字遺產所做的重大努力。有些圖書館（如今已無法確認究竟有多少座）開啟了將館藏轉移成新技術的漫長工程，他們以手抄的方式，一字一句慢慢抄寫了每一本書。西元四世紀時，根據記載，哲學家兼高階官員狄米斯提厄斯接受君士坦丁二世之託，在君士坦丁堡圖書館內讓工匠「將破損老舊的思想結晶轉移到最近發明的新材質上」。到了西元五世紀，耶柔米曾提及另一座圖書館，位於羅馬帝國的城市凱撒利亞（地處現今以色列，居於特拉維夫和海法之間的地中海沿岸），那裡也進行了將所有館藏書籍轉移成手抄本格式的工作。

直到近來出現的平板電腦和電子書，在長達二十個世紀期間，我們讀者一再經歷了格式轉變的大地震。馬提亞爾在西元一世紀熱情擁抱的裝訂書，在二十一世紀的今天，依然忠誠的、單純的留在我們身邊，保存著我們的記憶，承載著我們的智慧，也忍受著歲月的凌辱。

27

西元前四四年三月十五日，根據羅馬古曆，那是三月的望日❷，凱撒大帝在元老院遭受襲擊，地點就在宿敵龐培的雕像前，雕像上濺滿了他的鮮血。一群元老院成員以自由為名，持著短劍一次又一次猛刺著這個五十六歲的男人，他的頸部、背部、胸膛、腹部，滿是刀傷。眼看著短劍從四面八方揮舞過來，凱撒大帝最後留下的竟是謙虛的神態。彌留之際，在那個殺紅眼的血腥時刻，他卻忙著把披在腿間的長袍擺放整齊，絕不暴露自己的下體。亂劍持續在他身上狂亂猛刺，而他已無力地倒臥在門廊的樓梯邊。他總共被刺了二十三刀，根據蘇埃托尼烏斯的記述，其中只有四刀構成了致命刀傷。

這些密謀造反者自詡是「解放者」。他們認為凱撒是個一心只想稱帝的暴君。那場政治暗殺，或許是史上最著名的謀殺案，獲得了讚揚，也引發了反感。這就難怪一千九百年之後，約翰·威爾克斯·布思把刺殺林肯的日子用「望日」當暗語，而且，當他試圖從作案現場逃離時，竟以拉丁文大喊：「Sic semper tyrannis.」（這就是暴君的下場。）

凱撒大帝果真變成暴君了嗎？

無庸置疑，凱撒是個能力超凡的將領，也是個毫無顧忌的政治家。陪他一同征討高盧的部分同儕將那場戰事定義為「種族滅絕」。確實，在他生命中的最後幾年，他對自己強大的野心已不多做掩飾了。他被人稱作一生的獨裁者，並立法允許自己隨時能穿著凱旋服飾——頭戴桂冠，正好可以掩飾他的禿頭。後來，他的名字也總是成了威權的象徵（césar：帝王；zar：沙皇）。然而，他慘遭謀殺，卻未因此拯救了羅馬共和國。這場充滿血腥的望日謀殺並未達成任何目標。一場漫長的內戰從此展開，造成了更多死傷，引發了新一波破壞，最後，在煙硝瀰漫的廢墟中，奧古斯都建立了羅馬帝國。這位年輕的帝王，是其舅公凱撒指定的繼承人和繼位者，他下令在凱撒被殺死的地方建造一座混擬土建物，以此封存血腥悲劇。

如今，歷經許多個世紀之後，羅馬街頭的流浪貓在「銀塔廣場」找到了歸宿，而這裡正是凱撒大帝垂死之處。

三月望日謀殺衍生的另一個傷害衝擊了一般貧窮讀者。凱撒構想的眾多計畫中，其中一項是在羅馬建造第一座公共圖書館，並且要極盡奢華，為此，他延攬學者馬庫斯．瓦羅負責藏書的收集和分類。瓦羅是擔任此項任務的不二人選，因為他當時已撰寫了一篇名為〈關於圖書館〉（Sobre bibliotecas）的文章，但僅有極少數段落遺留下來。

多年後，凱撒大帝的追隨者蓋烏斯．阿西紐斯．波利奧，以他征討掠奪獲取的豐厚戰利品實現了這個夢想。他在安放自由之神的神廟同一棟建築內（頗具象徵性）建立了一座博物館。後人透過幾位作家在文章中提及而認識了首座公共圖書殿堂，因為這座圖書館已經消失，完全不留痕跡。

據悉，館內空間分成兩個區域，其中一區存放希臘文書籍，另一區存放拉丁文作品。這種雙語分別獨立陳列的安排方式，後來的所有羅馬帝國圖書館皆繼續延用。愛國情操至關重要，兩種語言的格局必須有相同比重，雖然其中一區館藏書滿為患，另一區則空空蕩蕩。相對於七個世紀的希臘文學資產，屬於文化邊緣的古羅馬只能從兩個世紀的文學作品中作挑選。姑且不論這個細節，波利奧的公立圖書館傳達了雙重訊息：其一是希臘文作品以原文狀態加入羅馬文化的行列；反之，他必須假裝帝國內所有位高權重的政治領袖也是如此珍視希臘屬地耀眼的文化。事實上，在面對被占領國令人讚嘆的文化遺產時，沒有任何跡象顯示這個征服他國的強權有一絲自卑感。

另一個所有羅馬圖書館承繼的傳統是知名作家的雕像。在古羅馬，那些公共空間裡的半身雕像，等同於文學界的好萊塢名人大道。有此榮幸能夠加入這個行列者，就算是進入文壇殿堂了。波尼奧的圖書館文壇名人雕像中，僅有一位當時仍在世者入列：瓦羅。數十年後，一向大膽敢言的馬提亞爾在檢視羅馬人的各種虛榮行徑時，逕自推測自己的雕像可能已成為某些貴族豪宅的裝飾。事實上，他一直有強烈企圖要成為公共圖書館名人雕像之一。但種種跡象顯示，由於名人雕像規格形同諾貝爾文學獎，他始終被排拒在門外。他的短詩中不厭其煩一再重述，毫不掩飾地公開苦求施予榮耀、讚辭或金錢，不過，一般而言，他總以詼諧、自嘲的筆觸敘事，因此，自曝成名的渴望，恐怕也是玩笑成分居多。

阿西紐斯・波利奧建立的圖書館確定是從清晨開放到中午。前往的大眾形形色色：作家、學者、知識愛好者，但也有被主人或書店業者差遣來幹活的抄寫員。為了在眾多館藏中找書，很有可能設有專職工作人員。我們也知道有些圖書館已經允許借書。作家奧盧斯・格利烏斯曾敘述一段有關借書的軼事。當時，他和幾位朋友聚餐閒聊。餐館送上融雪作為冷飲，在場一位客人是亞里斯多德專家，他立即提醒大家，根據哲學大師的說法，融雪對健康有害。在座有人反駁這個說法，豈知，這位頑固食客，不甘自尊心受損，立刻起身前往城裡的圖書館借了那本提及此事的亞里斯多德著作；網路搜尋尚未存在的年代，這是人們解決爭議的勤勉做法。羅馬皇帝馬可・奧理略及其恩師修辭學家弗朗托也曾在書信中提到把借來的書帶回家。除了這些零星的見證外，雅典還保存著羅馬帝國時期的一件銘刻古物，內容顯示有些館長禁止借書服務，這是根據當地其他圖書館允許出借書籍所作的推斷。銘刻上的文字大意是：「任何一本書都不會離開此地；我們已做此承諾。」

奧古斯都下令在羅馬城內繼續建造了兩座圖書館，一座位於巴拉丁諾山[3]，另一座則位在屋大薇門廊❹。考古學家找到了巴拉丁諾圖書館的遺蹟。多虧這項挖掘計畫，我們對這座圖書館的建築和內部才有了清晰的概念。考古學家找到的是空間一樣大的兩個緊鄰的房間，分別存放兩種語言的館藏。在這兩個房間裡，書籍存放在木製書櫃裡，這些加裝門的櫃子裡設有書架，全都鑲嵌在牆壁上的壁龕裡，並參照目錄以數字編號。由於壁龕很高，當時應該有攜帶式梯子協助取得高處書架上的藏書。

整體而言，比起讀者無處閱讀的古希臘圖書館，這座建築的風格更接近我們現在的閱覽室。古希臘的讀者在書架上選了莎草紙書之後，必須到隔壁的門廊找地方閱讀。在羅馬，圖書館的廳堂設計提供的是寬闊、精美、奢華的空間。藏書存放在木櫃裡，隨時可取，卻又不妨礙通行。廳內設有桌子、椅子、精雕木板、大理石材；一個賞心悅目的地方，一個揮霍空間的處所。

隨著館藏逐漸成長，木櫃的需求量也增加了。儲存問題變得難以解決，因為擺放藏書的壁龕與建築結構相連，無法靈活調整。必須建立新的圖書館。羅馬皇帝提比留在統治期間增加了一、兩座圖書館，維斯帕先在「和平神廟」也建立了一座圖書館，很有可能是血腥鎮壓猶太叛亂並宣布達成協議後，藉由書籍作為慶祝方式。

其他保存較好的圖書館是圖拉真在西元一一二年下令建造的雙子圖書館，屬於他的帝國議事廣場計畫的一部分。希臘廳和拉丁廳正面相對，中間以門廊相隔，門廊正中央則矗立著著名的圖拉真圓柱。考古學家認為，這座具象徵意義的古蹟展現了莊嚴浩大的石柱建築，三十八公尺長的浮雕作品，以豐富色彩呈現了達契亞戰爭的景象——形同戰爭漫畫故事。這個戰爭故事圍繞著圓柱以螺旋狀由下往上發展：一百五十五幅浮雕作品中，數以千計精雕細琢的羅馬人和達契亞人奔跑、建屋、打仗、航海、逃亡、談判、哀求、橫死；如假包換的圖像小說。

兩座圖書館的內部呈現驚人的奢華，且對所有大眾開放：兩層樓高的壁櫃、圓柱、長廊、簷口、來自小亞細亞的彩色大理石飾面和雕像。我不禁想像老百姓見到這樣碧麗輝煌且舒適的環境，恐怕都要瞠目結舌，在此之前，這是貴族獨享的特權，何況還有人人皆可閱讀的大約兩萬本藏書。歸功於首位來自西班牙的羅馬皇帝，羅馬百姓再也不需要為了想好好讀幾本書而諂媚有錢人了。

28

圖拉真圖書館是此類型圖書館的最後一座。西元二世紀起，新的閱讀大廳皆併入王國各地的公共浴場。除了提供浴池出借的服務：溫水池、熱水池、三溫暖、冷水浴、按摩室，這些建築後來都成了真正的複合式娛樂中心，預先呈現了當今購物中心的樣貌。西元二一二年開幕的卡拉卡拉公共浴場包含了體育中心、閱讀空間、聊天室、一座劇場、各種浴池、花園、提供遊戲的空間、餐廳、各自分設的希臘圖書館和拉丁圖書館；這些服務，全部由國家買單。

藉由這些壯觀且免費的公共浴場建築，羅馬皇帝征服了自己的子民。馬提亞爾曾這樣問道：「還有誰比尼祿更糟糕？」「又有什麼比他的公共浴場更好？」

所有羅馬人都去公共浴場，男女老幼，無論貧富。有些人沐浴後躺下來做按摩，有些人則忙著玩球，或有好事者評論他人的球賽，有人去聽演講，有人和朋友閒聊，或在熟人背後低聲議論是非，或是針對市政大肆批評，或是抱怨穀物價格，或是狼吞虎嚥面前的香腸，或在圖書館內好奇閒逛。哲學家塞內卡在他位於公共浴場樓上的書房裡極力想專心工作，卻只能絕望哀嘆，於是，他針對浴場的喧鬧和歡樂氣氛寫下了有趣的描述：「當運動員練習擲鉛球時，我會聽見他的口哨聲和喘息聲。我還聽見按摩師拍打客人背部的劈啪聲。如果突然來了球類選手並開始天南地北聊起來，你會聽得茫然失措。更別提還有喜歡找碴的人、被逮的竊賊，以及有人猛然跳入水中的轟隆聲。還有，某人胳肢窩剃毛時突然使盡力氣驚天大叫。接著，賣飲料的、賣香腸的、賣糕點的……所有商人扯著變調的嗓子大聲吆喝叫賣。」——試想塞內卡在其著作《論心靈寧靜》反思內心平靜這個議題，在這樣的氛圍下其實是再適合不過了。

不同於前述的帝國議事廣場圖書館，公共浴場的閱覽室是以符合大眾化、多樣化和通俗化的口味為走向。讀者大多是尋求娛樂的好奇群眾，他們將書籍視為球賽、玩水和閒話家常之外的替代性選擇。我們推測閱覽室選書主要是兩種語言的經典名作、當代作家著作，可能還加上一些哲學作品。圖書館建立在擁擠的羅馬浴場內堪稱帝國一大成就。文化、娛樂、商業和教育在同一個屋簷下有了朝氣蓬勃的融合。一般咸認，這項創舉是書籍普及化的一大助力，把書籍置入一個大眾化的嘈雜環境裡，才不至於讓一般讀者產生畏懼感。

此外，浴場圖書館也將閱讀推廣到羅馬帝國的每一個角落。娛樂中心並非首都專利，而是在羅馬人征服的所有領土上形成的真正網絡。事實上，有些專家認為，在廣大的羅馬帝國裡，浴場文化是各地城鄉百姓唯一共享的機構。

享受戲水之樂漸漸成了異教文化和羅馬文明的認同標誌，直到後來某些嚴厲的基督徒對公共浴場感到厭惡，他們認為這是驕奢縱逸、淫樂放蕩、心靈腐化的症狀。西元五世紀一位農民修士在一封信中這樣寫道：「我們不想在浴場裡盥洗。」聖人認為惡臭是專注於禁欲的途徑之一。他們拒絕使用廁所，以此表達對羅馬生活方式的反對態度。西門．斯泰萊特❺堅決不讓水沾身，「其惡臭和汙穢之強烈，連隔著樓梯都無法不掩鼻拾級走近；有些門徒不得不與他接觸，必須事先在鼻上塗抹薰香和香油才能前往拜見。」蟄居洞穴兩年之後，聖人泰奧多羅．希格昂（san Teodoro de Siqueón）再現身時，「帶著一身難以忍受的惡臭，旁人根本無法靠近。」神學家克萊曼特寫道，一個優秀的斯諾底派基督徒並不希望自己身上有香氣：「他唾棄縱欲享樂，以及其他奢華的精緻事物，例如，香水會慣壞味覺，或是各式美酒的吸引力會挑逗舌尖，或是各種香花編成的花環會藉由各種感覺削弱靈性。」在那個時代，「神聖的氣味」是惡臭。

不過，姑且不論這些極少數的嚴厲論調，羅馬帝國的百姓倒是熱情擁抱浴場帶來的各種歡樂，除了各種娛樂和奢侈享受之外，公共浴場也帶來了一股閱讀熱潮。

29

一座擁有二十九座圖書館的城市。西元三五〇年的一份條列羅馬象徵性建築物的目錄上提到了這個具體的數字。不過，到了首都之外，書籍的蹤跡卻難以追循。我們得到的只有片段式的不完整資訊，經常也莫名難解。在龐貝古城，考古學家發現了一處閱覽室遺址。一件來自科姆（Novum Comum，現今的科莫〔Como〕）的銘刻文物提及了作家小普林尼捐贈故鄉一座圖書館，外加十萬枚塞斯特帖姆幣作為維持圖書館運作之用。另一件在那不勒斯不遠處的海岸發現的銘刻文物，談到了哈德良大帝的岳母瑪媞蒂亞贊助的一座圖書館。還有一些接受贊助而成立的其他圖書館偶然留下的痕跡，分別在提布爾（現今的蒂沃利）和沃爾西尼（現今的翁布里亞）。

大致而言，資助這些圖書館的金錢並非來自國庫，而是由慷慨的贊助人自掏腰包。在古代，富人背負著社會認同的一個不成文規定：他們應該資助馬戲團、建造圓形劇場、鋪路或鋪設水管。倘若，如同巴爾札克所言，巨大財富背後總隱藏著犯罪行為，那麼，捐款改善眾人生活，似乎讓早年胡作非為的古代富人找到了補償眾人的方式。那些公共建築裡常見某位市民姓名旁加了縮寫字母D S P F（de sua pecunia fecit，「以其個人金錢支付建成」之意）。這些樂善好施的慈善行徑未必都是自願的：堅持不捐錢的權貴持續承受著各方壓力，無法長時間拒絕，況且也有損個人聲望。如果一個吝嗇的百萬富翁需要有人推他一把才能慷慨解囊，老百姓會齊聚他家門口獻唱諷刺民謠取笑他。某些鄉間圖書館很有可能就是這樣強求而來的。

在羅馬帝國境內的希臘語地區，仍存在著古希臘時代建立的公共圖書館。羅馬帝國的君主持續支持著這些頗負盛名的知識中心，不斷投資擴增亞歷山卓和帕加馬的圖書館藏。聲望崇高的雅典城在西元二世紀新增了兩座公共圖書館，其中一座是哈德良送給雅典的禮物，另一座則由一位雅典市民負擔了一座門廊，一間提供他個人藏書的閱覽室，以及中庭的所有裝飾，「全部自費支付」——一件銘刻文物上這樣記載，並且還特別加強語氣，贊助人掏腰包的痛苦歷歷在目。在以弗所，有個名叫提貝里歐．胡立歐．塞索的人為了紀念熱愛閱讀的父親而建立了一座圖書館。

不過，西方仍是一大片文化荒漠。涵蓋了當今英國、西班牙、法國和北非海岸這片廣大的地理區域，僅有兩個地方出現公共圖書館：突尼斯的迦太基和阿爾及利亞的提姆加德。我們從一位作家的文章裡得知前者的存在，至於後者的發現，則要歸功於考古學。

確實，當時的刻板印象是，重要文明已在東方奠立根基的同時，西方百姓仍在跟野蠻、落後和無知打交道。放眼古今所有時代，強權都是建立在與弱勢相對的地理位置——北／南，東／西，而且不容許事實打破這個既定的偏見。

在古代，西歐具有相當成熟的文化，但都被外來的侵略強權破壞殆盡。總之，在羅馬帝國時代之初，羅馬的全球化策略已緩和了區域間的差距。來自羅馬的建築師和工程師有計畫地開發西歐，將一座座本土村落改造成都市網絡，或大或小，全都具備了排水溝、神殿、議事論壇廣場和公共浴場。在這些大小城市中，書籍是必要的存在。那段時期，書寫文化雖然不像希臘化世界那樣根深柢固，但在羅馬化的族群社區間確實也大幅擴展。主要城鎮的小學裡有教授拉丁文的老師，大型的文化中心則提供了中學教育和修辭學。在迦太基和馬賽這樣的大城市，較富裕的居民可以修習當時相當於大學教育的高等課程。馬提亞爾出身凱爾特伊比利亞的比爾比利斯，年滿二十歲後才來到羅馬，卻也展現了優異的拉丁文造詣。可見在故鄉成長的歲月中，他一定有機會常去凱薩奧古斯塔或塔拉科的圖書館。如同比爾比利斯或凱薩奧古斯塔，西歐數十個重要的文化中心為所有百姓（男性與女性）提供了資源豐富、具有文化企圖，且充滿書香的環境。

當我漫步在故鄉城市裡的羅馬風格街道上，我不禁暗想，有些地方，例如在奇妙的牛津，有一座偉大的圖書館在地底下沉睡著。它被街道喧囂淹沒了，隱匿在柏油路面和匆忙腳步之下，無數次遭人踩踏和掠奪，但在我們的祖先初識書籍的遙遠年代，顯然它們都在壁龕中逃過了所有劫數而得以倖存至今。

---

❶在西班牙文中，柔性材質如紙張、紙巾等依中心軸纏繞而成的圓柱體皆可稱為「rollo」。

❷望日（idus）：古羅馬曆法中的滿月之日。

❸拉丁諾山（monte Palatino）：羅馬城七座山丘之一，山下兩側分別是古羅馬廣場和圓形競技場。

❹屋大薇門廊（Pórtico de Octavia）：奧古斯都以其姊屋大薇命名的古羅馬遺跡。

❺西門・史泰萊特（Simeón el Estilita，西元三九〇～四五九年）出身敘利亞的基督教苦行聖人，為了懺會，曾在阿勒波附近一根柱子平台上生活了三十七年，因而聞名。

30

兩個西班牙人：首位鐵粉和熟齡作家

史上已知首位熱情粉絲是來自加的斯的西班牙人，來回花費上百天，跋山涉水、忍受飢寒，甚至與罪犯腐屍同臥，只是為了見鍾情的偶像史學家蒂托．李維一眼。

青少年迎接熱愛的歌手抵達時，不斷瘋狂尖叫、激動哭泣甚至昏倒，這樣的情況並非貓王和披頭四起頭的。事實上，這種現象最初並不是出現在搖滾樂，而是古典樂。十八世紀的「閹伶」已在舞台上喚醒了觀眾的熱情。十九世紀的精緻演奏廳裡，一位匈牙利鋼琴家傾身靠近琴鍵時不斷甩動髮絲，讓群眾為他深深著迷，引發了著名的「李斯特狂熱」。現代的搖滾樂粉絲常將內衣拋向偶像的臉上，而法蘭茲．李斯特的粉絲奉上的可都是珠寶。他是維多利亞時代的性感偶像。當時，據說他在演奏時身體的晃動和刻意神態，都讓群眾莫名其妙地心醉神迷。起初是早慧的天才兒童，接著成了小丑似的年輕人，他在歐陸舉辦了多場巡迴演出，觀眾多達數百萬。每當李斯特出現在公眾場合時，他的粉絲會齊聚迎接，尖叫、哀嘆，有人甚至激動得暈倒。當他在各個城市開演奏會時，他們一路追隨。粉絲想盡辦法要偷他的手帕和手套，他們將他的頭像鑲嵌在別針和寶石綴飾裡。女粉絲企圖偷剪他的頭髮，而每當鋼琴斷弦時，總會引發激烈肢體衝突，因為大家都想把斷弦拿來做成手鐲。有些愛慕者會在街角偷窺他，或尾隨他進入咖啡館，然後將沉澱在他杯底的咖啡渣倒入事先準備好的玻璃瓶裡。有一次，有位女子撿起了他丟在鋼琴踏板旁的雪茄菸頭，並將它嵌入一面大型徽章裡，時時掛在胸前，直到去世為止。「celebrity」（名人）這個字最早就是用來指涉李斯特。

儘管如此，我們還得把時間往前推移到更早的時代。可以確定的是，史上第一批國際巨星其實是古羅馬時期的一群作家：蒂托・李維、維吉爾、賀拉斯、普羅佩提烏斯和奧維德。

事實上，史上所知的第一位粉絲是來自加地爾的西班牙人，他熱切渴望能認識自己的偶像，歷史學家蒂托・李維。根據記載，西元一世紀初，他開始了艱險的旅程，「從世界最偏遠的角落」啟程。換言之，就是當今的加的斯，目的地是羅馬，就為了近距離以崇拜的眼神注視自己最鍾愛的作家。我們不妨想像一下他這趟舟車勞頓的旅途；這位熱情的加地爾人必須花費逾四十天才能完成崇拜偶像之旅，途中還得忍受惡劣的伙食，骯髒客棧裡跳蚤的折磨，跨坐的老馬一路氣喘吁吁，後面還拉著老舊的馬車，偶爾還得心驚膽戰地越過杳無人煙的叢林，深怕自己突然迷失方向。他的足跡遍布王國各地，曾經被迫和因為犯罪而被判木樁刑處死的匪徒腐屍為伍。夜深人靜時，他默默祈禱，希望同行的奴隸不會趁機脫逃，或甚至在異鄉反過來跟他作對。這一路，他耗盡了盤纏。他也因為飲水不潔引發的嚴重腹瀉而形銷骨立。抵達羅馬後，他到處打聽名作家李維的下落。終於，有了個遠遠觀望的機會，或許，他確實盡心模仿了偶像的髮型，也穿了同樣的寬鬆外袍，卻始終不敢上前去攀談，最後，他轉身離去，歸返故鄉，又一個長達四十天的艱苦旅程。小普林尼在一封信中敘述了這段軼事，卻不自知，他正在描述的是史上第一個追星鐵粉。

羅馬帝國全球化在遠離首都之外的地區產生了大量讀者。賀拉斯曾誇口炫耀，自己的作品在利比亞的博斯普魯斯海峽、現今的高加索和匈牙利、萊茵河域國家和西班牙，都相當知名。普羅佩提烏斯認為，他的名望已經擴及冬季嚴寒的波里斯提尼斯河河岸，即現今的第聶伯河。奧維德曾大言不慚地記述，他的作品「在全世界都很受歡迎」。大致而言，羅馬人向來傾向把帝國國界和整個地球混為一談。這是帝國視野的典型特質——阿卡德帝國的薩爾貢大帝統治的疆域從波斯灣擴及地中海域時，他也自吹自擂，宣稱自己已統治了全世界。至於古羅馬的作家，姑且不論喜歡吹噓和地理概念不足的部分，他們的作品確實以驚人的擴展速度打破了閱讀疆界：叫好又叫座的作品，在作者有生之年，已開始跨越了洲際、海洋、沙漠、高山和叢林。思想和文字正以全新的途徑往外擴展。馬提亞爾的著作在維也納和不列顛也能買到；里昂的書店裡有小普林尼的作品。抗拒全球化新潮流的保守派詩人尤維納利斯，始終無法想像一個坎塔布里亞鄉下大老粗以骯髒的雙手捧讀他的羅馬哲學著作的景象：「如今，整個羅馬城裡，希臘文化和羅馬文化並存；雄辯滔滔的高盧人能在英國當律師，連在偏遠的圖勒（傳說的極北之地）都有人要請修辭學老師。在梅特盧斯仍在世的年代，哪來這麼多斯多葛派的坎塔布里亞人？」

在羅馬帝國首都，本地人和外地人都能在大街上認出知名作家，他們也會尾隨名人，就像今天的粉絲和歌迷。維吉爾患有嚴重的人群恐懼症，經常要躲避尾隨他的人群或對著他指指點點的人。在羅馬的貴族圈裡有個傳統，他們會將部分遺產贈與對社會有貢獻的人，當然，作家也包括在內。事實上，互別苗頭的作家塔西陀和小普林尼當時即以獲贈的遺產數目互相衡量對方的名氣。在那個無法以書籍銷售量競爭的年代（無法取得可信的銷售數字），排行榜前十名的文壇明星是以貴族餽贈的遺產小費數字選出來的。

從李維到李斯特，關於成名、偶像崇拜、瘋狂粉絲，以及對經典的激情，其實是一段不為人知的悠遠歷史。

31

這將是你的最後一趟長途旅行。年近六旬的你，拋下羅馬的一切，仍懷著冒險嘗新的熱情。從奧斯提亞到塔拉科的航程非常平順；輕晃的船隻在海浪中順風前進，載著你航向記憶的汪洋。你在羅馬城住了三十五年。你年紀輕輕就來到帝國首都，謀生方式是寫作，以騙取富人的金錢。在權貴的豪宅裡，你一直都是個性討喜又詼諧的寄生蟲，也是歡宴喜慶場合不可或缺的甘草人物。他們和你打交道的方式好過管家，卻遠不及對待朋友之道。

一路平順無意外，在那個豔陽刺目的朗朗晴日，你搭乘的船隻抵達西班牙。你在塔拉科請了個駕馬車的導遊，外加兩頭母騾。你們就這樣悠閒上路，整整花了六天才抵達你的故鄉。

一日午後，你們走在一條黃泥小徑上，突然遇上一場暴風雨。你們必須像牲畜似地拖著馬車，一次又一次把它從深陷的爛泥裡拖出來。當你穿越凱薩奧古斯塔城牆時，一身汗穢，雙眼腫脹，與其說是羅馬來的名人，你更像個身上結痂的流浪漢。你去了公共浴場，在那裡淌流熱汗，與人閒聊，有時還打個盹兒。你在忙碌的港口閒逛，也在河水滾著黃沙的河邊漫步，後來，你趁著特價的好機會買了兩個奴隸。一個衣錦還鄉的人，一定要有背膀厚實、胸膛壯碩的壯漢隨侍在側才行。

再次上路了，你心情激動地望著卡約山的孤峰——數世紀之後，我們稱它為蒙卡約山，它山腳下的林蔭也為其他作家提供庇護和靈思，例如有個名叫古斯塔沃．阿道夫．貝克爾，還有一個叫做安東尼奧．馬查多。行經哈隆河附近時，你在童年時和其他孩童在淺淺的河裡戲水的景象似乎歷歷在目。這一路顛簸跋涉，你再度披著一身灰塵汙泥，於是，你夢想著重回比爾比利斯溫泉浴場，後來，這個浴場被冠上了穆斯林名稱「阿爾馬」（Alhama）。你認出了童年熟悉的景色：丘陵、河灣、鐵礦場、等著收成的成熟麥穗、松林、橡樹林、濃密的葡萄葉遮蔭。一隻野兔消失在灌木叢林裡，突然挑起了你想吃野味的食欲。終於，眼前出現居高臨下的比爾比利斯、傾斜的屋宇、神廟的外觀和數不清的回憶。你的心撲通撲通跳得又急又快。在故鄉等著你的是榮耀的桂冠？或是咬牙切齒的妒忌？你對左鄰右舍再清楚不過，他們大概會漫不經心地說些輕蔑的風涼話吧！至少，羅馬的失眠將從此告終，三更半夜爭吵鬥嘴的馬伕亦不再有，再也不需要起個大早，然後跑得滿身汗趕到權貴富豪家，也不必再煩惱說錯話了。在凱爾特伊比利亞清朗的天空下，馬爾提斯老友，你可以輕鬆安穩地睡個好覺了。

但你這時候還不知道，你會在這裡認識一位富有的熟齡寡婦，芳名瑪塞拉，她對你的詩作格外傾心。由於她一直希望有個羅馬名人當情人，她將餽贈你一座草原農場、她的玫瑰花園、一座湧著清泉的噴水池、一座滿是鰻魚攢動的池塘、一座菜園和一座鴿樓。多虧了她（她那豐滿溫暖的身軀，你這一生最後一位同床共枕的伴侶，你遇過最慷慨大方的贊助人），你總算脫離了在羅馬時期揮之不去的苦難威脅。你將享用滿桌美食。你隨時可以偷懶度日。在晴空萬里的盛夏午後，你可以攤臥在樹蔭下睡個長長的午覺。到了寒冷冬日，你會在壁爐前癡迷地望著規律舞動的爐火，就這樣消磨上好幾個鐘頭。你終於找到了內心的平靜，但你將放棄寫作。酒足飯飽之後，你內心的憤憤不平被安撫了，於是你也將卸下惡劣頑童的偽裝。

當年還在羅馬時，你痛恨周遭所見浮誇虛偽的生活。你受夠了阿諛奉承權貴人士的日子。於是，你把鄉愁化為詩句，並一再把難聽拗口的故鄉名稱寫入詩裡。如今，你重返心目中寧靜的小小天堂。但你很快會開始咬牙切齒地發牢騷，頻頻懷念起羅馬城裡的聚會、劇場和圖書館，你的社交圈帶給你的敏銳度，還有首都的各種享樂和嘈雜；總之，你將懷念你為了渴望寧靜而放棄的一切。

32

赫庫蘭尼姆：保存文物的大破壞

考古學家在赫庫蘭尼姆的皮索別墅發現大量散裂的莎草紙書，它們被疊放在旅行箱裡，彷彿主人當時正在做最後努力，在即將被火山岩漿覆蓋前，帶著藏書逃離。

羅馬雄偉壯觀的圖書館乘載著重返西班牙後的馬提亞爾許多遙遠的夢想，終將在一連串災難、掠奪、火災和意外之後潰決終結。矛盾的是，古羅馬保存良好的唯一圖書館竟是拜一場嚴重天災之賜。

西元七九年十月二十四日，時值提圖斯統治羅馬帝國，時間將停駐在龐貝城和赫庫蘭尼姆（位在現今的埃爾科拉諾），兩座位於那不勒斯灣的主流城市。許多來自首都的富人在那裡建造了豪宅。陽光耀眼，海水湛藍，空氣中飄來陣陣香桃木的清甜香氣，一場又一場盛宴迎接著來此歡度暑假的人們，這裡的生活優閒自在，享樂唾手可得。不過，那個秋日卻非如此，清晨時刻，維蘇威火山在天上竄出了一團烏煙。不久，赫庫蘭尼姆的大街小巷覆蓋了一層奇特的汙泥，混合了雨水、煙灰和岩漿。汙泥蓋滿屋頂，並且透過窗戶和欄杆滲透到屋內。最後，一股攝氏六百度的火山碎屑泥流淹沒了一切。留下的只有居民的骨骸。龐貝城被硫磺蒸氣包圍，刺鼻的氣味令人窒息。火山岩漿之後，緊接而來的是一陣細雨般的微細煙灰，最後是重達數公斤的浮岩。人們滿懷驚恐地逃出家門，但為時已晚。

這座城市，被凝固的煙灰和火山礫埋葬了近千年，儼然成了某種時光膠囊。攝氏三百度高溫的火山灰燼包裹了扭曲的居民屍體，形成了一層硬殼。十九世紀，考古學家在這些被煙灰硬殼包覆的幽靈遺骸內注射石膏。這些石膏模型，讓我們得以觀察這些永恆的龐貝居民生命中的最後動態：一對愛侶在永恆懷抱中互尋慰藉、一名男子雙手抱頭孤獨死去、一隻狗憤怒地想要掙脫身上的皮帶、一個小女孩驚恐地躲在母親的大腿間，彷彿恨不得馬上鑽回媽媽的肚子裡。兩千年之後，有些人看起來更扭曲、更恐懼。羅伯托・羅塞里尼執導的《義大利之旅》影片中，一對婚姻觸礁的夫妻前往義大利旅行時，眼見被火山岩漿吞噬而同亡的一對情侶石膏像完成時，內心的驚愕痛苦猶有過之。

這場重大天災發生前的好幾個世代，盧修斯．卡爾普爾尼烏斯．皮索，凱撒大帝的岳父，在赫庫蘭尼姆興建了一座牆面寬達兩百公尺的宅邸。十八世紀，當一群考古學家挖掘這座奢華豪宅遺址時，他們挖出了超過八十尊黃銅和大理石雕像，以及古羅馬時代僅存的一座圖書館。圖書館內有大約兩千件燒焦的莎草紙書，火山爆發摧毀了它們，但也把它們保存下來。這個出乎預料的發現之後，皮索的別墅即以「莎草紙別墅」聞名於世。那幢被岩漿掩沒的古羅馬宅邸讓美國石油大亨蓋蒂讚嘆不已，因而在馬里布建造了一模一樣的別墅，如今，這座複製品成了蓋蒂博物館。

長達數十年期間，皮索的別墅一直是一群知名的伊比鳩魯學派哲學家聚會的場所，詩人維吉爾也包括在內。皮索不僅是有權有勢的行政長官，也是酷愛希臘思想作品的愛書人。他在政壇的死對頭西塞羅，曾提及這位財富傲人的貴族吟唱淫穢詩詞，並「跟著他那群親愛的希臘朋友踩在惡臭的泥沼裡」——一絲不掛地尋歡作樂。那個時代的政治抨擊絲毫不識含蓄為何物。暫且不論皮索是否偶有放縱狂歡，從他的藏書內容看來，在這座位於赫庫蘭尼姆的別墅裡，訪客想必度過了許多愉快的午後，儘管在感官享樂上未必如想像中那樣激情。

羅馬共和時期末期和帝國初期，有權有勢的羅馬人認定知性娛樂是他們最鍾愛的特權之一。許多權貴就算再忙，仍在生活中投注大量時間，以專業嚴謹的方式辯論關於諸神、地震原因、打雷和日月蝕等議題，或是探討善惡、人生真正的目標和死亡的藝術。在這座高雅舒適的別墅裡，事事有奴隸侍奉款待，且坐擁豐富的珍貴藏書，在那一場場專業的知性對談中，在某種程度上，他們仍相信那個往日的美好世界依然存在，雖然內戰不斷、暴力日增、局勢緊張，還有關於動亂的謠言、穀物價格暴漲，以及維蘇威火山緩緩升起的黑煙，彷彿都不存在。這些享有特權的男男女女生活在世界權力中心，他們耽溺在奢華的豪宅裡，就為了忘卻外在的各種危險，他們沒把心思放在不足以擔憂的威脅，也不會為了微不足道的小事而放棄或中斷特定議題的深度會談，例如：海狸的睪丸。這是連亞里斯多德都感興趣的主題。那些羅馬貴族喜歡癱臥在舒適的長椅上——所謂的「臥躺餐廳」，他們靠臥在紫色的繡枕上，享受美酒、美食，同時也悠閒平靜地交互討論，進行著我們後來所謂的「深度長談」。

莎草紙別墅被挖掘出來後，我們看到驕奢淫逸的皮索保留了一個三公尺見方的藏書間，牆上設置了許多架子，中間還有個擺設莎草紙書的雪松木製長桌，長桌兩側另擺放了書架。選定的莎草紙書必須拿到隔鄰的中庭，在奢華雕像陪伴下，就著充足的光線盡情閱讀。這樣的設計，顯然可見別墅的建築師是延續了希臘風格。

那年的十月二十四日，火山爆發後，整座城市被火山岩漿淹沒，然後冷卻，並被封藏；在此之前，那些莎草紙書已被燒成焦黑。十八世紀，當挖掘者和獵尋寶物者探索這座別墅時，一時將燒焦的莎草紙書誤當作是煤炭和燒焦的樹幹。事實上，有些焦黑的莎草紙書被充作火把用，消失的書籍裡古老的文字就這樣燒掉了。冥冥中彷如一種詭異的煙火信號溝通下，他們恍然認清手裡拿的是古物，於是開始好奇，是否有可能讀懂其中內容。在新發現的狂喜之後，他們運用的解決方式卻稱不上精緻；他們用指甲去摳，更糟的是，還拿刀片去割那些莎草紙書，悲慘下場可想而知。不久後，有個義大利人發明了一套機器，試圖以最輕巧的方式打開這些燒焦的莎草紙書，只是，這項工程進行的速度慢得令人心驚。光是延展第一份莎草紙書就花了四年。此外，由這套機器延展開來的莎草紙書，都是烏黑如燒焦報紙的殘缺片段，不但脆弱，也難以保存，因為一碰就裂成碎片。

從那時候起，為了解讀皮索別墅那些燒焦的莎草紙書裡的各種秘密，專家一直在找尋各種技術。某些莎草紙書完全無法辨識內容；有些只能靠顯微鏡看出幾個字。經常性的過度使用也帶來了莎草紙書變成桌上一片黑粉的風險。

一九九九年，美國楊百翰大學的科學家以紅外線檢視這些莎草紙書。在特定波長下，他們找到了紙張和油墨的最佳對比。在無形的輻射光線映照下，文字開始顯影。眼前不再是黑色油墨印在焦黑的紙上，專家在淺灰色的背景下辨識出一行行黑色的字句。重建這些文字的可能性大幅增加。二〇〇八年，這些多光譜的影像取得了更新的進展。然而，至今已辨認出的所有莎草紙書當中（全部皆以希臘文寫成），沒有一部是我們渴望重建的已遭破壞珍貴作品——沒有莎芙的不知名詩作，沒有艾斯奇勒斯和蘇福克里斯散佚的悲劇，也沒有亞里斯多德驚世駭俗的對話。那些重見天日的莎草紙書，大多是關於特定議題的哲學著作。其中最引人注目的發現大概是伊比鳩魯的散文《關於自然》（*Sobre la Naturaleza*）。不過，許多專家推測，皮索的別墅裡一定還有另一座拉丁文圖書館有待發掘。在此同時，重建的現代城市埃爾科拉諾在古代遺蹟上方喧囂流動，更深層的挖掘是難上加難了。或許在未來的某一天，在那裡會出現（或可解讀為）令人興奮的消失古籍。或許，在未來的數十年間，我們有機會體驗火山下的小小文學奇蹟。

最早的那幾批考古學家在赫庫蘭尼姆的皮索別墅發現了大量散裂的莎草紙書，它們被疊放在旅行箱裡，彷彿主人當時正在做最後努力，在即將被二十公尺深的火山岩漿覆蓋之前，他仍試圖帶著藏書逃離。我不禁想像這位兩千年前的男子，當他的世界即將消失之際，當攝氏六百度高溫的炙熱岩漿以每秒三十公尺的速度橫掃赫庫蘭尼姆時，他仍一心掛念著要保護藏書。這是個奇特的歷史性嘲諷，對我們而言，這座末日恐怖場景中的圖書館，卻成了消失的廣泛歷史影像中唯一的倖存者。

33

歷史安息之地帶來了許多朝聖的新粉絲軍團。十八世紀時，那不勒斯與西西里國王卡洛斯三世，亦即未來的西班牙國王，下令挖掘龐貝古城、赫庫蘭尼姆和斯塔比亞，引起了一陣考古熱。這幾座因為天災而被保存的城市在歐洲掀起了新熱潮。一個直到當時只能靠想像的世界，頓時成了親眼可見的實景，古文明因而成了整個歐陸最新的時尚。在那個失落時代的景象裡，我們看到了某些現代特質的形成和具體化：壯遊和旅遊業興起的跡象、考古學被視為科學訓練、遺址素描、世界權力中心的新古典主義建築、溫克爾曼❶的美學烏托邦，以及啟蒙主義背後的古希臘羅馬熱情。

---

❶溫克爾曼（Winckelmann，一七一七～一七六八年），德國考古學家和藝術史學家，自稱義大利人文主義者，其藝術評價成為美學的基礎。

奧維德觸犯審查制

奧維德充滿情色趣味的小書《愛的藝術》，持續遭到多位國王迫害，幾番因為淫穢醜陋而遭禁，最後卻以自己的途徑輾轉來到現代的圖書館。悖逆也能造就傳奇。

34

他很成功，成就卓越，並且樂在其中。他從未因自己的讀者不是貴族出身而羞愧。他風趣、外向，十足的享樂主義者。他熱愛羅馬式「美好生活」（dolce vita）——有時庸俗、奢華、飲食無度；有時傷春悲秋，充滿詩意且脆弱。他一向文思泉湧，從未因寫作而苦，而且表現耀眼。一個人幸福平順到如此程度，簡直讓人無法原諒。

他生在一個野心勃勃的傳統地主之家。父親送他到羅馬求學，期望他能成為一個成功的律師，富有且受人敬重……不過，他卻讓父親大失所望：他熱愛詩歌遠甚於法律。他覺得法庭和辯護索然無味，很快就放棄了眼前的大好前途，全心全意投入文學創作。他的詩歌不僅辜負了親生父親，後來也讓所有羅馬人視為父親的皇帝奧古斯都大感不悅。第二次的叛逆將令他付出非常昂貴的代價。不過，在他墜入深淵之前，他倒是嘗盡了榮耀和掌聲。

奧維德是新文學領域的探險家，也是首位特別關注女性讀者的作家。我在前文已經提過，他曾經寫過關於女性保養和化妝品的專著。他的另本著作《愛的藝術》，一本關於調情的詩集，特別以篇幅很長的一章（占全書三分之一）提供打動女性芳心的各種建議，並向多情讀者獻策，告訴他們如何在談情說愛時欺騙女性。他和女性讀者之間建立的親密關係，截至當時的文壇，前所未見。在那個閱讀快速擴展的時代，奧維德樂得挑戰古代價值觀和古老的規範。他那與眾不同、充滿情色的新文學，吸引了大批當時的羅馬女性讀者；他對此清楚得很，並開始挑戰極限，但他卻沒發現自己正踩入深淵。

當時有些同輩指責他輕浮，卻忘了輕浮也可以極具顛覆性。對於西元前一世紀的某些羅馬基本議題，奧維德投注了革命性的觀點：享樂、放縱和美學。在那個年代，婚姻皆由家人安排，通常是把青少女嫁給年長的權貴人士。當時，婚姻可以是借貸關係，男女奴隸則隨時供主人洩欲，儼然是一座座後宮。從定義上來說，性關係是單向且不平等的：或被動或主動，或被人侵犯或侵犯他人。當時各種狀況錯綜複雜，規則和限制多如牛毛，然而，一如往常，特權問題仍是最大原則。一個富人可以做的事情，窮人未必被允許；社會容許男人做的事情，換了女人卻不准。對階級較低下的人（奴隸、外國人、非公民）有戀童癖是被允許的。馬提亞爾從不避諱公開坦承，他對自己的女奴隸感受到的性欲和吸引力，這個在他詩中被稱為艾洛荻的女孩，去世的時候才六歲。奧維德在所有言談和文字中清楚揭示，他偏好的不是小女孩，而是成熟女子。因為，在情欲享樂這方面，也需要伴侶的愉悅相呼應。我大致翻譯了《愛的藝術》其中一段：「我寧可找一個超過三十五歲的情婦，我希望在她秀髮間能看到些許白髮：只有個性急躁的人才喝新釀的酒；我偏好懂得享樂的成熟女性。她們經驗豐富，才智過人，熟識愛情中的千百種姿態。她的快感不會是虛假的。當女人和情人同時享受性愛時，那才是享樂的登峰造極之境。我痛恨彼此無法完全投入的擁抱。我痛恨兩人無法同時筋疲力竭的性愛結合。我痛恨女人被迫獻身，而不是因為自己已濕潤，而且時時還掛念著該做的家事。我不希望女人因為義務而讓我享受性愛。我絕對不要任何女人被迫與我做愛！我想聆聽她那傳譯了喜悅的嬌嗔，她那低緩的悅耳細語，告訴我應該繼續。我喜歡看著我的愛侶雙眼露出臣服的眼神、四肢癱軟，不讓我再愛撫她⋯⋯。」

根據傳統的規則，對於身心自由的男人而言，感情豐富是一大弱點，為他人著想簡直是瘋狂。如同巴斯卡．基亞所述，奧維德是提倡互惠性愛的旗手，也是第一個呼籲男性有必要耐心等待女伴享受性欲的古羅馬人。

《愛的藝術》被視為一本不道德的危險著作。多年後，奧維德回憶自己的災難之始，曾述及當時因為這本著作而被人稱作「淫穢姦情的導師」。確實，他在書中描述的性愛遊戲場景，只會出現在婚姻生活之外。婚外情是唯一可行的方式：性欲和吸引力絕少進入婚姻生活。富裕羅馬人的婚姻由帝國做主，那是一場家族之間結盟和協議的精心算計。為人父母者利用女兒當作政治籌碼，只要符合利益，就算結了婚的女兒，被迫離婚另嫁他人之事也時有所聞，有些甚至還懷著第一個孩子。這就難怪貴族間可以平和地換妻：小加圖是為人稱道的道德典範，卻將妻子瑪爾希亞「出借」給一位朋友。之所以說出借，是因為就結果來說，他提出離婚，實際上是為迎娶新歡做準備。而當他再度迎娶寡居的瑪爾希亞時，還從中獲得了一大筆遺產。然而在盤算下一段婚姻時，小加圖詢問過瑪爾希亞的父親，卻從未問問她本人的意見：以當時的傳統心態而言，女人只是附屬品，而且心智永遠不夠成熟。充滿野心的一家之主這些作為，對增進夫妻之間的感情和信任毫無幫助。在這樣的情況下，只有婚外情才會爆發激情。奧維德毫無顧忌地在詩歌中描述這個現實，可惜時機不對：他恰恰違反了奧古斯都大帝的倫理教化信條，尤其觸犯了西元前十八至九年通過的「關於處罰通姦的尤利亞法」，這項立法試圖捍衛古老的家庭傳統，婚外通姦罪處以流放，婚後無子嗣者則遭罰款。

西元八年，奧維德還未滿五十歲，突然收到王朝諭旨，將被流放托彌，即當今羅馬尼亞的康斯坦察。他的第三任妻子留在羅馬，除了處理兩人共同的資產，也負責為他申請赦免。詩人只能單獨踏上流放之旅。兩人從此未再相見。奧古斯都對他做出了最嚴厲的懲戒，實為刻意加碼重罰。以他這樣的情況，通常被放逐到某個地中海小島，沒想到他卻被貶到王國邊緣的蠻荒之地，在那個未知的邊境，奧維德遠離了他認為生活中最有價值的一切：友誼、愛情、書籍、對談，尤其是平靜。在那個荒涼的破村子，冬季嚴寒難耐，村民交談的語言艱澀難懂，還要隨時擔心游擊隊的襲擊……奧維德等同被判了死刑。他過了九年流放生活，期間不斷的向羅馬當局申請特赦，同時寫作他的《哀怨集》，許多個世紀之後，另一個被懲罰的倖存者王爾德也在獄中寫下了《深淵書簡》。

關於他被流放的原因，奧維德認為自己犯了兩項罪行而引來道德批判：「一首詩和一個錯誤。」他從未明言解釋自己犯了什麼錯誤；可能是他看見某個有權勢的高層人士做了見不得人的事，或是捲入某場政治糾紛。至於那首詩，倒是沒有太多爭議。一般咸認是他的情人指南。他在流放期間這樣寫道：「我已經不再是愛情的導師了。」「那部作品讓我受到了應受的懲罰。」兩個世紀之後，一位歷史學家堅定確認：「奧古斯都放逐詩人奧維德，因為他寫了三本關於愛的藝術小書。」奧維德得知其著作在他離開後遭受報復時，不禁老淚縱橫。他被流放之後，奧古斯都嚴格禁止他的詩作出現在公立圖書館。

據我們所知，這個事件開啟了歐洲的道德化審查，但這樣的控制狂熱卻在第一次出馬就吃了敗仗。那本輕鬆愉快且充滿情色趣味的小書《愛的藝術》，持續遭到帝國多位國王的迫害，後來也幾次因為淫穢醜陋而遭禁，卻仍以自己的途徑輾轉來到現代的圖書館。它的故事是一場漫長的拯救過程，一個世紀接著另一個世紀，那些信任奧維德的讀者對抗極權，堅定地執行了這場拯救行動。悖逆也能造就傳奇。

35

甜蜜的慣性

塔西陀定義，這意味著放棄冒險，內心傾向不違背世俗，只想避免紛爭；這種危險的懦弱總是折磨創作者，自古以來戰場不僅在威權者的審查，也在內心的恐懼裡。

西元二世紀初，羅馬人已經見多了一長串個性多疑的君主，大多沒什麼幽默感。審查和恐懼開始腐蝕社會氛圍。歷史學家塔西陀觸及這個慘烈傷口，並大膽陳述了事實。他懷念那個已不存在的過往，想像當年「思想和言論自由那種難得的幸福」。他決定研究君主的創傷何在？為什麼總要醜化陷入醜聞的人？他們的禁忌和憎恨是什麼？指責問題作品的背後，他們試圖消音和窺伺的又是什麼？

塔西陀詳述了提比留在位期間發生的打壓事件，就在奧維德死在流放的異鄉後不久。歷史學家克萊穆提烏斯．科爾都斯推崇共和理念，因此遭控言論不實而被起訴。他曾在著作《編年史》）提及，刺殺凱撒大帝的布魯圖和卡西烏斯是「最後的羅馬人」。這段文字讓他背負了損害皇帝尊嚴的罪名，因而被迫到元老院接受審訊。他堅持捍衛自己的價值觀，不過，當審訊結束時，他已經打定主意，為了迴避當時毫無司法獨立可言的審判，他寧可絕食而死。按照慣例，即使被告已經不幸死亡，審判仍應持續。最後的裁決要求將他所有的作品焚燒殆盡。在羅馬，這項工作交由市政官員執行，而在帝國其他城市則由相關的地方官員負責。

《編年史》得以逃過一劫，一切都要歸功於克萊穆提烏斯的女兒瑪西雅的膽識，因為她冒險隱藏了其中一本。瑪西雅深知書籍的價值：她熱愛閱讀，尤其偏好哲學。塞內卡曾特別為她寫了一篇散文，文中提到「女性擁有和男人相同的智力，也具備了同樣高尚和慷慨的情操。」顯然，他在文中讚佩了瑪西雅年紀輕輕卻勇於反抗。每一次家裡接受檢查時，她都是拿自己的生命在冒險，儘管如此，她執意隱藏父親最後一部手稿，直到新任皇帝卡利古拉解除禁令。赦免令頒布後，瑪西雅訂購了作品的手抄本，讓這本書再次流通。後來的世代因此得以盡情閱讀書中那些挑戰威權的故事。書中有些片段（最受爭議的部分）甚至流傳至今。

每個時代的審查都可能遭遇適得其反的風險，而這也是其中最大的矛盾：基本上，世人關注的焦點正好轉移到他們意圖隱藏的事物。塔西陀敘述：「只有無知的人才會以為他現有的權勢可排除後世的回憶。反之，受罰的天才得到評價卻與日俱增，那些祭出嚴厲手段者只會自取其辱，被他們懲罰的人則榮耀加身。」當今社會，網路和社群媒體時時關注著被當局禁止的訊息。若某件藝術作品被禁，全世界就會開始談論它。如果某個饒舌歌手被控言詞侮辱，他的歌曲馬上會爆量下載。假如某個投訴造成司法決定禁止某本書，反而會刺激搶購。

雖然審查鮮少讓被迫害的理念消失（往往反而讓它們快速傳播），當政者卻有一犯再犯的習性。卡利古拉心裡盤算著要將荷馬的著作從公共圖書館撤走，因為他認同柏拉圖的看法。康茂德將蘇埃托尼烏斯寫的《卡利古拉傳記》列為禁書，該書作者則被判處在圓形劇場遭猛獸咬死的極刑。卡拉卡拉是亞歷山大大帝的崇拜者，他認為亞里斯多德和偶像的死亡脫不了關係，於是興起了把大師著作全部燒光的念頭。西元四世紀初，戴克里先祭出迫害手段，當時焚燒基督教書籍的激烈場面，堪與一九三四年的納粹焚書相比。塞薩洛尼基的三姊妹艾嘉佩、綺洛妮雅和伊蓮娜，因為私藏禁書而被丟進火爐裡燒死。和她們有同樣下場的還有菲力普、艾烏普羅、文森修、菲利斯、戴提沃和安佩利歐，都因為拒絕交出藏書而成了烈士。後來，當基督教變成國教時，基督徒對異教書籍也做出了同樣的焚書迫害。

這些破壞手段得到的效果極其有限：那些君主成功影響了他們亟欲保護的作家，卻很少在禁令上產生效果，奧維德的情色詩和克萊穆提烏斯的共和時期編年史都挺過摧毀禁令，就是最佳例證。古代的圖書流通系統，沒有圖書經銷商，也沒有出版社，實在太難掌控，因此審查效果有限。經由受過訓練的奴隸或專業抄寫員抄錄書籍，秘密複製禁書輕而易舉。

如同塔西陀所言，這一類迫害產生的推動力主要在於嚇唬當事人以外的其他人，恐懼的是那些不是那麼勇敢的人，以及創意本身。自我審查比外部審查更具決定性效果。這位歷史學家稱之為「inertiae dulcedo」（甜蜜的慣性）。這意味著放棄冒險，內心傾向於不違背世俗價值，只想避免紛爭和煩惱；這種危險的儒弱總是折磨著創作者。塔西陀見證了一個順從的時代，當時，連懷有叛逆精神的人都選擇噤聲，並乖乖服從各項規定。他寫道：「無庸置疑，我們展現了極大的耐性。我們失去了發聲的記憶，彷彿在我們手中，遺忘即是噤聲。」他的文字撫觸了痛苦的創傷，也打開了我們的眼界：在所有的世代，戰場不僅在於威權者的審查，也在內心的恐懼裡。

書籍的內部之旅及其命名

當精確的書名彰顯力量時，能讓人有類似幸福的感受，因為一本書的書名並非一連串機智巧妙的文字組合，而是「一條紗線焊接了故事中心思維，從此無法分離」。

36

直到印刷術發明之前，書籍一直是手工藝品，換言之，手工製造的產品，獨一無二，且無法掌控。接受訂單後，逐字抄寫，常常也在讀者家裡由私人奴隸完成。有什麼樣的法令可以制止它繼續散播？

今日的電子書恰好是古代手抄本的對比：廉價、虛無、無重量，輕易就能複製到沒完沒了，平和地安放在伺服器和全世界所有的雲端資料庫裡；卻遭嚴格掌控。二〇〇九年，亞馬遜公司偷偷從顧客的Kindle閱讀器裡刪除了喬治・歐威爾的小說《一九八四》，所持的理由是作者版權有糾紛。在事先未通知的情況下，這本書突然從裝置中消失，立刻引來數以千計的讀者出面抗議。一位正在準備論文報告的底特律大學生提出抗議，因為他筆記的讀書心得都連同檔案消失了。我們無從得知亞馬遜公司是否理解這本小說隱含的文學象徵。在《一九八四》一書中，政府的審查人員查收了「老大哥」不喜歡的所有文學作品，最後都丟進了一個名為「記憶之洞」的火爐。

在網路論壇中，許多評論披露了不少電子版書籍的消失。事實上，當我們選擇按下「購買」購物車裡數位檔格式的新書時，並不確保就能擁有這樣東西。對於這些在液晶螢幕上浮動的文字，我們毫無權利可言。記憶之洞始終在一旁窺伺，並可能吞噬所有的虛擬圖書館。

我從小就以為所有書籍都是只為我而寫，而世上唯一的那本就在我家，這樣的我，很容易就把古代無法複製的手抄本理想化。事實上，古書讀起來並不像我們的現代書籍如此令人愉快。古代的書寫文本，看起來就像一座複雜沉悶的荒野叢林，所有文字毫無區隔的堆疊在一起，沒有大小寫之分，標點符號都被錯用。在那座密密麻麻的文字叢林裡，讀者必須努力開闢路徑，一路氣喘吁吁，淌著汗水，不時還要回頭張望，以確保自己沒有迷路。為什麼古人不讓文字喘口氣？一部分是想把莎草紙和羊皮紙利用到極致，因為這都是昂貴的材質。此外，史上最早期的書籍是供人大聲朗讀用的，聲音足以表達內容，文字只是一串相連的符號而已。最後一點，貴族以自身的文化優勢為傲，根本不希望外國人也能輕易閱讀；認為那些人沒什麼接受教育的機會，藉此可以把他們排除在閱讀這個獨特的領域之外。

閱讀簡化進展的過程非常緩慢、不確定，而且是漸進式的。亞歷山卓圖書館的學者創造了重音和標點系統。兩者都由記憶力驚人的圖書館員拜占庭的阿里斯托芬所創。當文字皆無區隔時，他會做一些重音記號，就如同曲折路徑的指標，這對讀者提供了莫大的幫助。

字彙和文句之間的區隔緩慢逐步發展。當時已存在的一種書寫方式，是將詞意完整的句子寫成一行，幫助較無自信的朗讀者可以按照思緒有抑揚頓挫之分。西元四世紀末，耶柔米在狄摩西尼和西塞羅的著作中看到了這個方法，因此成了發現並推薦這個系統的第一人。即使如此，這個區隔系統仍未能蔚為風潮，標點演化依舊持續著。西元七世紀起，句點和線條的組合代表句點；居上方的句點相當於現行的逗點，一個句點加上一個逗號，用法已和今天的分號相同。到了西元九世紀，無聲閱讀大概已經相當普遍，書吏和抄寫員開始將混成一團的文字區隔開來，或許也為了美觀因素才這樣做。

在手寫稿中，插圖想當然爾也是手工繪製。插圖最早源於埃及的《死者之書》，解釋的用途遠大於裝飾。圖像的誕生是作為輔助文字的視覺說明，補足了難以閱讀的部分。當內容涉及科學時，常使用的是圖表；如果是文學，出現的就是內文敘述的場景。在古希臘羅馬傳統中，作者的頭像或半身像經常被繪製成紀念章，以此作為著作權標誌。著名的首例是瓦羅的《圖像》（*Imagines*），一本已經散佚的作品，但老普林尼曾在文中述及，書中介紹的是七百位古希臘和古羅馬名人。此書約在西元前三九年面世，這本野心勃勃的著作，結合了每個名人的圖像加上有關個人的短詩和簡介。這項計畫的規模讓羅馬人發現，或許可以發展某種方式的圖像式出版商品。

基督徒視為神學象徵的特有宗教書籍，開啟了裝飾性內頁的新途徑。書中的文字反而成了裝飾。書頁全都染成了帝國的象徵色紫色，再以金色或銀色油墨寫上文字。這些書籍不再只是閱讀之用，它們也是聖物，本身就是藝術品，並以此作為主人的表徵。製作過程非常專精：書吏通常會做出明確指示，預留插圖空間；接著，抄寫完成的羊皮紙交給微型畫畫家或插畫家做後續作業。西元十三世紀，書頁空間成了一座熱帶雨林，就像一座複雜的烏托邦。我們在此見到了漫畫的邊緣化起源。從字面上來說：史上第一幅插圖出現在古代手稿的空白處。在書頁中的文字周圍，出現了令人不可思議的攀爬狀龍、蛇和植物圖案，錯綜交纏，筆法精細。圖中充滿人類、動物、風景和生動畫面，並發展成一系列插圖。小幅插畫都會加上植物飾邊圍框；現行的「viñeta」（插圖）這個名詞就是這麼來的，因為每幅插圖都加了葡萄葉❶飾邊。從中古哥德時代起，插圖中的人物嘴裡開始會吐出一行字，那是他說的話，就像我們現在的漫畫裡的對話框。除了內文所需之外，微型畫的興起也是為了激發人們好奇求新的本性。無論精確寫實或幻想畫風，無論是大自然寫真或想像的畫面，這些插圖展現了如何從次要地位成功發展出全新藝術形式的可能。漫畫承繼了這個優雅的古老插畫傳統，始終保留著原始特質，提醒我們去回顧它的源頭。當今的音樂專輯裡的角色，就像遠古時代手抄本裡的人物，大多屬於極地的邊緣世界，詭異奇特、充滿奇想、個性扭曲。我們想要展現特有的觀點，就像那些古代人物一樣，奮力要走出邊緣化的處境。

書籍內頁格局最大的改變，當屬印刷術發明之後，透過一覽無遺的頁面，人們試圖將閱讀簡化成更敏捷的方式。書籍內文一直壓縮成塊狀，直到印刷術出現後，開始有了段落的區分。內頁標頭、章節和分頁成了指引閱讀的羅盤。由於印刷生產的書籍完全相同，於是又發展出新的查詢工具：標示頁數的目錄、頁腳注記，以及通用標點符號規則。印刷版的書籍越來越易於閱讀，因此，也更加平易近人。歸功於目錄的普及，讀者擁有了一張查看書籍內容的地圖。他們可以進入書籍內部，並以越來越自由的方式優游其中。歷經許多個世紀的發展，過去必須一路揮汗披荊斬棘的封閉文字叢林，慢慢變成了可以優閒踱步的整齊花園。

37

倘若一本書是一趟旅程，那麼，對於行走其中的探險旅人而言，書名就是他們的羅盤和星盤。然而，它們並非一直都在那裡指引著航行者。最早的故事，那些最古老的故事，出現的時候連個篇名都沒有。我們的老祖宗可能會這樣說：媽媽，妳跟我說說那個老爺爺把整座山剷平的故事。或是：你想不想聽聽白鶴報恩的故事？

確實，在詩歌和小說書寫發展的早期，命名方式並非只有一種。

古老東方那幾座史上最早的圖書館館藏清單上，他們以主題為著作命名。《向神明祈禱：暴風雨》，在哈圖沙發現的一塊黏土板上寫了這樣的文字。下一個館藏清單上的名稱是：《關於謀殺的靈魂滌淨》。整體而言，最常用的方法是採用文章開頭那幾個字：**Enûma Elish**（阿卡德語：《在那高處……》。）如同遠古的黏土板目錄，亞歷山卓圖書館的**Pínakes**目錄清單上記錄的也是作品的第一個句子。直到西元一世紀的羅馬，我們發現為書籍命名仍常有混淆狀況。有時候，他們將《奧德塞》稱為《尤利西斯》，比喬伊斯超前了二十個世紀。馬提亞爾把《埃涅阿斯記》稱作《惡毒武器》，奧維德則把它稱作《埃涅阿斯逃犯》。雖然這樣的書名已經消失，但某些古老的方法仍然倖存至今：教皇頒布的通諭仍以文章開頭前幾個拉丁文命名。

Mênin áeide theâ❷。以文章開頭文字為故事命名的古老傳統何其美妙，彷彿我們都不由自主地被它的魔力攫住了，彷彿我們早已開始敘述這段故事。卡爾維諾在他最令人讚嘆的小說之一重現了這個古老的命名方式：《如果在冬夜，一個旅人》。

最早的固定、單一且不可替換的書名皆屬劇作。雅典的劇作家是自訂書名的先鋒，因為作品要參加公開競賽，必須避免在介紹、宣傳或公布得獎時引起混淆。《受困的普羅米修斯，伊底帕斯王》或是《特洛伊婦女》從未有過別的劇名。反之，散文倒是蹉跎了好久才採用持久的書名，而且通常只是描述性的名稱，如《伯羅奔尼撒戰爭史》《形而上學》《高盧戰爭》《關於演說》。

大致而言，古希臘和古羅馬人的著作名稱都是簡明、中庸、缺乏企圖心。它們聽起來千篇一律，欠缺創意，並有濃濃的官僚味。基本上，它們達成了識別的功能。幾無例外，這些書名多半只運用專有或通用名詞，沒有連接詞，亦無動詞——我們找不到任何可與以下書名類比的書名：卻斯特頓的《名叫星期四的人》（*The Man Who Was Thursday*），或是福克納的《我彌留之際》（*As I Lay Dying*）。即使主詞和形容詞也未能展現強大的表達力，通常缺乏詩意——沒有任何書名類似珍・瑞絲的《夢迴藻海》（*Wide Sargasso Sea*），或如波赫士的《惡名通史》（*La Historia Universal de la Infamia*）。儘管如此，老祖宗還是遺留了一些神祕耀眼的簡潔書名，例如：赫西俄德的《工作與時日》——阿根廷女詩人亞歷杭德拉・皮薩尼克以此為靈感，將其詩集命名為《工作與黑夜》（*Los Trabajos y las Noches*）；還有普魯塔克的《比較列傳》（*Vidas Paralelas*）；奧維德的《愛的藝術》，心理學家佛洛姆就借用了這個書名；或如《上帝之城》（*Ciudad de Dios*），作者是希波的奧古斯丁，而導演費爾南多・梅里爾斯那部以里約熱內盧貧民窟為背景的傑出電影《無法無天》（葡萄牙語：*Cidade de Deus*）即以此命名。

在莎草紙書盛行的年代，標記書名和作者名字最理想的位置是內文的結尾，那是整部卷書保存最完善的部分（開頭和卷書外部容易受損，並且經常破裂）。一直到手抄本格式出現，書名總算攻占了內容開頭的位置，那是一本書的門面，它們同時也占據了書脊和書的背面。希波的奧古斯丁清楚明示，西元四世紀，在「開啟之頁」找尋資訊是尋常之事，換言之，就是內文開頭，故事的門檻前。如今，當我們對一本書一無所知，卻希望在閱讀十個字之內就對其內容有些概念，這時候，我們會先看書名。如果魔力奏效了，人們就會拿起桌上的書，繼續探索更多內容。

事實上，直到十九世紀，書名才開始發展其特有的詩意和誘惑力。報章雜誌、市場和競爭日漸重要，因此，有必要引起讀者的注意力，作者從作品封面就開始誘惑讀者了。從西元十九到二十一世紀間，顯然是最絕妙、最大膽的書名密集出現的極盛時期。以下，我挑選了部分書名，並非絕對，每個人可自行替換。

詩意濃郁的書名：卡森・麥卡勒斯的《心是孤獨的獵手》；普魯斯特的《追憶似水年華》；費茲傑羅的《夜未央》；馬奎斯的《百年孤寂》；哈維爾・馬利亞斯的《明日戰場上，思念我》（*Mañana en la Batalla Piensa en mí*）；伊斯梅爾・卡達萊的《亡軍的將領》。

嘲諷式的書名：奧古斯托・蒙特羅索的《作品全集……及其他故事》（*Obras Completas* 〔y otros cuentos〕）；約翰・甘迺迪・涂爾的《笨蛋聯盟》；喬治・佩雷克的《生活手冊》（*La Vie Mode D'emploi*）；安荷莉卡・葛蘿蒂榭的《惡夜產女》（*Mala Noche y Parir*

Hembra）；瑞蒙・卡佛的《能不能請你安靜點？》

展現不安的書名：大江健三郎的《掐去病芽，勒死壞種》；傑佛瑞・尤金尼德斯的《少女死亡日記》；哈波・李的《梅岡城故事》；切薩雷・帕韋澤的《死亡將至，並奪取你的雙眼》（*Verrà la Morte e Avrài Tuoi Occhi*）；蕾拉・葛雷洛的《世界末日之自殺》（*Los Suicidas del fin del Mundo*）；瑪爾妲・桑絲的《說謊的母狗》（*Perra Mentirosa*）。

關於意外和神祕的標題：伊莉莎白・斯馬特的《我在中央車站坐了下來並哭了》（*By Grand Central Station I Sat Down and Wept*）；田納西・威廉斯的《欲望號街車》；娜妲莉亞・金斯伯格的《我們的昨日》（*Tutti i Nostri Ieri*）；胡安・荷西・米雅斯的《在妳的名字裡失序》；胡安・加夫列爾・巴斯克斯的《墜物之聲》；菲利普・狄克的《銀翼殺手》。

披露預言秘密的標題：胡安・赫爾曼的《我應該說過我愛你》（*Debí Decir te Amo*）；安娜・瑪麗亞・瑪杜蝶的《無人天堂》（*Paraíso Inhabitado*）；伊西多羅・布萊斯登的《禁錮憂鬱中》（*Cerrado por Melancolía*）；伊迪絲・華頓的《純真年代》；路易斯・朗德羅的《晚年遊戲》（*Juegos de la Edad Tardía*）；蘿莎・孟德洛的《不再見你的荒謬念頭》（*La Ridícula idea de no Volver a Verte*）。

絕妙標題的產生是個謎。有時候，標題最先出現——「太初有道」（*en el Principio fue la Palabra*），接著，從這個直白的爆發點延伸出一整本文字的大爆炸。有些時候，必須耐心等候，作者長時間經歷困惑和猶豫的折磨之後，或在沒有預期的當下，有個句子突然從耳邊掠過；或是一試再試之後才有靈感出現。有幾個關於書名的著名例子，作者自定的書名原本疲弱無力或難以理解，後來因為他人介入（作家的朋友、編輯、經紀人），總算找到適切的書名。托爾斯泰原本把《戰爭與和平》定名為《故事就這樣結束了》；波特萊爾原想把詩集《惡之華》稱為《女同性戀者》；奧內蒂自定的書名《豪宅》被換成了《當一切都不在乎》（*Cuando ya no Importe*）；波拉尼奧被告知《屎風暴》（*La Tormenta de Mierda*）這個書名不妥，後來被改成了《智利之夜》（*Nocturno de Chile*）。有幾個罕見的例子，直譯的平淡書名卻絲毫不見作者原有的風格。約翰．福特根據原著《搜索者》拍攝的同名電影，聽起來蒼白無力，實為勢力萬鈞的經典西部片。不過，有個不知名的西班牙片商，左思右想之後，決定將片名改成《沙漠的半人馬座》（*Centauros del Desierto*）。阿根廷女作家蕾拉．葛雷洛寫道，當精確的書名彰顯力量時，能讓人感受類似幸福的感覺，因為一本書的書名並非一連串機智巧妙的文字組合，而是「一條紗線焊接了故事中心思維，從此無法分離」。

歷經許多個世紀的漠然以對之後，書名變成一首首極簡詩作：它是氣壓計、窺視孔、鑰匙孔、明亮的海報、霓虹燈廣告；它是樂譜，定義了即將登場的音樂演出；它也是口袋裡的一面小鏡子、一個門檻、霧中的燈塔、一種預感，以及讓風車轉動的一陣清風。

---

❶種植葡萄的坡地或平地，亦即葡萄園，西班牙文稱之為viña或viñedo，與「viñeta」（插圖）這個名詞相似。

❷荷馬史詩《伊利亞德》開頭第一個句子，意為「憤怒在歡唱」。

何謂經典？

所謂經典：我們越是覺得它耳熟能詳，讀過之後，卻越覺得新穎、獨特、前所未見。它們總是言猶未盡。當然，唯有讀者真正樂在其中並感悟深刻時才有這種狀況。

38

現代藝術家有義務展現原創性；他必須提供新玩意兒，並且是前所未見。相對於傳統和規則，新作品看起來越有開創性，受到的評價就越好。每個創作者皆試圖以自己的方式展現叛逆，如同所有其他創作者。我們依然忠實地追隨著一套浪漫的理念：自由是純正藝術家的氧氣、我們重視的文學應該建構它特有的世界、使用揚棄傳統主義的語言，以及發掘從未被開發的敘事方式。

古羅馬人可不吃這一套。越是和希臘文學類似的創作，他們越喜歡。因此，他們逐一複製了希臘文學的分類：史詩、抒情詩、悲劇、喜劇、歷史、哲學、演說。他們也適應了希臘文學的韻律格式，雖然這並不適合他們的發音習慣，於是，最初寫出來的詩歌聽起來總是矯揉造作又虛偽。為此，他們建造了雙重圖書館（一如世貿雙子星大樓），只為了強調兄弟情誼。他們深信，只要他們毫不保留地盡力模仿，總有一天會青出於藍。他們把自己視為龐大的模仿群體和進口模具。而出乎意料的是，在嚴格規範的情況下，這個精神分裂式的文學，竟也創造了一些精采出眾的文學作品。

這股較勁狂熱也展現在一個有趣的人物所寫的文學批評：昆提利安。他出生於加拉谷利斯・納西嘉・魯利亞（Calagurris Nassica Iulia），我喜歡這個熱鬧的地名發音，它就位在現今的卡拉奧拉，距離我目前寫作的地方不到一百二十公里。西元三五年，他降生在帝國的邊境角落，卻未因此限制了他的成功機會：如果你出身富裕家庭，地理位置根本不成問題。昆提利安少年得志。他是律師兼雄辯術教師，也是史上第一位由國庫支付薪俸的教授。皇帝維斯帕先授予他這項前所未有的榮耀，圖密善則欽點他為其姪孫子授課。他毫不掩飾地阿諛巴結提供職位給他的皇帝們。在那個年代，奉承是宮廷裡的正式語言，不願卑躬屈膝的人，很難有升官的機會。以昆提利安的例子來說，他本人也喜歡與權貴為伍。他是個冷靜的保守派，為人親切，並以自己的成就為榮。直到中年，他才初識人生的困境。在痛失花樣年華的妻子（年僅十九歲）和兩個孩子之後，他寫道：「我不知道是什麼樣的神祕嫉妒割斷了我們的希望之線。」

他的教育論著，十二冊《雄辯家的培訓》，含括了他作為教育者的所有經驗，並提出了最先進的訊息。我在前文已述，在那個有系統體罰的年代，昆提利安卻反對在學校嚴厲體罰。他認為，讚美比暴力更能達到效果，教師的愛心，漸漸會轉變成學生對學科的喜愛。他不信任制式的通用規則，寧可依照環境和個人狀況調整方法。他堅信，教育的宗旨是讓學生自己尋找答案，教師實為多餘。他是最早的成人教育捍衛者之一。他鼓勵所有專業演說者，學業結束後仍應盡量多閱讀，因為他知道閱讀有助於增進口才。接著，為了引導他們走向正確的文學道路，他並列了兩份希臘和羅馬的優秀作家清單（前者有三十一位入選，後者則有三十九位）。

在昆提利安的清單當中，競爭又成了一種偏執。他試圖建立完美的對稱關係：每一個希臘作家應該對應相同層次的拉丁作家。維吉爾是羅馬的荷馬；西塞羅是羅馬的狄摩西尼和柏拉圖（誰說一個羅馬人不能抵兩個希臘人？）；蒂托．李維是復活的希羅多德，撒路斯提烏斯是新版的修昔底德。閱讀這些文字時，人們得到的印象是：羅馬人在建構民族優越感時，仍需要逐一拷貝古希臘偉大作家。當時，一項有計畫模仿的詭異實驗正在進行。所以，《埃涅阿斯記》的愛國情操，早在下筆之前已經形成。由此即可解釋普魯塔克的《比較列傳》何以大受歡迎，因為全書的主要基調是以希臘和羅馬偉大人物成雙對照：忒修斯和羅穆盧斯；亞歷山大大帝和凱撒大帝……以此類推。

這種模仿、野心勃勃和競爭的精神，也深深影響了羅馬社會菁英的心態。不過，這種放肆膨脹的競爭力，遲早會讓創作者筋疲力竭。我不禁想像，當時每個作家都被某個目標激勵著向前邁進，另一方面，他也必須承受傳統的巨大壓力。相互比較，無時無刻持續中，直到令人無法喘息。詩人和小說家長期在集體自卑的複雜陰影下創作。

而矛盾之處在於，大量模仿之後，羅馬人居然也能創意十足。他們開創了史無前例的文化混合體。有史以來第一次，一個文化接受外國文學，閱讀它、保存它、翻譯它、維護它，並打破文化沙文主義的藩籬去熱愛它。羅馬連結的文化脈絡，至今仍讓我們得以將過往及其他文化、語言和視野交織出一幅幅景象。尤有甚者，他們就像走鋼索的人，小心翼翼地走過一個又一個世紀，傳承著各種理念、科學發現、傳說、思想、感受及錯誤（這也是靈感來源）。有些滑出鋼索並墜落深處；另一些保持平衡持續前進（後者就是所謂的經典）。那些連結，那些從未間斷的傳承，那些永無休止的對話，至今仍在進行中，堪稱一項奇蹟。

羅馬人懷舊的熱情、沉重的複雜個性、他們的軍事威權、他們的嫉妒，以及他們的龐大財富，都是令人著迷的面向。這場苦戀，由欲望和憤怒組成，並縫入了各種零碎布面，開啟了一條道路，通向未來的我們。

39

直到不久前的近代，投入文學的人，除了富豪之外，就是圍繞在富豪身邊有意謀職或覬覦其財富的那群人。如同史蒂芬．平克所言，征服者或有錢有勢者，這一小群擁有時間、閒情和教育程度足以思考世事的人，並未盡書歷史全貌。我們經常遺忘了過往時期的苦難，部分是因為文學、詩歌和傳奇頌揚的，都是他們經歷過的美好經驗，卻忘了還有人默默在貧困中掙扎。貧乏和飢餓的時期都被美化成神話，甚是被後人視為田園極簡風的黃金時期。但事實並非如此。

經典文學、受人崇敬的偉大作家及他們的代表作，這些都源自何處？各位無須太驚訝，「clásico」（經典）這個字其實源於財富和資產相關詞彙。起初，這個字和藝術創作完全扯不上關係。我們先談談嚴肅的議題，細節稍後再提。「classici」這個字源於人口普查專有名詞。羅馬人將社會中最富有的階級稱作「classis」，與之對比的下層賤民，很直白地被命名為「infra classem」（低下階級）。在古羅馬社會，人口普查具有極大的重要性，因為這是定義每個公民權利和義務的依據，也作為強化軍力之用。資產的數目（以大多數情況而言，或可說是資產的欠缺）決定了一個人在社會中的地位。

根據古代傳統，羅馬第六任君主塞爾維烏斯．圖利烏斯創建了人口普查制，每隔五年執行一次。完成之後，隨即舉行淨化儀式，祈求諸神庇佑房產地籍，並避免天災危害。這個儀式稱為「lustrum」，因此，我們現在把五年一期的時間稱為「lustros」。每戶人家的戶長必須參加這個儀式（帶著家中其他成員同行），並在宣誓之後呈報自己的財產，以及家庭成員數，換言之，包括子女和奴隸及其購入價格。這些資料將決定誰可以參加集會，哪些人不得加入。家無恆產的無產階級，唯一擁有的資產就是他的子孫。除非是最高等級的緊急狀況，無產階級不會被召集去參加人民大會，而且，他們擁有稅賦豁免。相應的妥協是，他們不能透過選舉參與政治決定。所有申報財產的人稱作「adsidui」，允許參軍，也能成為人民大會成員。資產的功能是讓人進入相應的人口普查六大階級。這個系統運作方式顯而易見。富人繳納稅金，而作為補償讓他們得以影響政治。反之，窮人不必繳稅，但也毫無權益可言。

律師兼作家奧盧斯．格利烏斯認為，那些所謂的富裕階級「clásicos」，在經濟上是「頂尖中的頂尖」（la crème de la crème），擁有巨額財富，又是羅馬共和的貴族，這些富豪甚至已經荒唐到可以壟斷上層社會。對於文學而言，這個詞彙最初只是暗喻。羅馬人經商的狂熱轉移到藝術領域，因而借用了這個專有術語，當時，有些評論家評定，世上有頭等作家，換言之，忠誠負責且經濟無虞，值得人們對他們付出（注意力），也建議眾人對他們投資（時間）。另一個極端等級則是「無產階級」作家，那些可憐的劣質吸墨紙，沒有資產，也沒有贊助人。我們並不知道「clásicos」是否成為當時的常用字彙：這個字僅在現存的幾篇拉丁文作品中出現。這個詞彙真正引起注目始於一四九六年，歸功於一些人文主義者的努力，後來更延伸到所有羅馬語系。長達數世紀期間，這個詞彙歷久不衰，甚至推展到其他領域。它的場域不再僅限於文學；也不再僅用於創作；對許多人而言，「經典」這個詞彙就和足球相關字彙一樣稀鬆平常。

確實，談論「經典」時，涉及的是源於階級的詞彙，如同這個字原本的字義。另一方面，這個概念來自於一個以階級論斷世界的年代，被灌輸的是傲慢的特權概念，幾乎就和每個時代一樣。然而，這件事動人之處在於，文字被視為（雖然只是隱喻）某種形式的財富，終於可和向來雄霸擅場的資產和金錢強權分庭抗禮。

如同富人的顯赫家世，稱為經典的書籍絕非邊緣小眾，而是方向指標和耀眼星辰。卡爾維諾曾寫道，一部經典著作早在其他經典作品之前已經存在；但是，讀遍其他經典作品的人再回頭讀這一本，立刻就能確認其經典地位。拜經典作品之賜，我們發現了各種源頭、關連和依存關係。有些經典隱身在其他作品的書頁中：荷馬形成了喬伊斯和尤金尼德斯的部分基因；柏拉圖洞穴傳說在《愛麗絲夢遊仙境》和《駭客任務》中重現；瑪麗．雪萊的《科學怪人》被想像成現代版的普羅米修斯；年老的伊底帕斯被重塑為悲慘的李爾王；我們在《美女與野獸》看到了《丘比特與賽姬》的故事；赫拉克利特藏在波赫士的作品中；賈科莫．萊奧帕爾迪詩作中隱約可見莎芙的影子；烏魯克國王吉爾伽美什化身為《超人》；賽萬提斯和《星際大戰》都具備了琉善的精神；塞內卡融入了《蒙田隨筆》；維吉尼亞．吳爾芙的《歐蘭多》裡隱藏著奧維德的《變形記》，盧克萊修隱匿在喬爾丹諾．布魯諾和馬克思的文字中；希羅多德藏身在保羅．奧斯特的《玻璃之城》裡。品達寫了這樣的詩句：「人類乃夢想之影子。」莎士比亞將它重寫為：「我們就是自己夢想中的成分，吾人短暫的一生皆圍繞著夢想打轉。」卡爾德隆則寫了《人生如夢》。叔本華也加入了這場對話：「人生和夢想都是同一本書的內頁。」文字和隱喻串起來連結穿越時間之河，把所有時代都兜在一起。

對某些人而言，經典的到來是個問題。經典作品被嵌入學校和大學教學計畫，變成必讀的閱讀內容。我們陷入了讓自己接受他人強加之物的風險。在一篇名為〈文學的消失〉（*Disappearance of Literature*）的演講稿中，馬克・吐溫作了個嘲諷式的定義：「經典文學就是所有人都希望自己讀過，但從來沒有人去讀的作品。」皮耶・巴亞德借用這份幽默寫成了散文《不用讀完一本書》，他在書中分析了促使我們成為虛偽讀者的成因。或因童年那份害怕辜負他人的恐懼使然，或為了不讓自己成為對話的局外人，或想成為測試中的一盞明燈，我們隨口就說出了「我讀過」，幾乎未曾意識過自己說了謊，是的，我們讀過那本自己的雙手從未拿起的書。巴亞德指出，剛剛墜入情海的戀人們，為了更親近心中所愛的人，很容易就會假裝自己讀過愛人喜歡的書籍。撒謊的同時，已無退路：我們被迫要談論某些沒讀過的文章，只能試探性地借用他人的意見。這一類關於經典的謊言較能守住，因為我們多少都對那些作品很熟悉。倘若經典未以另一種途徑進入我們的生命，它就會一直像生命中的背景雜音，或是一種氛圍似的存在，它們是圖書館藏書的一部分。認識了座標，我們才能走出書海困境。

不過，讓我們再聽聽卡爾維諾的說法，所謂經典：我們越是覺得它耳熟能詳，確實讀過之後，卻越覺得它新穎、獨特、前所未見。它們總是言猶未盡。當然，唯有讀者真正樂在其中並感悟深刻時才有這種狀況。他們不是強迫型的讀者，並未把這些作品視為長期歷經風險後的護身符，他們是真心喜愛這些文字。

經典是偉大的倖存者。在社群媒體的超現代語言中，我們或許可以這麼說，它的力量（以人口普查的專有名詞來說，它的財富）可以追隨者的數目來衡量。這些作品，在創作完成的百年、兩百年、兩千年之後，依舊吸引著新讀者。它們從未遭遇讀者口味、心態和政治立場改變的問題；也避開了革命、週期變動和新世代缺乏興趣的困境。在這個發展過程中，迷失在歲月汪洋中何其容易，但它們卻成功潛入其他作者的世界裡，並對他們造成深刻影響。它們持續在世界戲劇舞台上亮相，電影語言接受了它們，並在電視上播放，甚至脫離了裝訂和油墨，進而遊走在網路上。每一種新的表達形式：廣告、漫畫、饒舌歌曲、電玩，都接收了它們，並將之重新定位。

那些最古老的經典作品倖存的背後，有一段幾乎被忽略的偉大故事，因為熱情使然，許多無名氏努力保存了一份脆弱的文字遺產，一段對書籍的神祕忠誠紀錄。人類文明最早的文字，甚至語言始於新月沃土——美索不達米亞和埃及，其後，它們在世紀更迭中被遺忘，比較幸運的則在許多個世紀之後被解讀，從此，《伊利亞德》和《奧德塞》未曾流失過讀者。古希臘開始了一項從未中斷的傳承和翻譯系列計畫，在歲月、距離和疆界不斷移轉的過程中，這份努力得以讓回憶和對話的可能性一直維持活絡。身為當今讀者，我們可能覺得孤獨，在事事講求快速的時代，我們害怕投入緩慢的閱讀儀式。然而，我們背後已有一段很長的閱讀系譜，而且，我們不該忘了，在不自覺的情況下，我們和所有人一起主演了這場奇妙的拯救文化戲碼。

40

並非所有較新的事物都是值得的：化學武器是比民主更近期的發明。也不是所有傳統皆墨守成規、充滿束縛又枯燥無味。一項文化遺產可以是革命性的，同樣也能具備逆行特質。經典作品經常是深度的批判者，在它當時的世界和我們這個年代皆是如此。我們並未進步到足以屏除經典文學針對貪汙、軍國主義和不公不義的省思。

西元前四一五年，在一場宗教慶典中，尤里比底斯發表了悲劇《特洛伊婦女》，當時，劇場內座無虛席。這部劇作重塑了特洛伊戰爭的結果——古希臘基礎神話，祖先英勇愛國的偉大勝利。許多雅典人坐在台階上等待悲劇開演，一邊吃著麵包、乳酪和橄欖，深以阿基里斯打敗特洛伊的英雄事蹟為傲，就像我們對二次大戰擊垮納粹的心情一樣。但是，如果他們期待的是雅典的史匹柏端出類似《辛德勒名單》這種讚揚愛國情操的劇作，那恐怕要大失所望了。尤里比底斯在觀眾面前揭發了一場殘酷大屠殺，一場報復式的大滅絕、集體強暴、將無辜幼兒從城牆丟入深淵的冷血屠殺、戰敗婦女們承受的極大恐懼⋯⋯。

那個西元前五世紀令人興奮的午後，雅典百姓聽聞的是敵方陣營母親們憤怒和絕望的嘶喊，聲聲控訴著他們的殘酷行為。到了結尾，老邁的王后赫庫芭在末日大火的烈焰映照下，滿口缺牙的她控訴戰事把大家變成了世間孤兒——「天啊！火焰吞噬了高處的城堡和整座城市，以及最古老的城牆。烈火塵煙瀰漫，帶著強風的雙翅，奪走了我的王宮。這個地方將被世人遺忘，如同世人遺忘一切。特洛伊坍塌時，顫抖，大地不斷地顫抖著；顫抖的同胞們，拖著我的雙腳走吧！我們都將淪為奴隸。」

不消說，尤里比底斯當然未能贏得那年的戲劇節大獎。在戰爭期間（古代世界永遠處在戰爭狀態），一齣由公費資助的劇作，膽敢和敵營婦女一起與男人對立，居然和敵人一起與同胞作對，竟與戰敗的一方同一陣線。這部劇作未能獲獎肯定，但是，每當歐洲發生重大戰爭時（最近的一次，紀念塞拉耶佛的寡婦和母親們）這部劇作總是一再被人提起，牙齒已經掉光的赫庫芭，或從炙熱的戰壕裡，或從戰場瓦礫堆裡，在我們開始遺忘之前，她總以戰爭死傷者之名再度發聲。

經典作品神聖且無懈可擊的形象，總讓我們難以想像，有些作品也遭遇過強大的質疑，或曾引起驚天動地的騷動。若要選出一個代表性的爭議人物，非百萬富翁塞內卡莫屬。他是個精明的投資者，成立了今天所謂的信貸銀行，並靠著經營高利貸而致富。他在當時的房地產投資天堂埃及大量置產。他的財產暴增了好幾倍，而且，因為投資眼光精準，加上人脈夠廣，他成了世紀大富豪，累積的財富多達羅馬帝國全年稅收的十分之一。他大可豪奢度日，或以造價昂貴的千頂豪宅炫耀其大量財富（在古羅馬，測量房屋大小的單位並非平方公尺，而是能讓屋主遮風避雨的屋頂數目），他也沒有收集骨董、奴隸或打獵的獎盃。但他熱情投入哲學，而且最諷刺的是，他熱愛斯多葛派哲學。

塞內卡大量撰寫文章抒發自己的理念，他在書中堅稱，生活需求簡樸的人最富有。不需要「富比世」富豪名單指引，當時的人都知道他已臻富可敵國的層次。人們喜歡拿他開玩笑，故意嘲諷他個性冷漠、喜歡粗茶淡飯，經常宣稱以乾麵包度日的好處。塞內卡遭人極盡嘲弄，因為他一方面捍衛簡樸生活和慈善助人，同時又是個經營手法肆無忌憚的資本家。我們難以得知，他究竟如何與這樣的矛盾性格自處，既是銀行家，又是哲學家，他的思想和生活矛盾對立，始終無解。不過，他備受世人嘲諷的某些文章，至今仍對我們的想法造成衝擊。

他在《道德書簡集》（*Epístolas a Lucilio*）中提到了西方和平主義歷史已無法扭轉的論點：「個人殺戮行為將遭到懲罰，但是，關於戰爭和殲滅整個民族的光榮罪行，我們該怎麼說？我們讚賞殺戮惡行，只因為犯罪者高舉著將軍的旗幟。公權力要求個人不得犯罪，卻透過公民大會和公民權利行使暴力。人類自認比禽獸更溫和，卻從不以發起戰爭和鼓勵孩子參戰為恥。」

這段文字已歷經許多個世紀，卻重塑了那個讓我們覺得異常真實的世界。這怎麼可能？只因為自古希臘和古羅馬以來，我們未曾間斷地回收各種符號、理念和革命。三位懷疑派的哲學家：形而上學的尼采、倫理學的佛洛伊德、政治學的馬克思，他們選擇以古人的研究出發，並成功轉換為現代特質。

就算是最新穎的發明，或多或少也都含有舊思維的成分。所謂的經典著作，就像永遠活躍舞台的年老搖滾樂手，他們在舞台上變老，並接受新類型的觀眾。熱情粉絲浪擲千金，就為了參加他們的演唱會，對他們輕蔑無禮者則刻意滑稽模仿，總之，沒有人能忽視他們。他們向世人展現，新舊事物也能維持比表象更完整、更有創意的關係。如同漢娜．鄂蘭所述：「過往不走回頭路，而是努力向前，而且出乎意料的是，帶領我們走向過去的竟是未來。」

41 經典：蘆葦的故事

作品研究告訴我們，許多經典曾長期被棄置，後來再露光芒，從未間斷地影響著世代。認清我們在追求永恆的過程中遭遇的變遷，乃是和歷史和解的一大進展。

這個故事始於河邊的蘆葦叢，在那個幾乎不見樹影的東方，它們在豔陽下閃耀搖曳。河水拍打著潮濕的沙岸，在這裡，雜草叢生，蟋蟀扯著嗓子唧唧叫個不停，藍天上，一群耀眼的豆娘招搖過境。拂曉時刻，有個獵人躲在斜坡旁窺伺獵物，他聆聽著河水輕柔拍岸的涓涓流水聲，清風拂過，蘆葦叢窸窣作響。

就是在這樣的地方，蘆荻（Arundo Donax）的莖向上成長，直挺如柏樹。這種植物的名稱有著非常古老的閃族字源（亞述—巴比倫語言稱之為「qanu」；希伯來文稱之為「qaneh」；亞拉姆語則稱之為「qanja」）。從這些外來語詞演變成希臘語「canon」，其字面上的意義是「筆直如莖」。

「canon」究竟何物？一條用於測量的竿子。古代的木工和建築工人以此稱呼這種簡易木竿，並將它們用來描畫直線，或精準測量尺寸、比例和大小。在廣場上，商人和顧客爭得面紅耳赤，相互指控對方不老實，這時候，秤重工具和雕花的測量石塊應該會出現。有人抱怨：「這塊布根本就不到三肘長；你這個酒鬼，不要臉的東西！我會被你搞到破產！」被質疑的一方也不甘示弱：「你這個餓死鬼！家裡爬滿了跳蚤！你憑什麼指控我是小偷？」在測量木竿之前（我們的金屬量尺的古老前輩），古希臘祖先大部分的爭執和討價還價都能解決。古希臘雕刻家波留克列特斯進入抽象領域，在其著作《規範》論及人體最理想的比例。他認為，完美的人類身高，應是頭部的七倍長，也就是俗稱的七頭身。他在雕塑作品《持矛者》即展現了這個令人嚮往的男性身材範例，並且開啟了形象獨裁時期：年輕人在體育館裡奮力鍛鍊體能，夢想自己也能塑造出有如那尊大理石雕像般的完美體態。

我們的簡易規範，透過亞里斯多德擴展到倫理學領域。這位哲學大師述及，行為準則，亦即道德規範，不應該是柏拉圖那套絕對且永遠不變的理念，而是「一個誠實、精確的人應有的行為方式」。亞里斯多德對良知陷入兩難時祭出的這份處方，讓我想起了卡萊・葛倫在電影《假日》中的一句台詞：「當我陷入困境時，我會自問：通用汽車在我這樣的處境會怎麼做？總之，我只要跟它唱反調就對了。」我們的民法食古不化的程度超乎想像，至今仍要求我們像個「勤奮的一家之主」來承擔義務。

在古希臘和古羅馬時期，優秀作家和著作名單尚未被稱作經典。「文學經典」這個概念是經由基督教的文本篩選發展而來。在福音故事真偽引發強烈議論之際，基督教會當局逐漸勾勒出新約的內容大綱：馬可福音、馬太福音、路加福音和約翰福音，只有這四部，沒有其他，外加使徒行傳和書信。基督教族群間對於排除偽經的爭議歷時許久，而且爭論經常演成白熱化。西元四世紀，在那個幾乎沒有人列書目的年代，教會當局挑出有助靈性啟發並足以作為教友生命典範的一套選書，歷史學家凱撒利亞的優西比烏稱之為「教會經典」。超過千年之後，一七六八年，一位德國學者首度將這種說法用以表達目前熟知的「經典作家」。但問題就出在這個字原有的特質和涵義。以聖經的用法類推，文學經典也呈現了垂直的等級制度，由專家指定，獲得當局特定小組支持，有意識地封閉運作，一旦確定即成永恆，不因時間而改變。這就難怪，從那個時候起，許多熱愛閱讀的人，為了捍衛自己的閱讀自由，常忍不住要反其道而行，就像卡萊．葛倫對上通用汽車，偏要展現完全相反的行為——或閱讀。

事實上，許多經典倒是一路排除當局刻意打壓才走到今天。例如，奧維德的著作打敗了奧古斯都大帝；莎芙的詩歌擊敗了教宗額我略七世。柏拉圖對詩歌的恫嚇並未奏效，即使在哲學家本人有強大政治影響力的地方也行不通。卡利古拉無法終結荷馬的詩歌，卡拉卡拉也無法撼動亞里斯多德的著作。有些倖存的經典作品原被視為異端邪惡，如：盧克萊修的《物性論》、拉伯雷的《巨人傳》，或是薩德侯爵的小說。納粹認為沒有任何猶太人寫的作品值得閱讀，但他們始終無法說服世界。

文學經典和宗教經典共通之處極少。聖經書目以信仰為支撐，幾乎不可撼動；文學卻非如此。對於後者，羅馬人的概念更適合其形象：普查和等級分類，當然可以，但要持續更新。這套方法之所以適用，純粹是因為其彈性足以因應變化。文化並不存在全面性的決裂，但也沒有絕對的持續性。有些作品的優劣之分，往往是歷史環境轉變使然。啟蒙時代的評論家，對於道德教化的作品異常癡迷，和我們相比之下，他們反而對莎士比亞不太感興趣。今天，我們已經對講道和演說沒興趣，但那卻是別的時代的主流文類。西元十八世紀時，知識分子對小說的看法相當分歧，並未察覺它已在經典之路往上攀升。兒童文學始終不受重視，直到童年開始成為人生珍貴的、並能一再回味的重要階段。由於女性主義崛起，女性英雄被壓迫的小說，例如瑪麗亞·德·薩亞斯（*María de Zayas*）在西班牙黃金時代寫成的作品，原被視為邊緣小眾，後來得以重獲肯定。如同商業經營，有些作者（作品）會因大眾品味轉變而有所起伏。巴爾塔沙·葛拉西安歷經漫長等待，直到一九九〇年代，在美國和日本出版界強力操作下，他的著作《謹慎的藝術》（*El Arte de la Prudencia*）總算躋身世界名作，並躍升全球暢銷書。反之，榮獲諾貝爾桂冠的哈辛托·貝納文特並未大紅大紫，倒是和他同期的巴耶—因克蘭，一個形象邋遢的邊緣劇作家，總是刻意與群眾和聲名保持距離，卻讓我輩著迷不已。馬提亞爾面對他人指控他詩歌寫得太短時，總要費盡力氣為自己辯護，殊不知，這樣的簡潔短詩（長度類似一則推文），在當今社會卻是優勢。騎士文學長達數世紀引發眾怒，且長期被忽略，但眾人卻大力吹捧其模仿之作：《唐吉訶德》。幽默和嘲諷已獲重大進展——今天的我們寧可閱讀模糊疑惑的著作，也不想去碰那些試圖對我們說教的作品。

時代演變的過程中，眾多經典作品共存並進，並衍生出無數支派。幾乎在每個時代都能見到立場對立的評論家，且各自建立一套經典書目相互競爭。反對者總是需要找點什麼來反駁。每個世代都能區分優雅品味＝我的、粗俗平庸的＝你的。每個文學流派總要先清空基座，如此才能站上去大聲頌揚自己鍾愛的作品。最後，只有時間才能裁決。西塞羅認為力主創新的卡圖盧斯只是個愛慕虛榮的年輕小夥子，一點天分都沒有，卡圖盧斯則對凱撒備感厭惡。沒想到，這三人都名列羅馬典範。艾蜜莉·狄金生一生出版詩作不過七首，而且她的主編認為她的句法和標點符號皆有待改進。紀德拒絕了普魯斯特寄到加利瑪出版社的手稿。波赫士曾在阿根廷《南方雜誌》寫了一篇嚴厲批判電影《大國民》的影評，但後來自願撤回。

如同所有分類，各種經典清單十足反映了其制定者，以及所處時代的特質。因此，入選清單展現的是偏見、偏愛、感受、盲點、權力結構和自我驗證。經典作品的研究告訴我們，許多經典曾長期被棄置一旁，後來再露光芒，從未間斷地影響著世世代代，換言之，歷經許多個世紀的經典變形史，為我們的文化生活提供了一種令人驚奇的觀點。認清我們在追求永恆的過程中遭遇的各種變遷，乃是和歷史和解的一大進展，根據柯慈的說法，這也包括了去理解歷史是塑造當代的一股力量。「如果歷史化之後能留下些什麼，那麼，古典遺留了什麼，能讓我們世世代代與它繼續對話？」這位南非作家如此自忖。經典超越了時代限制，仍對未來世代深具意義，依然活躍。在歷史發展過程中，它日日接受考驗，總是安然無恙地現身。雖然也經歷黑暗時期，但絲毫未損其延續性。它超越了歷史變動，甚至逃過了法西斯主義和極權祭出的死亡之吻。愛因斯坦為蘇維埃共黨，以及萊妮·里芬斯塔爾為納粹黨拍攝的宣傳影片中，仍有許多令我們印象深刻之處。

許多文化研究抨擊經典過於威權和沉悶，並已被排除在經典之外的作品提出了另類的替代清單。這樣的爭論始於七〇年代，到了二十世紀末再次掀起話題。在學術界多元文化的背景下，美國的文學評論家哈羅德·布魯姆，以輓歌式基調，譴責了他所謂的「怨恨學派」的道德化作法，並出版了（毫不避諱地聚焦於盎格魯撒克遜、白人和男人）他個人版本的西方正典。在此之前從未有過這麼多顧忌，但同時又有這麼多自立正典的行動。網路上充斥著無數書籍、電影和歌曲清單。藝文刊物永不停歇地年度新作清單。各種獎項和藝文活動總會宣告他們選出的最佳作品。數不清的出版品採用的書名是《一百本最佳……》。社群媒體中，流通著數百萬則專家讀者或業餘文學愛好者分享的評論。我們一方面厭惡各種清單，但同時又對它上了癮。必要但不完善，經典展現的正是這種矛盾的激情。而在浩瀚書海中，我們總會渴望能在無法掌控的變動中稍獲喘息。

但是，讓我們回到開啟這漫長旅程的蘆葦叢。在蘆葦和香蒲之間，看那垂掛的飽滿花穗，我想，我選擇了一個並不完善的譬喻。蘆荻筆直堅硬的莖幹，並不能展現經典走過的曲折道路。或許，河流更合適，它總在變動、流動，且蜿蜒曲折，河水或暴漲或乾涸，但它一直在那裡，看來始終如一，吟唱著永不休止的韻律，總是交織著不同的水流。

42

當某個地方的最後一本書被燒燬，或潮濕腐爛，或慢慢被蟲蛀蝕，一個世界就垮了。從此，沒有人能再閱讀它、抄錄它和拯救它。許多個世紀以來，尤其是在遠古和中古時期，許多作品因為滅絕而消音了。我們很難想像，有些看來微不足道、幼稚，甚至粗俗的作品，它們爬過了多少崎嶇萬重山才流傳至今，而在此期間，許多作品早已在重大破壞中滅頂。

亞歷山卓的智者賢人非常清楚文字的脆弱性。起初，對於每一則故事、每一個隱喻、每一個理念，遺忘是唯一可預見的命運。後來，多年的沉默和消失卻有了例外；在印刷術發明之前，這個例外只能仰賴付出極大努力手抄文本才能挽救，逐字抄寫，複製它，並讓它維持流通。亞歷山卓圖書館員的經典書單，實為一項拯救計畫；他們集中精力於少數精挑過的作品，因為要讓所有書籍存活是不可行的；對於他們重視的那些故事、詩歌和理念而言，那是通往未來的護照。

經典的運作機制在於倖存與否；在那個年代，書寫的文字本身即具有消失的風險。入選的作品會有多份複製本；作品的聲望展現在複製本的數目，這個數字非關商業，而是希望。這些複製本分別加入各公共圖書館館藏行列，免受流離失所之苦。另一個重要的庇護所是學校。教學使用的課文和文本，在全國各地廣為複製：這是書籍生命最長久的保障。在一個沒有中央集權和學術威權干預的教育系統中，每位教師可以自由選擇教材。這些個人化的選擇從經典獲取靈感，但同時也影響並轉變了經典。

在古希臘和古羅馬，唯一不具貴族根源也不屬於古老文化，卻能自成經典的是：動物寓言。生平不詳的伊索，想當然耳也有羅馬版的雙胞胎：前奴隸菲德魯斯（Gayo Julio Fedro）。古老的寓言總是鉅細靡遺地打量著現實，如同卑微的小動物（山羊、母雞、青蛙和燕子）和強大猛獸（獅子、禿鷹、野狼）之間的對峙場面。這些比喻皆透明易懂，且訊息明確：無依無靠者大多下場悽慘。在極少數的情況下，唯有機智應變，弱者才能獲勝；大體而言，弱小者只有坐以待斃的份。在這些悲慘故事中，其中一則是有一隻鶴把頭鑽進獅子的喉嚨裡，幫忙把噎住的一根骨頭夾了出來，卻沒有得到獅子承諾的獎賞（沒把牠鑽進獅子喉嚨的頭咬斷不就是獎賞嗎？）在另一則寓言中，一隻綿羊試圖反擊大野狼莫須有的指控，但是，牠的據理力爭只是讓掠奪者有機可乘，趁牠忙著激烈爭辯時，大野狼毫不遲疑地把牠吞了。這一類寓言最後的寓意似乎都在昭告世人，每個人都得接受自己的命運。容易受害的弱者不會得到法律上的協助，那張法網只能捕些小蒼蠅，但機靈的鳥兒會鑽漏洞逃走。在所有經典文學中，沒有任何類型像寓言這麼直白無諱又發人省思。而這些和菁英階級沾不上邊的寓言能夠站穩一席之地，無庸置疑，那是因為許多個世紀以來，教師一再拿它當教材。

其中一位古羅馬教師艾比洛達❶，他做了一個革命性的決定：讓學生研讀仍在世作家的作品。歸功於學校教學，有些西元一世紀的作家不必等到駕鶴西歸，就嘗到了名列經典的滋味。維吉爾是其中的天之驕子。根據瑪麗．貝爾德的研究，龐貝古城的出土石壁上發現了五十處維吉爾詩句塗鴉。大部分詩句出自《埃涅阿斯記》第一卷和第二卷開頭，這顯然是老師最偏愛的段落。看來，西元七九年時的社會已經懂得引用詩歌，《Arma Virumque Cano》（我為武器和那名男子歌唱），但不需要把作品從頭到尾讀遍；當今亦如是，無須成為賽萬提斯專家，人人都可引用拉曼查❷那些我們通常不會記得的地名。有個喜歡惡作劇的人，在龐貝古城的洗衣坊牆壁上，為了嘲弄店主，刻意模仿了《埃涅阿斯記》。他意有所指地寫道：「我為縮絨工和貓頭鷹而唱，而非武器和男人。」這個戲謔之作淺顯易懂，但貝爾德特別強調，「當時的街坊生活與古典文學之間的融合度之高，令人驚訝。」其他的胡鬧搗蛋者留下的羞辱文字就沒有這麼精緻了，看起來更像是我們常在公廁門上看到的句子；「我跟老闆娘上了床。」古代龐貝城一位老鄉在小酒館牆上這樣寫道。

西元前一世紀是作家的希望年代。特定的入選作品被廣為複製，並在整個王國流通，融入前所未有的公共和私人圖書館網絡，以及各地的學校。或許，這是史上頭一遭，廣受歡迎的作家開始深信自己前景可期。揚名立萬的條件，當然就是登上排行榜。賀拉斯曾明白表達了成為羅馬經典的渴望，且毫不避諱地建議其贊助人將他列入最優秀作家名單內：「你若將我列入抒情詩人的名單，我用我的額頭就能碰到天上的星星。」拉丁文「inserere」這個字是希臘文「enkrínein」的翻譯，意為將穀糧和麥稈分開，也就是過篩之一，亞歷山卓圖書館員以此作為語言上的譬喻，亦即篩選作家。賀拉斯擁有廣大讀者，自認可與希臘著名的九大抒情詩人相比擬，他也大言不慚地將這個想法和讀者分享。在那本詩集裡，他確信自己那些寫在脆弱莎草紙上的詩作，一定能堅如磐石世代相傳：「我打造的紀念碑將比銅雕更持久，比雄偉華麗的金字塔陵墓更古老，連日豪雨、淒冷寒風和漫長歲月都無法摧毀它。我將永生不死。」數年後，奧維德對於其著作《變形記》的留存也展現出同樣的自信：「我已經完成了一部巔峰之作，即使是朱比特的憤怒、惡火、鋼鐵或無情歲月都無法摧毀它。」這樣的預言聽起來似乎很魯莽隨興，事實上，他們還真的都說對了。

但也不是所有作家都對自己的作品有如此大膽的想像。馬提亞爾是非主流作家，他的想像可就沒這麼樂觀了。他在著作《諷刺短詩》中曾嘲諷被捨棄書籍的下場，一個無法攀升巔峰的悲慘族群：臨死前還得向你致敬[3]。他告訴我們，許多著作最後淪為包裹食物之用，或作為其他微不足道的用途。這樣的下場也威脅著他自己的著作：「希望你不會被丟到髒汙的廚房裡，希望你的書頁不會被用來包裹濕漉漉的小鯖魚，或變成裝盛薰香或胡椒的三角包。」這樣的幽默文學挫敗常出現在他的詩作中：卷書變成了鮪魚的寬外袍，或是橄欖的長袍，或是乳酪的帽兜。馬提亞爾可能深怕自己會陷入這個文學煉獄，最終混雜在陳腐生魚的臭味和魚鱗中結束生命。

長達數世紀期間，食品店鋪總喜歡以舊書撕下來的書頁包裹商品。作家的夢想和抄寫員的努力，以及後來的印刷師傅，似乎都成了廉價商品。賽萬提斯在《唐吉訶德》中描述了馬提亞爾提到的悲慘故事，並賦予一個幸福的結局。小說開頭，在大膽的後設篇章裡，我們看到故事主述者在托雷多的亞爾卡納街商店間遊逛。他看見一個男孩，身上背著好幾袋回收紙，並試圖向一名絲綢店主人兜售這些舊紙。這些看似無關緊要的細節，都是拉曼查的唐吉訶德歷險故事中的元素。「我熱愛閱讀，即使是大街上已被撕破的舊紙也不放過，所以就買了男孩的其中一袋舊紙。」主述者這樣寫道。多虧了這位極端的愛書人，這些手稿不至於淪為包裹布，而小說也能繼續進行。這個插曲是一種文學戲法，賽萬提斯構築這個虛構橋段，刻意模仿了騎士小說經常以發現手稿作為創作手法的現象。不過，小男孩在亞爾卡納街的商店間兜售回收紙，倒是很有常民生活的況味，同時也隱約預示，一部偉大的經典文學作品，最後也可能淪落在托雷多不知名的絲綢店裡被人一頁又一頁撕下來再利用。

將入二十世紀之際，英國一位有藏書癖的愛書人威廉・布雷德斯買下了從糞便堆裡解救出來的一本珍貴古書殘頁。布雷德斯敘述，一八八七年夏天，一位紳士友人在布萊頓租了幾個房間。此人在如廁時，發現了一些擦拭用的紙張。他把紙張擱在光溜溜的膝蓋上，在尚未擦拭之前，不經意地看了看紙上的文字，上面寫的都是哥德字體。他有個預感，這恐怕是一大發現。興奮不已的他，匆匆忙忙解決了如廁後的清潔問題，馬上探問是否還有如他手上拿的相同書頁。房東太太把拆解的剩餘書頁都賣給他，並向他解釋，她父親熱愛骨董，曾經長期保存著一大箱古籍。父親辭世後，她接手這些古物，直到終於疲於應付這些瑣務。她以為這些舊東西大概沒什麼價值，於是就拿來當作廁所衛生紙，無價的古籍珍寶差點就這樣毀了。事實上，這些書頁是出自衛金・德・沃德（Wynkyn de Worde）印刷廠的珍貴稀有版本，一本名叫《羅馬人事蹟》（*Gesta Romanorum*）的拉丁文著作，莎士比亞曾經從中獲得劇作靈感。實在很難想像，這樣的古書寶物，居然會在英國民宿廁所裡當衛生紙用。

時至今日，我們已經很合理地安排對於書籍的破壞行動。就如同阿貝爾托・歐默斯（Alberto Olmos）所言，我們這個滿口尊重的社會所毀滅的出版品數量，相當於納粹、宗教法庭和秦始皇焚書的數量總和。悄悄行動，沒有大張旗鼓設焚燒爐，但我們每年在西班牙毀滅了數百萬冊書籍。出版社的倉庫成了初次被判死刑的出版受害者太平間，也就是說，當它們被書店退貨時。失衡的數字相當龐大：二〇一六年，西班牙全年共印行兩億兩千四百萬冊書籍，其中近九千萬冊淪落煉獄中。那些有把握能熱賣的暢銷書印行量會刻意高於一般書籍，因為人們總認為在書店堆得高高一疊的書籍才會熱賣。當出版社估算錯誤或期望落空時，也可能讓數以千計的新書直接進入太平間。對出版業者來說，倉儲費用過於昂貴，所以這數百萬被放逐的新書最後會落腳在郊區的工廠裡，在那裡被切割、絞碎，變成死氣沉沉的一灘泥狀物：紙漿。然後，它們悄然再變成了書籍，這些新書犧牲了挫敗前輩而成就了自己；抑或是再製成其他實用的新產品，例如：利樂包紙盒、餐巾紙、紙巾、杯墊、鞋盒、包裝紙，儼然是馬提亞爾的鮪魚長袍現代版，甚至還被製成衛生紙，把我們都變成了布萊頓那家民宿客人的同夥。

捷克作家博胡米爾·赫拉巴爾曾在一家廢紙回收站當打包工人。他以這個經驗為本，寫成了小說《過於喧囂的孤獨》，記述了一個幽居在地下空間裡的工人獨白（共居的有老鼠，以及他的省思），他在這裡將回收紙揉成一個個圓球，然後交給運貨工人。他的洞穴比地獄更臭，因為堆積的回收紙並非乾燥狀態，而是潮濕、腐爛，且已開始發酵，「瀰漫著一股惡臭，相較之下，糞肥的氣味堪稱香水。」每週三次，貨車把他揉好的回收紙球運往工作站，他們把這些紙球裝入貨櫃裡，然後運往造紙工廠，工人會將這些紙球倒進強酸和強鹼池中將其溶解。書中主人翁熱愛書籍，他知道，這座回收場終結了許多精采著作，但他卻止不住這如泉湧般的破壞。「我不過是個溫柔的屠夫。」他寫道。對於來到他工作的地下世界的所有書籍而言，他是它們的最後一位讀者，而這也成了他的生活慣性，此外，他還精心為它們打造墳墓，換言之，包裝回收紙球：「我必須美化每個紙球，因為那代表我的特質、我的信譽。上個月，他們把六百公斤的著名藝術大師複製品丟進我的地下世界，因此，我現在讓每個紙球都穿上歐洲藝術大師繪製的外衣，昨晚，當這些紙球排隊等著進升降梯時，我凝望著那幅美景，著實欣喜，那些紙球外層裹著林布蘭的《夜巡》《莎絲琪亞》，或是莫內的《草地上的午餐》，或是畢卡索的《格爾尼卡》。只有我知道，打開每個紙球的中心，或是安住著《浮士德》，或在殺戮血流中，浮現了《許佩里翁》和《查拉圖斯特拉如是說》。我同時成了藝術家和唯一的觀眾。」赫拉巴爾創作這部小說時，他的作品在共黨政權下遭禁。在那段形同囚徒的寫作期間，他深感著迷的議題，包括創作和破壞遭遇的問題，文學存在的理由，以及孤獨的成因。老工人的獨白是個關於歲月摧殘的寓言。而且，關於一本書倖存數千年奇妙且超乎想像的旅程，這本書也以間接方式做了具體見證。

---

❶艾比洛達（Quinto Cecilio Epirota）：古羅馬語法學家，生活於西元前一世紀，將維吉爾詩歌引入公立學校教學的第一人。

❷拉曼查（la Mancha）：賽萬提斯經典名作《唐吉訶德》主人翁的故鄉。

❸此處指的是，戰士輓歌（morituri te salutant），原意是「帝皇啊！赴死的戰士向您致敬」，出自蘇埃托尼烏斯的《羅馬十二帝王傳》。

43

女聲碎片

古羅馬女性作家的文字有如碎片般流傳至今，是經典文學中的零散特例。在史詩、悲劇和喜劇領域都不見她們的名字，只因為她們毫無辦法可將作品搬上舞台。

在遮蔭的景致中，浮現了她的身影、姿態和聲音。那是羅馬獨一無二的特例：一位個性獨立且具文化涵養的年輕女性，極力爭取她的戀愛權；一位堅持自述人生和情感的女詩人，透過自己的文字，而非由男性轉述。

索皮希雅在世時正值奧古斯都大帝當權的黃金時代。從各方面來看，她都稱得上是個超凡不俗的女性，尤有甚者，她屬於羅馬帝國人民中的一%族群，位居牢固的階級世界頂端，也就是我們今天所謂的菁英。她的母親是梅薩拉❶的妹妹，一位握有強權的將軍和文學贊助者。她在舅舅的豪宅裡認識了一些當代最具影響力的詩人，例如：奧維德或提布魯斯。在財富和出身背景加持下，索皮希雅大膽創作了自傳性的詩作，也是唯一流傳至今的古羅馬女詩人創作的情詩。她在詩作中以女性角度發聲，宣揚的是當時仍屬罕見的理念：自由和愉悅。她自認無事不敢為，並抱怨舅舅對她的監控，稱呼他是（語帶嘲諷且直言不諱）「沒良心的親戚」。

索皮希雅流傳至今的詩作僅有六首。總共四十句詩，六段激情篇章，對象是一個名叫塞林多的男子。這個人顯然不是家族中意的男友，她的父母和導師舅舅深怕她和此人產生肉體關係。與此恰恰相反的，她本人曾說，有些人甘於屈服而受苦，讓自己躺在一張「卑鄙下流的床上」。可以確定的是，塞林多屬於另一個世界，另一個社會階層，甚至可能是重獲自由的奴隸。誰知道，總之，他的出身背景無法和貴族索皮希雅匹配；但這位年輕女子對此卻毫不在意。然而，她心裡的苦，而且經常磨難她心志的苦，都是另有其他因素。例如：她責備自己毫無價值，經常為此感到痛苦，更因為自己所受的教育竟成了累贅，阻礙她表達的欲望而苦於有志難酬。

索皮希雅的詩作中，讓我印象最深刻的是一段充滿挑釁意味的情感宣示。

我大致翻譯如下：

你終於來了，愛情！
你的到來如此強烈
讓我更感羞於
否定你
甚於肯定我。
他信守諾言，愛情，
將你帶到我身旁。

他對我的頌歌感動不已，
將你，愛情，帶到我的大腿間。
我樂於犯下這個錯誤。
並公開它，宣揚它。
不，我不能將我的愉悅
託付於我可笑的私密手札。
我要挑戰規則，
我厭惡了虛假配合他們的指示。
我們女人曾是值得他人尊重的人，
或可這麼說。
沒有故事可說的女人
就讓她敘說我的故事吧！

那些愛人呢？我們不知道後來的發展，但家族的強大阻力，恐怕不太可能克服。她遲早都得打退堂鼓。在索皮希雅所屬的上層階級當中，一家之主安排婚事，都是根據家族發展前景作策略。不同家族以這種方式撮合政經和社會地位相當的兩個人，情愛從未在考量之列。可想而知，索皮希雅深愛的塞林多一定被逐出她的生活圈之外，終究只能留在她的回憶和詩句中——「床如荒漠且鏡如濁水且內心虛無」，正如同馬查多寫下的這段詩句。

反抗性道德觀這件事，即使只是青春時期的短暫插曲，對索皮希雅來說，也是一段遊走懸崖邊緣的旅程。她已經犯下罪行。在此之前，奧古斯都通過一項法律：「關於處罰通姦的尤利亞法」，女性若在婚姻關係之外有性關係，將遭受公眾審判，即使是未婚女性或寡婦也一樣。女性當事人及其性伴侶都將受到嚴厲懲罰。得以倖免於這項罰則的只有妓女和姘婦。因此，據說有許多貴族婦女，即使是出身元老院或騎士階級家族，卻開始公開宣稱自己從事賣淫工作。這是公民反抗行動，也是對法院的公然挑釁。這些抗議終於彰顯成效，因為，這項罰則實際上極少施行。到了西元一世紀末，尤維納利斯曾強力抨擊女性，並氣急敗壞地詰問：「反通姦法在哪裡？睡著了嗎？」

將自己的情感和叛逆行徑透過文字公諸於世，則是索皮希雅的另一項重大違規行為。羅馬人和希臘人一樣，認定文字是政治鬥爭的基本工具，也是男性特權。藉由崇敬沉默女神塔希妲．慕達❷，這個觀念甚至延伸到了宗教界。傳說中的塔希妲是個口無遮攔的仙女，不但話多，而且，最重要的是，發言時機不宜。朱比特為了終結那沒完沒了的聒噪閒語，也為了清楚展示話語權限，於是拔掉了她的舌頭。雖然無法說話，塔希妲．慕達卻是雄辯的象徵。羅馬女性無法擔任公共職務，也不能參與政治。唯一允許女性雄辯家的世代是西元前一世紀前半葉，不過，這項活動不久後即被立法禁止。確實，出身上流世家的羅馬女性具有閱讀能力，但其出發點多是期許她們充分發揮母親的功能，希望她們能教育出未來的雄辯家。她們受教育是為了教育下一代，並學習優雅談吐，藉此為孩子的前途鋪路，她們的學習不是為了自己，因為那意味著她們恐將超越封閉的私人生活界線，並在男性工作領域篡奪其職務。她們鮮少有機會在家庭之外出人頭地或發表意見。當傳記作家普魯塔克試圖在其著作《比較列傳》列舉傑出希臘、羅馬和異族女性作家時，卻一無所獲。事實上，這部作品極少受到關注和研究青睞，直到近期才改觀。

探究索皮希雅詩作得以倖存至今的原因，亦有深具啟示之處。這些詩句並非以她掛名流傳後世，而是併入了其舅父門下一位作家提布魯斯的著作裡。由於著作權不受重視，加上提布魯斯聲望卓著，讓這些詩句歷經許多世紀後仍得以保存。時至今日，經過詳盡的語文學分析之後，學者幾乎毫無異議的認定那些詩句是索皮希雅的作品，雖然有極少數仍持質疑態度，他們認為，對於古羅馬女性而言，那些詩歌的內容過於大膽。直到不久前，所有學者仍習慣蔑視她的成就，只當她是個業餘詩人（不得不再次提起可悲的贅言，在那個年代，根本沒有女性能將文學當職業）。當時的羅馬女性沒有任何資源能讓自己的作品廣為流傳。這件事，大部分女性連想都不敢想。最重要的是：評斷一本書是否值得流傳後世的決策者，根本不考慮女性的創作。索皮希雅這些詩作只能併入他人著作才能倖存，其實不足為奇。

雖然障礙重重，索皮希雅並非唯一試圖寫作的女性。我們從斷簡殘篇、引述和參考資料中認識了二十四位古羅馬女性作者。她們有以下共通特質：富有、出身名門，且都在威權男性庇護下寫作。如同奧蘿拉．羅培斯所述，她們擁有才華、財富，以及指使奴隸的權力；羅馬城提供她們閒暇餘裕；她們一向擁有私人空間，且坐擁豪宅，畢竟，她們過的是貴婦生活。換言之，如同維吉尼亞．吳爾芙渴求的，擁有經濟能力和自己的房間，一個女人投入寫作的必要條件，她們都有了。其中較著名的是小阿格里皮娜，日耳曼尼庫斯之女，羅馬皇帝克勞狄烏斯之妻，尼祿之母，如今的我們只能從典故中發掘她那些已經散佚的回憶錄；或是柯妮莉亞，格拉古兄弟的母親，她的兩封書信片段仍保存至今。

不過，那些大膽介入男人領域的貴族貴婦們必須遵守特定的規範和限制。她們只允許創作一般認為較不重要的文類，或是和內心感受相關的主題：抒情詩——歐斯提雅和沛莉拉；讚頌——寶莉娜；諷刺短詩——柯妮菲希雅；輓歌——索皮希雅；諷刺詩——另一位同名的索皮希雅；書信——柯妮莉亞、塞爾薇莉亞、克羅蒂雅、琵莉亞、塞希莉亞．艾媞卡、泰倫希雅、圖莉亞、卜布莉莉亞、芙薇亞、艾希亞、小屋大薇、尤莉亞．德魯希拉；回憶錄——小阿格里皮娜。我們知道有三位女性演說家短期獲准從事這份職業——賀藤希亞、梅席亞和卡爾方妮雅，可惜她們演講原稿未能流傳後世。在史詩領域不見任何女性作家的名字，在悲劇和喜劇領域也一樣，因為她們實在無法將作品搬上舞台。

古羅馬女性作家創作的文字有如碎片般流傳至今。所有作品總和在一兩個鐘頭內就能讀完。由此可見消失的古羅馬女作家作品之多。因為作品遭錯置，索皮希雅在被動的狀態下以男性筆名讓作品走向未來。其他女性作者只能逐漸迷航在沉寂中。在經典文學之中，她們是零散的特例。一如歐律狄刻，當有人試圖要拯救她們時，她們卻再度陷入黑暗裡。當我們依循她們被抹滅的足跡時，只見一片幽暗模糊的景象，頂多只能和她們的回音對話吧！

44

然而，打從遠古時代起，女性敘述了許多故事，她們敘述浪漫詩篇，以詩歌引燃了愛的火花。我還是小女孩的時候，母親在我眼前打開了一個細說故事的世界，但那絕非偶然。千百年來，在夜晚為孩子講述故事的主要是女性。她們是故事和殘篇的編織者。許多個世紀以來，她們捲繞著故事的軸線，同時還要轉動紡錘或掌控織布機梭子。她們是第一個以故事網絡塑造宇宙的人。她們在故事中傾注了最私密的喜悅、幻想、焦慮和信念。她們將單調的世界染成了五彩繽紛。她們編織動詞、羊毛、形容詞、絲綢。因此，文章和織布共享了許多文字：故事的情節交織、論點主軸、情節線索、劇情收尾、絞盡腦汁、潤飾修辭、抽絲剝繭、編織伏筆……。因此，古代神話和我們談起了潘妮洛碧織的布疋，也談起了瑙西卡的長袍，還有阿拉克涅的刺繡，以及阿里阿德涅的紡線，還提及了命運三女神織出的生命之線，諾倫三女神織縫的命運麻布，以及雪赫拉莎德的那張魔毯。

如今，母親和我每晚在我兒子耳邊細訴著一篇篇故事。雖然我已經不是當年那個小女孩，但我投入寫作，就為了故事不會終結。我寫作，因為我不諳縫紉，也不會編織；我從未學過刺繡，但文字的微妙交織卻讓我著迷不已。我述說的是充盈了夢想和回憶的想像。我自認傳承了那些總在編織和拆解故事的女人。我寫作，只希望那條古老的聲音織線不會斷裂。

---

❶梅薩拉（Marco Valerio Mesala Corvino，西元前六四年～八或十二年），古羅馬將軍、作家及文藝贊助者。

❷羅馬神話中的仙女拉蘭達（Laranda），湊巧得知眾神之王朱比特的私密情事，被要求保守秘密，但朱比特不信任她，為了讓她封口而割了她的舌頭。拉蘭達因此成了沉默女神「Tacita Muda」。而 Tacita 和 Muda 二字皆為「沉默」之意。

以為是永恆，卻如此短暫

一位名叫古騰堡的寶石雕刻師創造了一個奇特的金屬抄寫員，而且永遠不喊累。書籍再度廣泛流通。歐洲人恢復了亞歷山大廣設圖書館和知識不設限的夢想。

45

西元二一二年的那一夜，超過三千萬人如常入睡，隔天一早起床卻換了個身分。原因非關人體竊賊大規模侵略，而是羅馬皇帝做了一個驚人的決定。文史資料並未交代這個變革造成的結果，是備受質疑？還是全民歡騰？可以確定的是，驚訝是眾人的主要反應：歷史上從未發生過這樣的事情——我確定，在我們的二十一世紀也不會看到類似的情況出現。

究竟是什麼事情引發群情鼎沸？

卡拉卡拉大帝頒布政令，所有王國境內的自由百姓，無論居住何處，從不列顛到敘利亞，從卡帕多奇亞到茅利塔尼亞，從那一刻起，全部具有羅馬王國公民權。這個革命性的決策，頓時抹滅了本地人與外國人之間的區別。歷經多時的民族融合過程，就在政令頒布那一刻攀至巔峰。這次的公民權優惠，如果不是史上最大規模，至少也是名列前茅：數以千萬的外鄉百姓，一夜之間變成了合法的羅馬公民。

這份突如其來的禮物，至今仍讓眾多歷史學家愕然，因為它打破了遠古的政治模式（包括現代的政治操作也一樣），揚棄了只有少數申請人能以漸進式、嚴格審核的方式取得公民權的政策。古代政治家兼編年史家卡西烏斯．狄奧懷疑，卡拉卡拉這項慷慨德政背後隱藏的真正用意，恐怕是徵收更多稅金的需求，因為新羅馬人連帶要實行繳納遺產稅和解放奴隸的義務。如同瑪麗．貝爾德所言，倘若真正動機真的是為了增加稅收，這樣的解決方式實在太繁雜棘手。

我想，當今沒有任何政府會突然把三千萬人變成合法公民，只為了能從這些人收取誘人的稅金。無庸置疑，羅馬皇帝這項決定具有重要的象徵性任務：在危機不斷的時期，讓更多人以個人理由認同羅馬政權，其實是非常明智的作法。

可想而知，公民身分的大幅擴增，同時也貶抑了其重要性。這項特權的藩籬被打破之後，很快又在另一處另起爐灶。西元三世紀期間，介於「高等公民」（honestiores）：富有菁英和資深軍人，以及「低等公民」（humiliores）：社會階級較低的公民（這個恆久存在的概念，在此已無庸贅言），這兩者之間的區隔，逐漸形成了一項重要指標。法律正式承認兩者間的不公平權益：根據法規，「高等公民」可免於有失體面或殘酷的罰則，例如：被釘死或遭鞭刑；而「低等公民」卻必須接受過去針對非公民的奴隸所制定的一切規定。財富取代了地理限制，成了無形的新疆界。

羅馬文明縱有極其偏執、衝突和貪婪的特質，但倒是從一開始就抱持著族群融合的明確使命。卡拉卡拉將這項使命推向巔峰，根據傳奇記載，羅穆盧斯在一千年前已經開始施行這項計畫，當時，他接受所有外地人（未經任何盤問）進駐剛成立的羅馬城。新建城市儼然成了無處可去的難民和罪犯的收容所。

事實上，羅穆盧斯的後代施行的是史上前所未有的族群融合政治：他們認為種族純粹並不重要，也毫不在乎膚色的差別，並解放身家清白的奴隸，承認他們是被解放的奴隸，並享有幾乎跟公民一樣的權益，而被解放奴隸的子女則享有完整的公民權。我們不知道羅馬百姓文化多元的程度，因為這件事始終未能引人注目；歷史進入現代之前，他們很有可能是種族最多元的社會。在古羅馬，當然會有人抱怨奴隸破壞國家價值，許多人也指責外國人對於融入社會努力不足。然而，就算是最偏執極端的反對分子，恐怕也無法理解現代社會祭出的「非法難民」或「無證難民」手段。

民眾在羅馬帝國境內長期且廣泛移動，這是前所未有的史實：商人、軍人、資產管理者和官僚、奴隸販子，以及夢想在首都功成名就的外地人。當時的不列顛已有出身北非的上流社會公民。每年，行政長官和高階公務員被派駐遠方出差。軍隊裡的士兵來自四面八方。就連最貧窮的階級也加入了移民行列。有一則寓言這樣訓示：「窮人最易輕裝簡從，更便於從一座城市移居他處。」

羅馬皇帝汲汲於追求全球化的形象，也不吝於宣傳此一概念。他們公開宣稱，羅馬不只是世界的主宰者，也是所有人的祖國；這是一座偉大的世界之城，一座真正的大都會，能夠接納來自遠方的各種不同族群。演說家阿里斯蒂德斯誇張奉承的華麗詞藻，為這項理念做了最佳詮釋：「即使是海洋和遠方疆域也無法阻礙獲取公民權，因為這裡沒有亞洲和歐洲之分。一切都為所有人開放。在羅馬，任何一個值得信賴的人，都不會被視為外國人。」當時的哲學家堅稱，承繼於希臘的世界一家之夢，終於由羅馬帝國實現了。

卡拉卡拉西元二一二年頒布「安東尼努斯敕令」，正式將這些理念法制化。除此之外，他並不是一個令人懷念的偉大統治者。任性無度，殺人不眨眼，二十九歲那年，當他在美索不達米亞一處排水溝旁小便時，慘遭其中一名保鑣殺害。雖然他的統治作風並未展現太多理想主義風格，但他景仰亞歷山大大帝，並想要模仿他的計畫，打造一個以世界公民為本的王國。他本人出生於盧格杜努姆（現今的法國里昂），而且是個混血兒：他的父親塞提米烏斯．塞維魯斯出身柏柏爾族，且膚色黝黑；他的母親尤利亞．多姆娜則在埃米薩（現今敘利亞的霍姆斯）出生。而他並非特例。當他被任命為皇帝時，由非羅馬出身的君主執政早已行之有年，有些甚至不是義大利人。高居羅馬權力巔峰的菁英，其膚色並非如大理石雕像那樣雪白。

既然種族、膚色和出生地都能如此多樣，到底還有什麼能夠凝聚蘇格蘭、高盧、西班牙、敘利亞、卡帕多奇亞和茅利塔尼亞的百姓？在幅員如此遼闊的羅馬帝國，幫助各個種族羅馬人相互理解、分享願望和產生認同感的連結是什麼？一個由文字、理念、傳說和書籍編織而成的共同文化。

身為羅馬人的特質來自於：居住在寬敞大道筆直交錯的城市裡；得以使用體育中心、浴場、公民論壇、大理石神廟、圖書館、拉丁文碑文、水管橋、下水道系統；熟知阿基里斯、赫克托爾、狄多與埃涅阿斯；看著莎草紙書和手抄本在日常生活中同時出現卻不感大驚小怪；繳納稅金給膽小羞赧的收稅官；坐在劇場台階上聽到普勞圖斯的笑話會放聲大笑；熟悉李維的著作《羅馬史》，書中源於羅馬的各種小插曲；曾聆聽斯多葛主義哲學家暢談自我節制；熟知，甚至曾經使用過羅馬軍隊裡無可匹敵的戰爭武器。馬賽克磚、宴會、雕像、儀式、山牆、淺浮雕、敘述勝利和痛苦的傳說、寓言、喜劇和悲劇……這一切都塑造了（以空氣、石材和紙莎草為材質）無邊無際廣泛擴展的羅馬身分認同，也是歐洲寫下的第一個共同的故事。

藉由全球化王國的擴展途徑，散文和小說在可知的地理疆域內攻城掠地。在各地公共圖書館和私人館藏中，它們找到了前所未有的安身之處。它們不斷被抄錄並被擺設在遠近各城市的書店中販售，例如：布林迪西、迦太基、里昂或蘭斯。他們吸引了不同族群的百姓，在經過了許許多多個文盲世代之後，這些百姓在羅馬學校裡學會了閱讀。一如首都的貴族，富裕的外鄉百姓也購買專精於謄寫文章的奴隸；有位富裕羅馬公民，一個埃及農場的所有人，他的財產清單上列有五十九位奴隸、五位公證人、兩名抄寫員、一位書吏和一位書籍修復師。當時的抄寫員，無論是接受私人委託或為商人服務，大多長時間坐在書桌前工作，面前備有墨汁、直尺和蘆葦筆，努力滿足各種文字抄寫的需求。在此之前，從未存在過跨洲際的大量讀者閱讀同樣書籍的情況。

誠然，我們在此談論的不是數百萬讀者，也不是幾十萬人，或許在最風光的時期，頂多就是數千人。不過，從那個時代的角度來看，這樣的數字是很驚人的。誠如美國文學史學者斯蒂芬・格林布拉特所言，古代世界有一段時期，而且是很長的一段時間，當時文化界最大的問題，似乎是不斷供應的書籍產品。大量書籍何處置放？如何安排書架存放位置？如何在腦中裝下這麼大量的知識？對於所有在那種氛圍下生活的人來說，失去如此豐沛的資產，簡直不可思議。後來，雖非突如其來，書籍竟也順勢逐漸大量消失，抄寫行業最後也走到盡頭。看似穩固之物，實則脆弱異常，以為是永恆，竟如此短暫。

46

人們腳下的大地震動著。接連數世紀的混亂、分裂、蠻族入侵和宗教大地震已經到來。抄寫員可能是感受到事態嚴重的第一批人：他們接到的訂單越來越少了，抄寫工作幾乎已經完全中斷。圖書館進入衰退期，或是在戰爭或爭鬥中慘遭洗劫，或是純粹疏於管理。接連數十年的可怕動亂，書籍飽受蠻族掠奪，或遭激進基督徒毒手破壞。西元四世紀末，歷史學家阿米阿努斯．馬爾切利努斯曾抱怨羅馬人正在背離嚴肅的著作。他謹守本身所屬社會階級應有的道德規範，對於同胞在荒謬瑣事上虛擲時光感到憤怒，在此同時，帝國正以勢不可擋之姿走向衰亡，文化融合正逐漸解體，「過去曾認真學習而受人敬重的少數人家，如今改而投入輕巧懶散的樂趣。於是，歌手取代了哲學家，精於嬉戲的專家取代了演說家。當圖書館總是如陵墓般大門深鎖時，人們卻大手筆製造水力管風琴，還有體積龐大的里拉琴，看起來就像劇場演員所需的馬車和長笛。」此外，他還忿忿不平地提到，經常可見人們高速駕駛馬車（彷彿自殺客），從擠滿人群的街道上呼嘯而過。生活中已可嗅出滅亡前的焦慮氛圍。

西元五世紀，古典文化圈遭遇一連串可怕的重擊。蠻族入侵逐漸摧毀了帝國西部城鄉的學校系統。城市正走向沒落。具備藝文素養的百姓人數已銳減到極低的水平；即使在極盛時期，這群人亦屬少數，但卻是重要的少數派，在某些地方，他們甚至是具代表性的群眾。讀者人數再度變得如此稀少，他們各自據守在小小孤島上，漸漸失去了彼此間的聯繫。

歷經一段漫長而緩慢的垂死掙扎之後，羅馬帝國西部在西元四七六年失手，羅慕路斯．奧古斯都路斯（羅馬帝國末代皇帝）悄然退位。在各省繼任政權的日耳曼民族對閱讀興趣缺缺，但這些蠻族倒是大舉侵襲了各項公共建築，也徵收了私人豪宅。事實上他們對科學和研究並非極度敵視，也有意保存裝有無形知識寶藏的群籍。豪宅被徵收的羅馬公民，不是淪為奴隸，就是被放逐到偏遠邊鄉的農場，比起痛失私人藏書，他們的生活有更急迫、更沉痛的需求。痛苦的焦慮啃噬著這些往日的熱情讀者：不安、疾病、作物歉收、收稅官施暴壓榨可憐百姓勞動到最後一刻、天災、食物價格飛漲、畏懼自己留在生存門檻錯誤的那一邊。

另一個時代開始了，一個長達數百年的漫長時期，在此期間，定義我們的絕大部分理念曾瀕臨斷崖邊緣。士兵的火炬，加上悄然而漫長的蛀蟲工程，亞歷山大大帝的夢想再次陷入險境。直到印刷術發明之前，數千年的知識落入極少數人手中，他們加入了英雄行列，投入了幾乎難以置信的拯救大業。倘若一切化為烏有；倘若那些理念、科學成就、想像力，以及古希臘和古羅馬人的法律和叛逆得以留存，我們必須歸功於那份簡潔的完美，歷經許多個世紀的尋覓和實驗之後，書籍的形式終於完成。歸功於書籍，誠如作家瑪麗亞・桑布拉諾所言，通往重生和啟蒙的道路永遠是敞開的。

47

羅馬帝國緩慢的瓦解過程中，長達數世紀期間，書籍歷經各種危機。西元五二九年，查士丁尼大帝禁止「帶有異教瘋狂思想」的人從事教學，「藉此防止他們腐蝕學生的心靈」。這項敕令使得雅典學院被迫關閉，其源頭溯及千年榮耀歷史，由柏拉圖本人創建。面對異教文學的虎視眈眈，步入歧途的靈魂需要當局出面保護。從西元四世紀初開始，狂熱的公務員常突襲公共浴場和私人住家，其用意是沒收「異端和邪魔」書籍，最後將它們變成公共焚燒爐裡的縷縷灰煙。許多經典古籍（以及任何其他文本）就這樣變成了細碎灰燼。

我不禁想像，其中一位被流放的哲學家鬱鬱寡歡地在鬼城般的雅典城裡漫步。悲觀的理由不勝枚舉。異教神廟大門深鎖，漸漸因年久失修而淪為傾圮，古時的精美雕像，不是面目全非，就是已遭移除。劇院寂靜無聲，緊閉的圖書館大門內是塵埃與蠹蟲建構的王國。在這座光明之都裡，蘇格拉底和柏拉圖最後的門生被禁止教授哲學。他們無以為生。倘若他們拒絕受洗，必須流亡海外。那些入侵並掠奪衰敗古老帝國的蠻族，放火燒了古老文化奇蹟，他們滿懷仇恨，抑或，更糟的是，他們漠然置之。已經無法傳授的理念和慘遭祝融的書籍，等待它們的是會是什麼樣的命運？

終結。

於是，恍如置身夢中一般，哲學家飽受一連串怪象衝擊。在那個被文盲軍事將領統治的歐洲，當衰退看似已難以避免，古羅馬的寓言、理念和神話在修道院裡找到了一個矛盾的庇護所。在那段帝國衰退的時期，每一座修道院裡，在其附設的學校、圖書館和繕寫室裡，仍保有亞歷山卓博物館的璀璨光芒。在那裡，有些修士及修女，他們成了勤奮不懈的讀者、保存者和圖書工匠。他們苦學繁複的羊皮紙製造過程。一個字母接著另一個字母，就這樣逐字抄錄並保存了最出色的異教著作。他們甚至發明了照明藝術，將中古世紀手抄本轉印到小片玻璃上，閃耀著一片金色和繽紛多彩的圖文叢林。由於這些抄寫員和微型插畫者細膩的耐心（男女皆有），在那個遺世獨立且安全無虞的角落裡，知識總算挺過了亂世的衝擊。

但是，這一切實在太不可思議（他告訴自己，並再度陷入宿命論），頂多只是個夢想吧！

突然間，哲學家眼前出現了波隆納和牛津等地第一批大學的繁榮景象——歷時數世紀之後，學院復活了。教授和學生，人人渴求喜悅和美妙，他們彷彿重返了家園，再次投入古代經典的文字中尋尋覓覓。新世代的書商亦敞開大門，為他們供應文字糧食。

從近乎遙不可及的距離，經由伊斯蘭路徑和各種文明之間的邊界領土，商人一路風塵僕僕，從中國和撒馬爾罕把一樣奇妙的新發明帶到了伊比利半島：紙張，為了紀念古老的莎草紙，因而得名。如果這一切適時發生，這項新材質，比羊皮紙更廉價，且更易於大量製造，及時抵達歐洲的十字路口，滋養著即將革新西方文化的印刷術。

但是這一切幻想（他以冷靜邏輯告訴自己）可能只是消化不良引起的幻覺；這恐怕只是由一小塊發霉乳酪或腐敗的燉魚引發的幻象。

接著，出現在他眼前的是好幾位頑固的夢想家、人文主義者，他們緊握著羽毛筆，致力於恢復古代輝煌。所有人都滿懷熱情投入閱讀、抄寫、編輯和評論手邊的異教文本——劫難後的倖存遺跡。勇於冒險犯難者則騎馬奔向偏僻小徑、覆雪山谷、陰暗叢林和山腰上幾乎已消失的路徑，只為了找尋中古世紀修道院保存的僅存書籍。藉由這些古老智慧的迷航手稿，他們試圖將歐洲現代化。

在此同時，一位名叫約翰尼斯．古騰堡的寶石雕刻師創造了一個奇特的金屬抄寫員，而且永遠不喊累。書籍再度廣泛流通。歐洲人恢復了亞歷山大廣設圖書館和知識不設限的夢想。紙張、印刷、免於恐懼和罪惡的好奇心，帶領人們走向現代化的相同門檻。

然而，這些遠見（再度陷入悲觀情緒的哲學家這樣告訴自己）只是無稽之談。

如果他的想像力夠豐富的話，他可以臆想幾位頭戴奇怪假髮的男子，為了向古代的「派地亞」❶致敬，他們積極投入打造百科全書，努力擴展知識，並擊退頑強的破壞力。在古代的輝煌基礎上，遙遠的十八世紀那些改革派知識分子即將為其理性、科學和法律信仰築起一幢建築物。

而且，雖然未來的二十一世紀人們將崇尚新奇和科技（尤其是那個會發光的奇怪平板，只見人們以指腹在上面摸了又摸），經典著作中文字與權力、公民權、暴力、帝國、奢華和美學之間的對話，仍將繼續傳達基礎概念。因為，我們深愛的一切，總會獲得拯救，即使那是一條崎嶇多險之路，充滿分歧和岔路，經常要面對失去一切的威脅。

但是，這一切恍如幻夢般難以置信，話說，任何一個判斷力正常的人都不會相信這麼狂妄的假設。只有一個神蹟，或是讓基督徒興奮激昂的奇蹟之一，或可拯救我們的智慧，並將它存放在明日的不可能圖書館內。

---

❶派地亞（Paideia）又稱人文學，意指古典希臘、希臘化教育和訓練體系，包括：體操、音樂、修辭、數學、歷史等多項課程。

勇於回顧

作為讀者的我們在書中擁有過往。無論是好是壞。因為我們曾經閱讀的內容，可能在今天讓我們產生困惑、無聊，或是激起熱情和肯定。一本書永遠都是一個訊息。

48

書籍的發明或許是我們對抗頑強的破壞獲得的最重大勝利。我們放心將不願失去的智慧交付給蘆荻、皮件、布疋、樹木和光線。藉由它們的協助，人類在歷史、發展和進步各方面都經歷了神奇的快速進展。我們的神話和知識提供了共同語法，擴增了合作的可能性，並凝聚了世界各地許多個世紀以來的世世代代讀者。如同史蒂芬．褚威格著作《舊書商門德爾》令人難忘的結尾：「書籍是為了凝聚人類而寫，更甚於個人的氣息，如此，我們才能抵抗生命無情的另一面：短暫和遺忘。」

在不同的時代裡，我們嘗試過的製書材質有煙、石材、泥板、樹葉、蘆荻、絲綢、皮件、布疋、樹木，以及現在的藍光：電腦和電子書。翻開和闔上書籍或遊歷內容文字的神態，每個時代各有不同。已經改變的還包括它的形式、粗糙或光滑的觸感、迷宮般的內容、它嘎吱作響和低語的方式、保存時間、啃咬它的昆蟲動物，以及大聲朗讀或低聲默唸的經驗。書籍或有許多不同形式，但不容否定的是，這項發現確實取得了壓倒性成功。

歸功於書籍，人類建立的傑出理念才得以長久保存。如果沒有書籍，或許我們會遺忘那一小群決定將權力移交給人民的魯莽希臘人——他們把那項大膽實驗稱為「民主」；或是奉行希波克拉底學派的醫師，他們建立了史上第一條義務法則，同意也照護窮人和奴隸：「留意病患的各種條件。有時候，你甚至應該免費提供醫療服務；還有，如果有機會服務財務陷入困境的外國人，你應當全力給予支援」；或是亞里斯多德，他建立了世上最古老的大學之一，並告誡學生，智者和愚昧之間的差異，如同生死之別；或是埃拉托斯特尼，他運用推理的力量，只靠著一根木棍和一隻駱駝測量出地球的圓周，誤差不到八十公里；或是瘋狂的羅馬人頒布的勅令，一夜之間承認廣大帝國境內所有居民為合法公民；或是那個希臘基督徒保羅❶，可能是史上第一位在演說中宣揚平等的人：「世上沒有猶太人或希臘人之分，沒有奴隸或自由公民之分，沒有男人或女人之分。」了解這些先例，啟發了置身動物王國裡的我們，建立了諸多前衛理念，例如人權、民主、對科學的信任、全民健康、義務教育、公平審判司法權，以及對弱勢的社會關懷。倘若我們失去了關於這些理念的記憶，或是遺忘了長達數世紀的埃及和美索不達米亞文明的語言和知識，今天的我們會是何等樣貌？作家埃利亞斯．卡內蒂，保加利亞的塞法迪猶太人，以德語寫作，卻有西班牙姓氏——他的父系祖先將原姓氏卡聶德改為卡內蒂。他做了這樣的答覆：「假如每個世代都失去了與前人的接觸，假如每個世紀都切斷與過往之間的臍帶，我們只能建立沒有未來的寓言。這恐怕會讓人窒息。」

我並非假裝要忽略這段歷史的陰暗面。「合作」（cooperación）一詞雖頂著慈善和利他的光環，有時卻可能掩蓋陰暗事實。合作網絡常常也用於剝削和壓榨他人。許多社會為了保證奴隸系統的延續，因而組織了這樣的合作網絡；至於納粹，則將它視為終極手段。書籍也可以是有害理念的傳輸工具。柏拉圖堅信輪迴，並創作了揭示女性生命的神話作品：生為女性是前世不公不義的男人受到的懲罰和贖罪。亞里斯多德曾述及，奴隸天生低賤。馬提亞爾在諷刺短詩集裡阿諛殘忍暴君，已到了令人厭惡的程度，並且拿他人的身心障礙開玩笑，卻不見他有一絲道德顧忌。大部分古羅馬作家認為，角鬥士搏鬥乃其文化的一部分，而群眾也以觀看鬥士痛苦打鬥為樂。

書籍讓我們成為所有故事的繼承者：那些美好的、惡劣的、引發歧異的、有問題的、有如雙面刃的故事。擁有這一切有益於思考，並得以做選擇。混合了創意、輝煌、暴力和暴行的詭異組合建構了歐洲基石，這確實很難叫人不感到愕然。這樣的不安幾乎成了現代的一項公認準則。

一九四〇年是歐洲歷史最黑暗的時期之一，華特．班雅明在納粹占領下的法國逃亡途中，寫下這段著名的煽動性省思：「沒有任何一份文獻不是同時具備文化和野蠻的。」野蠻在理性領域依然固守城池，啟蒙也未能驅散邪惡，面對這個令人憂傷的事實，另一位滿腔熱情的歐洲人史蒂芬．褚威格於一九四二年自殺身亡。

行文至此，我們認清了文化展現的甜美或崇高形象，甚至純淨無瑕。佩脫拉克盲目崇拜古羅馬文化，但當他讀到與他理念契合的西塞羅書信時，卻不禁大為惱火。在這些私密文稿中，西塞羅的「另我」（alter ego）展現出來的是一個野心勃勃的人物，有時氣量狹小，有時憤世嫉俗，在政治操作上少有遠見。佩脫拉克的解決之道是寫一封陳述道德的信給這位已經作古的前輩，文中充滿了譴責的字句。我們輕易就能針對不盡完美的祖先嚴詞指責，而且可以確定的是，後代也會這樣苛責我們，他們會挑出我們所做所為犯下的所有矛盾和遲鈍。但是，如果能夠抵制以道德判斷簡化文學的衝動，我們更能好好的閱讀其深意。我們對歷史的理解越明智，洞察力越敏銳，我們就越有能力保護我們所珍視的價值。如同詩人兼旅行家費爾南多・桑馬廷（Fernando Sanmartín）所述：「過往定義了我們，它賦予我們一種身分，將我們推向精神分析或偽裝，也推向麻醉藥品或神祕主義。作為讀者的我們在書中擁有過往。無論是好是壞。因為我們曾經閱讀的內容，可能在今天讓我們產生困惑，甚至感到無聊。但是，我們也曾閱讀過那些著作，至今仍能激起我們的熱情或肯定。一本書永遠都是一個訊息。」

書籍確實將可怕事件合法化，但書籍也支持了人類在過往創建的優異故事、符號、知識和發明。在《伊利亞德》中，我們凝視著一位老人與殺子兇手間令人心碎的和解；在莎芙的詩歌中，我們發現欲望是一種叛逆的方式；在希羅多德的《歷史》中，我們學會找尋另一種觀點；在《安蒂岡妮》中，我們隱約可見國際法已經存在；在《特洛伊婦女》中，我們直視自己的野蠻行徑；在賀拉斯的一封書信中，我們讀到了極具啟發性的「勇於求知」；從塔西陀的著作中，我們理解了極權的運作機制；從塞內卡的慷慨陳詞中，我們聽見了第一位和平主義者的吶喊。

書籍遺留給我們的，是那些尚未嚴重衰老的祖先留下來的部分理念：所有人類平等共存、選出我們自己的領袖的可能性、意識到兒童去上學比去做工更好，願意運用（並大幅支出）國庫經費以作為照顧病患、老人和弱勢之用。這些創舉都是古人的發明，我們稱之為經典，它們經由一條飄忽不定的路徑來到我們的世界。若無書籍，世界最美好的事物恐已消失在遺忘之中。

---

❶保羅（Pablo de Tarso）：早期基督教會最有影響力的傳教士之一，首創向非猶太人傳播福音，因此被奉為外邦人使徒。

〈結語〉

被遺忘的，無名英雌

有一小群馬匹和騾子日日在濕滑、陡峭的阿帕拉契山區辛勤跋涉，背上馱著裝滿書籍的鞍囊。這批隊伍的騎士們，大多是女性——她們是山林裡的文字女戰士。起初，在肯塔基州東部，那個遺世獨立的美國偏鄉山谷裡，村民滿懷疑慮地冷眼旁觀這群人。哪個腦袋正常的人會頂著嚴冬酷寒騎馬來到這樣的地方？這是一片沒有道路、未經開發的土地，深崖的橋梁危脆顫動，牲畜渡河時，腳蹄不時深陷卵石間隙裡。村民們目光犀利，狠狠往地上吐口水。從前來的都是一些到礦坑和鋸木廠工作的外地人，不過，那也是經濟大蕭條之前的事了。可想而知，他們一定不習慣這些單獨上路的年輕女子展現出來的危險形象，個個帶有在偏鄉服務的詭僻特質，看來就像四處遊走的騙子。每當地方上來了這樣的女子，沉重的氛圍裡隨即浮現陰暗的威脅。山村裡的人家對於陌生人的到來總有極大的恐懼。他們一貧如洗，畏懼政府當局的程度，直逼對匪徒的驚恐。這些偏遠地區的老實居民，僅有三分之一能識字，但就算識字的人也怕極了看到有人高舉著陌生的文件；逾期未繳的債務，遭人惡意舉報的指控，或是難以理解的訴訟……這些都可能剝奪他們僅有的那一點資產。他們從未公然承認，但這些騎馬前來的女子確實讓他們產生恐懼感。但恐懼慢慢轉為驚訝，就在他們眼看著這些女子下了馬，打開鞍囊，並拿出（村民們睜大眼睛驚恐地緊咬著牙）——書籍。

謎團解開了，但這些偏鄉村民簡直無法置信。這是真的嗎？騎馬的圖書館員？文學供給？他們完全聽不懂這些女子口中那些奇怪的術語：聯邦草案、羅斯福新政、公共服務、促進閱讀計畫。他們總算開始鬆了一口氣。沒有人提起稅金、法庭或驅逐。此外，這些年輕的女圖書館員都和顏悅色，看來都信仰上帝和良善。

藉由政府挹注資金的廣泛文化計畫打擊失業、經濟危機和文盲：這是「公共事業振興署」（Works Progress Administration，簡稱WPA）推動的計畫之一。一九三四年前後，當這項計畫成形時，統計數字顯示，肯塔基州平均每人僅擁有一本書。在東部的貧窮山區，沒有公路也沒有電力，以汽車載動的流動圖書館在此地簡直無法想像，即使在全國其他地區已經大有斬獲。唯一的替代方式是找一群經驗豐富的圖書館員，由她們把書籍運往最偏僻的阿帕拉契山區。其中一位名叫南米蘭，她曾開玩笑說道，她那幾匹馬為了避免在陡峭的山路上滑倒，後來都變成了長短腳。每位騎馬運書的圖書館員，每週要完成三到四條不同路線，有些行程一天長達三十公里。那些由各方捐贈的書籍，分別存放在郵局、軍營、教堂、法院或私人住宅。這些女子嚴肅看待自己的工作，簡直就像當時的勤奮郵差們，四處收集贈書，並將書籍分送到各地學校、社區中心和農家。有些關於這些女性獨行俠的記述：相關資料收集了疲憊馬匹行走在無人荒野的各種軼事，徒步走在前方的女性們，領著這些滿載想像世界的馬匹繼續前進。「帶一本書來給我啊！」一見到這些外地女子，孩子們隨即激動大喊。一九三六年，儘管流動圖書館服務的家庭多達五萬戶，學校也有一百五十五所，每月巡迴里程數達八千公里，但是肯塔基州山區的圖書館員達成的圖書需求卻不到一成。克服了最初的不信任感之後，山區村民已經成了狂熱的讀者。在印第安納州東北部的惠特利縣，這些文學搬運工甚至見到了多達三十名村民歡喜迎接她們的場面。曾經有一戶人家拒絕遷往其他地區，因為那裡沒有流動圖書館服務。一張老舊的黑白照片上，一位年輕的圖書女騎士正在一位老人的病榻前為他朗讀。書籍的湧入也改善了居民的健康和衛生習慣，例如：山村人家終於知道，對付腹痛這種毛病，好好洗手比在一匙牛奶上吐一口香菸有效多了。老老少少都愛極了馬克·吐溫的幽默感，但最搶手的要屬《魯賓遜漂流記》。經典著作以求之不得的魔力接觸到了新讀者。識字的學童為他們的文盲父母朗讀。一位年輕人告訴圖書館員：「妳為我們帶來的這些書籍，拯救了我們的生命。」

這項計畫在十年間雇用了近千名騎馬上路的圖書館員。財務資助在一九四三年喊停，WPA在同年解散，當時，第一次世界大戰取代了文化推動，成了對抗失業的解藥。

我們人類是唯一會創造寓言的生物，我們懂得以故事驅除陰暗，藉由各種故事，我們學會與混亂共存，以文字的清風引燃篝火餘燼，而文字亦將跋涉千萬里，把故事交付給陌生人。而當我們分享同一則故事時，我們已不再是陌生人。

能夠保存數千年前鋪陳的小說，確實令人驚異。自從有人初次敘述《伊利亞德》，讓在古老的特洛伊海灘上演的、那場阿基里斯和赫克托耳之間的決鬥歷險，從此不再被人遺忘。正如以色列的歷史學家哈拉瑞所述，一位生活在兩萬年前的古代社會學家，可能也會得此結論：神話倖存的機會微乎其微。到頭來，何謂故事？一連串的文字組合。一個吹氣動作。一陣風從肺部湧出，穿過喉嚨，在聲帶間震動，當舌頭觸及上顎、牙齒或雙唇時，終於塑造出它最終的形式。拯救如此脆弱的東西，看似不可行。然而，人類藉由文字和書籍的發明挑戰了破壞的絕對威權。由於這些發現，一個與他人相遇的浩瀚空間產生了，而且，各種理念存活的希望也有了令人驚奇的擴展。人們對書籍的熱愛，以某種神祕而自發的方式形成了一條無形的人鏈，有男有女，他們互不相識，卻共同拯救了有史以來最好的故事、夢想和思想。

這個故事是一個尚待撰寫的大合唱小說。這個神話般的集體冒險故事，這股神祕忠誠凝聚眾多人類的寧靜激情：口述故事的人們、發明家、書吏、插畫家、圖書館員、譯者、書店業者、流動書商、老師、智者賢人、間諜、叛逆者、旅人、修女、奴隸、探險家、印刷商。讀者分別在所屬的讀書會、自己家裡、在山頂、在浪濤呼嘯的海邊、在各種資源集中的首都，以及在亂世裡庇護智慧的僻靜飛地。凡夫俗子的姓名經常未能寫入歷史。那些被遺忘的人，那些被迫匿名的女子。他們都是曾經為我們奮鬥的人，也為了未來那些朦朧的面容而戰。

致謝

寫作本書期間，許多人曾以各種不同方式助我一臂之力。以下是我對他們的誠摯謝意：

拉斐爾·阿爾古優，感謝他比我自己更早想像了本書的成形，並在我眼前展示了這趟旅程的地圖。

胡立歐·格雷洛，感謝他給予支持。

奧菲莉亞·葛蘭黛，感謝她細心的慷慨給予我諸多智慧與希望。

愛蓮娜·帕拉休思，感謝她令人難忘的友誼，讓我勇於讓夢想成真。

希魯艾拉（Siruela）出版社的編輯團隊，感謝他們在製作書這個古老行業所展現的神奇魔力。

瑪麗亞·貝納瓦、瑪麗亞·林區、麥瑟迪思·卡薩諾瓦思，以及「卡薩諾瓦思與林區」經紀公司全體工作人員，感謝他們讓本書展翅飛向眾多國度和語言。

阿方索·卡斯坦和佛朗希斯戈·穆尼斯，感謝他們超凡的慷慨大度。

卡洛斯·賈西亞·古雅爾，感謝他以明燈指引我。

桑卻斯·維達爾，感謝他與我分享了知識和智慧結晶。

路易斯·貝特朗，感謝他讓我的目光更敏銳。

安娜·瑪麗亞·摩伊斯，感謝她讓我踏入繁花盛開的文學花園。

吉耶摩・法達斯，感謝他在歷史、新聞和諷喻方面的賜教。

恩卡娜・薩米提爾，感謝她給我機會，以及她歷久不變的友誼。

安東・卡斯特羅，感謝他對脆弱的文學世界所做的支持。

佛谷斯・米亞爾，感謝他為我打開牛津大學和遊歷過往時光的大門。

馬力歐・齊特洛尼，感謝他在佛羅倫斯的熱情接待，以及他的智慧和照顧。

安荷・艾斯科拔，感謝他教會我嚴謹治學。

牛津、劍橋、佛羅倫斯、波隆納、羅馬、馬德里，以及薩拉戈薩等地圖書館的工作人員，感謝他們讓我得以探索眾多文件史籍。

感謝我的恩師：碧拉・伊蘭索、卡門・羅梅歐、伊諾森希雅・托勒斯和卡門・戈梅斯・烏爾達涅斯，他們的教誨，我永誌不忘。

安娜・卡芭葉，感謝她以言談擴展了我的視野。

卡門・貝聶雅、安娜、羅培斯—納瓦哈斯、瑪格麗妲・波爾哈以及瑪莉菲・聖地牙哥，感謝他們對我的啟發。

安德列斯・巴爾拔，感謝他關於歡笑和未來的對談。

路易斯・朗德洛，感謝他對我的信任。

貝蓮・葛貝姫❶，感謝她發人深省的對話和神奇的友誼。

賀舒斯・馬爾洽馬羅，感謝他與我同甘共苦。

費南多・羅培斯，感謝他在狄俄倪索斯那段時日的協助。

史蒂芬妮・費荷達和娜塔莉・切爾涅茨卡，感謝她們在遠方的支持。

感謝充滿創意的好友：安娜．雅柯利亞、派翠希雅、艾斯特班、麗娜、維拉、桑德拉、聖塔娜，以及蘿拉．伯爾多娜巴。

感謝以下諸位讓我的生活更為順利：瑪麗亞、安荷勒斯、羅培斯、佛朗希斯柯．甘恩、德芮莎．雅斯科娜、瓦耶．賈西亞、蕾耶絲、藍貝雅、蕾蒂西亞．布拉博、阿爾巴諾．赫南德斯、瑪麗亞．露易莎．葛勞、克麗絲汀娜．馬汀、葛羅莉雅．拉巴爾達、畢拉．巴斯特、瑪麗亞．荷舒絲．巴爾鐸絲、瑪麗亞．賈蒙、莉莉雅娜．瓦加斯、狄耶戈．布拉達、胡立歐．克里斯特立斯和里卡鐸．雅多沙。

感謝我最初的讀者：書商貝貝．費南德茲、胡莉亞．米雅安和巴布羅．穆尼歐。

感謝所有種下我熱情種子的高中老師們，尤其是：秋絲．畢克、安娜．布紐拉、巴絲．赫南德斯、大衛．馬約、貝爾妲．阿美雅、蘿拉．拉歐茲、費爾南多．艾斯卡尼羅、荷西．安東尼歐．艾斯克里格、馬可斯．季言、阿瑪雅．蘇碧拉賈、艾娃．伊巴涅斯、克里斯多拔．巴瑞亞、伊蓮娜．拉莫斯、碧拉．戈梅茲、麥瑟迪絲．歐蒂斯、菲立斯．蓋亞以及荷西．安東尼歐．拉因。

感謝薩拉戈薩市米格爾．塞爾維醫學院了不起的新生兒科團隊，感謝護理師們贈與我們豐富的生命力和許許多多小生命，一如今日，這些孩子將努力把握他們珍貴的生命。

感謝保母們：艾思妲、碧拉、克莉絲汀娜、薩拉，以及我兒時的保母瑪麗亞。

感謝我的母親艾蓮娜，她是混亂局面的馴獸師。

感謝恩立格，他是我的燈塔和指南針。

感謝我的稚兒貝德羅，專攻破壞學的博士生，他教會我什麼是希望。

感謝我的家人、好友，以及讀者，你們是我的另一群朋友。

❶蓮・葛貝姬（Belén Gopegui，一九六三年～），西班牙知名作家，作品包括小說和劇本等。葛貝姬是共產主義忠實信徒，其父為著名物理學家，母親則是西班牙國際特赦組織發起人之一。

Eurasian Publishing Group
圓神出版事業機構
用心與你對話 · 視野無限寬廣
究竟出版社
Athena Press

www.booklife.com.tw reader@mail.eurasian.com.tw

歷史系列 077

書頁中的永恆：書籍的歷史與流轉之路

作　　者／伊琳娜・瓦耶荷（Irene Vallejo）
譯　　者／范湲
發 行 人／簡志忠
出 版 者／究竟出版社股份有限公司
地　　址／臺北市南京東路四段50號6樓之1
電　　話／（02）2579-6600・2579-8800・2570-3939
傳　　真／（02）2579-0338・2577-3220・2570-3636
總 編 輯／陳秋月
副總編輯／賴良珠
責任編輯／張雅慧
校　　對／張雅慧・周婉菁・賴良珠
美術編輯／蔡惠如
行銷企畫／陳禹伶・鄭曉薇
印務統籌／劉鳳剛・高榮祥
監　　印／高榮祥
排　　版／杜易蓉
經 銷 商／叩應股份有限公司
郵撥帳號／18707239
法律顧問／圓神出版事業機構法律顧問　蕭雄淋律師
印　　刷／祥峰印刷廠
2021年11月　初版

EL INFINITO EN UN JUNCO

定價 560 元　ISBN 978-986-137-344-7

哲學和宗教，可說是人類爲了尋找活下去的智慧而踏上的道路。
至於所謂的「活下去的智慧」，也可以說是「如何面對不幸的智慧」。
擁有這般意志與欲望的人類，也許也能站在巨人的肩上，
編織出將二十一世紀看得更透徹的哲學或思想。

——出口治明，《哲學與宗教全史》

國家圖書館出版品預行編目資料

書頁中的永恆——書籍的歷史與流轉之路／
伊琳娜．瓦耶荷（Irene Vallejo）作；范湲 譯.
-- 初版. -- 臺北市：究竟，2021.11
480面；14.8×20.8 公分 --（歷史系列；77）

ISBN 978-986-137-344-7（平裝）

1. 書史　2. 圖書館史

011.2　　110015655